개정 신판

지역사회복지론

김 종 일

청목출판사

개정 신판에 부치는 글

교과서를 쓰는 일은 결코 일회성 작업이 아니다. 모든 교과서의 지은이는 첫 번째 판의 잉크 냄새를 맡으며 작은 기쁨을 제대로 누리기도 전에 개정판에 대한 압박을 느끼기 시작한다. 특히 제도와 법이 수시로 바뀌는 한국의 사회복지 환경에서 교과서는 나오는 즉시 '옛것'이 되어 버릴 운명을 타고난다.

졸저 지역사회복지론이 처음 나온 지 10년 가까운 세월이 흘렀다. 그 동안 부족한 이 책을 교재로 사용해 온 여러 선생님들과 학생들에게 깊은 감사를 드린다. 책이 나온 뒤 바로 개정 작업을 시작하겠다고 스스로 다짐했으나, 이런 저런 핑계와 게으름 탓에 이제야 개정판을 내게 되었다. 부끄러울 뿐이다. 이런 상황에서 지은이가 할 수 있는 가장 실제적인 반성은 시대의 흐름과 변화를 충실히 반영한 알찬 개정판을 내놓는 것이라고 생각하였다. 이 개정신판이 과연 그러한 기준에 부합하는지에 대한 판단은 오로지 독자 여러분의 몫이지만, 지은이로선 나름대로 최선을 다하려고 애썼다.

개정 신판이 나오기까지 묵묵히 참고 기다려 주신 독자 여러분의 성원에 새삼 감사를 드린다. 청목출판사 유성열 사장님과 관계자 여러분의 노고에도 경의를 표하고 싶다. 개정 신판의 출간을 함께 기뻐하는 나의 가족들과 제자들 그리고 벗들에게도 고마움을 전한다.

2012년 5월

지은이 김종일

머리말

최근 세계 곳곳에서 지역사회에 대한 관심이 높아지고 있다. 이러한 관심을 부추기는 요인은 여러 가지가 있지만, 사회복지학의 관점에서는 지역화와 복지국가의 재편 작업이 가장 큰 요인이라고 하겠다. 시대의 흐름인 지역화는 그 동안 소홀히 여겼던 지역사회의 중요성을 새삼 일깨워 준다. 서구를 중심으로 진행 중인 복지국가의 재편 작업은 지역사회가 지니고 있는 사회복지 잠재력에 주목하고 있다.

우리나라도 예외가 아니다. 지역사회와 지역사회복지에 대한 관심이 도처에서 느껴진다. 지역사회가 우리 삶의 기본 터전이라는 인식이 널리 퍼지면서 지역사회에서의 삶의 질을 높이는 문제가 크게 부각되고 있다. 지난 10여 년간 지역사회복지의 지형에 엄청난 변화가 일어난 것은 이러한 문제의식의 산물이라고 해도 지나친 말이 아니다.

이 책은 이와 같은 배경을 염두에 두고 나왔다. 이 책의 특징과 집필 원칙은 다음과 같다.

첫째, 이 책은 지역사회에 대한 관심이 높아지고 지역사회복지의 현장이 날로 바뀌는 현실을 담아내기 위해 쓰인 새로운 지역사회복지론 교재이다. 지은이의 이 주장이 결코 부풀려진 것이 아님은 독자 여러분이 이 책의 목차와 내용을 훑어보면 금방 알 수 있을 것으로 믿는다. 가령 이론 부분은 기존의 어느 교재보다도 새롭고 풍부한 내용을 담고 있다고 자부한다. 지역사회복지의 현장을 소개하는 부분에서도 최근의 사태 발전을 반영하려고 노력하였다. 자원 봉사 센터, 자활 후견 기관, 정신 보건 센터, 사회 복귀 시설 등의 새로운 지역사회복지기관과 시설을 체계적으로 소개한 지역사회복지론 교재로는 아마도 이 책이 처음일 것이다. 뿐만 아니라, 사회복지협의회와 사회복지 공동 모금회에 관해서는 기존 교재들의 사실적 오류를 바로잡으면서 독자들에게 최신의 정보를 전달하기 위해 최선을 다하였다.

둘째, 우리 사회의 현실에 두 발을 딛고 가급적 '우리식' 지역사회복지론을 쓰겠다는 태도를 지켜 나갔다. 우리나라 대부분의 학문이 그러하듯이, 사회복지학 역시 선진 외국(특히 미국)에 대한 의존이 심각하다. 그 중에서도 지역사회복지론은 미국 색채가 더욱 뚜렷한 과목이다. 그러나 미국의 지역사회복지 이론과 방법 가운데는 우리 현실과 어울리지 않는 것이 많이 있다. 그럼에도 대부부의 교과서들은 이런 점을 무시하고 미국 이론을 금과옥조처럼 소개해 왔다. 심지어 상식에 속하는 내용조차 외국 연구자의 말을 인용하는 어처구니없는 경우도 종종 눈에 뜨인다.

나는 이 책을 쓰면서 기존 교재들의 잘못을 반복하지 않으려고 노력하였다. 그러나 우리의 현실은 고유한 이론을 만들어낼 역량을 아직 가지지 못한 상태이다. 지은이 역시 이런 딜레마를 벗어날 통쾌한 해결책을 찾지 못하였다. 더구나 어쩔 수 없이 일정한 틀을 지켜야 하는 교과서의 지은이로서 파격을 감행하기도 어려웠다. 내가 생각해 낸 다음과 같은 몇 가지 '타협안'은 보기에 따라서는 궁색해 보일 수도 있겠으나, 내 나름대로의 고민이 담겨 있다는 것을 밝히고 싶다.

- 외국 이론을 무분별하게 따르지 않는다.
- 학문적인 독자성과 공헌이 충분히 인정되는 이론과 사람만을 소개한다.

- 외국 이론을 소개하는 경우에도 가급적 우리 언어의 틀로 담아 낸다.
- 우리 사회의 사례를 많이 소개한다.

셋째, 쉽고 간결하게 썼다. 지난 15년 동안 대학에 몸담고 가르치면서 학생들 못지않게 '좋은' 교과서에 대한 필요성을 절감해 왔다. 좋은 교과서의 첫 번째 조건은 독자들이 읽고 이해하기 쉬워야 한다는 것이다. 그러자면 무엇보다도 문법과 어법에 맞는 글을 써야 한다. 지은이는 이 점에 각별히 유의하였다. 판단은 물론 독자들의 몫이다. 또한 군더더기 내용을 일절 싣지 않았다. 교과서는 백과사전이 아니다. 나는 다른 책과 자료를 찾는 수고조차 공부의 일환이라고 믿는다.

이 책의 특징을 이렇게 적어 보았지만, 나 역시 과거를 답습한 것은 아닌지 벌써부터 마음이 편하질 않다. 최선을 다했다고 최고의 결과가 보장되는 것이 아님을 잘 알고 있다. 앞으로 이 책의 문제점을 고치고 새로운 것을 보태서 더 좋은 책이 될 수 있도록 끊임없이 노력할 것을 독자 여러분께 약속하는 것으로 지금의 부끄러움을 모면하고자 한다.

이 책을 쓰는 과정에서 여러 사람들의 도움과 지지를 받았다. 무엇보다도 내 삶의 동무이자 지지자인 아내의 기도와 격려가 이 책을 완성하는 데 큰 기여를 하였다. 늘 고마울 뿐이다. 이 책의 교정 작업에서도 그의 손길이 함께 하였음을 기록해 둔다. 기도로 나를 밀어준 마리 도미니카 수녀님에게도 감사한다. 수녀님이 마련해 준 피정의 공간에서 종종 집필의 부담을 덜고 평화의 휴식을 누릴 수 있었다.

끝으로, 청목출판사 유성열 사장님과 관계 직원들에게도 감사를 드린다. 이 책이 세상에 나올 수 있었던 것은 이 분들의 수고 덕분이다.

2006년 6월

김종일

차 례

제 1 부

지역사회와 지역사회복지

제 1 장 지역사회의 개념과 현실
제 2 장 지역사회복지의 개념
제 3 장 지역사회복지의 역사적 전개

지역사회는 우리의 삶이 구체적으로 펼쳐지는 공간이다. 그러나 산업화가 시작된 이후 지역사회는 공동체로서의 면모를 잃어버리고 숱한 문제에 직면해 있다. 지역사회복지는 이런 문제들을 해결하기 위한 노력의 일환으로 도입된 사회복지의 한 방법이자 분야이다.

제1부에서는 지역사회와 지역사회복지의 개념을 둘러싼 여러 가지 논의를 소개한다. 1장은 지역사회의 개념과 현실을 다루고, 2장에서는 지역사회복지의 개념을 분석한다. 마지막으로 3장은 지역사회복지가 역사적으로 어떻게 발전되어 왔는가를 나라별로 짚어본다.

1
chapter

지역사회의 개념과 현실

1. 점증하는 지역사회의 중요성

과거 농경 시대에 지역사회는 사회 자체였다. 절대 다수의 사람들은 지역사회라는 테두리 안에서 밀접한 관계를 유지하며 의식주를 비롯한 모든 삶의 문제를 해결해 나갔다. 가치, 윤리, 도덕과 같은 정신적 규범 역시 지역사회 수준에서 만들어지고 통용되었다. 따라서 한동네 사람들은 "옆 집에 숟가락이 몇 개나 있는지 훤히 알고" 살았으며, 멍석말이로 패륜아를 혼내주는 것과 같은 일을 당연히 여겼다. 한마디로 지역사회는 사회·경제적 공동체의 성격을 강하게 띠고 있었던 것이다.

그러나 산업화와 도시화가 시작되면서 지역사회는 공동체적 성격을 거의 다 잃어버리고 말았다. 현대의 지역사회에서 경제적 공동체로서의 기능이 사라진 것은 이미 오래 전의 일이고, 구성원 사이의 상호 작용과 정서적 연대감 같은 것도 찾아보기 어렵다. 아파트와 같은 공동 주택에 사는 사람들은 옆집에 누가 사는지조차 모르고 지내는 경우도 허다하다. 아예 서로 알고 지내는 것 자체를 싫어하는 경향이 점점 강해지고 있다. 사람들은 대부분 지역사회를 그저 단순한 베드타운(bed town) 정도로 여기며 산다. 거기에서 어떤 일이 일어나고 있는지, 내가 해야 할 몫이 무엇인지 관심을 가지려고 하지 않는다. 특히 한국 사회처럼 짧은 기간에 급속한 산업화와 도시화가 이루어진 상황에서는 공동체로서의 지역사회의 상실이 더욱 두드러져 보인다.

이렇듯 공동체로서의 의미를 잃어버린 지역사회가 요즘 들어 새롭게 관심의 대상이 되고 있다.[1] 각급 지방 자치 단체와 수많은 시민 단체들이 벌이는 각종 마을 공동체 만들기 운동, 우후죽순처럼 생겨난 지역 축제, 그리고 무성한 지역 운동 따위가 이러한 관심의 일단을 보여준다. 그 뿐만이 아니다. 교육에서도 지역사회의 중요성을 강조한다. 지역사회에 따라 교육 과정이 달라져야 한다는 주장이 바로 그것이다. 요컨대 앎과 삶의 지역적 토대가 하나여야 한다는 주장이라고 할 수 있다.

지역사회에 대한 이 새로운 관심을 우리는 어떻게 설명할 수 있을까? 아마도 가장 기본적인 요인으로는 급격한 경제 성장이 가져온 여러 가지 부정적 사회 현상에 대한 사회 일각의 자성과 비판적 시각을 지적할 수 있겠다. 점점 심해지고 있는 이기주의, 도시와 농촌간의 격차 증대, 돈을 모든 것의 척도로 여기는 사회 풍조, 그칠 줄 모르는 생태계 파괴 따위의 현상을 겪으면서 뜻있는 사람들의 고민은 커질 수밖에 없었다. 잘 산다는 것은 무엇인가? 경제 개발은 과연 우리를 행복하게 하는가? 다른 길은 없는가? 1960년대 이후 우리가 살아 온 방식과 내용에 대해 이러한 의문과 반성이 제기되었다. 그리고 개발 과정에서 우리가 잃어버린 것을 찾기 시작하

1) 여기서 우리는 지역사회에 대한 관심과 지역주의를 구분할 필요를 느낀다. 지역주의는 다른 지역과의 대결 또는 갈등 관계를 전제로 하는 개념이다.

였다. 지역사회에 대한 새로운 관심은 그 결과로서 생겨난 것이다.

지역사회에 대한 관심을 불러일으킨 둘째 요인은 역설적이게도 세계화 담론과 관계가 있다. 본질적으로 세계화는 세계적인(global) 것과 지역적인(local) 것 사이의 이분법을 암시한다. 그리고 세계화론자들은 세계화의 물결 앞에 지역적인 것은 궁극적으로 사라지고 세계적인 것에 수렴하게 된다는 주장을 펼친다. 한동안 이와 같은 주장은 별다른 저항 없이 널리 퍼져 나가다가, 양자를 통합적인 현상으로 이해하는 논리가 만들어지면서 제동이 걸렸다. 이 반박 논리에 따르면, 세계적인 것과 지역적인 것의 관계는 일방적이 아니라 쌍방적이다. 정보 통신 기술(Information technology)이 극도로 발달한 오늘날 세계적인 영역(global realm)과 지역적인 영역(local realm)은 따로 움직이지 않고 상호 작용을 하면서 하나로 얽히는 경향이 있다. 따라서 세계화 논리를 비판하는 사람들은 현재 지구촌에서 진행되는 이런 현상을 세계화라는 일방적인 용어로 부르는 것은 옳지 않다고 주장한다.

이들이 선호하는 용어는 이른바 글로컬리제이션(glocalization)이다. 물론 이 말은 세계화(globalization)와 지역화(localization)를 합성한 것이다. 글로컬리제이션이라는 말은 결국 세계화의 흐름 속에서 지역의 중요성을 강조하는 용어로 이해해도 좋다. 이 말은 종종 "가장 지역적인 것이 가장 세계적인 것"이라는 말로 정리되기도 한다. 이러한 용어가 유행하면서 각 지역사회가 중앙 정부를 거치지 않고 세계와 '직거래'를 할 수 있다는 인식이 뿌리를 내리게 되었다. 세계화 담론이 오히려 지역사회의 중요성을 새롭게 인식할 기회를 마련해 준 것이다.

환경 운동과 생태주의의 확산도 지역사회를 부각시키는 요인이 되었다. 생태주의는 획일적이고 거대한 중앙 집권 체제를 배격한다. 바로 이와 같은 체제가 효율성을 내세우며 무분별한 개발과 생태계 파괴에 앞장서 왔다고 보기 때문이다. 이들의 목표는 지속이 가능하고 (sustainable) 자연으로의 순환이 이루어지는 삶이다. 이와 같은 삶은 오직 지역사회 수준에서만 가능한 것으로 이들은 믿고 있다.

마지막으로 1990년대 초반부터 시작된 지방 자치 시대의 전개는 지역사회에 대한 관심을 더욱 확산시켰다. 지역사회의 각종 현안들을 지역사회 스스로 해결할 수 있는 실마리가 제도적으로 마련되었기 때문이다. 지방 자치 제도의 실시는 지역사회 구성원들의 정치·사회적 의식을 깨우는 데에도 적지 않은 도움을 주고 있다. 각 지역사회에서 들불처럼 번지고 있는 다양한 종류의 주민 운동이 좋은 보기이다.

지역사회에 대한 관심이 높아지면서 사회복지학계와 실천 현장에도 상당한 변화가 일어났다. 학문적으로 보면, 실천과 정책이라는 사회복지학의 전통적 이분 구도 사이에 지역사회에 초점을 맞춘 중위 이론적 접근이 자리를 잡았다. 한편, 서구에서는 복지국가의 재편 과정과 맞물려 지역사회의 중요성이 한층 더 강조되고 있다. 국가가 하던 역할의 상당 부분을 지역사회와 가족에 넘기려는 움직임 때문이다. 이런 움직임을 흔히 복지 다원주의(welfare pluralism) 또는 복지 혼합(welfare mix)이라고 한다.

한국의 실천 현장은 더 많은 변화를 겪었다. 1990년대 이후 숱한 사회복지 기관과 시설이 지역사회에 들어섰다. 국민 기초 생활 보장 제도의 도입도 이루어졌다. 다양한 사회 서비스 제도가 다투어 시행되고 있다. 사회복지 인력도 크게 늘어났다.

이 모든 변화에서 보는 바와 같이 한국의 지역사회는 새롭게 형성되고 있다. 그러나 그것은 과거 농경 시대의 지역사회와는 근본적으로 다른 모습이 될 터이다. 우리보다 한 세기 이상을 앞서 산업화를 시작했던 서양 사회는 자신들에게 적합한 도시형 공동체를 이미 이룩해 놓았다. 우리 한국의 지역사회는 장차 어떠한 모습으로 우리의 삶을 담아낼 것인가? 이 질문은 지역사회복지를 공부하는 우리 모두에게 주어진 '화두'이자 실천적 과제이기도 하다.

2. 지역사회란 무엇인가

1) 커뮤니티와 지역사회

우리가 공부하려는 지역사회복지학은 미국의 영향을 가장 많이 받은 학문 분야 가운데 하나이다. 지역사회복지학에서 사용하는 주요 이론이나 개념은 거의 대부분 미국에서 들어 왔다. 예컨대 지역사회복지학에서 '지역사회'는 영어의 커뮤니티(community)라는 단어를 번역한 것이다. 그런데 이 커뮤니티라는 단어는 우리말 지역사회와 달리 여러 가지 의미를 담고 있다. 따라서 커뮤니티가 영어권에서 어떤 의미로 쓰이는지를 알아볼 필요가 있다.

일반적으로 커뮤니티의 개념은 세 가지로 쓰인다. 하나는 지역성(locality)을 토대로 한 개념이다. 이것은 일정한 지리적 공간에서 함께 살고 있는 사람들의 집단을 뜻한다. 이를테면, 지리산 청학동 사람들 또는 충주 무너미 마을 사람들이 바로 그것이다. 한편, 커뮤니티는 공통의 이해관계나 특성 같은 것으로 뭉친 사람들의 집합체를 가리키기도 한다. 이런 의미의 커뮤니티는 지역성을 초월하는 개념이다. 사회복지학계, 미국 내의 소수 민족 집단, 동성애자 집단 같은 것이 이와 같은 개념의 커뮤니티라고 할 수 있다. 마지막으로 커뮤니티는 일정한 속성을 공유하는 사람들 사이에 이루어지는 사회심리적 유대감과 상호 작용 그리고 집합적 정체성 등을 총칭하는 용어로도 쓰인다.

커뮤니티의 개념을 이렇게 정리해 보면, 지역사회라는 한국어는 첫째 개념과 부합하는 용어임이 금방 드러난다. 지역사회의 '지역'이라는 단어 자체가 일정한 지리적 공간을 나타내고 있기 때문이다. 따라서 커뮤니티의 두 번째 개념(곧, 非지리적 커뮤니티)을 표현하는 데에는 지역사회라는 단어가 적절하지 않다. 그런데도 상당수의 기존 한국 문헌들은 이와 같은 구분을 하지 않은 채, 지역사회라는 용어를 마구잡이로 사용하고 있다. 예컨대 '기능적 지역사회'니 '이익 지역사회'니 하는 따위의 표현이 바로 그것이다. 앞에서 이미 말한 것처럼, 이러한 표현은 논리적으로 성립할 수 없다. 이것들은 '기능적 공동체'나 '이익 공동체'와 같은 식으로 바꾸어 써야 한다. 우리가 이 책에서 채택한 지역사회라는 용어는 항상 지리적 커뮤니티를 가리킨다. 非지리적 커뮤니티는 상황에 따라 공동체나 기타 적절한 용어로 번역해서 쓸 것이다. 세 번째 의미의 커뮤니티는 지역사회나 기능적 공동체를 구성하는 사람들 사이의 사회심리적 감정과 의식의 수준과 질을 가리키는 것으로 지역사회가 온전히 기능하는 데 필수적인 요소가 된다. 이 책에서는 지역성을 토대로 하는 커뮤니티의 개념은 '지역사회'로 번역하되, 두 번째와 세 번째 의미로 쓰이는 커뮤니티의 개념에 대해서는 상황에 따라 적절한 번역어로 대체하거나 아니면 커뮤니티라는 용어를 그대로 사용할 것이다.

마지막으로 커뮤니티와 네이버후드(neighborhood)의 뜻을 비교해 보기로 하자. 이 두 개의 단어를 한국어의 '지역사회'에 해당하는 영어 표현으로 사용할 때, 양자의 차이를 분명하게 가르는 기준은 없다. 여러 문헌에서 두 용어는 같은 말처럼 쓰이기도 한다. 다만 커뮤니티가 非지리적 공동체를 가리키는 말로도 쓰이는 것과 달리, 네이버후드는 지리적 요소가 전제된 경우에만 쓰인다는 것이다(Fellin, 2001). 또한 커뮤니티라는 개념을 논할 때는 규범적 특성과 기능을 염두에 두는 것이 일반적이지만, 네이버후드의 경우에는 이러한 논의가 많지 않다는 점도 중요한 차이라고 할 수 있다. 이 책에서는 양자를 특별히 구별하지 않고 다 같이 지역사회라는 말로 표현하거나, 네이버후드를 꼭 강조해야 하는 경우에는 네이버후드라는 표현을 그대로 쓸 것이다.

2) 지역사회와 공동체

이제는 우리말 지역사회와 공동체에 관해 언급할 차례이다. 앞에서 우리는 커뮤니티의 번역어로 지역사회와 공동체 두 가지를 제시한 바가 있다. 지역사회는 지역성에 토대를 둔 커뮤니티(locality-based community)를 의미하고 공동체는 공통의 이해관계나 특성을 바탕으로 한 커뮤니티(identificational community)[2]를 가리키는 말로 정리를 하였다. 그런데 영어 community는 라틴어 cum과 munus(또는 munere)라는 두 말을 뿌리로 해서 나왔다고 한다(Lietaer, 2002). Cum은 '함께' 또는 '서로'라는 말이고, munus는 '선물', munere는 '주다'라는 의미를 갖는다. 이와 같은 어원에 따르면, community는 '서로 (선물을) 주는 것'이다. 이렇게 선물을 주고받는 밀접한 관계가 전제된 community를 어원에 충실하게 번역한다면, 지역사회보다는 공동체라는 말이 더 잘 어울릴지도 모르겠다. 실제로 community를 공동체로 번역해서 쓰는 경우도 적지 않다. 그러나 우리는 다음과 같은 이유로 공동체보다는 지역사회라는 용어를 사용하려고 한다.

첫째, 공동체라는 말에는 지리적 개념이 뚜렷하게 담겨 있지 않다. 학술 공동체, 문화 공동체, 이익 공동체 등의 표현에서 드러나는 바와 같이 공동체는 지리적 경계를 넘어 공동의 목표를 지닌 사

2) 이와 같은 非지리적 커뮤니티를 Fellin(2001)은 identificational community로 표현하고 있다.

람들의 집합체를 가리키는 말로 쓰이고 있다. 이것은 우리의 주제인 지역사회복지가 지리적 토대를 전제로 한 개념이라는 사실과 잘 어울리지 않는다.

둘째, 공동체라는 용어를 선호하는 사람들은 은연중 공동체를 이상화하려는 경향을 보인다. 다시 말해서, 공동체를 인간 사회의 바람직한 요소가 결집된 삶의 형태로 묘사하는 경우가 많은 것이다. 예컨대 노자(老子)는 인구가 적고 작은 나라를 이상적으로 보았는데, 그것을 '소국과민(小國寡民)'이란 말로 표현하였다. 이 조그마한 나라(즉 촌락 공동체)에서 "사람들은 수레가 있어도 타고 다닐 필요가 없고 무기가 있어도 쓸 이유가 없다(雖有舟輿 無所乘之, 雖有甲兵 無所陳之)." 또한 "사람들은 자연 속에서 마음껏 먹고 입고 노닐며 편안히 산다(甘其食 美其服 安其居 樂其俗)." 이것은 하나의 예이지만, 이처럼 이상적인 공동체를 추구하는 것은 동서양 어느 곳에서도 다르지 않다. 그러나 이와 같은 공동체는 현실 어디에도 존재하지 않는다.

공동체란 말을 쓰기 좋아하는 사람들은 공동체와 非공동체를 대조시키는 방법을 통해 공동체에 대한 이상화를 부추긴다. 그러나 산업화 이전의 지역사회 공동체조차도 이상적인 의미의 공동체와는 거리가 먼 실체였음을 인식할 필요가 있다. 사실, 사람들이 그리는 공동체는 하나의 실체라기보다는 역사적 상상과 이데올로기가 적당히 결합되어 만들어진 정신적 구성물(mental construct)의 성격이 강하다.

이와 같은 이유로 이 책에서는 지역성을 토대로 한 커뮤니티를 표현할 때, 공동체보다는 지역사회라는 용어를 사용할 것이다. 非지리적 커뮤니티를 지칭할 때에는 물론 공동체라는 용어를 주로 쓰려고 한다. 그리고 이 책에서 공동체라는 용어를 사용할 경우에도 독자 여러분은 그것을 관념적 이상형(理想型)이 아닌, 소속감이 비교적 강한 현실 조직체를 가리키는 정도로 이해하기 바란다.

3) 지역사회의 개념

그렇다면 지역사회란 과연 무엇인가? 그동안 많은 학자들이 지역사회의 개념을 정의해 왔다. 지금까지 나와 있는 개념 정의만 해도 무려 백 개에 가깝다고 한다. 그만큼 지역사회를 정의하는 것은 간단한 일이 아니라는 말이다. 그럼에도 지역사회에 관한 모든 논의를 정리하면 결국 다음 세 가지로 요약할 수 있다.

첫째는 지역사회가 공간적 단위(spatial unit)라는 사실이다. 다시 말해서, 지역사회는 특정한 지리적 테두리 안에 사람들이 모여 사는 장소를 가리킨다. 이것은 너무도 자명해서 특별히 강조할 필요가 없어 보인다. 그러나 이 공간성·지리적 측면이야말로 지역사회의 보편성과 지속성을 보장해 주는 가장 중요한 요소이다. 예를 들어 오랜만에 고향 친구를 만나 옛일을 돌이키는 사람들에게 고향의 산과 강은 동류의식과 소속감을 공유할 수 있는 중요한 매개로 작용한다. 그렇다고 해서 지역사회의 지리적 경계가 행정 구역처럼 확실하게 구분할 수 있는 것은 아니다. 또한 이 지리적 경계는 고정되지 않고 유동적인 성격을 갖는다. 지역사회의 지리적 테두리는 구성원들에 의해 끊임없이 변한다. 말하자면, 사람과 지역이 서로 영향을 주고받는 것이다.

둘째, 지역사회는 하나의 사회 조직(social organization)이다. 지역사회는 구성원, 역할, 규범과 같은 사회 조직의 요소를 갖추고 있다. 이 안에서 사람과 제도와 기관이 서로 얽혀 일정한 상호 작용의 패턴을 만들어낸다. 사회 조직으로서 지역사회의 특성은 크게 상호 의존성(interdependence)과 상호 기대(mutual expectation)로 요약할 수 있다(Brager, Specht and Torczyner, 1987). 상호 의존성은 지역사회 구성원들이 자신의 욕구와 필요를 혼자만의 힘으로 충족할 수는 없다는 사실에서 기인한다. 구성원 각자는 싫든 좋든 다른 구성원들과 거래를 하거나 교환 관계를 맺지 않으면 생존이 어려울 수밖에 없다. 이러한 교환 관계가 공식적으로 조직된 것이 분업이다. 분업의 대표적 예는 직업이다. 또한 지역사회 구성원들은 다양한 비공식적 교환 관계에도 참여한다.

상호 기대는 지역사회 구성원들이 상대방의 행위를 예측하고 그것에 적절히 반응할 수 있도록 해주는 요소이다. 이것은 역할, 가치, 규범, 그리고 지위(status)에 바탕을 두고 만들어진다. 이와 같은 것들은 사람이 특정한 상황에서 어떠한 행동을 해야 할 것인가를 규정하는 기대 양식(expected pattern)을 제공한다. 가령 젊은이들은 동네 어르신들을 만나게 될 때, 어떻게 행동해야 하는지 잘 알고 있고 상대방 또한 그것을 기대하고 있다. 상호 기대는 지역사회의 안정을 유지하는 데 필수적인 요소가 된다.

어떤 이론가들은 지역사회를 사회 조직으로 보는 견해에서 한 걸음 더 나아가 그것을 아예 사회 체계(social system)로 간주하려고 한다. 이들은 사회 체계로서의 지역사회가 여러 종류의 하위 체계(subsystems)로 이루어진다고 본다. 하위 체계의 예로는 가족, 교육, 사회복지, 종교 따위를 들 수 있다. 이 하위 체계들은 서로 유기적인 관계를 맺으며 상위 체계인 지역사회를 유지하는 데 필요한 기능을 수행한다. 생산-분배-소비, 사회화, 사회통제, 사회 참여, 상호 부조와 같은 기능이 바로 그것이다. 생산-분배-소비 기능은 예를 들 것도 없이 다 아는 개념이고, 사회화는 지역사회의 가치, 규범, 신념 따위를 (주로 다음 세대) 구성원들에게 전달하는 기능이다. 사회 통제의 대표적인 예로는 법이나 조례 같은 것을 통해 지역사회의 규범을 강제하는 일을 들 수 있다. 사회 참여는 축제, 선거, 여가 등의 활동에 주민들이 참여함을 뜻한다. 마지막으로 상호

부조는 공식적인 사회복지 실천 활동은 물론 비공식적인 사회적 지지를 모두 아우르는 개념이다.

셋째, 지역사회는 심리·문화적 단위(psycho-cultural unit)의 성격도 지닌다. 이 말은 지역사회 구성원들이 공통의 가치와 정서를 매개로 동류의식과 소속감을 느낀다는 뜻이다. 요컨대 지역사회는 구성원에게 집합적 정체성(collective identity)을 심어준다. 그것은 우리와 '저들'을 가르는 기준이 된다. 심리·문화적 단위로서의 지역사회는 구성원들이 삶과 역사를 함께 나눈다는 사실에 토대를 둔다. 그것은 결국 앞에서 언급한 두 가지 사실(공간의 공유와 사회 조직으로서의 지역사회)이 모두 합쳐 이루어내는 현상이다. 심리·문화적 단위로서의 지역사회는 과거 농경 사회에서 두드러지게 나타났던 현상이라고 할 수 있다. 산업화와 도시화가 폭넓게 진행된 오늘날에는 이러한 성격을 지닌 지역사회를 찾아보기가 쉽지 않다.

이렇게 정리한 내용 가운데 우리가 쉽게 동의할 수 있는 것은 첫 번째와 두 번째 내용이다. 지역사회가 일정한 지리적 공간을 가리키고 그 안에서 사람들이 상호 작용을 하면서 사회 조직을 형성한다는 데에는 별다른 이견이 없으리라. 문제는 세 번째 내용이다. 현대 사회에서 과연 지역사회가 심리·문화적 단위의 성격을 분명히 가지고 있는 것인가에 관해서는 의견이 분분하리라 본다. 이것은 지역사회에 따라 상당한 편차가 있을 것이 틀림없다.

이런 점만 보아도 앞에 정리된 지역사회의 개념에는 여전히 현실과 동떨어진 내용이 담겨 있다는 점을 금방 알 수 있을 것이다. 그러나 이러한 괴리는 어쩌면 당연한 것인지도 모르겠다. 앞에 묘사된 지역사회의 개념이라는 것이 사실은 이념형(ideal-type)에 가까운 것이기 때문이다. 이념형이라는 말은 베버(Max Weber)가 만든 개념으로 복잡한 사회 현실을 이해하기 위한 사변적 추상(conceptual abstraction)을 가리킨다. 이념형은 현실의 특정 요소나 측면을 강조하기 때문에 당연히 실제 현실과는 동떨어진 모습으로 나타난다.

우리는 이 책에서 관념 속의 지역사회가 아닌(즉 이념형적인 지역사회가 아닌) 현실의 지역사회를 다루려고 한다. 현실의 지역사회는 이론가들이 묘사하는 그런 모습과는 거리가 멀다. 오늘날의 지역사회는 지리적 경계가 상당히 모호해졌고, 사회 조직으로서의 기능도 약화되었다. 구성원 사이의 연대성이나 문화적 동질성 같은 것은 더더욱 찾아보기 어려워졌다. 우리가 공부하려는 지역사회복지론은 이러한 배경을 전제로 출발한다.

3. 지역사회의 현실

산업 사회의 비극 가운데 하나는 전통적 의미의 커뮤니티가 실종되었다는 사실이다. 한국과 같이 짧은 기간에 이른바 압축적 산업화를 경험한 사회에서는 커뮤니티의 실종이 더욱 절실하게 느껴진다. 농촌에는 아직 전통적 커뮤니티의 편린이 남아 있으나, 그 내용은 대체로 배타적 지역 정서와 같이 부정적인 것이 대부분이다. 오늘날 대다수의 사람들은 도시에 살면서 한편으로는 지역적 소속감과 정체성의 상실로 방황하고 있으며, 또 한편으론 이웃과 지역사회에 대한 극단적 무관심과 가족 이기주의에 깊이 빠져 있다. 따라서 한국 도시인들의 연줄망(network)은 지역사회에 바탕을 둔 것이 아니라 혈연, 지연, 학연과 같은 개인적 연고를 따라 만들어진 것이다. 그 결과 한국 사람들은 동창회, 계, 종교 모임 등의 사적 영역에는 지나칠 정도로 많은 시간과 관심을 쏟고 있는 반면에, 지역사회의 공적 영역에 대하여는 극도의 무관심으로 일관하고 있다.

공적 영역에 대한 이러한 무관심과 참여 부재 현상은 결국 지역 유지나 토호의 발호를 부추기는 결과로 이어진다.

자 이제 한국의 지역사회가 겪고 있는 숱한 문제 가운데 주요한 것 세 가지만 거론해 보기로 하자. 무엇보다도 먼저 지적해야 할 점은 지역사회가 사회적 조직으로서의 특성을 대부분 상실하고 있다는 사실이다. 사회적 조직이 제대로 기능하기 위해서는 헌신적인 조직 구성원이 필수적이라는 것은 상식에 속한다. 그런데 상당수의 지역사회(특히 대도시)는 이 필수 요소조차 제대로 갖추지 못하고 있다. 예컨대 상당수의 사람들은 자신이 특정한 지역사회의 구성원이라는 기본적인 사실조차 인식하지 못한다. 따라서 자기가 사는 동네에서 무슨 일이 일어나고 있는지 알지 못할 뿐만 아니라 알려고 하지도 않는다. 심지어 이웃에 누가 사는지도 모르고 지내는 경우가 허다하다. 대도시일수록 이런 경향이 심하다. 이와 같은 상황에서 구성원 사이에 밀접한 상호 작용이 일어나기를 기대한다는 것은 무리가 아닐 수 없다.

둘째로, 지역사회의 의사결정 과정이 소수 '지역 유지'에 의해 좌우되고 있다. 이들을 감시해야 할 지역 언론 자체가 대부분 토호들의 손에 장악되어 있으므로 지역 언론이 지역사회 지배 연합의 한 축인 셈이다. 반면에, 지역사회의 시민적 리더십은 매우 취약하다. 지역사회 구성원의 무관심은 이런 현상을 악화시킨다. 지역사회 구성원으로서의 의식이 없는 사람들이 서로에게 동질성과 연대감을 느끼지 못하는 것은 지극히 당연하다. 오늘날의 지역사회는 심리·문화적 단위로서의 성격도 함께 잃어버리고 있는 것이다.

마지막으로 지역사회가 당면한 심각한 문제의 하나는 지역사회의 경제 기능이 대부분 사라지고 있다는 점이다. 이것은 현대 도시 계획이 갖는 과도한 인위성에서 기인하는 것으로 보인다. 과거의 지역사회는 오랜 세월에 걸쳐 '자연스럽게' 형성되면서 지역 주민이 필요로 하는 다양한 기능과 성격을 충분히 발달시킬 수 있었다. 하지만 오늘날의 도시 계획은 지역사회의 이러한 기능과 성격을 인위적으로 분리시킨다. 예를 들어 1990년대 초반에 건설된 분당과 일산 등의 신도시는 포화 상태에 이른 서울의 주거지를 서울 근교에서 제공하기 위해 만들어진 것이다. 따라서 이러한 신도시를 건설하는 과정에서 독자적인 경제 기능 같은 것은 애초부터 고려의 대상이 아니었다. 경제 기능이 사라진 지역사회는 자연스럽게 베드타운으로 전락하게 된다. 그리고 베드타운으로 전락한 지역사회는 다시 사회적 조직으로서의 기능에 중대한 손상을 입을 수밖에 없다. 악순환이 되풀이되는 것이다.

지역사회가 이렇게 '병적'인 모습을 보이게 된 원인은 무엇인가? 가장 큰 원인은 역시 급속한 산업화와 도시화 과정이라고 하겠다. 한국 사회는 불과 30여년 정도의 짧은 기간에 농업 사회에서 산업사회로 급격히 바뀌었다. 이 과정에서 발생하는 지리적·사회적 이동이 워낙 격심했기 때문에, 대부분의 지역사회는 정주 공동체로서의 기반에 심각한 타격을 받았다. 산업화를 넘어 부분적으로는 탈산업화 단계에 들어선 오늘날에도 한국인들의 주거 이동 비율은 OECD 국가 중에서도 가장 높은 것으로 알려진다. 특히 농촌 지역사회는 인적 자원의 대량 이탈로 지역사회의 기본 기능조차 수행하기가 어려운 실정이다.

현재 도시 주민의 절대 다수는 농촌에서 이주해 온 사람이거나 그들의 자녀들로서 지역사회를 공동체로 보기보다는 이익사회(Gesellschaft)로 인식하는 경향이 있다. 따라서 이들에게 공동체적 욕구를 채워주는 집단·조직은 지역사회가 아니라 혈연, 지연, 학연 등에 바탕을 둔 사적 연줄망이다. 그러므로 도시 주민들은 자신들의 지역사회에 대해 소속감이나 유대감을 거의 가지고 있지 않다. 이들은 사안과 이해관계에 따라 때때로 이웃과 어울리거나 공동 보조를 취할 뿐이다. 이른바 지역 이기주의나 집단 이기주의는 바로 이러한 현상과 밀접한 연관이 있다.

지역 공동체 해체의 또 다른 원인은 철저한 공간 상품화 논리에 따라 이루어진 도시 (재)개발 방식에서 찾을 수 있다. 지금까지의 도시 (재)개발은 공간의 상품성을 극대화하는 방향으로 진행되어 왔다. 이러한 방식의 도시 (재)개발은 전통적인 지역 공동체를 파괴할 뿐만 아니라, 그 과정에서 주민들로 하여금 사적 이익의 추구에 몰두하게 함으로써 새로운 공동체 형성을 어렵게 만든다.

지역사회가 당면한 현실의 심각성을 제대로 인식하기 위한 효과적인 방법 가운데 하나는 '정상적'인 지역사회의 모습과 견주어 보는 것이다. 무엇이 과연 '정상적'인 지역사회의 모습인지에 관해서는 논란의 여지가 없을 수 없다. 또한 '정상적'으로 제 구실을 하는 지역사회가 현실에 존재하고 있다고 보기도 어렵다. 우리가 할 수 있는 것은 단지 하나의 기준을 제시하는 일 뿐이다. 대표적인 지역사회학자인 워렌(Warren)의 견해에 따르면, 좋은 지역사회(a good community)는 다음의 기준을 충족시켜야 한다(Warren, 1983).

- 구성원 사이에 인격적인 관계가 이루어질 수 있어야 한다.
- 권력이 폭넓게 분산되어야 한다.
- 다양한 소득, 인종, 종교, 이익 집단이 포함되어야 한다.
- 동네 주민들의 자율권이 충분히 보장되어야 한다.
- 정책 형성 과정에서 갈등을 최소화하면서 최대의 협력을 도출할 수 있어야 한다.

한편, 미국의 사회복지학자인 펠린(Fellin, 2001)은 바람직한 지역사회를 '역량 있는 지역사회'(competent community)라는 개념으로 정리하고 있다. 그것의 내용은 다음과 같다.

- 내부의 다양한 구성체들이 지역사회의 문제와 욕구를 밝혀내는 데 효과적으로 협력할 수 있어야 한다.
- 목적과 우선순위에 대해 실제적인 합의를 이룰 수 있어야 한다.
- 합의된 목표를 달성하기 위한 방법과 수단에 대해 의견 일치가 이루어져야 한다.
- 목적을 이루기 위해 요구되는 실천 과정에서 효과적인 협력이 이루어져야 한다.

우리는 한 눈에 워렌이나 펠린의 기준이 이상적인 지역사회를 염두에 두고 있음을 알 수 있다. 그리고 이들이 제시한 기준에 완벽하게 부합되는 지역사회는 현실에서 찾아보기 어려울 것이다. 그러나 우리는 이들이 제시한 기준을 근거로 현재의 지역사회가 당면한 문제점들을 짚어볼 수 있다. 또한 이 기준을 목표로 삼아 지역사회의 발전 전략을 짜는 것도 뜻있는 일이다. 이것이 바로 지역사회복지의 역할이다. 따지고 보면, 지역사회복지 실천이란 지역사회의 현실과 이상 사이에 존재하는 괴리를 좁히려는 전문적 노력이 아니던가!

2
chapter

지역사회복지의 개념

지역사회복지의 개념을 상식적으로 정의하면, 지역을 대상으로 하는 사회복지의 한 분야이자 방법론이다. 그러나 지역사회복지의 의미를 학술적으로 명확히 밝히는 작업은 생각처럼 간단하지 않다. 그 이유는, 첫째, 이 용어가 비교적 신조어에 속하며, 둘째, 우리나라 사회복지학의 주 '수입원(輸入源)'인 미국에서는 잘 쓰이지 않기 때문이다.

다 아는 바와 같이, 한국 대학의 사회복지학과에서는 전통적으로 지역사회 조직론(C.O.)이라는 교과목을 개설해 오다가 최근에 그 이름을 지역사회복지론이라고 바꾸었다. 이렇게 된 데에는 미국의 영향이 컸다. 1970년대까지 미국의 사회복지학계는 모든 지역사회복지의 실천 활동을 지역사회 조직으로 부르는 경향이 있었다(Weil, 1996). 그러다가 1980년대부터 지역사회복지에 관한 다양한 실천 모델이 나오면서 지역사회 조직이라는 용어의 한계가 드러나기 시작하였다. 최근에는 지역사회 조직이라는 용어 대신에 더욱 포괄적 의미를 담고 있는 지역사회 실천(community practice) 또는 지역사회 개입(community intervention)과 같은 용어들이 널리 쓰이고 있다. 우리 학계도 이런 변화를 받아들여 지역사회 조직론을 지역사회복지론으로 바꾼 것이다. 그러나 교과목의 이름이 바뀌면서 그 내용도 함께 바뀐 것은 아니다. 대부분의 지역사회복지론 수업은 과거의 지역사회 조직론 수업과 대동소이하다. 물론 과거에도 지역사회복지론이라는 제목의 교재가 없지 않았다. 그러나 이 책들의 대부분은 지역사회복지와 지역사회 조직을 구분하지 않고 동일한 개념으로 취급하는 경향을 보였다.

미국에 대한 학문적 의존이 심했던 한국의 사회복지학계는 줄곧 미국식 용어인 지역사회 조직을 사용해 오다가, 최근에 이르러서야 지역사회복지라는 이름으로 교과목을 통일하였다. 따라서 한국 사회복지학계는 이제 지역사회복지의 개념과 내용을 새롭게 정리할 상황에 놓여 있다. 저자는 이러한 책임 의식을 깊게 느끼며 지역사회복지의 이론적 논의에 나서기로 한다.

1. 지역사회복지와 지역사회복지 실천

1) 지역사회복지의 의미

지역사회복지는 지역사회와 (사회)복지의 합성어이다. 지역사회에 대한 개념 정의는 앞 장에서 이미 논한 바 있으니, 사회복지의 뜻을 잠시 되새겨 보자. 무엇보다도 먼저 지적할 점은 사회복지가 가치를 내재한 개념이라는 사실이다. 그것은 무언가 바람직한 상태를 가리킨다. 그 바람직한 상태(즉 복지)란 인간이 각종 사회적 위험으로부터 안전하고 행복하게 살 수 있는 삶의 모습으로 요약된다. 이 복지를 사회적(즉 집합적)인 방법으로 추구하는 것이 사회복지의 의미이다. 따라서 사회복지는 목표와 방법을 동시에 포함하는 개념이라고 하겠다.

그렇다면 지역사회복지는 두 가지 의미를 갖는 것으로 이해할 수 있다. 첫째는 지역사회라는 구체적 영역 안에서의 사회복지를 가리킨다. 이것은 사회복지의 대상이 지역사회라는 말이다. 실천적인 관점에서 본다면, 사회복지사의 실천 영역이 지역사회라는 말과 같다. 둘째, 사회복지를 구현하는 방법이 지역사회임을 가리킨다. 다시 말해서, 지역사회가 사회복지의 실천 수단이라는 뜻이 된다. 이것은 뒤에 언급할 지역사회 보호에서 가장 분명하게 나타나는 경우이다. 이것을 정리하면 다음과 같다. "지역사회복지는 각종 사회적 위험이 사라진 안전하고 행복한 지역사회의 상태를 지칭하는 동시에, 이러한 상태를 실현하기 위한 지역사회 수준에서의 모든 노력을 의미한다." 이것이 넓은 의미에서의 지역사회복지의 개념이다.

반면에, 좁은 시각에서의 지역사회복지는 지역사회 구성원들의 문제와 욕구를 해결하거나 예방하기 위해 수행하는 사회복지사들의 전문적 활동이라고 정의할 수 있다. 이와 같은 정의는 지역사회복지를 사회복지학의 전문 영역으로 설정하는 경우에서만 가능하다. 그러나 지역사회복지를 사회복지학의 독점적인 영역으로 설정하는 것은 무리가 아닐 수 없다. 역사적으로 보아도, 지역사회의 복지를 증진하기 위한 노력은 각계의 전문적 활동은 물론 다양한 비전문적 활동을 포함해 왔다. 이러한 점을 감안할 때, 지역사회복지는 넓은 의미의 개념으로 이해하는 것이 타당하다.

2) 지역사회복지 실천의 의미

지역사회복지와 마찬가지로 지역사회복지 실천이라는 용어 역시 한국식 조어의 하나이다. 문제는 양자의 차이를 엄격히 구분하기가 쉽지 않다는 점이다. 예컨대 지역사회복지라는 개념에도 활동과 실천의 의미가 포함되어 있다. 그렇다면 굳이 지역사회복지 실천이라는 별도의 용어를 사용할 필요가 있는지 의문이 든다. 이런 문제를 해결하기 위해서는 지역사회복지를 특정한 상태를 의미하는 정적인 개념으로만 사용하고, 그것을 이루기 위한 모든 노력과 활동을 지역사회복지 실천으로 표현하는 것이 좋다. 즉 지역사회복지는 정적인 개념, 지역사회복지 실천은 동적인 개념으로 이해한다면, 동어반복의 모순은 해결될 수 있으리라 본다.

한편, 영어권 국가에서는 지역사회복지라는 말을 거의 쓰지 않듯이 지역사회복지 실천이라는 용어도 쓰지 않는다. 지역사회복지 실천에 상응하는 영어권의 용어로는 지역사회 실천(community practice), 지역사회 사업(community work), 지역사회 개입(community intervention) 등이 있다. 이 책에서는 이 용어들과 지역사회복지 실천을 사실상의 동의어로 간주하여 특별한 구분 없이 사용할 것이다.

영어 문헌들은 지역사회 실천을 사회복지 실천 기술을 갖춘 사회복지사들의 거시적 실천(macro-practice)의 일환으로 비교적 좁게 해석하는 경향을 보인다. 여기서 거시적 실천이란 "조직이나 지역사회에 계획된 변화를 가져오기 위한 목적으로 전문가(곧 사회복지사)가 주도하는 개입"을 말한다(Netting et al., 2011). 이 밖에도 여러 영어권 학자들이 다음과 같은 정의를 내리고 있다.

> 지역사회가 자신의 욕구와 목적을 밝혀내고, 그것의 우선순위를 정하고, 그것을 성취하겠다는 자신감과 의지를 키우며, 그것에 대처하는 데 필요한 자원을 찾아내어 행동에 옮기는 과정이다. 그렇게 함으로써 지역사회 안에서 협력적이고 협동적인 자세와 실천을 넓히고 발전시킬 수 있다(Hardcastle, Wenocur and Powers, 2011).

> 지역사회 사업(community work)은 비전문가들의 전문성(expertise)과 어렵고 불리한 상황에 놓인 대중의 역량을 높이는 데 헌신하는 전문 활동(profession)이다. 그렇게 함으로써 대중은 집합적 상황에 대해 더 많은 통제력을 가질 수 있게 된다. 지역사회 활동가(community workers)는 지역사회의 여건과 기회를 개선하기 위해 애쓰는 사람들을 격려하고 지원한다. 당장의 목표는 대개 생활환경, 주택, 고용 기회 등의 개선과 같이 구체적인 것들이다. 근본 목표는 주민들의 자신감과 기술 그리고 지역사회의 자생적 조직력을 높여서 활동가들이 떠난 뒤에도 이 능력을 지속적으로 사용하고 전파할 수 있도록 도와주는 것이다(Popple, 1995).

독자들은 이와 같은 정의가 모두 전문 사회복지사에 의한 지역사회복지 실천을 염두에 두고 내린 것임을 기억해야 한다. 그러나 현실에서의 지역사회복지 실천이 반드시 전문가, 그것도 사회복지사에 의해서만 이루어지는 것은 아니다. 대부분의 사회복지사들이 직접 서비스의 전달에 치우쳐 있는 한국의 경우에는 더욱 그러하다. 엄밀히 말한다면, 한국의 지역사회복지 실천(특히 지역사회 조직화)은 아직도 사회복지의 고유 영역으로 주장하기조차 어려운 상황이다. 따라서 이 책에서는 지역사회복지 실천을 사회복지사들의 전문 활동으로만 국한하지 않고 지역사회복지의 증진을 위한 모든 전문적·비전문적 활동으로 이해하되, 가급적 사회복지사들의 전문 활동에 초점을 맞추려고 한다.

지역사회복지 실천을 어떻게 이해하든 간에 지역사회는 다음 두 가지의 성격을 갖는다. 첫째는 지역사회가 사회복지 실천의 환경 또는 맥락(context)이라는 점이다. 사회복지사는 사회적 진공 상태에서 일하는 것이 아니라 특정한 지역사회의 틀 안에서 일을 하게 되어 있다. 이것은 매우 당연한 사실인 것처럼 보이나 많은 사람들이 의외로 이 점을 지나치는 경우가 많다. 이 환경·여건의 여하에 따라 사회복지사의 실천 활동은 바람에 돛을 단 듯 원활하게 펼쳐질 수도 있고, 아니면 여러 가지 걸림돌을 만나 지지부진하게 될 수도 있다. 가령 중산층이 모여 사는 보수적인 지역사회에 노숙인을 위한 쉼터 같은 것을 설치하려고 할 때, 지역사회의 동의를 얻는 일이 결코 간단하지 않을 것이다.

지역사회는 또한 사회복지 실천의 대상(target) 또는 클라이언트(client)가 되기도 한다. 사실, 사회복지 실천의 본질은 사회 환경을 바꾸는 작업이다. 지역사회복지 실천은 그 대상이 지역사회라는 점만이 다를 뿐, 다른 사회복지 실천과 본질적으로 다르지 않다. 이러한 경우에 사회복지사의 실천 활동은 지역사회의 부정적인 요소나 모습을 변화시키기 위한 노력으로 정리할 수 있다. 앞에 예시된 지역사회의 경우에 사회복지사는 해당 지역사회를 주어진 현실(즉 환경)로 받아들이고 그 안에서 최선의 결과를 얻기 위해 노력할 수도 있고, 반대로 지역사회 자체를 바꾸려고 시도할 수도 있다. 결국, 지역사회를 하나의 환경으로 받아들일 것인지 아니면 변화의 표적(또는 클라이언트)으로 삼을 것인지에 관한 결정은 기본적으로 사회복지사의 판단에 달려 있다고 하겠다.

2. 지역사회복지의 관련 개념

지역사회복지가 한국에서 만들어진 개념이기 때문에, 우리는 이와 유사하거나 관계가 깊은 개념들 가운데 외국 문헌에 자주 등장하는 것들을 짚어볼 필요가 있다. 지역사회복지의 유사 개념이나 동의어 또는 하위 개념으로 널리 쓰이는 것에는 지역사회 조직(community organization), 지역사회 조직화(community organizing), 지역사회 실천(community practice), 지역사회 사업(community work), 지역사회 개입(community intervention), 지역사회 개발(community development), 커뮤니티 빌딩(community building), 지역사회 보호(community care) 등이 있다. 이 개념들이 각각 지역사회복지와 어떠한 관계에 놓여 있는지를 정리하면 다음과 같다.

1) 지역사회 조직 · 조직화

지역사회 조직이라는 용어는 불과 얼마 전까지만 해도 지역사회복지의 대명사처럼 쓰이던 말이다. 그것은 미국에서나 한국에서나 마찬가지였다. 흔히 community organization의 약자인 CO로 알려진 지역사회 조직은 엄밀히 말해 지역사회복지를 실천하는 여러 조직과 기관을 가리키는 용어에 지나지 않는다. 그런데 이 말이 어떻게 지역사회복지의 대명사가 되다시피 하였는가? 그것을 이해하기 위해서는 미국 사회에서 지역사회 조직이 이룩한 여러 가지 성과와 업적을 먼저 이해해야 한다.

제2장에서 자세히 다루겠지만, 미국은 지역사회 조직의 천국이라고 해도 과언이 아닐 정도로 매우 오래 전부터 숱한 지역사회 조직이 다양한 활동을 벌여 왔다. 이렇게 된 데에는 여러 가지 이유가 있겠으나, 다른 선진국에 비해 국가 복지가 잘 발달하지 못한 점과 미국이라는 나라의 성립 과정이 지역사회에 바탕을 두고 이루어졌다는 점이 가장 큰 이유인 것으로 보인다. 이와 같은 상황에서 지역사회가 당면한 문제는 지역사회의 힘으로 해결한다는 원칙 또는 전통이 깊게 뿌리를 내리게 되었고 이 과정에서 지역사회 조직이 활발하게 만들어진 것이다.

특히 지역사회복지를 CO라는 말이 대표하게 된 결정적인 계기는 1960년대에 펼쳐진 '빈곤에 대한 전쟁(War on Poverty)'에 의해 이루어졌다. 이 시기는 미국 사회에서 새롭게 쟁점으로 떠오른 빈곤 문제(특히 흑인 슬럼 지역의 빈곤 문제)를 해결하기 위해 미국 정부가 막대한 인력과 자원을 투입하던 때였다. 이 '전쟁'을 실제로 담당한 주체가 바로 각종 지역사회 조직이었다. 연방 정부가 지방 정부의 개입을 될 수 있는 대로 막고 주로 지역사회 조직에 프로젝트 실천을 맡겼기 때문이다. 이후 지역사회 조직은 양적으로나 질적으로 폭발적인 성장을 보였다. 그 이후로 지역사회복지 실천을 지역사회 조직이라고 부르는 관행이 뿌리를 내렸다. CO라는 말이 지역사회복지의 대명사가 된 것은 바로 이러한 배경에서였다.

1980년대부터 지역사회복지를 가리키는 여러 가지 대체 용어가 만들어지면서 지역사회 조직은 본래의 말뜻을 되찾고 있다. 최근에는 지역사회 조직과 지역사회 조직화를 구분하는 경향이 뚜렷하다. 앞의 것은 지역사회복지를 실천하는 행위 주체(agency)를 의미할 때에만 쓰이고 뒤의 것은 지역 주민들을 조직하여 지역사회 문제를 해결하는 동적인 과정을 뜻하는 말로 쓰인다. 어떤 문헌에서는 지역사회 조직화를 지역사회 행동(community action)으로 부르기도 한다.

지역사회 조직화는 지역사회 구성원이 공통적으로 직면한 문제에 대처하고 그들의 삶에 영향을 미치는 의사결정 과정에서 발언권을 확보하기 위한 집단적인 노력이다. 조직화는 지역사회 구성원으로 하여금 자신들이 직면한 문제의 본질을 이해하도록 돕고 이들이 이 문제에 대항하는 공동의 싸움에 동참하도록 격려하는 과정이라고 할 수 있다(Rubin and Rubin, 2007). 지역사회 조직화의 동력은 기본적으로 지역 주민의 대대적인 참여에서 나온다. 참여하는 인원의 수 자체가 조직화의 표적이 되는 개인이나 집단에게는 압박의 원천으로 작용한다. 조직화는 지역사회 내부의 인물이 리더가 되어 이끄는 경우도 있으나 실제로는 외부 전문가들이 주도하는 경우가 더욱 많다.

역사적으로 볼 때, 지역사회 조직화는 대부분 사회복지라는 학문 실천 영역의 외부에서 진행되어 왔다. 이러한 현상은 사회복지학의 역사가 짧은 한국은 물론 미국에서도 크게 다르지 않다. 더구나 한국의 경우에는 사회복지사들이 대부분 사회 서비스를 제공하는 업무에 종사하고 있기 때문에 지역사회 조직화에서 지역사회복지학의 실천이라는 성격을 기대하기가 더욱 어렵다.

2) 지역사회 실천, 지역사회 사업, 지역사회 개입

이 세 가지 용어는 의미의 차이가 거의 없는 것으로서 지역사회복지 실천과 동일하다고 해도 무방하다. 대부분의 미국 문헌들은 지역사회 실천을 지역사회복지 실천이라는 의미로 쓰고 있다. 가령 웨일(Weil)과 갬블(Gamble)은 지역사회 실천을 사회적 약자와 지역사회의 사회·경제적 삶의 질을 향상시키기 위한 다양한 개입 모델과 방법으로 정의하였다(Weil and Gamble, 2009). 한편, 지역사회 실천이라는 말은 간호학이나 의학 분야에서도 사용하고 있다.

지역사회 사업은 지역사회 실천과 같은 의미로 쓰이지만, 조금 더 미시적인 접근 방법을 가리키는 경향이 있다. 지역사회 사업은 지역사회를 대상으로 사회사업적 지식과 기술 그리고 가치를 적용한다.

지역사회 개입 역시 지역사회 실천 또는 지역사회복지 실천과 동일한 개념으로 이해할 수 있다. 로스만(Rothman, 1996, 2007)의 세 가지 지역사회 개입 모델이 좋은 예이다. 로스만은 지역사회 수준에서의 다양한 실천을 포괄하는 용어로 지역사회 개입이 가장 일반적이고 무난한 용어이지만, 때때로 지역사회 실천이라는 용어도 함께 사용할 것임을 밝히고 있다.

3) 지역사회 개발

지역사회 개발이라는 용어는 여러 가지 학문적·실천적 맥락에서 다양한 의도로 사용되기 때문에 매우 느슨하고 모호한 개념이라고 할 수 있다. 우선 도시 계획이나 개발 경제학 등의 문헌에서는 이것이 주로 지역사회의 물리적 개발을 뜻하는 용어로 쓰인다. 그 중에서도 도로, 공원, 주택과 같은 지역사회의 물리적 인프라를 구축하는 것을 지역사회 개발이라고 표현하는 경향이 짙다. 이와 같은 경향은 특히 개발 도상 국가의 지역사회를 언급할 때 자주 나타난다. 한 걸음 더 나아가, 지역사회 개발은 종종 지역사회의 경제 개발로 여겨지기도 한다. 이러한 관점에서 지역사회 개발은 지역사회에 많은 투자가 이루어지고 경제가 활성화되는 현상을 가리키는 것이다.

반면에, 지역사회복지학에서는 지역사회 개발을 지역사회 구성원들의 사회적 관계를 다루는 문제로 접근하는 경향이 있다. 다음과 같은 견해가 바로 그것이다

> 사람들이 지역사회 내부의 연대 의식을 강화하고 사회적 네트워크를 구축하며 장기적 문제 해결 능력을 제공하는 조직들을 구성할 때, 지역사회 발전(개발)이 이루어진다(Rubin and Rubin, 2007).

여기에서 지역사회 발전(개발)은 하드웨어의 변화를 의미하기보다는 소프트웨어의 변화를 의미한다. 다시 말해서, 지역사회 구성원 사이의 연대감, 상호 신뢰, 공동체 의식 같은 것이 다져지고 지역사회의 문제 해결 과정에 주민들의 참여가 확대되는 현상을 가리킨다. 요컨대 사회 자본(social capital)[1)]이 커지는 현상을 지역사회 발전

(개발)이라고 표현하는 셈이다. 이 책 제5장에 나오는 로스만의 지역사회복지 실천 모델 가운데 지역사회 개발(locality development)도 이와 같은 의미를 담고 있다. 이런 경우에 우리는 영어 'development'를 개발보다는 발전이라는 말로 번역하는 것이 좋다고 본다. 개발이라는 말은 아무래도 물리적으로 부수고 세우는 이미지를 떠올리게 하기 때문이다.

4) 커뮤니티 빌딩

여기에서 독자들은 여타 용어와 달리 유독 커뮤니티 빌딩(community building)만을 한국어로 번역하지 않고 영어 발음을 그냥 한글로 표기한 이유에 대해 의문을 가질 것이다. 그 이유는 다음과 같다. 여기에 쓰인 community라는 단어는 반드시 지역사회를 의미하는 것이 아니다. 경우에 따라 지역사회로 해석할 수도 있지만, 그것보다는 어떤 바람직한 사회적 관계의 특성을 의미하는 경우가 더 많다. 이를 테면, 특정 집단(그것이 지역사회이든 아니면 이해관계를 바탕으로 하는 집단이든 상관없이)의 구성원 사이에 형성된 소속감, 일체감, 연대성, 상호 신뢰 따위의 총합을 커뮤니티라고 표현하는 것이다. Community를 '지역사회'나 '공동체' 등과 같이 특정한 단어로 번역할 수 없는 이유가 여기에 있다.

지역사회 차원에서 커뮤니티 빌딩은 지역사회 구성원 사이의 소속감과 연대 의식을 증대시키려는 실천 활동으로 정의한다(Rubin and Rubin, 2007). 따라서 지역사회 실천으로서 커뮤니티 빌딩은

1) 사회(적) 자본은 물리적 자본(physical capital)과 대비되는 개념으로 사회 구성원들을 묶어주는 사회적 신뢰, 규범, 네트워크 등의 저량(貯量, stock)을 뜻한다. 사회 자본은 전체 지역사회를 튼실하게 만들 뿐만 아니라, 구성원 각자로 하여금 개인적인 어려움을 극복하는 데도 큰 도움을 주는 것으로 알려져 있다.

지역사회 구성원이 서로 '의미 있게' 연결되도록 돕는 작업이라고 할 수 있다. 한편, 커뮤니티 빌딩에 관한 이론적 선구자 중 한 사람인 Mattessich(2008)는 커뮤니티 빌딩을 지역사회의 역량을 증대시키기 위한 일련의 활동이라고 정의한다. 실제로 커뮤니티 빌딩을 지역사회복지의 실천 모델이나 목적으로 사용하려는 사람들은 지역사회의 강점과 자원을 강조하는 경향을 보인다.

커뮤니티 빌딩이 완성된 상태의 지역사회는 다음 세 가지의 특징을 갖게 된다(Anderson and Milligan, 2006). 첫째, 다양한 동네 조직(block associations)이 만들어지고 주민들이 시민으로서의 참여 활동(civic participation)에 적극적이다. 둘째, 안정적이고 지속적인 자원 조직(voluntary association)이 활성화된다. 셋째, 이웃과의 비공식적 상호 작용이 폭넓게 이루어진다.

5) 지역사회 보호

지역사회 보호는 지금까지 언급한 용어들과는 매우 다른 뜻을 지니고 있다. 우리가 앞에서 설명한 용어들은 모두 지역사회를 개선하기 위한 포괄적 접근을 의미하고 있다. 반면에, 지역사회 보호라는 개념은 지역사회 내부의 사회복지 욕구를 지역사회라는 환경 속에서 자원 봉사자를 중심으로 해결하는 특정한 방법을 가리킨다. 즉 지역사회 보호의 기본 목표는 노인이나 장애인과 같은 취약 집단 인구가 지역사회에서의 일상적 삶을 유지하면서도 필요한 사회복지 서비스를 받을 수 있도록 하는 것이다.

원래 지역사회 보호라는 개념은 시설 보호(institutional care)의 반대 개념으로 등장하였다. 영국을 비롯한 서구 복지국가에서 시설 보호의 여러 가지 문제점이 제기되자 그 대안으로 나온 것이 지역사회 보호이다. 여기에서 지역사회라는 말은 서비스 대상자가 살고 있는 집을 포함한 이웃, 동네, 마을 따위를 가리킨다. 이런 의미에서 볼 때, 지역사회 보호는 지역사회복지의 한 방법론으로 이해해도 무방하겠다. 다시 말해서, 지역사회 보호는 지역사회복지와 동일하거나 대등한 개념이 아니라 지역사회복지의 부분 또는 하위 개념으로 보아야 한다는 말이다.

결론적으로, 지역사회복지를 최상위 개념으로 규정할 때, 지역사회 실천과 지역사회 개입은 지역사회복지 실천과 동일한 수준의 개념이며 나머지는 하위 개념들이다. 이 책에서는 지역사회복지를 구현하려는 일체의 사회복지 실천 활동을 가리키는 용어로 지역사회복지 실천과 지역사회 실천 그리고 지역사회 개입을 서로 혼용할 것이다.

3. 지역사회복지의 목적

지역사회복지의 목적은 무엇일까? 이 뜬금없는 물음에 독자 여러분은 벌써 나름대로의 답을 생각했으리라고 믿는다. 아마도 많은 독자들이 이렇게 말할지도 모르겠다. 지역사회복지의 궁극적 목적은 워렌이 말하는 좋은 지역사회(a good community) 또는 펠린이 정의한 역량 있는 지역사회(competent community)를 이루는 것이 아닌가? 물론 그렇다. 그러나 이것은 그야말로 궁극적인 목적이다. 실천 학문의 관점에서는 조금 더 현실적인 목적을 찾지 않을 수 없다.

대부분의 기존 문헌을 살펴보면, 지역사회 문제의 해결, 지역 주민의 임파워먼트, 사회변화 따위가 지역사회복지의 목적으로 제시된다. 하지만 구체적인 현실을 볼 때, 과연 이와 같은 목적이 일관성이 있게 관철되고 있는가? 짐작하건대, 자신 있게 대답할 사람은 그리 많지 않으리라. 즉 목적의 이상과 현실 사이에는 작지 않은 격차가 있다. 이것을 어떻게 이해할 수 있을까?

이 물음에 대한 답을 얻기 위해서는 브래거(G. Brager)와 그의 동료들이 제시한 좀더 구체적이고 체계적인 목적 이론을 살펴볼 필요가 있다(Brager, Specht and Torczyner, 1987). 이들은 지역사회복지의 목적을 전문적 목적(professional goals)과 제도적 목적(institutional goals)으로 나누어 설명하고 있다. 전문적 목적은 전문직업인으로서 사회복지사의 목적을 의미한다. 그것은 사회복지사로 훈련받는 과정에서 체득한 직업적 가치와 윤리에 바탕을 둔다. 대부분의 기존 문헌이 제시하는 지역사회복지의 목적은 바로 이 전문적 목적이다. 그러나 이들은 여기에서 그치고 만다.

브래거와 동료 저자들이 말하는 제도적 목적에서 '제도'란 사회복지사가 일하는 기관과 그것에 연계된 모든 구성 요소 전체를 가리킨다. 기관의 집행부와 이사회, 재정 후원자, 동료 사회복지사, 클라이언트, 지역의 각종 준거 집단 등이 여기에 포함된다. 따라서 제도적 목적은 이 다양한 요소들의 이해관계가 반영된 목적을 말한다. 그것은 경우에 따라 명시적으로 드러나기도 하고 묵시적인 상태로 남아 있을 수도 있다. 전문적 목적과 제도적 목적은 때때로 불협화음을 일으키기도 한다. 우리는 여기에서 사회복지사가 프리랜서(freelancer)로 일하는 경우는 상정하지 않는다. 한국의 현실과는 거리가 멀기 때문이다. 즉 모든 사회복지사는 특정한 조직과 기관에 소속되어 일을 하게 되어 있다. 이런 상황에서 전문 직업인의 윤리와 가치를 관철시키는 것과 조직원으로서 조직의 목적에 따라야 하는 것 사이에 얼마든지 갈등 요소가 발생할 수 있다.

전문적 목적의 내용은 비교적 명료하다. 브래거와 그의 동료들은 그것을 세 가지로 요약하였다. 첫째는 서비스 소비자(클라이언트)

들이 지역사회의 제반 사안과 관련해서 자신들의 역량을 높일 수 있도록 도와주는 일이다. 이 목적은 이른바 클라이언트 임파워먼트(client empowerment)라는 개념으로 요약할 수 있겠다. 둘째, 서비스 조직들이 서비스 소비자들의 욕구에 민감하게 반응하도록 담보하는 것이다. 요컨대 소비자 중심의 서비스 조직을 만들기 위해 노력한다는 것으로 이해하면 된다. 세 번째 목적은 클라이언트의 이익을 해치는 정책과 프로그램의 변화를 도모하는 것으로 부언 설명이 필요 없는 자명한 말이다.

전문적 목적이 전문 직업인인 사회복지사의 개인적 목적이라고 한다면, 제도적 목적은 그가 속해 있는 조직과 제도의 공동 목적이라고 할 수 있다. 브래거와 그의 동료들은 제도적 목적을 균형(안정)과 변화라는 개념을 가지고 설명한다. 이것은 동일 연속선 위에 놓여 있다. 이들에 따르면, 지역사회복지 실천의 제도적 목적은 균형을 지향하는 경우도 있고 변화를 지향하는 경우도 있다 균형이란 기존의 제도와 질서를 유지하면서 서비스의 효율을 높이려는 목적이고 변화는 환경의 근본 변화를 추구하는 목적을 가리킨다.

브래거와 동료 저자들은 균형과 변화의 연속선 위에서 세 가지의 제도적 목적을 설정한다. 통합적 목적(integrative goals), 사회 치료적 목적(socio-therapeutic goals), 그리고 환경 변화 목적(environment-change goals)이 바로 그것이다. 통합적 목적은 기존 제도 안에서 사회적 안정을 추구한다. 이런 목적 아래에서 지역사회 실천의 초점은 기존 서비스의 사용을 극대화하고 서비스 사용자와 제공자 사이의 실용적인 관계를 유지하는 데에 맞추어진다. 조금 더 단순하게 말한다면, 클라이언트가 서비스 기관과 제도에 큰 불만을 가지지 않도록 노력하면서 기존 서비스와 프로그램의 활용을 적극적으로 홍보하는 정도의 목적이라고 할 수 있다.

사회 치료적 목적은 클라이언트를 변화시키는 데 초점을 둔다.

변화의 내용은 두 가지이다. 하나는 사회적이고 다른 하나는 심리적이다. 사회적 변화의 목적은 지역사회 실천에서 클라이언트의 참여와 리더십을 제고하는 노력이다. 심리적인 변화의 목적은 클라이언트의 자기 효능감(self-efficacy)을 높여주는 것이다. 집단의 경우라면, 심리적 변화의 목적은 소속 집단에 대한 자부심을 기르는 일이 된다.

환경 변화 목적은 지역사회에 거주하는 특정 집단(가령 저소득 한부모 가족)의 환경을 개선하는 것으로 요약할 수 있다. 사회 치료적 목적이 사람을 변화하는 데 있다면 이것은 환경과 제도를 바꾼다는 점에서 대비가 된다. 물론 환경 변화의 범위와 내용은 상황에 따라 다양하다. 서비스 전달 체계의 변화와 같은 간단한 행정적 변화에서부터 지역사회 전체의 권력이나 자원의 분배 구조를 바꾸는 거시적 변화를 모두 아우른다.

지역사회복지의 제도적 목적에 대한 브래거와 동료 저자들의 설명 틀은 지역사회복지의 현실을 이해하는 데 적지 않은 도움을 준다. 즉 우리가 바라보는 지역사회복지의 현장, 또 우리가 직접 일하게 될 지역사회복지의 현장이 마냥 이상적인 내용만을 담고 있는 것은 아니라는 점을 우리에게 일깨워준다. 이것은 결국 무엇을 의미하는가? 지역사회복지의 실천이 궁극적으로 이념적 지향과 무관하지 않다는 것을 말하고 있다. 다시 말해서, 지역사회복지 실천은 중립적인 어떤 기술(skill)의 보편적 적용이 아니라, 지역사회를 어떻게 변화시킬 것인가에 대한 이념적 지향 또는 처방인 것이다. 이런 의미에서 지역사회복지를 실천하는 사회복지사들이 분명한 가치와 윤리 그리고 이념적 지향을 지니지 않은 채, 실천 기술에만 매몰되는 일은 매우 위험한 일이 아닐 수 없다.

지역사회복지의 목적이 이념 및 관점과 깊은 관계가 있다는 사실은 지역사회복지의 실천 모델이 다양하다는 사실에서도 드러난다.

이를테면 보수적인 지역사회 조직이 지역사회의 근본 변화를 추구하는 활동(즉 사회 행동)에 나서는 일은 상상하기 힘들다. 마찬가지로 진보적인 지역 운동 단체들은 직접 서비스의 제공보다는 지역사회 조직화에 관심을 두는 경향이 짙다. 따라서 독자 여러분은 지역사회복지의 목적을 다루게 될 때, 이 모든 점을 고려하여 종합적인 판단을 내려야 한다.

3
chapter

지역사회복지의 역사적 전개

역사적으로 볼 때, 지역사회복지는 국가 주도의 사회복지가 확고한 유럽보다는 자원 부문(voluntary sector)을 강조해 온 영어권 국가에서 주로 발달되어 왔다. 그것은 지역사회복지가 여느 사회복지 분야와 달리 민간의 참여가 두드러지게 나타나는 분야이기 때문이다. 특히 미국은 지역사회복지의 실험장이라고 할 정도로 다양한 지역사회복지 실천의 역사를 가지고 있다. 3장에서는 영국과 미국을 중심으로 외국의 지역사회복지가 전개된 과정과 역사적 배경을 살핀 다음, 한국의 경우와 견주어 보기로 한다.

1. 영국에서의 지역사회복지 발달 과정

흔히들 근대 지역사회복지의 효시로 19세기 말엽에 시작된 자선조직 협회(Charity Organization Society, COS)와 세틀먼트[1] 운동

1) 대부분의 국내 문헌들은 settlement house를 인보관으로 번역하고 있는데, 이것은 오늘날 쓰이지 않는 용어이기 때문에 이 책에서는 그냥 세틀먼트로 표기

(settlement movement)을 지적한다. 둘 다 영국에서 시작된 것이다. 당시 영국은 산업화의 선두 주자로 세계적인 경쟁력을 자랑하고 있었지만, 국내적으로는 점증하는 계급 갈등과 빈곤 및 주거 환경 악화 등의 도시 문제로 심한 몸살을 앓고 있었다. 이런 상황을 반영하듯, 사회주의 사상이 들불처럼 번지고 노동운동은 급진주의 성향을 띠게 되었다.

자선 조직 협회와 세틀먼트 운동은 이와 같은 동향에 대한 사회 주류 일각의 구체적인 대응이었다. 이들의 사상적 배경은 자유주의, 프로테스탄트 윤리, 사회 진화론, 낭만주의 등이 뒤섞인 것이었으나, 빈곤을 개인의 책임으로 보는 시각만은 대체로 공유하고 있었다.

1) 자선 조직 협회

최초의 COS는 1869년에 당대의 유명한 낭만주의 예술가였던 러스킨(John Ruskin)의 주도로 런던에 만들어졌다. 러스킨은 런던 COS의 부회장을 맡았을 뿐만 아니라 재정적 지원을 아끼지 않았다. 이름이 가리키는 바와 같이, COS의 기본 목적은 다양한 자선 단체를 조직화해서 빈민에 대한 체계적이고 효율적인 구호 사업을 펼치는 데 있었다. 당시 영국은 '자선의 시대'였다. "런던 자선 단체의 총수입이 유럽 여러 나라 정부의 수입을 합친 것보다 많을 정도"였고, 상당수의 중산층 가구가 자기 소득의 10%를 자선 단체에 기부하고 있었다(Whelan, 2001). 그러나 자선 단체의 난립은 필연적으로 오용과 남용의 문제를 초래할 수밖에 없었다. COS의 설립 동기 자체가 이러한 문제와 직결되어 있었다.[2] COS가 빈민 구호

할 것이다.

2) 런던 COS가 처음 세워질 때의 공식 명칭은 「자선 구호의 조직화와 구걸 행위의 억제를 위한 협회」(Society for Organizing Charitable Relief and Repressing Mendicity)였다. 이름에서부터 빈민에 대한 부정적 시각이 드러난다.

보다는 빈민에 대한 통제에 더 많은 관심을 쏟았다는 비판은 이런 맥락에서 나온 것이다.

COS의 지도자들은 자선의 오용과 남용을 막고 빈민들의 의존 문화를 근절하기 위해서는 구호 신청자의 상황을 면밀히 분석할 필요가 있다고 생각하였다. 그래서 개발된 것이 호별 방문[3]과 케이스워크(casework)이다. 호별 방문자들은 구호를 신청한 본인과 가족은 물론 이들의 집주인, 이웃, 고용주까지도 방문하여 이들의 상황을 가능한 한 총체적으로 파악하려고 노력하였다. 또한 호별 방문의 목적에는 방문자들을 역할 모델(role model)로 활용하여 빈민들의 삶을 변화시키겠다는 의도가 들어 있었다. 호별 방문과 케이스워크는 구호 신청자가 구호를 받을만한 자격이 있는 빈민(deserving poor)인가의 여부를 판단하는 근거가 되었다. 한 자료에 따르면, 1913-14년 사이에 구호를 신청한 빈민들 가운데 45%만이 이런 판정을 받은 것으로 나타났다(Whelan, 2001).

COS의 활동가들은 사회 개혁이 개인의 쇄신으로부터 시작되어야 한다고 믿었다. 이들의 눈에 빈민의 삶은 의존과 자립 사이의 영원한 투쟁으로 보였다. 빈민의 환경과 상황을 문제시하는 것은 이 투쟁을 희석시키는 의도로 여겼다. 이들은 환경을 좋게 만들어 주는 것은 사람의 적응 능력을 훼손하는 조치라고 주장하였는데, 이런 주장에서는 사회적 진화론의 냄새가 짙게 풍긴다. COS 활동가들은 집단으로서의 빈민에 대해 동정심을 보이지 않았다. 그들이 보기에 문제는 개인의 행태이지 사회 구조가 아니었던 것이다. 따라서 자신들은 시혜자요 빈민은 수혜자라는 의식이 철저하였다. COS 활동

3) 대부분의 국내 문헌들이 이 호별 방문을 우애 방문(friendly visit)이라고 번역하고 있는 것은 전체적인 맥락을 모른 채 외국 문헌을 직역하기 때문이다. 당시의 호별 방문은 그 성격상 "우애"와는 거리가 먼 것이었다. COS의 초창기에 호별 방문을 담당한 사람들은 대부분 중·상류층의 여성들로서 빈민에 대해 도덕적 우월감을 지니고 있었다.

가들의 이와 같은 인식과 태도는 빈민들과의 개인적인 관계를 형성하는 데 방해가 되었고, 자립에 대한 지나친 강조까지 겹쳐 COS의 기능을 행정적인 측면에 집중시키는 결과를 낳았다.

2) 세틀먼트 운동

최초의 세틀먼트 가운데 하나인 토인비 홀(Toynbee Hall)은 영국 성공회의 사제인 바넷(Samuel Barnett)에 의해 1884년 런던의 유대인 빈민가에 세워졌다. 토인비 홀은 선교 기관의 측면도 없지 않았으나, 사회 개혁을 추구하는 활동가들의 터전이라는 성격이 더욱 뚜렷하였다. 바넷 자신도 COS에서 활동한 바가 있었지만, 그는 COS의 접근 방법에 비판적 견해를 가지고 있었다. 바넷은 빈민을 돕기 위해서는 빈민 지역에 들어가서 그들과 함께 살며 그들의 사정과 필요를 직접 체험하는 것이 중요하다고 보았다. 바넷은 옥스퍼드와 케임브리지 대학의 학생들에게 빈민 지역에 들어와 빈민들과 함께 살면서 사회 개혁 운동에 동참할 것을 호소하였다.

세틀먼트에 들어와 살게 된 젊은 활동가들은 지역의 빈민들과 어울리며 다양한 프로그램을 펼쳐 나갔다. 프로그램에는 빈민 자조조직의 결성을 돕는 일, 지역 노동자들과 함께 노사문제를 상담·협의하는 일, 주민들에게 글과 예술을 가르치는 일 등이 포함되어 있었다.

세틀먼트 활동가들은, 빈곤의 책임을 개인에게만 돌리려는 COS 활동가들과 달리, 빈곤 문제를 지역사회의 맥락에서 접근하였다. 즉 COS 활동가들이 빈민과의 개별적 접촉을 기피하고 그들을 선도의 대상으로 여긴 것과 대조적으로, 세틀먼트 활동가들은 빈민과의 개별적 관계를 중시하였고 그들을 이웃과 동료로 접근하였다. 세틀먼트 활동가들의 목표는 모든 사회적 갈등의 봉합이었다. 이들이 빈민과의 우정(friendship)과 동료애(fellowship)를 강조한 것은, 그렇게 함으로써 빈부간의 갈등이 완화될 수 있다고 믿었기 때문이다.

토인비 홀은 빈곤 문제에 대한 지역사회 수준의 개입을 확산시키는 데 크게 기여하였다. 19세기가 끝날 무렵에는 30개의 세틀먼트가 영국 곳곳에 세워졌다. 토인비 홀에 거주하며 활동하던 학생들 중에는 뒷날 영국 복지국가의 틀을 만든 베버리지(William Beverage)와 수상이 된 애틀리(Clement Atlee) 등도 포함되어 있다. 그러나 영국의 세틀먼트 운동은 국가가 사회복지를 책임지게 되면서부터 그 영향력이 현저히 줄어들게 된다.

3) 지역사회 행동(community action)의 확산

19세기 말에서 20세기 초에 걸쳐 노동 운동이 드세게 펼쳐지면서 지역사회 행동도 확산되었다. 대표적인 지역사회 행동은 1915년에 글래스고우(Glasgow)에서 일어난 집세 인상 반대 운동이다. 이 운동에는 노동 계급은 물론 일부 중산층 주민까지 합세하였고, 운동의 열기는 다른 도시로까지 퍼져 나갔다. 이 운동의 결과로 집세 제한법(Rent Restriction Act)이 만들어졌다. 한편, 1920년대와 1930년대에는 전국 실업 노동자 운동(National Unemployed Workers' Movement)이 지역사회를 거점으로 맹위를 떨쳤다.

실업의 증가와 공공 주택의 확산은 지역사회 센터(community center)의 설립을 촉진하였다. 지역사회 센터는 실업자와 신흥 주거지 주민들에게 여러 가지 지역사회 서비스를 제공하는 기관이었다. 지역사회 센터를 정부가 앞장서서 건립하게 된 배경에는 전국 실업 노동자 운동이 제공하는 시설과 서비스에 대항하려는 의도가 깔려 있었다. 정부는 이 운동가들이 운영하는 시설을 국가의 안정을 위협하는 것으로 간주하였다.

4) 도시 지역 프로그램과 지역사회 개발 프로젝트

노동당 집권기인 1970년대에 영국의 지역사회복지는 일종의 황금기를 경험하였다. 이 시기를 대표하는 두 가지 지역사회 프로그램은 1968년에 시작된 도시 지역 프로그램(Urban Programme)과 다음 해에 시작된 지역사회 개발 프로젝트(Community Development Projects)이다. 전자의 목적은 도심의 빈민 지역, 특히 유색 이민자들의 집단 거주 지역에서 발생하는 다양한 문제를 해결하는 데 있었다. 후자는 전자의 일환으로서 빈곤 제거 활동이 주된 목적이었다. 도시 지역 프로그램은 1980년대까지 장수하면서 약 4,000개의 자원 봉사활동과 지역사회 프로젝트를 지원하였다.

한편, 지역사회 개발 프로젝트는 빈민의 사회복지에 대한 의존을 줄이기 위해 만들어진 프로그램으로 빈곤을 사회병리학적인 관점에서 접근하였으나, 이 프로젝트에서 일하는 활동가들의 조직적인 반발로 많은 갈등을 겪을 수밖에 없었다. 이들은 정부의 공식적인 빈곤관을 거부하고 문제의 원천이 잘못된 사회 구조에 있음을 지적하였다.

5) 지역사회 보호

1979년에 보수당이 집권하면서 복지국가의 축소는 제일의 국정지표가 되었다. 지역사회 보호(community care)는 이러한 정책의 일환으로 탄생하였다. 정부는 국가의 사회복지 지출을 줄이기 위해 노인과 장애인에 대한 보호를 지역사회의 자원 부문에 떠넘기는 정책을 펼쳤다. 물론 이념과 관계없이 시설 보호(institutional care)

에 대한 비판은 1960년대부터 일기 시작하였고, 비판자들의 대부분이 지역사회 보호를 선호한 것이 사실이다. 그러나 지역사회 보호 모델이 영국에서 크게 힘을 얻을 수 있었던 것은 우파의 장기 집권과 결코 무관하지 않다.

지역사회 보호는 비전문가인 지역 주민에 의해 이루어지는 노인, 장애인, 어린이 등에 대한 도움, 지지, 보호를 포괄하는 개념이다. 지역사회 보호의 무대는 일상의 삶이 펼쳐지는 집이나 지역사회이다. 결국, 지역사회 보호는 지역사회 안에서(care in the community) 지역사회에 의해(care by the community) 제공되는 사회복지 서비스를 가리킨다. 이 가운데 우파가 강조하는 것은 지역사회에 의한 보호이고, 시설 보호의 비판자들이 선호하는 것은 지역사회 안에서의 보호로 서로의 강조점이 다르다. 그러나 최근에는 양자의 구분이 모호해지고 지역사회 보호 모델이 지닌 이념적 요소도 약화되는 추세를 보인다.

6) 실업 문제에 대한 지역사회 수준의 개입

1980년대부터 실업, 특히 장기 실업 문제를 지역사회 수준에서 해결하려는 여러 가지 시도가 이어지고 있다. 이러한 시도는 복지국가 재편 과정과 체계적으로 연결되어 있다. 구체적으로 말하면, 장기 실업자들의 복지 의존을 끊고 이들을 노동시장에 (재)편입시키려는 의도가 깔려 있는 것이다. 이 과정에서 지역사회가 중심 역할 또는 터전을 제공하도록 하는 것이 정부의 의도이다.

1982년에 시작된 지역사회 프로그램(Community Program, CP)이 최초의 그런 시도라고 할 수 있다. 사실상 영국 최초의 근로연계복지(workfare) 프로그램인 CP는 미국의 지역사회 근로 경험 프로그램(Community Work Experience Program)과 여러 모로 흡

사했다. 복지 급여는 프로그램의 참여와 연결되어 있었고, 프로그램 운영은 자원 봉사조직이나 지역 당국이 맡았다. CP는 1990년대 초반에 지역사회 행동(Community Action)이라는 프로그램으로 바뀌었다.

2. 미국에서의 지역사회복지 발달 과정

미국 지역사회복지의 효시는 영국과 마찬가지로 자선 조직 협회와 세틀먼트 운동이다. 영국의 경우에는 국가 복지가 발달하면서 자원 부문 중심의 지역사회복지가 퇴조하였지만, 미국의 지역사회복지는 지속적으로 발전해 왔다. 미국의 COS와 세틀먼트 운동은 사회복지 대학/학과 창설 과정에서 촉진제 역할을 하기도 하였다.

1) 자선조직협회

미국 최초의 COS는 거어틴(Stephen Gurteen) 목사의 주도로 1877년 뉴욕 주 버팔로(Buffalo)에 설립되었다. 영국에서와 마찬가지로 COS의 주된 임무는 수많은 빈민 구호 단체의 업무를 조정하는 동시에 빈민들의 구호 의존을 근절하는 것이었다. 당시의 미국 역시 자선 단체의 난립과 빈민 구호의 중복 그리고 이에 따른 빈민들의 구호 의존에 대해 심각한 반성과 비판이 제기되고 있었다. COS의 지도자들은 이러한 문제를 해결할 수 있는 유일한 방법으로 호별 방문을 통한 사실 확인을 제시하였다. 정확한 조사와 평가를 거치지 않은 채 구호를 제공하는 것은 의사가 진단을 하지 않고 처방을 하는 것과 마찬가지라는 것이 이들의 생각이었다. COS의 지도자들은 이렇게 하는 것이 "과학적 자선"이라고 믿었다.

호별 방문을 담당했던 사람들은 대부분 상류층 여성들이었다. 이들은 도움을 요청한 빈민들의 집을 개별적으로 방문하여 필요한 자료를 수집한 다음, 이것을 바탕으로 도움을 받을 자격이 있는 사람(the worthy)과 그렇지 않은 사람(the unworthy)을 구분하였다. 방문자들의 목적은 단지 조사에만 있는 것은 아니었다. 이들은 빈민들에게 자립과 근면의 가치를 훈계하는 일도 잊지 않았다.

또한 미국의 COS는, 자선 단체의 조정에 치중했던 영국 COS와 달리, 다양한 사회 문제의 해결 과정에도 개입하였다. 임대 주택에 관한 법과 제도의 개혁, 결핵 퇴치 사업, 청소년 전담 법원의 신설, 아동 보육 프로그램의 제공 등이 대표적인 사례들이다.

COS는 개인주의와 자유방임주의가 지배하는 미국에서 다양한 활동을 전개했지만, 영국의 COS가 지녔던 문제점들을 똑같이 드러냈다. 가장 심각한 문제는 빈민에 대한 COS 활동가들의 내재된 도덕적 우월감이었다. 방문자들은 자신들의 방문을 '우애 방문'(friendly visit)이라고 주장하면서도, 빈민들을 자신들과 동등한 인격체로 여기지 않았다. 빈곤을 개인의 도덕적 결함에서 발생한다고 보았기 때문이다. 그 결과로 COS 방문자들에 대한 빈민들의 태도 역시 냉소적일 수밖에 없었다. 이러한 상황이 깊어지자 호별 방문을 담당할 중·상류층 자원 봉사자들의 수가 점점 줄어들어 유급 방문자들의 비중이 커지게 되었다. 유급 방문자들과 직원들의 증가는 COS의 전문성을 높이는 데는 어느 정도 기여했으나, 장기적으로는 관료화 문제를 야기하여 빈민들과의 개인적 관계 형성이라는 COS의 초기 이상은 크게 퇴색하였다.

한편, 상당수 개혁 지향적인 사람들은 COS에 대해 매우 비판적인 견해를 가지고 있었다. 예컨대 뒷날 미국 세틀먼트 운동의 실질적 지도자가 된 제인 애덤스(Jane Addams)는 "COS의 호별 방문자들이 차갑고 인색한 사람들이며, 그들의 '과학적 자선'은 부정적인 사이비 과학에 지나지 않는다고 강도 높게 비판하였다(Trattner, 1994). 심지어 "동냥이 아니라 친구를!(not alms but a friend)"이라는 COS의 구호를 빗대어 "동냥도 안 주고 친구 노릇도 안 한다(neither alms nor a friend)"라고 비꼬는 사람들까지 나타났다.

이러한 비판 속에서도 자신들의 태도를 견지하던 COS 지도자들은 역설적으로 호별 방문에서 얻은 수많은 자료를 통해 빈곤의 원인이 결코 개인의 잘못만은 아니라는 사실을 발견하게 되었다. 그 결과로 COS 자체가 변화의 길을 모색하는 계기가 되었을 뿐만 아니라 세틀먼트 운동과 같은 빈곤 문제에 대한 새로운 접근 방법이 나타나기도 하였다.

2) 세틀먼트 운동

영국에서 토인비 홀이 문을 연 지 2년 뒤 뉴욕(New York)에 미국 최초의 세틀먼트가 세워졌다. 이보다 3년 뒤인 1889년에 제인 애덤스가 후일 미국 세틀먼트의 대명사가 된 헐 하우스(Hull House)를 시카고 빈민가에 세웠다. 헐 하우스는 애덤스가 만든 원칙에 따라 네 분야(사회적, 교육적, 인도주의적, 시민 생활)에 걸쳐 서비스를 제공하였다(Harkavy and Puckett, 1994). 여기에는 대학 공개 강좌, 문맹 퇴치 활동, 민속 축제, 공중 목욕탕, 여름 캠프, 유치원 등 오늘날의 지역사회 복지관이 제공하는 서비스가 망라되어 있었다. 뿐만 아니라, 헐 하우스는 노동조합의 활동 공간이나 각종 사회 문제에 대한 토론의 장으로도 이용되었다. 세틀먼트의 이와 같은 활동은 현대 사회복지학의 그룹워크(group work)가 이어받고 있다.

헐 하우스를 비롯한 세틀먼트는 미국 전 도시에 급속도로 퍼져 나가 1900년경에는 100개가 넘었고, 1911년에 이르면 전국적으로 400개가 넘는 세틀먼트가 도시의 각종 문제와 씨름하고 있었다. COS의 지도자들이 당대의 부유층·상류층 인사들로 구성되었던 것과 달리, 세틀먼트의 지도자들은 주로 중산층 출신의 대졸 여성이 대부분이었다. 이들의 사상적 기반은 사회진화론보다는 자유주의와 개신교 사회 복음(social gospel)에 뿌리를 두고 있었다.

세틀먼트 활동가들은, 빈민들의 구호 의존 문제에 초점을 맞추었던 COS 활동가들과 달리, 빈곤 해결 자체에 관심을 집중하였다. 또한 세틀먼트 활동가들은 빈민에 대한 COS의 온정주의적 태도를 비판하고 빈민과의 동등한 관계 형성을 강조하였다. 그러나 이들은 급진적인 사상과 방법에는 동조하지 않았다. 세틀먼트 활동가들의 궁극적 목적은 만연한 계급 갈등과 노사 갈등을 지역사회 수준에서 조정 또는 봉합하여 사회적 조화를 이루는 것이었다. 일부의 진보적인 활동가들은 지역사회 수준을 넘어 도시 전체와 주(state) 그리고 전국적인 수준에서 빈민 지역 임대 주택 문제의 개선, 학교 간호사 채용, 아동 노동 금지, 노동자 권리 증진 등을 포함하는 사회 개혁 운동을 펼쳐 나갔다.

세틀먼트 활동가들이 보여준 COS와의 차별성과 다각적인 사회 개혁 노력에도 불구하고, 빈민 지역의 환경이 크게 변하거나 빈민들의 사회적 힘이 성장한 것은 아니었다. 그것은 세틀먼트 활동가들이 빈곤 문제의 근본 원인을 지적하는 일에는 소극적이었기 때문이다. 이들의 초점은 사회 문제였지 정치나 경제적 쟁점이 아니었다.

세틀먼트 운동의 또 다른 한계는 문제 해결 방식이다. 이들은 주민 참여를 극대화하는 것보다는 필요한 서비스를 제공하는 일에 중점을 두었다. 가령 빈민 지역의 임대 주택 문제만 하더라도, 세틀먼트 활동가들은 빈민들과 함께 해결 방안을 찾기보다는 정부나 집주인과 같은 기득권 세력에게 호소하는 방법을 택했던 것이다. 이것을 실용주의적 접근이라고 보아 긍정적으로 평가하는 견해도 있으나, 이와 같은 상의하달(top down) 방식은 주민들의 외부 의존도를 오히려 강화하는 결과를 낳았다. 이것은 세틀먼트 활동가들이 내세운 동등한 관계 형성이라는 목표와 거리가 먼 것으로, 엘리트주의의 성격을 벗어나지 못했다는 비판을 받는다(Fisher, 1994).

3) 지역 공동 모금 제도

20세기가 시작된 이후 각양각색의 사회 운동과 사회복지 기관이 우후죽순처럼 생겨나면서 모금 활동에 대한 여러 가지 논란이 제기되었다. 논란의 핵심은 모금 창구의 단일화와 회계의 투명성 문제였다. 1차 세계 대전 기간 중에 전시 구호 사업이 늘어나자 모금 문제를 둘러싼 논란은 더욱 커지게 되었다. 지역 공동 모금 기관(community chest)은 이러한 배경 속에서 등장하였다.

지역 공동 모금 기관을 만드는 데 결정적인 역할을 한 사람들은 기업가와 같은 거액 기부자들이었다. 이들은 기부를 요청한 기관들을 조사하기 위해 지역의 상공회의소로 하여금 자선 승인 기관(charity endorsement bureau)을 만들도록 하였다. 자선 승인 기관은 복지 기관의 기준을 세워 이 기준에 따라 개별 기관을 평가한 다음, 평가에 통과한 기관을 지원해 주도록 상공회의소 회원과 대중에게 권고하였다. 그러나 자선 승인 기관의 역할은 사회복지 기관의 자율성을 침해할 가능성이 높았기 때문에 많은 비판이 제기되었다. 이러한 비판에 직면하여 새롭게 제도를 개선한 것이 지역 공동 모금 기관이다. 지역 공동 모금이라는 이름을 처음으로 사용한 지역은 뉴욕 주의 로체스터(Rochester)로 1919년의 일이었다.

지역 공동 모금 제도는 대체로 보수적인 성격을 보여 온 것으로 평가된다. 기부자들의 영향력 아래에 놓여 있는 지역 공동 모금 기관들이 지역사회 조직화와 같은 사회 개혁 프로그램보다는 서비스 제공 사업을 위주로 지원하였기 때문이다.

4) 앨린스키 방식의 지역사회 조직화

미국 지역사회 조직화의 역사에서 앨린스키(Saul Alinsky)의 이름은 특별한 자리를 차지하고 있다. 1930년대 말부터 시카고(Chicago)의 노동자 거주 지역에서 시작된 앨린스키의 지역사회 조직화는 오늘날에도 지역사회 조직화의 중요한 모델로 여겨진다. 대학에서 고고학과 범죄학을 공부한 앨린스키는 청소년 연구소의 연구원으로 일하면서 지역사회 조직화의 중요성을 깨닫는다. 아울러 그는 당시의 급진적 노동 운동 조직이었던 산업 조직 회의(Congress of Industrial Organization, CIO)[4]에서 조직 활동가로 자원 봉사를 하면서 다양한 대결 전술을 익히게 된다.

앨린스키의 가장 큰 성과는 시카고 도축장 인근의 노동자 거주 지역에 BYNC(Back of the Yards Neighborhood Council)라는 주민 조직을 만들어 그들이 당면한 각종의 사회 문제를 풀어 나가는 한편, 미국 전역에 민주적인 지역사회 조직을 확산시키는 데 기여한 일이다. 또한 그는 산업 지역 재단(Industrial Areas Foundation)을 세워 조직 활동가를 양성하는 일에도 힘을 쏟았다.

오늘날 앨린스키 모델로 불리는 그의 주민 동원 방식은 주민을 일 대 일로 접촉하는 것이 아니라, 지역사회 내의 기존 조직들을 묶어서 지역사회의 다양한 문제와 싸우도록 하면서 조직가는 조언자의 역할을 맡는 방법이다. 시카고 BYNC의 경우에도 이 방식이

4) 나중에 미국노동연맹(American Federation of Labor)과 합쳐서 현재의 미국 노총(AFL-CIO)을 이루게 됨.

사용되었는데, 앨린스키는 지역 주민에 대한 영향력이 막강했던 가톨릭 사제와 같은 기존의 지역 조직 지도자들을 중심으로 지역사회를 조직해 나갔던 것이다.

앨린스키가 지역사회 조직화에서 사용한 전술은 실용주의적이면서도 매우 과격하여 당시는 물론 지금까지도 그에 대한 평가가 엇갈리고 있다. 그의 전술을 요약하면, 대결과 갈등에 기초를 둔 지역 주민의 직접 행동만이 결과를 얻을 수 있다는 주장이다. 그가 사용했고 주장했던 전술은 대부분의 지역사회 조직화 교과서에서 여전히 중요한 모델로 다루고 있다.

5) 「빈곤에 대한 전쟁」과 지역사회 조직화

1960년대는 미국을 포함한 전 세계가 일종의 사회 혁명을 경험한 시기였다. 미국의 경우를 보면, 흑인들의 민권 운동을 비롯하여 학생 운동, 반전 운동, 대항 문화 운동(counter culture movement)의 물결이 전국을 휩쓸면서 흑인과 빈민들의 곤궁한 삶이 사회적 쟁점으로 부각되었다. 마이클 해링턴(Michael Harrington)은 자신의 저서 「또 하나의 미국(*The Other America*)」에서 약 4천~5천만 명 정도의 미국인이 빈곤의 악순환에 갇혀 있다고 주장하였다. 풍요로운 사회를 자부하던 미국인들에게 그것은 충격이 아닐 수 없었다.

미국 정부의 '빈곤에 대한 전쟁'(War on Poverty) 선포는 이러한 맥락에서 시작되었다. 빈곤에 대한 전쟁은 엄청난 돈과 수많은 인력을 투입한 대규모의 사회 개발 프로젝트로 1930년대의 뉴딜 프로그램을 능가하였다. 그러나 빈곤에 대한 전쟁과 '위대한 사회'(Great Society)[5] 정책의 가장 큰 특징은 투입된 돈과 인력의 규모가 아니라 주민 참여를 강조하는 지역사회 프로그램이라고 하겠다. 그것은 거의 실험에 가까운 정책이었다.

그 중에서도 지역사회 행동 프로그램(Community Action Program, CAP)은 "가능한 한 최대의 참여"를 내세운 민주당 정부의 이상을 가장 잘 드러내는 프로그램이었다. CAP는, 과거의 연방 정부 프로그램과 달리, 지역사회의 주민들을 조직화하여 자신들이 당면한 문제를 직접 해결하도록 유도하는 방식을 사용하였다. 이 과정에서 지방 정부는 대부분 배제되고 연방 정부의 자원이 주민들에게 직접 전달되었다. 지방 정부 관리들이 주민 운동과 지역사회 조직에 대해 부정적인 견해를 지니고 있었던 것이 지방 정부 배제의 중요한 이유 중 하나였다.

CAP는 전국적으로 펼쳐졌지만, 흑인과 빈민 지역에서 더욱 활발하게 진행되었다. 특히 흑인 민권 운동가들은 CAP를 풀뿌리 대중을 조직하는 장치로 활용하였다. 일부 대도시에서 CAP 활동가들은 지방 정부 관리를 비롯한 지역의 기득권 세력에 대항하여 드세게 공세를 취했다. 이런 지역에서의 CAP는 서비스 전달보다는 지역사회를 대변하고 조직하는 일에 진력하였다. 이것은 정부가 기대하고 예상했던 수준을 뛰어넘는 것으로 정치권 전체에 위기감을 불러일으킬 정도였다.

6) 보수주의로의 회귀와 지역사회 개발

1968년에 공화당 소속의 닉슨 대통령이 취임하면서 「빈곤에 대한 전쟁」을 포함한 민주당의 자유주의적 사회정책은 대부분 종말을 고하게 된다. CAP도 마찬가지였다. 이 프로그램은 명목상 지금도 존속하고 있으나, 주민 참여를 강조하던 성격은 거의 사라진 상태이

---

5) 미국의 제36대 대통령 존슨(Lyndon Johnson)이 재임 기간(1963-69) 중 펼쳤던 국내 개혁 정책에서 내세운 구호.

다. 더구나 1980년대부터 레이건(Ronald Reagan)으로 대표되는 극우 보수 세력이 장기 집권을 하면서 도시 지역에 대한 연방 정부의 재정 지원이 급격히 줄고 상당수의 공공 서비스가 민영화되자, 앨린스키 방식의 대결 전술이 별다른 효과를 거두지 못하게 되었다. 대결 전술을 통해 지방 정부로부터 얻을 수 있는 것이 그다지 많지 않았기 때문이었다. 이와 같은 사태 변화는 지역사회 조직들로 하여금 사적 부문 및 지방 정부와의 동반자 관계에 관심을 가지지 않을 수 없게 만들었다. 그 결과 지역 주민 임파워먼트를 강조하던 1930년대와 1960년대의 지역사회 조직화는 자연히 합의를 중시하는 방향으로 바뀌게 되었다. 아울러 지역사회 조직화의 관심도 지역사회 개발 쪽으로 옮겨가고 있다.

'지역사회 개발 공사'(Community Development Corporation, CDC)는 이러한 변화를 상징하는 조직이다. CDC는 원래 1960년대의 빈곤에 대한 전쟁 시기에 등장하여 저소득층 밀집 지역의 주거 개선에 주력하던 비영리 조직이었다. 그러나 1980년대부터 정부의 재정 지원이 줄어들면서 민간 기업과의 동반자 관계를 통해 새로운 활로를 모색하게 되었다. CDC의 주력 사업은 저소득층을 위한 저가의 주택을 건설하는 일이다. 실제로 연방 정부가 지원하는 주택 건설 사업의 10% 이상을 CDC가 차지하는 것으로 알려졌다(Kingsley et al., 1997). 최근에는 주택 건설뿐만 아니라 고용 창출과 범죄 문제 등을 포괄하는 종합적인 지역사회 개발에까지 관심을 넓히고 있다.

그러나 CDC에 대한 비판도 적지 않다. 무엇보다도 중요한 지적은 CDC가 지역사회 조직으로서의 성격을 잃어버리고 일종의 기업 조직처럼 되어가고 있다는 것이다. 전문성이나 경영의 중요성을 강조하다보니 대중 조직으로서의 모습이 크게 퇴색되었다는 비판이다. CDC가 보수주의의 물결 속에서 활로를 찾아 온 사실을 감안할 때,

이것은 충분히 예견된 결과라고 하겠다.

1990년대부터는 '포괄적 지역사회 변화 운동'(Comprehensive Community Initiative, CCI)이라고 하는 새로운 형태의 합의 중심 모델이 주목을 받고 있다. 이것은 CDC처럼 지역 주민과 기업 그리고 정부의 협력을 강조하지만 지역사회의 다양한 쟁점에 대해 포괄적이고 장기적인 전략으로 접근한다는 점에서 CDC와 차별성을 보인다. CCI가 지역 주민을 조직하는 과정에서 강조하는 것은 포괄성과 커뮤니티 빌딩이라는 두 가지 원칙이다(Kubisch et al., 2002). 포괄성의 원칙은 지역사회의 문제를 모든 측면에서 동시에 접근한다는 뜻을 담고 있다. 지역사회의 문제는 복합적인 성격을 지니고 있음으로, 특정한 측면에서의 접근만으로는 해결할 수 없다는 인식에서 나온 원칙이다. 커뮤니티 빌딩은 리더십과 사회 자본(social capital) 그리고 인적 네트워크를 강화하는 차원에서의 주민 참여를 중시한다. 커뮤니티 빌딩의 궁극적 목표는 지역사회의 문제 해결 역량(community capacity)을 키우자는 것이다.

3. 한국에서의 지역사회복지 발달 과정

근대 사회복지의 역사가 짧은 한국에서 지역사회복지의 역사를 되돌아보는 것은 간단하지만 의미 있는 일이다. 해방 이후 사실상 황무지와 다름없던 한국의 지역사회복지가 반세기만에 눈부신 성장을 거듭하여 이제 제도적 틀이 거의 다 갖추어졌기 때문이다. 이 책에서는 산업화가 시작된 1960년대 이후의 발달 과정에 초점을 맞추기로 한다. 또한 직접 서비스 기관의 발달 과정에만 치중하고 있는 다른 책들과 달리, 지역사회 조직화의 발달 과정을 비교적 소상히 다룰 것이다.

1) 직접 서비스 기관의 발달

한국의 근대적 직접 서비스 기관은 일제 강점기에 외국인 개신교 선교사들에 의해 시작된 것으로 알려져 있다. 그러나 태화여자관을 비롯한 이런 기관들은 선교와 계몽에 초점을 두었기 때문에, 근대적 의미의 직접 서비스 기관으로 보는 데는 논란의 여지가 많다. 오히려 일제가 설치한 서울의 인보관들이 현대 사회복지관의 모습에 더 가깝다고 할 수 있다. 일제는 인보관을 통해 생활 지도, 직업 소개, 생활 자금 대부, 개인 상담 등의 사업을 실시한 것으로 전해진다.

해방 이후 한국전쟁을 거치면서 외국의 원조 기관들이 전쟁고아들을 위한 시설 보호와 빈민 구호 활동에 주력하면서 지역사회복지의 초보적인 틀이 마련되었다. 그러나 1957년에 이화여대 부설 사회복지관이 건립된 이래 1970년대까지 몇 개의 대학 부설 사회복지관이 더 세워졌을 뿐, 사회 전체적으로는 지역사회복지에 대한 인식 자체가 전무하다시피 하였다.

사회복지관이 양적으로 급증하게 되는 계기는 1980년대에 만들어진다. 정부가 제5차 경제 사회 개발 계획을 추진하면서 경제 성장 위주의 개발을 지양하고 사회 개발에 대한 관심을 표명하면서부터였다. 1983년에는 사회복지사업법이 개정되어 사회복지관 운영에 국고 보조가 시작되었고, 1988년에는 영구 임대 아파트 단지에 사회복지관을 의무적으로 짓도록 하였다. 그 결과 1987년에 27개소에 지나지 않던 사회복지관은 오늘날 거의 모든 지역에서 사회복지 서비스를 제공하는 핵심 기관으로 성장하였다.

2) 지역사회 개발로서의 새마을 운동

새마을 운동은 1970년대의 한국 사회를 특징짓는 중요한 사건이다. 또한 새마을 운동에 대한 평가는 극단적인 비판에서 극단적인 찬사까지 그 스펙트럼이 대단히 넓다. 그 이유는 새마을 운동의 향방이 유신 체제의 형성 및 몰락과 궤를 같이 하였다는 역사적 사실과 밀접한 관계가 있다. 널리 알려져 있듯이, 새마을 운동의 시작은 유신 체제의 서막을 예고한 성격이 짙었고, 1979년에 유신 체제가 종말을 고하자 새마을 운동의 동력은 일시에 사라지고 말았다. 따라서 박정희 정권의 유신 체제에 비판적인 사람들은 새마을 운동에 대해서도 부정적으로 보는 경향이 강하고, 반대로 박정희 정권을 긍정적으로 보는 사람들은 새마을 운동을 높게 평가한다.

(1) 배경

새마을 운동은 1970년 4월, 대통령 박정희가 "농촌의 생활환경을 바꾸는 새마을 가꾸기 사업"을 제창함으로써 시작되었다. 그 해 겨울 정부는 전국의 마을마다 일률적으로 시멘트 335 포대를 나누어 주면서 각 마을이 하고 싶은 일을 자유롭게 하도록 하였는데, 말하자면 이것이 새마을 운동의 첫 사업이었다. 농민들의 반응은 예상 외로 높아서 정부는 1971년 겨울부터 본격적인 농촌 개발 사업에 착수하였다. 농촌 개발 사업을 시작한 첫 번째 요인은 도시와 농촌 간의 소득 격차였다. 도농 간의 격차가 벌어지는 배후에는 1960년대의 노동 집약적인 공업화 정책이 있었다. 정부는 저임금을 이용한 노동 집약적 공업화 정책을 경제 성장의 토대로 삼았기 때문에, 농산물 가격의 통제는 도시 근로자의 저임금을 유지하는 데 필수적인 요소로 여겨졌다. 그 결과로 가뜩이나 어려운 농민의 삶은 갈수록 피폐해지고 있었고, 상당수의 농민이 서울을 비롯한 대도시로 이주하여 이른바 도시 빈민층으로 전락하는 신세가 되었다.

박정희 정권이 농촌 개발에 관심을 갖게 된 또 하나의 요인은 1970년대 초의 정치적 상황이었다. 박정희는 1969년의 3선 개헌을 거치면서 도시에서의 지지율이 급격히 떨어지고 각계의 정치적 저항을 거세게 받고 있었다. 박 정권은 이 어려운 상황을 타개할 수 있는 통로로 농촌을 주목하였다. 공화당의 주요 정치 기반인 농촌에서의 지지율을 높여야 정권 유지가 가능했기 때문이었다.

새마을 운동은 이러한 상황에 놓인 박정희 정권의 필요와 부합되는 것이었다. 농촌의 생활환경이 좋아지면 정권에 대한 지지율도 저절로 높아질 수 있으리라는 것은 충분히 예상할 수 있는 일이었다. 게다가 새마을 지도자를 양성하는 과정 자체가 정권 유지를 위한 기간요원을 양성하는 것이나 마찬가지였으니 박정희 정권이 새마을 운동에 심혈을 기울인 것은 당연하였다.

(2) 내용과 방식

새마을 운동은 근면, 자조, 협동을 기본 이념으로 내걸고 생활환경 개선, 소득 증대, 정신 개혁을 추구하였다. 새마을 운동은 경쟁적·선별적 방식으로 진행되었으며, 이 과정에서 적지 않은 성과를 거둔 것이 사실이다. 예컨대 정부는 새마을 사업의 기본 단위인 마을을 발전 단계에 따라 기초 마을과 자조 마을 그리고 자립 마을로 나누었는데, 이것이 새마을 운동의 성과를 가늠하는 지표로 사용되었다. 가장 높은 발전 단계인 자립 마을이 되기 위해서는 간선 도로 완성, 지붕과 담장 개량 80% 이상, 마을 기금 100만 원 이상 확보, 농외소득 사업 개발 추진 등 10가지 요건을 갖추어야 했다 (내무부, 1981). 어느 정도는 과장된 자료로 보이지만, 이 내무부 자료에서는 시작 당시 7%에 불과하던 자립 마을의 비율이 1979년에는 97%까지 높아졌다고 주장한다.

박정희 정권은 새마을 운동을 체계적으로 추진하기 위한 의사결정 기구로 중앙 협의회를 필두로 한 행정 단위별 협의회를 만들었고, 중앙 정부에서 각 마을에 이르기까지 집행을 담당하는 새마을 담당 공무원을 두었다. 일선의 담당 공무원은 매주 적어도 두 번 이상 담당 마을을 순회하면서 새마을 운동의 상황을 점검하였다. 새마을 운동의 시행 단위는 이름이 가리키듯 마을이었다. 마을이 효과적인 시행 단위가 되기 위해서는 유능한 마을 지도자가 많이 요구되었다. 따라서 새마을 지도자의 양성은 새마을 운동의 핵심 과제 가운데 하나였다. 1979년까지 약 2만 4천명의 새마을 지도자가 배출된 것으로 알려진다.

새마을 운동은 비록 정부의 강력한 주도로 펼쳐진 사업이긴 하였지만, 마을 주민의 자율성이 완전히 무시된 것은 아니었다. 정부는 새마을 운동의 과정에서 농민의 자발성을 끌어내기 위해 많은 노력을 기울였다. 예컨대 사업 선정은 전적으로 마을 총회에서 이루어졌다. 물론, 정부는 사업의 승인 과정을 통해 전체적인 사업 방향을 통제하였다.

(3) 평가

새마을 운동은 농촌(후에는 도시로 확대됨)의 물리적 인프라를 구축하는 것을 일차적인 목표로 삼았다. 농로 확장, 지붕 개량, 경지 정리 등이 대표적인 사업이었다. 그리고 이 목표는 어느 정도 이루어졌다고 평가할 수 있다. 소득 증대 사업 역시 적지 않은 성과를 거둔 것으로 보인다. 즉 경제 개발이라는 측면에서 볼 때, 새마을 운동은 긍정적인 평가를 받을 만하다.

그러나 지역사회 개발의 궁극적 목표는 특정한 과업을 달성하는 데에 있는 것이 아니다. 지역사회 개발의 핵심 목표는 지역사회 내부의 사회적 관계를 양적으로 확대하고 질적으로 높이는 것이며, 그 것의 전개 방식은 민주적 의사결정과 사회 자본(social capital)의 확대에 바탕을 두어야 한다. 이런 점에서 새마을 운동은 분명한 한계를 가지고 있었다. 그것은 박정희 정권의 정치적 동기에 의해 시작되었기 때문에 눈에 보이는 결과에 치중할 수밖에 없었다. 새마을 운동은 지역사회의 민주주의와 사회 자본을 키우는 일에는 무관심하였을 뿐만 아니라, 오히려 종종 걸림돌이 되곤 하였다.

3) 지역사회 조직화의 형성과 발전

(1) 1970년대: 지역사회 조직화의 맹아기

1970년대는 박정희 정권의 독재 정치와 강력한 공업화 정책이 '조국 근대화'라는 지배 이데올로기로 포장되어 기승을 부리던 시기였다. 그러나 성장 제일주의와 급격한 도시화의 그늘에서는 수많은 도시 빈민들이 나날의 생존을 위협받고 있었다. 이들의 좌절과 분노는 간헐적으로 폭발하여 정권은 물론 사회 전반에 엄청난 충격을 가하였다. 평화시장 재단사 전태일이 열악한 근로조건에 항의하여 분신자살한 사건(1970년)과 광주(지금의 경기도 성남) 대단지 사건(1971년)[6]은 그 중 대표적인 사건이었으며, 이후의 빈민 운동에 기폭제가 되었다.

1970년대의 이러한 상황은 역설적이게도 지역사회 실천을 활성화하는 결정적 계기로 작용하였다. 특히 지역사회 조직화는 바로 이

6) 광주 대단지 사태는 박정희 정권의 강제 이주 정책에 따라 서울에서 경기도 광주군으로 쫓겨난 수만 명의 철거민들이 생존권 보장을 요구하며 벌인 집단 시위 사건이다. 이들은 관공서에 불을 지르고 관용차를 탈취한 다음 서울 진입을 시도하다가 군과 경찰에 의해 진압되었다. 당시 정부와 언론은 이들의 시위를 '폭동'으로 규정하고 간첩의 사주를 받은 것처럼 사실을 왜곡했으나, 실상은 도시 빈민들이 자신들의 생존권을 지키려는 처절한 몸부림이었던 것이다.

시기에 시작되어 1980년대 이후의 '대폭발'을 준비하고 있었다고 해도 과언이 아니다. 그러나 1970년대의 지역사회 실천은 사회복지사나 사회복지학계와는 아무런 관계가 없는 현상이라는 점도 기억해야 한다. 이 시기의 지역사회 실천을 주도한 사람들은 대부분 그리스도교적 배경을 지니고 있었다. 또한 미국식 지역사회 조직화의 기법을 도입한 것도 바로 이들이었다.

1970년대에 서울을 중심으로 지역사회 조직화가 뿌리를 내릴 수 있게 된 것은 가톨릭과 개신교가 합동으로 크리스천 사회 행동 협의회를 결성하면서부터이다. 이 협의회는 역시 양쪽이 공동으로 연세대학교 안에 설립한 도시 문제 연구소를 통해 사실상 한국 주민 운동의 산실 노릇을 하였다.[7] 도시 문제 연구소에는 앨린스키로부터 주민 조직화 기법을 배운 미국인 목사가 파송되어 한국의 활동가들을 훈련시켰다. 훈련 과정에서 앨린스키와 함께 프레이레(Paolo Freire)의 민중 교육론을 배운 활동가들은 서울의 각 빈민 지역으로 들어가 주민들을 각성시키고 조직하는 사업을 펼쳐 나갔다.

그럼에도 불구하고 1970년대의 지역사회 실천의 특징을 지역사회 조직화라고 규정하기에는 한계가 있다. 무엇보다도 주민들의 자각과 주체적 역량이 절대적으로 부족했기 때문이다. 아울러 이 시기의 활동이 야학, 탁아소, 어머니 교실과 같은 직접 서비스의 제공이나 주민 교육에 치중했다는 한계도 염두에 두어야 한다.

(2) 1980년대 : 빈민 지역 운동의 대폭발

1980년대는 민주화의 실패와 신군부에 의한 광주 학살이라는 민족사적 비극을 안고 시작되었다. 한편, 사회·경제적인 측면에서 1980년대는 절대 빈곤 대신 빈부 격차와 상대적 빈곤의 문제가 새

7) 자세한 내용은 다음 자료를 참고하시오. 한국 주민 운동 정보교육원. 2001. 「한국 주민 운동 30주년 기념 워크숍」. 2001. 10. 24-27. 서울 마리스타 수도원.

로운 쟁점으로 떠오른 시기였다. 그러나 지역사회 실천의 측면에서 본다면, 그 어느 시기보다 역동적인 지역사회 조직화가 펼쳐진 시기로 평가할 수 있다.

이 시기에 지역사회 조직화가 역동적으로 펼쳐질 수 있었던 가장 큰 이유는 우선 풍부한 활동 인력의 덕분이었다. 민주화 투쟁에 힘을 쏟았던 상당수의 학생들이 빈민 지역으로 들어와 주민들을 의식화하는 쪽으로 방향 전환을 하였다. 급진적 사회과학 이론으로 무장한 이들은 종교계가 주도하는 주민 운동을 넘어서려는 의도를 가지고 있었다. 특히 이들은 사건 중심으로 지역을 옮겨 다니기보다는 한 지역에 장기간 거주하면서 주민들의 자체 역량과 리더십을 개발하는 일에 힘을 쏟았다. 한편, 종교계 쪽에서도 1970년대의 전통을 이어받아 지역 중심의 빈민 사목 활동을 적극적으로 펼쳐 나갔다.

이와 같은 노력은 탁아소, 공부방, 민중교회 등의 활동 공간을 거점으로 진행되었다. 이러한 '센터' 중심의 활동은 주민들의 구체적인 생활 욕구를 일정 부분 채워주면서 동시에 주민 의식화 프로그램을 전개하는 데 매우 효과적이었다. 1980년대 중반 이후 '센터'의 수가 늘어나자 자연히 지역간 연대의 움직임이 활발해졌다. 지역사회 탁아소 연합회(지탁연)는 이 시기에 시작된 지역간 네트워킹 작업의 대표적인 사례이다.

1980년대 지역사회 조직화의 또 다른 흐름은 주로 빈민 지역의 철거 반대 투쟁을 매개로 이루어졌다. 이 철거 반대 투쟁은 앞에서 언급한 '센터' 중심의 지역사회 조직화와 달리 해당 지역의 주민들이 직접 주도하였다. 삶의 근거를 송두리째 박탈당하는 상황에서 주민들이 앞장을 서게 된 것은 사실 당연한 일이었다.

1980년대는 철거와 재개발의 시기라고 해도 과언이 아닐 만큼 서울을 비롯한 대도시 곳곳에서 빈민 지역에 대한 대대적인 재개발 사업이 시행되었다. 정부가 내세운 명분은 도시 환경 정비와 양질의 주택 공급이었지만, 본질은 자본의 논리에 따른 공간 상품화 정책이었다. 그 결과로 수많은 도시 빈민들이 삶의 토대를 잃어버리는 고통을 겪었다.

대표적인 철거 반대 투쟁은 서울 목동에서부터 피어올랐다. 1983년 정부는 목동 신시가지 조성 계획을 발표하였다. 당시 목동 주민들은 1970년대의 서울시 판자촌 정리 사업에 따라 강제 철거를 당하고 이곳으로 이주해서 살던 사람들이었다. 정부는 이들에게 공영개발 방식으로 저렴한 주택을 제공하겠다고 약속했다. 하지만 이 약속은 곧 거짓임이 드러난다. 목동 재개발 사업은 현지 주민의 입주를 사실상 불가능하게 만드는 부동산 투기장으로 변하고 만 것이다.

목동 주민들은 앨린스키(Alinsky) 방식의 대결 전술을 사용하면서 무려 3년간에 걸쳐 정부의 대책 없는 강제 철거에 맞서 싸웠다.[8] 이 기간 동안 주민들은 100회 이상의 가두시위, 4차례의 고속도로 점거, 야당 당사 점거 농성, 15회의 시청 진입 투쟁 등의 격렬한 저항을 전개하였다. 한편, 내부적으로는 공권력의 진입을 막기 위해 철야 경비조와 지역 대기조를 구성했으며, 주민 자체의 조직 체계를 정비하여 장기적인 투쟁 준비를 갖추었다.

목동 주민들의 끈질긴 투쟁은 정부가 대규모의 공권력을 투입하면서 종말을 고하였다. 그러나 목동 개발 저지 투쟁은 결코 실패가 아니었다. 주민들이 정부로부터 얻어낸 구체적인 '양보안'도 물론 의미가 있었지만, 그 보다 더 중요한 것은 목동 투쟁이 이후의 철거 반대 투쟁에 주요 동력이 되었다는 사실이다. 즉 사당동과 상계동

8) 자세한 내용은 다음 자료를 참조하시오. 전국 철거민 협의회 중앙회. 2003. 『철거민 운동 변천사』(www.nccmc.org).

을 필두로 한 이후의 숱한 철거민 투쟁은 목동 투쟁의 성과에 크게 고무되었던 것이다. 더욱이 이와 같은 철거 반대 투쟁은 주민들을 크게 각성시키고 조직화 작업을 촉진시키는 결정적인 여건을 조성하였다.

그렇다고 해서 1980년대의 철거 반대 투쟁이 주민들의 자체 역량에 의해서만 전개된 것은 물론 아니다. 주민 운동의 배후에서는 천주교 도시 빈민회나 기독교 도시 빈민 선교 협의회 등의 단체가 이들의 저항 명분을 옹호하고 주민들의 조직화를 도와주었으며, 많은 대학생들이 이들과 함께 연대 투쟁을 벌여 나갔다. 이러한 끈질긴 싸움의 결과로 서울시는 드디어 1989년에 세입자를 위한 영구 임대 주택 건설 계획을 발표하게 된다.

(3) 1990년대 이후 : 지역사회 실천의 다양화

1980년대 후반부터 시작된 정치적 민주화는 민간 정부가 잇달아 들어서면서 제도적 정착 단계에 진입한다. 정치적 민주화의 정착과 현실 사회주의의 붕괴로 체제 도전적인 변혁 운동의 열기가 급격히 식으면서 온건한 시민 운동과 지역 운동에 대한 관심이 높아지게 된다. 특히 지역 운동은 가히 전성시대를 맞았다고 할 정도로 다양한 분야에서 펼쳐졌다. 여기에는 1990년대 초에 시작된 지방자치도 한 몫을 한 것으로 보인다. 이러한 움직임은 이른바 세계화 담론에 대한 대항 명제로 지역의 중요성이 부각되면서 더욱 활발해졌다.

1990년대 이후의 지역사회 실천은 다음과 같은 특징을 보이고 있다. 첫째, 빈민 지역을 중심으로 한 지역사회 조직화가 퇴조하고 새로운 쟁점을 앞세운 지역사회 조직화가 급격히 증가하는 추세이다. 이것은 1980년대 이래의 도시 재개발 사업이 서울을 비롯한 대도시의 빈민 밀집 지역을 대부분 제거해 버린 사실과 밀접한 관계가 있다. 즉 지역사회 조직화의 대상이 사라지고 있는 것이다. 반면에, 사회복지나 환경 문제처럼 이른바 새로운 사회 문제를 둘러싼 쟁점 중심의 지역사회 조직이 크게 늘어나고 있다. 이와 같은 현상은 생활수준이 높아지면서 삶의 질에 대한 사회 전반의 관심이 증대하는 현실에서 기인하는 것으로 보인다.

둘째, 1980년대에 번성했던 대결적 지역사회 조직보다는 합의 지향적 지역사회 조직(consensus-oriented community organization)의 비중이 점점 커지고 있다. 이들은 지역사회 구성원들의 합의를 바탕으로 지역사회의 삶의 질을 제고하기 위한 구체적인 사업을 펼치는 한편, 지역의 사회 자본을 확대하는 일에도 관심을 기울이고 있다. 최근에 널리 퍼지고 있는 지역 화폐 운동(또는 지역 품앗이 운동)이 좋은 예이다.

셋째, 사회복지가 확대되면서 지역·주민 운동의 활동 영역이 사회복지 체제 내부로 들어가는 현상이 나타났다. 이러한 현상은 지역·주민 운동과 사회복지 운동의 경계선을 모호하게 하였다.

마지막으로 지역·주민 운동의 지지를 받은 후보들이 지방 자치단체(지자체)의 장으로 등장하면서 운동 세력과 지차제의 협력 구조가 만들어지는 경우도 많아지고 있다. 또한 지역복지 협의체를 비롯한 각종 위원회가 생겨나 운동 세력과 지자체 사이의 논의가 빈번해졌다.

제 2 부

지역사회복지의 실천 이론과 방법

제2부에서는 지역사회복지를 실천하는 데 토대가 되는 이론과 주요 방법 그리고 기술 등을 소개한다. 그 중에서 4장은 지역사회 실천과 관련된 여러 관점과 이론을 다루고 있다. 5장은 지역사회 실천의 주요 유형을 설명하는 장이다. 6장은 지역사회복지 실천의 과정을 자세히 소개하고 있다. 제2부의 하이라이트라고 해도 과언이 아니다. 7장에서는 지역사회복지를 실현하는 데 쓰이는 주요 실천기술을 정리하였다. 이것은 6장과 더불어 제2부의 핵심을 이룬다.

4
chapter

지역사회복지의 실천 관점과 이론

지역사회복지의 실천 활동에 종사하는 사회복지사나 기타 활동가들은 두 가지 차원의 이론적 영향과 안내를 받는다. 하나는 지역사회 실천의 토대를 이루는 관점(perspective)이고 다른 하나는 지역사회를 설명하는 구체적인 이론(theory)이다. 관점에는 가치(value)와 견해(view)가 내재되어 있다. 이러한 관점은 지역사회 실천가로 하여금 지역사회의 제반 현상을 체계적으로 이해할 수 있도록 돕는다. 그러나 관점은 지역사회의 제반 현상에 대해 인과 관계를 설명하지는 않는다. 그것은 이론의 몫이다. 이론은 지역사회가 어떻게 기능하고 제반 현상의 배후에 어떠한 논리와 인과 관계가 작용하는가에 대해 설명한다.

관점과 이론은 서로 유기적으로 연결되어 있다. 어떤 사회복지사가 특정한 관점에서 지역사회를 바라보고 있다면, 그는 십중팔구 이 관점과 친화적인 특정 이론으로 지역사회를 설명하려는 경향을 보일 가능성이 높다. 그러므로 지역사회에서 활동하는 사회복지사는 어떠한 관점을 갖는 것이 지역사회에 도움이 될 것인가에 대해 늘 진지하게 고민을 할 필요가 있다.

1. 지역사회복지 실천의 주요 관점

지역사회 실천의 주요 관점으로는 결핍 관점(deficit perspective), 임파워먼트 관점(empowerment perspective), 강점 관점(strength perspective) 관점 등이 있다.

1) 결핍 관점

결핍 관점(deficit perspective)은 말 그대로 지역사회의 부족한 점이나 결핍 요소에 초점을 맞춘다. 따라서 지역사회를 문제(problems)와 욕구(needs)를 중심으로 생각하는 경향이 있다. 즉 지역사회는 해결해야 할 문제가 쌓여 있고 충족시켜야 할 필요나 욕구가 많기 때문에 이것이 사회복지사의 선결 과제라고 생각하는 관점이 결핍 관점이다. 결핍 관점에 따르면, 이러한 문제와 욕구를 해결할 수 있는 자원과 역량이 지역사회 내부에는 결핍(deficient)되어 있으므로 외부의 도움과 전문가의 개입은 필수적일 수밖에 없다.

결핍 관점은 마치 의사가 환자를 대하듯 지역사회를 인식하기 때문에 의료 모델(medical model) 또는 병리학적 관점(pathological perspective)으로도 불린다. 이러한 관점에서 볼 때 지역사회는 병에 걸린 환자와 유사한 상태에 놓여 있다. 환자가 병을 치료하고 건강을 회복하기 위해서는 유능하고 전문적인 의사의 도움이 필요한 것처럼 지역사회 역시 문제를 해결하려면 외부 전문가의 개입이 필요하다는 것이다.

결핍 관점은 오랫동안 지역사회 실천 분야를 지배해 왔다. 지역사회를 연구하는 사회과학자들과 실천가는 물론, 각종 사회 서비스 기관과 후원 기관들도 결핍 관점에 깊게 물들어 있었다. 실제로 지역사회를 (해결해야 할) 문제와 (결핍된) 욕구를 중심으로 접근하는 시각은 현실적이고 구체적인 자료를 통해 개입의 목표와 타당성을 제시하기가 쉽다. 또한 이렇게 현실적이고 구체적인 자료는 후원 기관이나 언론 매체의 지원을 받을 가능성을 높인다. 이것은 다시 연구자와 활동가의 결핍 관점을 강화하는 결과로 이어진다. 이러한 과정이 반복되면서 지역사회의 문제와 욕구가 연구자, 활동가, 후원 기관 등 모든 외부 관계자들의 존재 이유를 제공하게 되는 것이다.

그러나 결핍 관점은 본질상 심각한 문제점을 안고 있다. 가장 심각한 문제점은 지역사회를 서비스의 대상으로 인식하는 견해 그 자체이다. 결핍 관점은 지역사회의 결핍 요소에 초점을 맞추기 때문에 부족한 것을 채우는 일에 집중할 수밖에 없고 지역사회의 근본적인 변화나 지역사회 발전에는 별다른 관심을 기울이지 않게 된다. 따라서 결핍 관점에 바탕을 둔 지역사회 실천은 문제에 직면한 지역 주민의 생존 전략에 치중하면서 지역사회 전체의 에너지를 동원하여 지역사회를 변화시키려는 경로를 회피하는 경향을 보인다 (Kretzmann and McKnight, 1993). 지역사회의 결함에 초점을 맞추는 결핍 관점은 지역사회의 내재적 강점이나 자원을 가벼이 여기기가 쉽고 종국에는 지역사회의 외부 의존을 심화시키는 결과를 초래할 가능성이 크다.

2) 임파워먼트 관점

임파워먼트 관점(empowerment perspective)은 권력 관계를 중심으로 지역사회에 접근한다. 임파워먼트 관점에 따르면, 지역사회는 모든 면에서 불평등한 권력 관계가 지배하고 있다. 이 관점에서 볼 때, 지역사회의 근본 문제는 자원 배분과 의사결정에서의 불평등으로부터 시작된다. 그러므로 권력 관계의 불평등을 해소하거나 완화하는 것이 임파워먼트 관점의 주된 관심사이다(Freire, 1970; Gutierrez, 1995).

그렇다면 임파워먼트란 무엇인가? 임파워먼트는 자신의 삶과 환경에 대해 아무런 영향력을 행사할 수 없는 무력한 상태를 벗어나 자신이 원하는 바에 따라 자신의 삶과 환경을 적절하게 통제할 수 있는 상태로 전환하는 과정으로 정리할 수 있다. 임파워먼트의 결과로 개인은 자기 효능감(self-efficacy)이 증대하는 반면에 자기 비난(self-blame)은 감소한다(Gutierrez, 1995).

지역사회 수준에서의 임파워먼트는 지역 주민의 삶에 중대한 영향을 미치는 요소와 의사결정에 대해 지역 주민이 하나의 집합체로서 통제력을 증대시키는 과정으로 요약된다(Sadan, 2004). 집합체로서의 지역사회 주민이 목표 설정 단계에서 결과에 대한 평가에 이르기까지 의사결정의 모든 과정에 주체적으로 참여할 수 있을 때, 비로소 지역사회 임파워먼트가 온전히 이루어진다.

임파워먼트 관점에 입각해서 지역사회 실천에 종사하는 사회복지사나 활동가는 다음과 같은 점을 염두에 둔다. 첫째, 지역사회에 영향을 미치는 사회·정치적 환경에 대해 비판적 분석이 필요하다. 둘째, 지역 주민에 대해서는 평등과 상호성을 바탕으로 적극적인 협력 관계를 유지한다. 셋째, 지역사회의 자급자족(self-sufficiency)과 상호 의존성(interdependence) 사이에서 적절한 균형에 도달해야 한다.

3) 강점 관점

강점 관점(strength perspective)은 결핍 관점에 대한 비판에서 출발한다. 지역사회에 부족한 것이 무엇인가에 초점을 맞추는 결핍 관점과 달리 강점 관점은 지역사회가 지닌 자산과 역량에 관심을 기울인다. 강점 관점의 기본 가정은 모든 개인 또는 지역사회에는 고유의 강점이 있다고 본다. 강점 관점은 이 강점이 문제 해결의 열쇠가 된다고 생각한다. 아울러 외부 전문가가 도우려고 하는 지역사회 주민들 자신이 바로 그들의 삶에 대한 최고의 전문가라는 점에 주목한다. 강점 관점에서 사회복지사나 외부 전문가의 역할은 지역 주민들로 하여금 자신의 강점과 자원을 찾아내 자신들의 문제 해결에 잘 활용할 수 있도록 돕는 것이다(McKnight and Kretzmann, 1996; Saleebey, 2009).

사회복지학에서 강점 관점을 이론적으로 집대성한 연구자 가운데 하나인 Saleebey(2009)에 따르면, 강점 관점의 원리는 다음과 같다. 첫째, 모든 개인과 집단 그리고 지역사회에는 고유한 강점이 있다. 이것은 그들의 삶의 질을 개선하는 데 밑천이 된다. 둘째, 각종 문제와 질병은 고통과 상처를 주기도 하지만 도전과 기회의 원천이 되기도 한다. 셋째, 강점을 발견하는 일은 사회복지사와 클라이언트의 협력 과정이다. 넷째, 모든 환경은 자원을 풍부하게 가지고 있다.

이러한 원리를 바탕으로 하는 지역사회 실천은 지역사회에 현존하는 자원·자산(주민의 역량, 각종 조직과 기관 등)을 찾아내는 일로부터 시작된다. 그러므로 강점 관점에서 출발하는 지역사회 실천은 본질적으로 지역사회 내부에 초점을 맞춘다(Kretzmann and McKnight, 1993). 다시 말해서 강점 관점에 바탕을 둔 지역사회 실천은 무엇보다도 지역 주민, 조직, 기관 등의 의제 설정 능력과 문제 해결 역량에 집중한다. 이렇게 지역사회 내부에 초점을 모으는 것은 외부의 도움이나 개입이 필요하지 않다는 뜻이 아니라 문제 해결 과정에서 지역사회의 주도권을 강조하기 위함이다.

강점 관점은 1990년대 이후 사회복지 실천에 폭넓게 적용되어 왔으나 이에 대한 비판이 없는 것은 아니다(Gray, 2011). 무엇보다도 개인과 지역사회의 역량에 초점을 두다 보면 지역사회 내부 역량을 과대평가하고 문제의 심각성을 간과하기가 쉽다. 특히 내부 역량의 강조는 자조(self-help)와 자기 책임을 중요한 덕목으로 여기는 결과를 초래할 가능성이 크다. 이것은 문제의 원인을 구조적 불평등이 아닌 개인과 지역사회 자체에서 찾으려고 하는 신자유주의적 사고방식과 다르지 않다. 또한 강점 관점의 토대 위에서 이루어진 사회복지 실천이 과연 효과적인 것이었는지에 대한 경험적 증거가 부족하다는 지적도 자주 나온다.

2. 지역사회에 관한 주요 이론

지역사회 실천에 적용할 수 있는 주요 이론에는 체계 이론, 생태 이론, 갈등 이론, 교환 이론, 자원 동원 이론, 사회 구성주의 등이 있다. 이 가운데 갈등 이론, 교환 이론, 자원 동원 이론, 사회 구성주의는 권력 관계 이론으로 함께 묶어 소개한다.

1) 체계 이론

(1) 체계 이론의 골자

체계 이론은 원래 공학과 생물학에서 발달한 이론으로 오늘날에는 사회과학에서도 널리 쓰인다. 뿐만 아니라 '체계'(system)란 말은 우리의 일상생활에서 필수적인 용어의 하나로 뿌리를 내린 지 이미 오래이다. 가령 정치 체계(체제), 경제 체계, 의료 전달 체계 따위는 우리가 흔히 쓰는 말이다.

체계는 "특정한 목표를 달성하기 위해 상호 작용을 하는 물체나 요소의 집합"으로 정의할 수 있다. 이 때 상호 작용 관계에 있는 물체나 요소들은 각기 분리되어 있으면서도(즉 독립된 부분들이면서도) 하나의 전체(whole)를 이룬다. 예를 들어 가족도 하나의 체계이다. 가족은 가족 구성원으로 이루어진다. 이들은 개별적인 존재이지만 밀접하게 상호 작용을 하면서 가족이라는 전체를 유지해 나긴다. 이렇게 독립적으로 존재하면서도 유기적으로 상호 작용을 하는 부분들을 체계 이론에서는 하위 체계(subsystems)라고 한다.

체계 이론에 따르면, 체계는 다음과 같은 특징을 가지고 있다. 첫째, 전체는 부분의 합보다 크다. 이 말은 각 부분이 모여 상호 작용을 하며 이루어내는 전체로서의 체계가 부분의 단순 총합과는 질적으로 다른 상위 체계임을 강조하고 있다. 사람의 몸을 예로 들어보자. 인체 역시 하나의 체계이다. 인체에서는 뇌, 팔다리, 장기 등의 여러 가지 하위 체계들이 고유한 기능과 특성을 지니면서 상호 작용을 한다. 그런데 사람 몸을 하나의 전체로서 살펴보면, 부분의 단순 총합과는 확연히 구분되는 특성과 논리를 발견할 수 있다. 요컨대 사람은 뇌, 팔다리, 간, 심장 따위를 단순히 '모아놓은' 집합체가 아니라는 뜻이다. 이렇게 전체로서의 체계가 만들어내는 에너지를 흔히 시너지(synergy)라고 한다.

둘째, 체계의 구성 요소들은 밀접하게 상호 작용을 하고 있기 때문에 어느 한 곳에서 변화가 일어나면 나머지 모든 요소에서도 변화가 일어나게 된다. 이러한 변화에 대해 체계 전체는 일정한 조정과 적응 과정을 거치면서 새로운 균형 상태에 도달한다.

셋째, 모든 체계는 다른 체계와 구분되는 독자 영역을 갖는데, 이 영역을 가르는 기준이 경계(boundary)이다. 이 경계 너머의 모든 영역이 체계의 환경에 해당된다. 가족의 예를 다시 든다면, 가족이라는 체계의 경계 너머에 존재하는 학교나 지역사회는 가족체계의 환경이 되는 것이다. 여기에서 주의할 점은 체계의 정의나 경계의 기준이 절대불변의 것이 아니라 분석자의 주관에 따라 얼마든지 달라질 수 있다는 사실이다. 예컨대 부모가 이혼한 다음 한쪽 부모와 사는 자녀의 경우 가족이라는 체계의 경계는 어떻게 설정해야 하는가? 현재 자녀와 함께 살고 있지 않는 다른 한쪽 부모는 가족체계의 경계 밖에 존재하는 것으로 이해해야 할 것인가? 아니면, 경계 안쪽의 존재로 인정해야 하는가? 이것은 분석자 또는 관찰자의 주관에 따라 달라질 수밖에 없는 문제이다.

경계와 관련된 개념으로 중요한 것 가운데 열린 체계(open system)와 닫힌 체계(closed system)가 있다. 앞에서 이미 말했듯이, 체계는 경계라는 기준에 의해 독자적인 영역을 유지한다. 하지만 외부 환경으로부터 자원과 정보 유입이 원활하게 이루어지기 위해서는 이 경계가 적절한 유연성을 지녀야 한다. 이처럼 느슨하고 유연한 경계를 바탕으로 외부 환경과 끊임없이 교류하는 체계를 열린 체계라고 하며, 그렇지 않은 체계를 닫힌 체계라고 부른다. 대부분의 사회 체계는 열린 체계라고 할 수 있으나 간혹 닫힌 체계도 발견된다. 이를테면 지역사회와의 상호 작용을 거부한 채 고립된 생활을 고집하는 특수 종교 집단 같은 경우가 대표적인 닫힌 체계이다. 장기적으로 볼 때 닫힌 체계는 지속되기 어렵다. 본질적으로 체계는 생존과 발전을 위해 외부 환경과 교류해야 하는 동시에 그것에 적응해 나가야 하기 때문이다.

자 이제 체계 이론을 우리의 관심사인 지역사회에 적용해 보도록 하자. 지역사회는 사회 체계의 대표적인 보기라고 할 수 있다. 사회 체계 이론의 선구자로 꼽히는 파슨즈(Talcott Parsons)에 따르면, 사회 체계는 다음 네 가지의 필수 기능을 수행한다.[1)] 첫째는 체제 유지(pattern maintenance) 기능이다. 이것은 사회 체계의 형식과 내용을 유지하기 위한 기능인데, 이런 기능의 대표적인 보기로는 사회화(socialization)를 들 수 있다. 두 번째 필수 기능은 통합(integration)으로 하위 체계간의 알력과 갈등을 조절하는 데 초점을 맞춘다. 세 번째 기능은 목표 달성(goal attainment)이다. 이것은 장기적인 목표를 설정하고 그것을 달성하기 위해 여러 가지 과업을 수행하는 기능을 가리킨다. 마지막으로 적응(adaptation) 기능이다. 적응은 목표 달성을 위해 필요한 자원을 외부 환경으로부터 획득하고 사용하는 기능을 뜻한다. 지역사회 체계에서 적응 기능을 수행하는 일차적 기관은 (지역)정부이지만, 여타의 지역사회 기관들도 부분적으로 이 기능을 맡고 있다.

한편, 기능주의의 영향을 받은 일부 사회 체계 이론가들은 사회의 하위 체계들이 전체 사회 체계를 유지하기 위해 수행하는 기능에 주목한다. 이들에 따르면, 대표적인 하위 체계로는 정부, 경제, 교육, 종교, 가족 등이 있고, 이들은 각각 사회 통제, 생산과 분배, 사회화, 사회 통합, 사회 구성원 재생산 등의 기능을 수행한다.

지금까지 소개한 바와 같이 사회 체계 이론은 지역사회를 아주

1) Parsons, Talcott. 1973. *Social Systems and the Evolution of Action Theory*. New York: Free Press.

잘 짜인 하나의 체계로 보고 있다. 그러나 현실의 지역사회가 항상 그렇게 움직이고 있는 것은 아니다. 지역사회의 하위 체계 사이에는 적지 않은 갈등과 분쟁이 일어나기도 하고, 지역사회에 온전히 통합되지 못한 하위 체계도 존재한다. 사회 체계 이론은 이런 측면을 간과한다는 비판을 피하기 어렵다.

(2) 지역사회복지에 대한 시사점

체계 이론은 지역사회를 거시적으로 이해하는 데 여러 가지 도움을 준다. 우리는 체계 이론을 통해 지역사회의 다양한 구성 요소들이 서로 밀접하게 연결되어 있으며 영향을 주고받는다는 점을 알게 되었다. 따라서 지역사회복지를 실천하는 사람들은 지역사회를 구성하는 요소 사이의 관계와 상호 작용이 어떠한 성격을 지녔으며, 이것이 지역사회에 미칠 영향이 어떠한 것인지에 관해 치밀하게 관찰할 필요가 있다. 이를테면 빈곤 가정의 청소년들이 지역사회 실천의 초점인 경우에도 사회복지사는 해당 청소년들의 가족은 물론, 이웃, 학교, 지역 관공서 등의 하위 체계가 서로 어떻게 연결되어 상호 작용을 하는지를 파악하는 것이 급선무이다. 이렇게 지역사회 전체를 체계 이론의 관점에서 조망해야 해당 클라이언트에 대해 효과적인 도움을 줄 수 있다.

앞에서 다루지는 않았지만, 지역사회복지 실천에 매우 유용한 체계 이론의 개념을 하나 소개하면서 체계 이론을 마치기로 하자. 체계 이론에서는 체계의 최종 목표에 도달하는 데 여러 가지 길(방법)이 있다는 의미로 equifinality라는 개념을 자주 쓴다.[2] 이것은 체계 내에서 하위 체계들이 밀접하게 연결되어 상호 작용을 한다는 전제를 바탕으로 도출된 개념이다. 이 개념이 지역사회복지 실천에

2) 이 말에 대한 알맞은 우리말 번역을 찾기가 어려워 영어 표현을 그대로 사용하기로 한다.

시사하는 바는 어떤 특정한 수단이나 방법에 매몰되지 말고 다양한 대안을 찾아보라는 것이다. 상식적인 말이지만, 명심할 필요가 있다고 생각한다.

2) 생태 이론

사회과학에서 쓰이는 생태 이론은 자연 환경(곧, 생태계)을 연구하는 생태학에서 기본 아이디어를 빌려온 것이다. 생태 이론은 인간이 환경과 상호 작용을 하면서 살아가는 동적인(dynamic) 존재라는 가정에서 출발한다. 즉 인간은 환경에 적응하면서도 그것을 변화시키려고 끊임없이 노력하는 존재로 묘사된다. 이것은 '환경 속의 인간(person in environment)'을 주제로 삼는 사회복지학과 잘 들어맞는다. 생태 이론이 사회복지학에서 넓게 쓰이는 이유가 바로 여기에 있다.

생태학적 관점을 사회과학에 가장 먼저 도입한 사람들은 1920-30년대에 주로 활동했던 로버트 파크(Robert Park)를 비롯한 시카고(Chicago) 대학의 사회학자들이었다. 이들은 도시화 과정을 관찰하면서 그 양태가 생태계의 천이(遷移) 현상과 비슷하다는 점에 착안하여 도시 연구에 생태학적 관점을 도입하였다. 그것을 인간 생태학(human ecology)이라고 한다. 사회복지학에서는 인간 생태학보다는 이른바 생태 체계 이론(ecological system theory)이 훨씬 많이 쓰이고 있다. 생태 체계 이론은 체계 이론에다 생태학적 관점을 접목한 것으로 이해하면 된다. 이 책에서는 이 두 가지 이론을 중심으로 생태 이론을 소개하려고 한다.

(1) 인간 생태학

인간 생태 이론의 기본 가정은 지역사회를 하나의 생태계로 파악한다는 것이다. 다시 말하면, 지역사회를 인간과 환경 사이의 상호 작용이 펼쳐지는 터전으로 이해한다는 뜻이다. 여기에서 환경이란 물리적 환경은 물론 사회적 환경까지 포함하는 개념이다. 인간 생태학자들은 이러한 상호 작용을 통해 형성되는 사람과 서비스의 공간 분포와 사회 조직의 관계에 관심을 갖는다. 이들이 보기에 양자는 밀접하게 연결되어 있다. 예컨대 제도적 사회복지 서비스의 인프라가 열악한 지역에 사는 빈민들이 비공식적 원조망을 발달시키는 경우를 흔히 볼 수 있다. 이것은 사회 환경(열악한 공식적 서비스 인프라)이 지역사회의 사회 조직(비공식적 원조망)에 영향을 준 전형적인 사례이다. 잊지 말아야 할 것은 양자 간의 영향이 일방적이 아니라 쌍방적이라는 사실이다. 가령 비공식적 원조망이 발달하게 되면 공식적 서비스 인프라에 대한 필요성은 낮아질 가능성이 높다. 즉 이번에는 거꾸로 사회 조직이 사회 환경에 영향을 미치는 것이다.

인간 생태학자들은 환경을 둘러싼 인간의 사회 과정을 경쟁(competition), 분리(segregation), 그리고 통합(integration)으로 파악한다. 경쟁은 토지 사용을 둘러싸고 지역사회 구성원 사이에서 일어나는 현상인데, 그 본질은 장소의 이점(advantage of place)을 획득하기 위한 '싸움'이라고 할 수 있다. 공간과 자원이 제한되어 있기 때문에 이러한 경쟁은 어느 지역사회에서나 일어나는 보편적 현상이라 하겠다. 그리고 이와 같은 경쟁에서 승리하는 것은 언제나 권력과 자원을 지닌 사람들이다.

분리는 일정한 공통점을 지닌 특정 집단이 사회적 압력이나 법 또는 개인적 선택을 통해 지리적으로 이탈하거나 고립되는 현상을 가리킨다. 가령 미국 사회에서 흔히 볼 수 있는 인종간의 거주지 분리 현상이 그런 예이다. 빈민들이 몰려 사는 한국의 속칭 달동네와 같은 지역도 이러한 분리 현상의 하나라고 하겠다.

통합은 분리의 반대 현상으로 다양한 집단이 하나의 통일된 기능체로 혼합되는 과정을 말한다. 경쟁이나 분리와 달리 통합은 지역사회 전체의 의도적인 노력을 필요로 한다. 한국 사회의 예를 하나 들어보자. 최근 도시 재개발 지역에 새로 입주한 중산층 주민들이 대부분 저소득층인 기존 주민들과 여러 가지로 마찰을 빚는 경우가 종종 발생하고 있다. 이와 같은 갈등을 내버려 둔다면, 양쪽 주민 사이의 갈등은 더욱 깊어져서 심각한 사회 문제가 될 것이다. 이런 상황을 미연에 방지하기 위해서는 해당 지역의 주민들과 관청이 공동으로 노력해야 한다. 이렇게 해도 통합이 제대로 이루어지기는 결코 쉽지 않다. 미국에서도 인종간의 거주지 분리 현상을 완화하기 위해 여러 가지 법과 프로그램을 시도해 왔지만 성과가 컸다는 소리는 별로 들리지 않는다. 이러한 점을 감안할 때 통합은 지역사회가 구현해야 할 가장 중요한 목표 가운데 하나라고 할 수 있다. 아울러 우리의 관심 주제인 지역사회복지 실천 역시 지역사회의 통합을 이루는 데 기여해야 한다.

(2) 생태 체계 이론

앞에서 이미 언급한 바와 같이, 생태 체계 이론은 체계 이론에다 생태학적 관점을 덧붙인 것이다. 즉 생태 이론으로부터 적응이나 상호 작용 등의 개념을 도입했고, 체계 이론에서는 체계의 위계와 항상성(homeostasis) 그리고 환류(feedback)와 같은 개념들을 빌려 왔다. 실제로 두 이론은 여러 가지 개념들을 공유하고 있기 때문에 양자를 결합해서 한결 강력한 이론적 틀을 만드는 것이 가능하였다. 생태 체계 이론은 사회복지학뿐만 아니라 가정학, 교육학, 심리학 등의 분야에서도 널리 쓰이고 있다.

생태 체계 이론은 인간과 그를 둘러싼 사회 환경을 별개로 보지 않고 하나의 거대한 체계로 파악한다. 생태 체계 이론의 기본 가정은 하나의 체계인 인간이 사회 환경 내부의 다른 체계들과 끊임없이 그리고 역동적으로 상호 작용을 하고 있다는 것이다. 따라서 인간의 행동을 제대로 이해하기 위해서는 다른 체계와의 관계를 면밀히 조사할 필요가 있다. 이러한 상호 작용을 이해하는 데 가장 중요한 개념은 환경의 중층적 수준이다. 즉 인간을 둘러싸고 있는 사회 환경은 여러 겹의 체계로 이루어져 있고 이것들은 서로 영향을 주고받는다. 이 때 인간은 사회 환경 내부의 어떤 특정 체계 안에 놓여 있는 것이 아니다. 다시 말해서, 인간은 동시에 여러 수준의 체계 안에 존재하는 것이다.

이 내용을 조금 더 자세히 설명해 보자. 생태 체계 이론에 따르면, 사회 환경이라는 체계에는 네 가지 수준의 체계가 존재한다(Bronfenbrenner, 1979). 첫째는 미시 체계(micro system)이다. 이것은 개인의 삶이 펼쳐지는 기본 세팅을 말한다. 가족, 친구, 학교, 동네 등이 여기에 속한다. 개인은 미시 체계에서 적극적인 역할을 수행한다.

둘째는 중위 체계(mezzo system)이다. 중위 체계는 미시 체계들 사이의 관계를 가리킨다. 가령 가족과 학교 생활의 관계 또는 학교 생활과 친구의 관계 같은 것이다. 조금 더 구체적인 예를 들어 보자. 학생인 김 아무개 군은 가족의 일원이자 학교의 구성원으로 두 개의 미시 체계를 연결하는 역할을 하는데 이 연결 관계가 바로 중위 체계이다.

세 번째 수준은 외부 체계(exo system)라고 한다. 이것은 미시 체계의 바로 바깥에서 작동하는 체계로 개인이 직접 경험하지는 못하지만 다른 미시 체계와의 상호 작용을 통해 개인의 삶에 여러 가지 영향을 미친다. 예컨대 어린이를 미시 체계의 중심에 놓고 생각할 때 부모의 직장 근무 일정은 이 어린이에게 외부 체계로 작동한다. 즉 부모의 근무 일정은 어린이가 직접 경험할 수 있는 성질의 것이 아니다. 그것은 어린이라는 미시 체계의 바깥에 존재하는 체계이기 때문이다. 그럼에도 이것은 부모(다른 미시 체계)를 통해 어린이의 삶에 큰 영향을 미치게 된다.

마지막으로 거시 체계(macro system)가 있다. 이것은 문화, 특정 사안에 대한 사회 전체의 태도나 가치, 정부의 정책 등을 아우르는 개념이다. 이를테면 여성에 대한 사회 전체의 인식이나 정부의 양성 평등 정책 따위가 거시 체계에 해당된다.

독자 여러분이 여기까지 따라 왔다면 생태 체계 이론의 근간을 이해한 것으로 생각해도 좋다. 사회 환경의 중층 구조와 관련해서 한 가지 염두에 두어야 할 점은 각 체계가 서로 따로 노는 것이 아니라 상호 작용을 한다는 것이다. 아울러 이 중층적 환경 체계 안에 살고 있는 인간 역시 각각의 체계와 직접 또는 간접으로 상호 작용을 한다는 점도 잊지 말아야 한다.

〈그림 4-1〉 생태체계의 수준

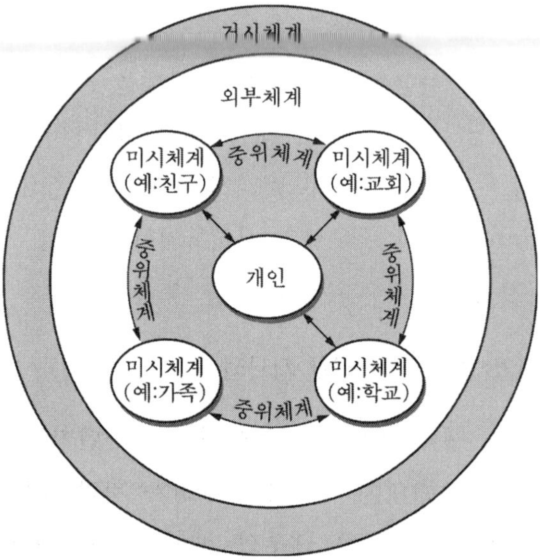

자, 이제는 생태 체계 이론이 인간을 어떻게 파악하고 있는지 살펴보기로 하자. 생태 체계 이론에서는 인간이 대략 다음 세 가지 특징을 지닌 것으로 보고 있다(Germain and Gitterman, 1995). 첫째, 인간은 자신의 환경을 변화시키려는 의지와 능력(competence)을 지녔다. 사람은 주어진 환경 속에서 살아가지만 그 환경에 그대로 순응하는 것은 아니다. 한편으론 환경에 적응하면서도 다른 한편으론 그것을 끊임없이 바꾸는 것이 인간이다.

둘째, 인간은 누구나 자아 존중감(self-esteem)을 지니고 있고 그것을 소중하게 여긴다. 자아 존중감이란 주어진 환경 속에서 자신이 적응과 변화 능력이 있고 나름대로 인정을 받으며 가치가 있다고 스스로 느끼는 감정이다. 자아 존중감이 없는 사람은 자신의 존재 가치를 잃어버리기 쉽다. 생태 체계 이론에서 자아 존중감을 강조하는 것은 잘난 사람이든 못난 사람이든 누구나 존재의 의미를 지니고 있음을 상기하라는 것이다. 생태학 용어를 빌려 표현한다면, 자아 존중감은 인간 세계에서 '종(種)의 다양성'을 담보하는 필수 요소라고 해도 무방하겠다.

마지막으로 사람은 누구나 삶의 방향을 스스로 결정하려고 하는 '자기 방향성(self-direction)'을 가지고 있다. 이것은 환경과의 상호 작용에서 수동적인 존재가 아니라 능동적인 존재가 되겠다는 의지의 표현이다. 자기 방향성은 사회복지학의 핵심 가치인 자기 결정권과 본질적으로 같은 뜻이라고 할 수 있다.

(3) 지역사회복지에 대한 시사점

그렇다면 생태 이론이 지역사회복지에 던지는 시사점은 무엇인가? 무엇보다 중요한 시사점은 우리가 지역사회를 제대로 이해하기 위해서는 지역사회 내부의 체계들 사이에서 일어나는 교류(transactions)에 초점을 맞추어야 한다는 사실이다. 모든 것이 서로 연관되어 있고 서로 영향을 주고받기 때문에 종합적이고 거시적인 관점을 잃지 말아야 한다.

둘째는 사람을 보는 우리의 눈이 스테레오 타입(stereotype)에 머물러 있어서는 안 된다는 점이다. 생태 이론은 고정 불변의 인간관을 거부한다. "인간은 원래 이기적"이라느니 "권력에 약한 것이 인간"이라느니 하는 따위의 선입견은 역동적인 인간의 모습을 읽는 데 걸림돌이 되기 쉽다. 생태 이론이 시사하는 바는 사람이 자신의 역량을 마음껏 발휘해서 환경을 바꿀 수 있도록 적절한 기회가 주어져야 한다는 사실이다. 지역사회복지 실천이 단순한 직접 서비스의 제공에 그쳐서는 안 되는 이유가 바로 여기에 있다. 지역사회복지 실천에 종사하는 사회복지사는 클라이언트의 잠재력을 찾아내고 그것을 발휘할 수 있는 환경을 만들어주는 일에 최선을 다해야 한다.

마지막으로 사회복지사는 클라이언트의 자아 존중감과 자기 결정권을 항상 존중하도록 노력해야 한다. 사실, 자기 결정권은 사회복지 실천의 기본 가치 가운데 하나이다. 사회복지사는 클라이언트를 돕는다는 명분으로 그들의 자기 방향성을 침해하는 일이 없도록 조심해야 한다.

3) 권력 관계 이론

권력 관계 이론은 사회의 권력 현상에 초점을 맞추는 이론을 총칭하는 용어이다. 여기에서는 갈등 이론과 사회적 교환 이론, 자원동원이론 그리고 사회 구성주의를 중점적으로 소개하기로 한다.

(1) 갈등 이론

갈등 이론은 체계 이론과는 반대 관점에 서 있는 이론으로서, 갈등을 사회의 본질적 현상으로 파악한다. 갈등 이론에 따르면, 갈등은 희소한 자원의 배분을 둘러싸고 일어나는 불가피한 싸움이다. 따라서 갈등 이론은, 기능론이나 사회 체계 이론과 달리, 사회가 분열되어 있다고 본다. 물론 사회가 일시적으로 안정을 이루는 경우가 없지 않다. 하지만 그것은 사회가 새로운 균형 상태에 도달해서가 아니라 한 집단이 다른 집단의 지배에 성공했기 때문에 이루어진 안정이라는 것이다. 또한 갈등 이론에서는 이 갈등을 사회를 변화시키는 동력이라고 여긴다.

이러한 갈등 이론을 지역사회에 구체적으로 적용한 대표적 이론가는 콜먼(James Coleman)이다. 콜먼은 지역사회의 갈등 양상이 어느 곳에서나 대체로 유사하다는 점에 주목하였다. 그는 지역사회 갈등의 원천을 경제적 쟁점, 권력과 권위, 그리고 문화적 가치와 신념의 차이에서 찾는다. 이어서 콜먼은 지역사회 갈등의 동적인 측면과 관련하여 다음과 같은 점을 지적하고 있다.

첫째, 지역사회 갈등은 구체적인 쟁점에서 일반적인 쟁점으로 옮겨가는 경향을 보인다. 둘째, 갈등이 진행되는 와중에 또다시 새로운 종류의 갈등이 등장하는 경우가 많다. 셋째, 단순한 이견에서 비롯된 갈등이 나중에는 상대방에 대한 적대감으로 번지는 것이 일반적이다. 넷째, 갈등으로 개인과 집단의 양극화 현상이 깊어지면, 새로운 지도자가 나타나 갈등을 해결한다. 다섯째, 갈등의 심화는 지역사회 내부의 커뮤니케이션 패턴에 변화를 가져올 가능성이 높다. 바꾸어 말하면, 갈등이 심해질수록 신문이나 라디오와 같은 공식 커뮤니케이션 수단의 중요성이 줄어들고 구전과 같은 새로운 수단의 역할이 커진다.

한편, 갬슨(William Gamson)은 자신의 실증 연구를 토대로 지역사회 갈등을 통상적 갈등(conventional conflicts)과 감정적 갈등(rancorous conflicts)으로 구분하였다. 전자의 경우에는 제도적으로 인정된 정치적 표현을 써서 자신들의 주장을 내세우는 데 비해, 후자의 경우에는 감정적인 언사를 동원해서 상대방의 전술을 비난한다. 통상적 갈등 아래에서는 당사자들의 견해가 다를지라도 서로의 입장을 존중하지만 감정적 갈등의 상황에서는 서로의 정당성을 의심하며 적대적 태도를 취하게 된다.

갈등 이론의 관점에 서 있는 사람들은 갈등이 지역사회에 부정적인 결과만을 초래하는 것이 아님을 강조한다. 외부와의 갈등은 지역사회 내부의 결속력을 높여주는 경우가 종종 있다. 또한 갈등을 겪으면서 더욱 역동적이고 민주적인 지역사회로 거듭나기도 한다.

갈등 이론의 주요 가정을 지역사회 실천에 적용하면 다음과 같은 내용이 될 것이다. 첫째, 소수의 개인과 특정 집단이 지역사회의 권력과 자원을 독점하고 있다. 둘째, 지역사회는 한정된 권력과 자원을 둘러싸고 이루어지는 싸움의 터전(terrain of contest)이다. 셋째, 지역사회의 문제는 대부분 지역사회의 권력과 자원의 독점에서 비롯된다. 넷째, 지역사회 실천의 목적은 지역사회의 권력과 자원 경쟁에서 소외된 구성원들이 권력과 자원에 접근할 수 있도록 돕는 것이다. 다섯째, 이 과정에서 지역사회 활동가는 기존 권력과 자원에 맞서기 위해 새로운 권력과 자원을 개발하고 확대한다. 새로운 권력과 자원을 구성하는 요소에는 지역사회 변화에 참여하는 주민의 수, 투표, 매체 등이 포함된다.

갈등 이론의 바탕 위에서 지역사회 실천을 전개한 대표적인 사람이 앨린스키(Alinsky)이다. 앨린스키는 미국 사회를 소수의 특권 세력이 지배한다고 보고, 이것과 맞서기 위해서 피지배 집단을 조직화·세력화하는 데 평생을 바쳤다. 한국 사회의 민주화 과정에서도 상당수의 지역 운동가들이 이러한 관점에서 지역사회 문제에 접근하였을 뿐만 아니라 아직도 그런 경향이 뚜렷하게 이어지고 있다.

(2) 사회적 교환 이론

호만스(G. Homans)와 블라우(P. Blau)가 주로 개발한 사회적 교환 이론은 사회적, 물질적 자원의 교환을 인간 상호 작용의 근본 형태로 파악한다. 사회적 교환 이론의 궁극적 관심은 인간 사회에서 관계의 유지와 종료가 어떠한 요인에 의해 주도되는가에 쏠린다. 호만스에 따르면, 모든 사회적 상호 작용에는 반드시 교환이 관계되어 있다. 예를 들어 아무런 대가를 바라지 않고 다른 사람을 돕는 행위조차 만족감이나 평화와 같은 반대급부가 주어지기 때문에 일종의 교환으로 볼 수 있다는 것이다. 사람들은 이러한 교환 과정에서 돌아올 보상과 지불해야 될 비용을 면밀히 검토하여 최소의 비용으로 최대의 보상을 얻을 수 있는 길을 선택한다.

사회적 교환 이론에서 보상이나 이익은 관계에서 도출되는 긍정적 결과를 가리킨다. 여기에는 심리적 안정, 사회적 지위, 만족감과 같은 심리·사회적 결과물을 비롯하여 경제적·물질적 이득까지 포함된다. 그러나 보상의 획득에는 언제나 비용이 따른다. 만일, 비용이 보상보다 커지게 된다면 관계는 유지되기 어렵다.

블라우는 교환 이론에 권력 분석을 가미하였다. 그는 교환이라는 인간의 사회적 행동이 어떠한 경로를 통해 사회적 유대(즉 동반자·평등의 관계) 또는 차별적 지위 구조(즉 불평등의 관계)를 만들어내는지에 관심을 가졌다. 블라우에 따르면, 교환이 평등한 관계로 이어질지 아니면 불평등한 관계로 이어질지는 교환에서 얻는 이익의 호혜성(reciprocity) 여부에 달려 있다. 호혜적인 교환은 사람 사이의 신뢰와 유대를 강화한다는 것이 그의 주장이다. 일방적인 시혜는 권력과 지위의 차이를 만들어낸다. 즉 블라우가 지적하는 바와 같이, "타인이 필요로 하는 서비스에 대하여 통제력을 가지는 한편, 타인의 서비스를 필요로 하지 않는 사람은 타인에 대하여 권력을 행사할 수 있는 위치에 있는 것이다(Balu, 1964).” 따라서 권력 구조는 불평등한 교환 관계로부터 만들어진다.

그러나 비대칭적인 의존 관계와 권력 관계는 안정적인 상태를 유지하기가 어렵다. 왜냐하면 힘(권력)이 없거나 덜 가진 사람·집단이 권력의 불균형을 시정하기 위해 온갖 노력을 기울이기 때문이다. 블라우에 따르면, 권력 불균형을 시정하기 위해 힘이 없는 사람·집단이 취할 수 있는 행동은 힘이 있는 사람·집단에게 복종(deference)을 보이는 것이다. 힘이 있는 사람·집단은 이들로부터 복종과 지위를 얻고 반대급부로 상대방이 필요로 하는 자원을 제공한다.

이것을 더욱 기술적으로 설명한 것이 이른바 권력 균형 전략(power-balancing strategy)이다. 다른 사람이나 집단이 장악하고 있는 자원을 얻기 위해 이해 당사자들은 다음과 같은 전략을 채택한다. 첫째는 경쟁(competition)이다. 이 전략은 교환에 참여하는 대신 다른 자원을 모색하는 것이다. 예컨대 A가 필요한 자원을 B가 독점하고 있다고 가정하자. 이 때 A는 B에 종속되고 B는 A에 권력을 행사할 수 있다. 만일 A가 경쟁 전략을 택하고 싶다면, A는 B와의 교환을 포기하는 대신 C나 D로부터 필요한 자원을 얻으면 B에 대한 종속에서 벗어날 수 있다.

둘째 전략은 재평가(revaluation)이다. 즉 A가 B의 자원에 대해 새로운 평가를 내려 B에 대한 종속을 피하는 방법이다. 이것은 가치 또는 이념적 변화 따위에 의해 B가 소유한 자원에 대한 A의 관심이 적어지면서 발생하는 상황이라고 할 수 있다. 이 때 B는 A에 대한 자신의 권력 관계를 유지하기 위해 유인책을 쓰거나 자신이 가진 자원의 새로운 이점을 보임으로써 A의 관심을 높이려고 시도한다.

셋째, 호혜성(reciprocity) 전략이다. 이 전략에서 A는 B에게 필요하거나 관심을 끌 수 있는 자원을 얻으려고 노력한다. 그렇게 함으로써 양자의 관계는 쌍방적이거나 동등한 것으로 바뀔 수 있기 때문이다. 네 번째 전략은 연합(coalition)이다. B에게 종속된 A, C, D 등이 힘을 합쳐 B의 권력에 대항하는 전략이다. 마지막으로 강압 전략은 자신이 원하는 자원을 힘으로 장악하는 방법이다. 이것은 사회복지 실천의 윤리와 상충되는 것이므로 전문 사회복지사가 사용할 수 있는 전략이 아니라는 점을 유념해야 한다.

(3) 자원 동원 이론

자원 동원 이론은 사회 운동 조직의 역할과 한계를 구명하는 이론이다. 자원 동원 이론은 사회적 불만의 팽배를 사회 운동의 직접 원인으로 보는 전통적 시각을 비판하는 데서 출발한다. 사회에는 집합 행동(collective action)이 일어날 수 있는 여건(즉 대규모의 사회적 불만)이 항상 존재한다는 것이다. 그러나 이것만 가지고 집합 행동이 실제로 일어나지는 않는다. 집합 행동이 발생하려면 계기(trigger event)가 필요하다. 이 계기를 만들어내는 사람들이 바로 운동가들이다. 운동가들은 조직을 바탕으로 움직인다. 조직을 만들고 움직이는 데는 자원이 필요하고 이 자원의 유무에 따라 운동의 성패가 결정된다.

자원에는 돈, 정보, 사람은 물론 조직원간의 연대성, 운동의 목적과 방법에 대한 정당성 등도 포함된다. 자원 동원 과정의 첫 번째 과제는 사람을 모으는 일이다. 사람을 모으는 일은 조직의 철학과 이념을 잠재적 조직원에게 얼마나 잘 전달하느냐에 달려 있다. 아울러 쟁점을 어떠한 틀에 담아 정리하느냐 하는 것도 잠재적 조직원을 충원하는 데 상당한 영향을 미친다. 운동 조직의 메시지가 이들에게 중요하게 여겨질 뿐만 아니라 자신들의 문제로 느껴질 때, 조직의 충원 작업은 가속도를 얻게 된다.

다음은 지역사회 실천에 종사하는 사람들이 유념해야 할 자원 동원 이론의 주요 내용이다(Hardina, 2002).

- 사회적 항의는 사회 운동 조직이 대중의 인지(recognition)와 정당성을 획득하기 위해 사용하는 일차적인 방법의 하나이다.
- 사회 운동의 성패는 조직원 충원과 자금 조달 그리고 적절한 조직 구조를 개발할 수 있는 능력에 달려 있다.
- 사회 운동이 성공하기 위해서는, 조직원들의 집합적 정체성 형성을 돕고 이것을 토대로 조직원들의 헌신을 이끌어낼 수 있는 환경의 조성이 필요하다.
- 자원 동원은 경우에 따라 양날의 칼이 될 수 있다. 자원 동원을 위해 외부 자원에 의존하다 보면 조직의 자율성과 역동성이 약해질 가능성이 있다.

(4) 사회 구성주의

사회 구성주의(social constructionism)는 사회적 지식이 만들어지고 유통되는 과정에 대해 관심을 기울인다는 점에서 인식론[3]의 성격을 띠고 있다. 즉 사회 구성주의의 일차 관심은 권력 관계가 아니라 지식의 형성 과정이다. 이런 점에서 볼 때 사회 구성주의를 권력 관계 이론으로 묶는 것이 조금 이상하다고 느낄 독자도 있겠다. 그러나 사회 구성주의는 지식과 개념의 형성 과정에서 주류 집단과 기득권 세력의 영향이 크다는 점에 주목한다. 다시 말해서 사회 구성주의도 권력 관계의 중요성을 인식하고 있음을 보여준다.

사회 구성주의의 기본 가정과 주장을 정리하면 다음과 같다(McLeod, 2004). 첫째, 사회 구성주의는 지식의 객관성을 강조하

3) 인식론(epistemology)의 본래 말뜻은 "지식에 관한 연구"라는 것으로 지식의 의미, 구조, 형성과 정당화 과정 등에 관해 연구하는 학문이다.

는 전통적 실증주의(positivism)를 거부한다. 즉 지식은 객관적인 것이 아니며 특정한 역사적·사회적 맥락 속에서 다양한 상호 작용과 대화를 거쳐 만들어진다는 것이다. 따라서 진리는 오직 하나라는 주장도 사회 구성주의는 받아들이지 않는다. 둘째, 사회 구성주의는 사회 현실에 관한 기존 지식이 지배적 사회 집단의 이익을 대변한다고 여겨 매우 비판적인 태도를 보인다. 가령 성역할에 관한 전통적인 이론들은 객관적인 관찰의 결과물이 아니라 남성 중심 사회의 가치관이 반영된 것이다. 셋째, 사회 구성주의는 기존의 사회적·심리적 개념들을 다시 정의하려는 하나의 운동이기도 하다.

사회 구성주의 이론을 지역사회 실천에 적용하려면 다음과 같은 점에 유의해야 한다. 첫째, 지역사회에 관한 기존 지식과 개념에 영향을 미친 역사, 문화, 사회적 맥락과 구조에 관심을 기울여야 한다. 예를 들어 빈민 지역에서 활동하려는 사회복지사는 빈곤, 빈민, 슬럼(slum) 등에 관한 기존 이론과 지식(예컨대 빈곤문화론)의 형성 과정과 여기에 영향을 미친 거시 변수들을 깊게 분석할 필요가 있다. 이러한 이론과 개념들은 빈곤과 빈민을 사회 구조의 산물이 아니라 개인의 결함으로 인식하고 있으며 개인의 변화와 갱생을 강조하는 지역사회 실천의 이론적 근거를 제공해 왔다. 둘째, 사회 구성주의는 언어가 사회적 현실의 구축 과정에서 매개 역할을 한다는 사실에 주목하고 있다. 따라서 사회복지사는 지역 주민으로 하여금 자신들의 언어와 이야기(narrative)로 현실을 재해석하여 자존감과 자기 효능감을 높이도록 도와야 한다. 셋째, 사회복지사는 지역사회 구성원들이 지배적 권력 기관이나 제도의 억압적인 영향에 대해 잘 이해할 수 있도록 돕는 한편, 이것에 대항하는 지식과 이론을 개발하는 일에도 힘을 쏟아야 한다.

지역사회 실천에서 사회 구성주의는 실증주의적 접근을 비판하는 주요 이론으로 널리 활용되어 왔다. 하지만 사회 구성주의에 대해서도 여러 가지 비판이 제기되고 있다. 무엇보다도 중요한 지적은 사회 구성주의 시각에 내포된 상대주의(relativism)를 감안할 때, 구체적으로 존재하는 지역사회의 제반 문제들(빈곤, 불평등, 범죄 등)을 과연 적절히 다룰 수가 있을까 하는 것이다(Houston, 2001). 즉 모든 사회적 현실이 객관적으로 존재하는 것이 아니라 사회적으로 구성된(socially constructed) 것이라고 한다면, 문제의 존재와 해법을 논의하는 자체가 무의미하지 않겠는가 하는 물음이다. 또한 사회 구성주의가 강조하는 언어와 이야기를 통한 사회 현실의 재해석이 억압을 받았거나 소외된 지역사회 구성원의 자존감과 자기 효능감을 어느 정도 높일 수는 있겠으나, 지역사회가 직면한 구체적인 사회 문제를 해결하는 데는 한계가 있다는 비판도 제기된다.

(5) 지역사회복지에 대한 시사점

권력 관계 이론들은 지역사회의 권력 구조와 관계를 중시한다. 따라서 어떻게 해야 지역사회복지 실천에 필요한 권력을 얻거나 증대시킬 수 있을 것인가에 관해 의미 있는 시사점을 제공한다. 권력 관계 이론은 특히 자원 획득이 권력 증대의 원천임을 분명하게 가르쳐 준다.

우리는 갈등 이론에서 지역사회의 갈등을 부정적으로만 볼 것이 아니라 지역사회를 변화시키는 원동력으로 보아야 한다는 교훈을 배운다. 사회적 교환 이론은 지역사회 실천가들에게 권력이 교환 관계의 동학(動學)에서 파생되는 것임을 깨닫게 해준다. 이 이론이 시사하는 바는 이렇다. 지역사회 실천가들이 지역사회복지와 관련된 의사결정 과정에 충분한 영향력을 행사할 수 없는 상황에 놓여 있을지라도 쉽게 좌절하거나 포기해서는 안 된다. 권력(영향력)은 결국 교환할 자원의 양과 질에 달려 있는 것이고 모자라는 자원은 연합을 통해 보충할 수 있다. 물론 연합의 위험성에 대해서도 경계를 게을리 해서는 안 된다. 외부 조직에 대한 자원 의존은 목표의 왜곡과 자율성 상실을 초래할 수 있기 때문이다.

마지막으로 사회 구성주의는 기존의 이른바 과학적 지식과 개념을 절대 기준으로 인식하는 우리의 태도에 경종을 울린다. 사회 구성주의에 따르면, 보통 사람의 지식과 전문적 지식 사이에 특별한 차이가 있는 것이 아니다. 특히 지역 주민의 삶과 관련된 지식에서는 더욱 그러하다.

5
chapter

지역사회복지의 실천 유형

지역사회복지를 실천하는 방법은 시대와 상황에 따라 다양하다. 이 다양한 방법을 이론적인 모델로 정리하는 방식 역시 한두 가지가 아니다. 로스만(Rothman)의 세 가지 모델은 그 중에서도 가장 오래되었을 뿐만 아니라 가장 널리 알려진 것이다. 테일러(Taylor)와 로버츠(Roberts)는 로스만의 모델을 변형, 확장한 다섯 가지 모델을 제시한 바 있다. 최근에는 웨일(Weil)과 갬블(Gamble)의 여덟 가지 모델도 자주 소개된다. 이 밖에도 여러 이론가들이 자기 나름의 모델을 제시하고 있다. 중요한 것은 이 모델들이 모두 미국이라는 특수한 현실적 경험을 바탕으로 만들어졌다는 사실이다. 이것을 강조하는 이유는 미국이 여러 모로 예외적인 사회라는 사실 때문이다. 미국과 비교적 유사한 사회적 성격을 지니고 있다는 영국에서조차 미국에서 만들어진 모델을 적용하는 데 한계가 있다고 한다(Jeffries, 1996). 하물며 한국처럼 이질적인 사회에 적용하는 일에는 더욱 더 신중할 필요가 있다.

1. 전통적 유형화

지역사회복지의 실천 활동을 유형화하려는 노력은 미국을 중심으로 1960년대부터 두드러지게 나타났다. 가장 간단하고 또한 널리 쓰여 온 분류법은 지역사회 실천을 서비스 전달(service delivery)과 지역사회 조직화로 양분하는 방법이다. 흔히 지역사회복지관의 목적 또는 기능을 축약해서 정리할 때 바로 이와 같은 이분법을 사용하는 것이 관례처럼 되어 왔다. 이 모델에서 조금 더 확장된 모델은 여기에다 지역사회 개발과 전문적 옹호(professional advocacy)를 덧붙여 네 가지의 실천 유형을 제시한다(Hess, 1999). 이 가운데 서비스 전달과 지역사회 개발 그리고 전문적 옹호 모델은 외부의 인력과 자원을 동원하여 지역 주민의 구체적 욕구와 문제를 해결하는 데 도움을 주는 것을 목적으로 삼는다. 이와 대조적으로 지역사회 조직화는 주민 스스로 자신들의 권력 기반을 넓히고 제도를 개혁하는 일체의 노력을 가리킨다. 이것은 결국 전통적 유형화 작업이 주민을 위한 실천 활동(doing for people)과 주민에 의한 실천 활동(doing by people)의 이분법으로 정리되어 왔음을 보여준다.

루빈과 루빈(H. Rubin and I. Rubin, 2001)이 제시한 사회적 동원(social mobilization) 모델과 사회적 생산(social production) 모델의 이분법도 기본적으로 전통적 유형화 작업과 궤를 같이 한다. 사회적 동원 모델의 기본 목표는 흔히 지역사회 조직화(community organizing)로 불리는 실천 모델의 목표와 동일하다. 반면에 사회적 생산 모델의 목표는 지역 주민의 실제적 서비스 욕구를 충족시키는 것으로 서비스 전달이나 전문적 옹호 활동 등과 크게 다르지 않다.

2. 로스만의 모델

로스만의 지역사회복지 실천 모델은 1968년에 처음으로 발표되었다. 당시의 논문은 "지역사회 조직 실천(community organization practice)의 모델"이라는 제목을 달고 있었다. 지역사회복지 실천을 지역사회 조직화라는 틀 안에서 이해하고 있었던 것이다. 이것은 지역사회 조직화가 모든 지역사회복지 실천의 최상위 개념이라는 인식에 바탕을 둔 것으로 명백한 오류였다.[1] 로스만은 뒤에 나온 그의 책에서 이 오류를 바로잡았다. 논문의 제목을 "지역사회 개입에 대한 접근(approaches to community intervention"으로 고친 것이다.

로스만은 개정 논문에서 지역사회복지 실천의 여러 개념에 대해 언급하고 있다. 그에 따르면, 지역사회 수준에서의 다양한 실천을 포괄하는 지역사회 개입이나 지역사회 실천(community practice)이 가장 무난하고 적절한 용어이다. 지역사회 조직화(community organizing)는 사회계획이나 정책적 측면을 배제하고 있기 때문에 모든 것을 아우르는 용어로는 적절하지 않다. 지역사회 조직(community organization)은 과거에 지역사회복지 실천의 동의어로 널리 쓰였으나 종종 지역사회 조직화와 혼동되고 있다.

지역사회복지 실천을 아우르는 용어로 지역사회 개입을 선택한

1) 물론 이것은 1960년대의 시대적 분위기를 반영한 것으로 충분히 이해할 수 있는 일이다. 잘 알다시피, 1960년대는 미국에서 지역사회 조직화가 크게 유행하던 시기였다.

로스만은 세 가지의 핵심적 지역사회 개입 방법(mode)[2]을 제시한 바 있다. 첫째는 지역사회 개발(locality development)이고 둘째는 사회 계획(social planning), 마지막으로 사회 행동(social action)이다. 그러나 로스만의 이론 작업은 계속 진화하여 최근에는 상당히 새로운 모델을 제시하고 있다(Rothman, 2007). 이 새로운 모델에 따르면, 지역사회 개입은 계획과 정책 실천(planning and policy practice), 지역사회 역량 개발(community capacity development), 사회적 옹호(social advocacy)의 세 가지 방식을 취하는 것으로 설명한다. 이 책에서는 로스만의 과거 모델은 간략히 언급하고 새 모델을 상세히 소개할 것이다.

1) 과거 모델

(1) 지역사회 개발(Mode A)

지역사회 개발의 전제는 문제 해결을 위해서는 지역사회의 다양한 사람과 집단이 참여해야 한다는 것이다. 이러한 전제 아래 지역사회 개발은 자조(self-help)에 바탕을 두고 지역사회의 역량과 통합을 강화하는 것을 목적으로 삼는다. 지역사회 개발은 과업의 성취보다는 과정 자체를 중시하며, 이렇게 함으로써 커뮤니티 빌딩을 지원한다.[3] 지역사회 개발 유형에서 리더십은 지역사회 내부에서 도출되며 방향 제시와 통제는 지역 주민에 의해 이루어진다. 지역사회 개발은 또한 참여자 교육과 이들의 인간 계발에 역점을 둔다.

---

2) 처음에 그는 모델이라는 표현을 쓴 바 있으나, 이 표현이 지나치게 강하다는 생각이 들어 방법이라는 조금 완곡한 표현으로 바꾸었다고 한다. 그러나 이 책에서는 편의상 모델, 유형, 방법 등의 용어를 같은 의미로 사용할 것이다.

3) 여기에서 커뮤니티 빌딩(community building)은 지역사회 내부에 사회적 관계를 창출하고 지역사회의 사회적 자산을 향상시키는 과정을 뜻하는 용어로 사용하였다.

(2) 사회계획 · 정책(Mode B)

사회계획 · 정책 모델은 주요 사회 문제(가령 청소년 범죄, 주택, 정신보건 등)의 해결에서 기술적 과정을 강조한다. 사회계획 · 정책 모델에 의존하는 사람들은 현대의 복잡한 사회 환경을 변화시키려면 전문성을 지닌 계획자의 역할이 중요하다고 가정한다. 사회 환경의 개선에는 자료의 수집과 분석 능력 그리고 거대 관료 조직을 움직일 수 있는 능력 등이 필요하다는 것이다. 이러한 가정에 따라 사회 계획 · 정책은 지역 주민의 참여보다는 기술적 합리성을 더욱 중요하게 생각한다. 사회 계획 · 정책 모델은, 지역사회 개발 모델과 달리, 과업의 성취에 역점을 두는 것이다.

(3) 사회 행동(Mode C)

사회 행동 유형의 일차적인 가정은 부당한 대우나 불이익을 받는 집단이 사회에 존재하며 이들은 집합적 행동을 통해 공정한 자원 배분과 동등한 대우를 요구할 필요가 있다는 것이다. 이러한 유형의 지역사회 개입은 권력 및 자원의 재분배와 의사결정 과정에 주변 집단을 참여시키는 것을 포함하는 지역사회의 근본적 변화를 목적으로 한다. 사회 행동 방식의 실천가들은 가난하고 억눌리고 소외된 사람들의 이익을 위해 일하면서 이들의 역량을 강화시키는 일에 역점을 둔다. 따라서 사회 행동 방식은 다분히 적대적이며 사회 정의를 지배적 이념으로 삼는다.

2) 새 모델

(1) 계획과 정책 실천

구체적이고 경험적인 자료를 중심으로 지역사회의 문제 해결 방안을 제시하는 방식으로 지역사회에 개입한다.

(2) 지역사회 역량 개발

이 전략은 지역사회의 문제로 고통을 당하거나 영향을 받는 지역 주민들이 자신들의 문제를 온전히 이해하는 데 필요한 지식과 스킬을 갖추고 역량이 강화될 때 변화가 가장 잘 이루어질 수 있다는 가정에서 출발한다. 이러한 개입 방식에서는 전술로서 지역 주민의 합의(consensus)를 중시하고 개입의 결과로서 사회적 연대를 얻게 된다.

(3) 사회적 옹호

지역사회 문제의 근원이거나 유발자 또는 문제 해결의 걸림돌이 되는 사람과 제도(기관)에 대항하여 압력을 행사하는 데 주력한다. 이 과정에서 공평성이나 사회 정의를 촉진시키는 역할을 수행하기도 한다.

3) 새 모델의 확장

로스만은 자신의 새 모델에서 제시한 세 가지 개입 방식의 현실 적용 가능성을 높이기 위해 세 가지 방식의 교차 결합으로 9가지 개입 방식을 만들어 냈다. 다시 말해서 로스만은 현실의 지역사회 실천에서는 순순한 세 가지 방식보다는 이것들이 혼합한 형태로 나타날 가능성이 크다는 점에 주목하였다. 〈표 5-1〉은 이것을 정리한 것이다.

〈표 5-1〉 로스만 모델의 확장

	계획·정책 실천	지역사회 역량 개발	사회적 옹호
계획·정책 실천	합리주의적 계획 rationalistic planning	계획적 역량 개발 planned capacity development	사회적 개혁 social reform
지역사회 역량개발	참여적 계획 participatory planning	역량중심적 개발 capacity-oriented development	연대성 조직화 solidarity organizing
사회적 옹호	정책 옹호 policy advocacy	정체성 행동주의 identity activism	사회 행동 social action

(1) 합리주의적 계획(Rationalistic Planning)

이것은 철저하게 실증 자료와 과학적 논리에 바탕을 둔 개입 방식으로 '계획과 정책 실천'의 원형에 해당한다. 이러한 실천에 종사하는 사람들은 흔히 정책 분석가(policy analyst) 또는 시스템 엔지니어(system engineer)로 불린다. 이들은 실천 과정에서 과학적인 정보, 통계 자료, 예측 기법, 컴퓨터 모델링 등에 의존하는 경향을 보인다.

이와 같은 접근 방식의 초점은 중요한 사회 문제(마약 남용, 빈곤, 아동 학대 등)의 완화를 겨냥한 과업 목표(task goal)에 맞추어진다. 하지만 최상의 문제 해결 방법을 모색한다는 이 방식은 하향식 성격을 띠기 일쑤이고 지역사회 실천가나 활동가에게 불쾌한 느낌을 줄 수 있다. 계획과 정책 실천의 주체는 대부분 공공기관이다. 도시 계획, 지역사회 경제 개발, 공중 보건 사업 등이 이런 개입 방식의 대표적인 예라고 할 수 있다.

(2) 참여적 계획(Participatory Planning)

참여적 계획은 계획·정책 실천에 지역사회 역량 개발 전략의 참여적 요소가 혼합된 것이다. 실증 자료와 기술적 판단이 중심이 된 합리주의적 계획과 정책 실천은 다음과 같은 비판을 받는다. 첫째, 오늘날의 사회 문제는 복합적이고 중층적이므로 간단히 정의할 수 없다. 따라서 전문적 개입이 효과를 낼 것이라고 장담하기 어렵다. 예를 들어 학교 폭력 문제는 미시적·거시적 원인이 복합적으로 얽혀 있어서 순수한 합리주의적 접근만으론 해결이 되지 않는다. 둘째, 합리주의적 계획은 주로 정부나 공공기관의 예산에 의존하기 때문에 주민들의 필요·욕구가 아니라 경제 환경의 영향에 좌우될 가능성이 크다. 가령 합리주의적 판단으로는 지역사회에 꼭 필요한 사업일지라도 경제적 상황을 핑계로 타당성에 의문을 제기할 수도 있다.

참여적 계획은 이러한 문제에 해결의 실마리를 제공한다. 미국의 공동 모금 기관인 United Way는 참여적 계획의 좋은 예이다. 아울러 미국 심장 협회(AHA), 미국 암 학회(ACS) 등과 같은 건강 관련 조직들은 건강 계획 수립에 지역사회가 다양하게 참여하도록 권유하고 있다. 과거 한국의 새마을 운동에는 참여적 계획의 성격이 어느 정도 있었다고 보아도 무방하겠다. 새마을 운동은 정부에서 계획 전체를 주도했으나 제한된 범위 안에서나마 주민들의 참여를 독려하기도 하였다. 최근 한국에서도 점차 참여적 계획의 사례가 늘어가는 추세를 보인다. 지방 자치가 확대·심화되면서 도시 계획이나 지역사회 발전 계획에 주민들의 참여 기회가 늘어나고 있다.

(3) 정책 옹호(Policy Advocacy)

정책 옹호는 계획·정책 실천이 사회적 옹호와 결합된 형태를 가리킨다. 순수한 계획·정책 실천은 객관성을 강조하는 경향이 있다. 그런데 객관성의 강조는 종종 기득권과 현상 유지로 이어지곤 한다. 다시 말해서 합리주의적 판단이라는 미명 아래 구조적 불평등의 결과를 고려하지 않고 실증 자료만을 토대로 의사결정을 하기 때문에 기득권이 그대로 유지되는 경우가 허다하다.

정책 옹호는 이와 같은 문제의 대안이라고 할 수 있다. 정책 옹호는 아동, 여성, 빈민, 장애인, 이주민(immigrants)과 같은 지역사회의 약자와 소수자의 삶을 개선하는 데 주안점을 둔다. 정책 옹호자에는 정부나 공공기관의 일원으로 일하는 내부 정책 옹호자(internal policy advocates)가 있는가 하면, 비정부 단체(NGO)에 소속되어 있으면서 정책 옹호를 담당하는 외부 정책 옹호자(external policy advocates)도 있다. 내부 정책 옹호자는 대부분 사회복지, 환경, 소비자 분야의 정부 부서나 공공기관에서 일하는 경우가 많다. 이들은 흔히 관료주의의 폐해를 지적하는 '내부 고발자'(whistle blower)의 역할을 수행하기도 한다. 외부 정책 옹호자의 사례로는 소비자 운동가, 빈민 운동가, 이주 노동자 지원 활동가 등을 들 수 있다.

(4) 역량 중심 개발(Capacity-Centered Development)

역량 중심 개발은 '지역사회 역량 개발' 전략이 가장 순수한 형태로 나타난 방식을 말한다. 지역사회 역량 개발이라는 용어는 지역사회 개발(community development)에서 나온 것이다. 하지만 로스만은 후자가 너무 다양한 뜻으로 쓰이다 보니 지역사회의 내부 역량을 증대시키는 실천 전략을 표현하는 데 적합하지 않다고 말한다. 또 그는 과거에 자신이 사용했던 지역사회 개발(locality development)이라는 용어의 한계점도 아울러 지적한다. Locality는 지역성을 토대로 하는 용어라 비지리적 커뮤니티를 표현하는 데 한계가 있었다는 것이다. 그러나 역량 중심 개발이라는 개입 방식도 과거의 지역사회 개발(locality development) 전략이 담고 있던 내용을 그대로 이어받았다는 점에서 용어 사용의 변화 말고는 크게 다르지 않다. 다만 새 용어는 지역사회의 역량 개발을 분명하게 강조한다는 점에서 과거의 용어와 차별성을 보인다.

역량 중심 개발 전략의 핵심 목표는 말 그대로 지역사회(또는 비지리적 커뮤니티)와 주민(또는 구성원)의 임파워먼트를 구현하는 데 있다. 이 과정에서 실천가는 주민들 스스로 목표를 세우고 이에 필요한 행동을 취하도록 격려하고 돕는다. 이 전략은 가능한 한 많은 사람이 적극적으로 참여해야 성공을 담보할 수 있다. 역량 중심 개발 전략을 사용하는 종사자·활동가에게는 비지시적(非指示的, nondirective)이면서 자조 노력을 촉진하는 역할이 적합하다. 로스만은 역량 중심 개발 전략의 대표적인 사례로 과거 미국의 평화 봉사단(Peace Corps) 활동을 들고 있다. 하지만 평화 봉사단이 과연 지역사회의 역량 제고를 중심 목표로 삼는 활동이었는지에 대해서는 의견이 엇갈린다.[4]

역량 중심 개발 전략은 높은 이상을 내걸고 있지만 여러 가지 현실적인 이유로 비판을 받아 왔다. 먼저 이 전략은 지역사회의 변화를 이끌어내는 데 너무 부드러운 접근 방식을 취하고 있다는 지적이 제기되었다. 이것은 당면한 문제가 시급한 상황에서 시간이 오래 걸릴 수밖에 없는 주민의 자기 인식에 대한 변화를 강조하는 것이 과연 정당화할 수 있는 전략인가 하는 물음이다. 또한 합의를 중시하는 개입 전략은 기득권을 지키려는 사람들의 합리화 수단으로 악용될 소지가 많다는 점도 비판의 대상이 되고 있다. 실제로 역량 중심 개발 전략의 현실적 성과는 뚜렷하지 않은 것으로 보인다.

그렇다고 해서 역량 중심 개발 전략이 필요 없는 것은 물론 아니다. 이 전략은 본질적으로 시간이 많이 걸리는 개입 방식이므로 시급한 문제 해결을 필요로 하는 지역사회에는 적합하지 않을지 모른

4) 적지 않은 수의 연구자나 평론가들이 미국의 평화 봉사단을 미국 문화와 미국식 가치를 전파하는 도구로 보았다.

다. 그러나 모든 지역사회 실천의 목표는 궁극적으로 지역사회의 역량을 높이는 데 두어야 한다는 점에서 이 전략의 가치는 언제나 유효하다고 하겠다. 다만 현실에서 효과성을 담보하기 위해서는 이와 같은 개입 방식이 적용 가능한 지역사회를 잘 선택하는 것이 중요하다.

(5) 계획적 역량 개발(Planned Capacity Development)

이것은 역량 개발 전략에 계획·정책 실천 전략을 결합한 개입 방식이다. 일반적으로 공중 보건이나 경제 발전 등과 같이 계획·정책 실천 전략이 적용될 수밖에 없는 상황에서 지역사회 구성원들은 종종 방관자 또는 들러리 역할에 그치는 경우가 많다. 이와는 대조적으로 계획적 역량 개발 방식에서는 지역사회 구성원의 적극적이고 능동적인 참여가 중요한 요소로 떠오른다. 이를테면 지역사회의 문제와 필요·욕구(needs)가 무엇인가를 결정할 때에 외부 전문가들이 '객관적이고 합리적인 기법'에 따라 일방적으로 결정하지 않고 지역 주민들의 의견 수렴 과정을 거친다. 즉 문제를 정의하는 과정에서 지역사회가 주도적인 역할을 수행하는 것이다.

계획적 역량 개발 방식은 UN이나 세계은행과 같은 국제 기구에서 개발 도상국의 지역 개발 프로젝트를 시행할 때 자주 쓰인다. 이러한 프로젝트에는 외부 전문가들의 참여가 필수적이지만 이들의 참여는 반드시 지역 주민과의 협력 구조 안에서 이루어지도록 되어 있다. 따라서 외부 전문가의 일방통행은 허용되지 않는다. 하지만 지역 개발 프로젝트가 국가 차원의 경제·사회 개발 계획의 일환으로 편입될 때, 지역사회가 주도권을 잃게 될 가능성도 상존한다.

(6) 정체성 행동주의(Identity Activism)

정체성 행동주의는 역량 개발 전략과 사회적 옹호 전략이 결합된 형태의 지역사회 개입 방식이다. 이것은 합의에 역점을 두는 역량 개발 전략에 의문을 제기한다. 사실 합의를 강조하다 보면 갈등 요소를 억누르거나 간과하는 경우가 발생할 수 있다. 특히 지역사회의 주변 집단은 손해를 입을 확률이 높다. 왜냐하면 합의는 주류 세력의 의견을 토대로 이루어지는 것이 일반적이기 때문이다. 또한 합의는 동질적인 지역사회가 아니라면 이루기가 어렵다. 오늘날의 도시 지역사회처럼 이질적 요소가 얽혀 있는 상황에서 무조건 합의를 강조하면 구성원들은 수동적이고 방관적인 태도를 보이기가 쉽다.

이와 같은 문제점에 유념하면서 일부 활동가와 실천가는 역량 개발 접근 방식과 옹호 전략 요소를 혼합한다. 대표적인 예로는 소수 민족, 이민자, 장애인, 성적 소수자 등 지역사회의 주변 집단으로 하여금 지배 세력과의 싸움을 통해 역량 제고에 힘을 쏟도록 돕는 실천 방법을 들 수 있다. 또한 같은 문제에 직면하여 상호 지지 관계를 형성하는 자조 집단도 정부 정책의 변화나 외부 자원의 증대를 요구하며 캠페인을 벌이는 경우가 있는데 이것도 정체성 활동주의의 좋은 예라고 하겠다.

(7) 사회 행동(Social Action)

사회 행동은 주변 집단의 어려운 사회·경제적 상황을 변화시키기 위해 압력(압박)을 실천의 핵심 수단으로 사용한다. 이 실천의 궁극적 목표는 사회 정의의 실현이다. 사회 행동 전략은 지역사회의 의사결정을 좌우하는 소수의 지배 세력이 문제의 근본 원인이라고 여긴다. 이 전략은 변화에 대한 호소가 아니라 변화를 강제함으로써 바라는 목적을 달성하려고 한다.

사회 행동 전략은 대결 전술을 자주 쓰는데 행진, 대규모 집회, 농성, 시민 불복종 등이 그것이다. 지역사회의 주변 집단은 돈, 연줄, 전문성 따위의 '공식적' 영향력이 없으므로 자연히 대결 전술을 통해 '대안적' 영향력을 창출하려고 한다. 한국에서도 과거 권위주의 시절에 노동자와 빈민을 비롯한 사회 주변 집단이 사회 행동 전략에 의존하는 사례가 많았다. 정치적 민주화가 이루어진 오늘날에도 사회 행동 전략은 여전히 유효한 지역사회 실천 방식으로 남아 있다.

(8) 사회적 개혁(Social Reform)

사회적 개혁 전략[5]은 사회적 옹호와 계획/정책 실천이 결합된 개입 방식이다. 사회 행동 전략은 사회가 점차 민주화되면서 과거처럼 대중의 공감이나 지지를 받기가 어려워졌다. 게다가 정부나 지배 세력의 대응 방식도 한결 능숙해졌다. 무엇보다도 대결 전술의 실제 효과가 별로 없다는 비판도 제기되었다.

이러한 상황에 대처하기 위해 일부 조직가나 실천가들은 막무가내식의 대결 전술보다는 구체적인 자료와 객관적인 증거에 입각한 문제 제기 방식에 관심을 보이게 되었다. 즉 사회적 개혁 전략은 충분한 연구와 사실 자료를 바탕으로 옹호 전략을 구사하는 것이다. 대표적인 사회적 개혁 전략으로는 소비자 운동을 들 수 있다. 소비자 운동은 대기업이나 정부에 대항하여 정책 변화를 압박하고 있으나 그 과정에서 일방적인 대결 전술 대신에 사실 자료에 바탕을 둔 문제 제기 방식을 주로 사용한다.

(9) 연대성 조직화(Solidarity Organizing)

연대성 조직화 전략은 사회적 옹호에 역량 개발 전략이 결합된 형태로 나타난다. 이 전략은 사회 변화의 지렛대로 멤버십의 연대

5) 사회적 옹호와 계획/정책 실천의 결합을 '사회적 개혁'으로 명명한 것은 조금 문제가 있어 보인다. 사회적 개혁이란 말의 일반적인 쓰임새에서 자료 중심의 '온건한' 옹호 전략이란 뉘앙스를 발견하기는 매우 어렵다.

성을 강조한다. 주로 노동 운동, 학생 운동, 이민자 운동 등에서 볼 수 있는데 동질성을 지닌 구성원(member) 사이에 형성되는 연대성을 바탕으로 자신들의 처지를 개선하기 위한 싸움에 나선다. 이것은 지역사회보다는 이익 공동체(community of interests)나 기능 공동체(functional community)에서 사용되는 전략이라고 할 수 있다.

3. 웨일과 갬블의 모델

웨일과 갬블(Weil, M. and D. Gamble, 2009)은 1995년에 발표한 모델을 발전시켜 새로운 지역사회 실천 모델을 제시하였다. 새 모델은 세계화, 다문화 사회의 확대, 인권 신장(특히 여성과 아동의 인권) 등 최근의 지역사회 실천에 영향을 미치는 주요 변수를 감안하여 만들어졌다. 아울러 새 모델은 미국은 물론 전 세계에 걸쳐 쓰이도록 폭넓은 실천 방법을 담고 있다.

웨일과 갬블이 제시한 여덟 가지 모델은 기능적 공동체(functional community)의 조직 사업을 일반 지역사회 조직 사업에서 분리하였고 사회 변화를 추구하는 활동을 세분하는 것과 같이 새로운 면모를 보이고 있다. 그러나 이들의 유형화 작업은 지나치게 세분화되어 모델로서의 효용성을 오히려 떨어뜨릴 가능성이 보인다. 또한 여덟 가지 모델의 상당수는 목적과 방법 면에서 서로 중복되기도 한다. 예컨대 사회 계획과 프로그램 개발의 차이를 구분하기란 결코 쉽지 않다.

1) 지역사회 조직화(Neighborhood and Community Organizing)

지역사회 조직화의 주된 관심사는 지역의 생활 조건 개선과 삶의 질 향상, 그리고 풀뿌리 집단의 능력 증대로 요약할 수 있다. 이를 위하여 조직가 · 활동가는 지역사회 구성원의 조직화 역량을 개발하고 지역 계획과 외부 주도의 개발이 지역에 미칠 영향을 조절하는 데 주력한다. 아울러 지역사회의 리더십 개발에도 관심을 기울인다. 이 모델에서는 지자체, 중앙 정부, 외부 개발자 등이 실천 전략의 표적이 된다. 이 모델에 적합한 실천가 · 활동가의 역할은 조직가, 촉매자(facilitator), 코치, 교사 등이다.

2) 기능적 공동체의 조직화(Organizing Functional Communities)

이것은 특정 분야 또는 집단에서의 변화를 유도하기 위해 이해 당사자를 조직하는 사업 전략이다. 장애인 권익 신장 운동이나 성적 소수자 인권 운동 같은 것이 여기에 해당한다. 조직가 · 활동가는 이들을 옹호하는 한편 이들에 대한 행태와 시각을 바꾸는 데 힘을 쏟는다. 때로는 서비스를 직접 제공하기도 한다. 실천의 표적 집단은 일반 대중과 정부 기관이다. 이 전략에 필요한 실천가 · 활동가의 역할에는 전달자(communicator), 조직가, 옹호자, 촉매자 등이 있다.

3) 지속가능한 사회 · 경제적 개발(Social, Economic, and Sustainable Development)

이 모델은 지역 주민의 사회적 · 경제적 환경을 개선하고 삶의 기회를 확대하는 데 역점을 둔다. 이 과정에서 환경을 해치지 않고 지속 가능한 개발이 이루어질 수 있도록 모든 노력을 기울인다. 이 전략의 표적 집단으로는 개발업자, 은행, 기업 등이 포함된다. 협상가, 교사, 기획자(planner), 관리자 등이 이 모델에 합당한 실천가·활동가의 역할이다.

4) 사회 계획(Social Planning)

지역사회의 사회적 필요·욕구를 파악하고 이것을 충족시키기 위한 방법을 모색하는 것이 이 모델의 핵심 과제이다. 정부 중심의 전통적 사회 계획과 민관 파트너십(partnership)에 입각한 사회 계획을 아우르는 데 주력하는 동시에 이해 당사자의 자기중심적 관점을 변화시키는 데도 힘쓴다. 이 모델이 필요로 하는 실천가·활동가의 역할은 연구자, 제안 작성자(proposal writer), 기획자, 관리자 등이다.

5) 포괄적 프로그램 개발(Inclusive Program Development)

이것은 사회 서비스의 효과성을 높이기 위해 새로운 프로그램을 개발하거나 기존의 프로그램을 확대 또는 재조정하는 실천 전략이다. 이 과정에서 지역사회 구성원의 참여를 촉진하는 방법을 사용한다. 지역사회 실천을 일차 기능으로 삼고 있지 않은 기관에서 주로 쓰는 모델로서 지역사회와의 상호 작용을 강조한다. 실천의 표적 집단은 프로그램을 재정적으로 지원하는 개인과 기관 그리고 서비스 수혜자 등이다. 이 모델에서 요구하는 활동가·실천가의 역할에는 대변인, 기획자, 관리자, 제안 작성자 등이 있다.

6) 정치 · 사회 행동(Political and Social Action)

이 전략의 목적은 정책, 정책 수립자, 기업의 행태 등을 변화시키기 위한 사회 정의 실천 행동을 촉진하는 것이다. 지역 주민은 정치 · 사회 행동을 바탕으로 자신들의 역량에 대한 믿음을 강화하는 한편 불의한 행동을 바꾸는 데 필요한 조직 사업과 리더십 기법을 발전시킬 수 있다. 실천의 표적 집단에는 유권자 자신들과 선출직 공무원 · 정치인 등이 포함된다. 이 모델에 적합한 활동가 · 실천가의 역할은 옹호자, 촉매자 등이다.

7) 연합(Coalitions)

연합 구축(coalition building)은 지역 조직이나 기능 조직들이 공통의 쟁점을 중심으로 연합하여 정부 또는 외부 기관에 영향력을 행사하기 위한 전략 모델이다. 이러한 연합은 대개 한시적이며 연합을 이루는 과정에서도 개별 조직의 자율성은 유지된다. 이 전략의 대표적인 표적 집단은 정부, 대기업, 외부 개발자 등 권력과 자본의 지원을 받는 세력이다. 연합 전략에서 요구되는 활동가 · 실천가의 역할은 협상가, 중개자, 대변인 등이다.

8) 진보적 변화를 위한 운동(Movements for Progressive Change)

이것은 사회, 경제, 환경 등 인간 생활 전반에 걸쳐 정의를 추구하는 운동 전략이다. 이 운동은 인간과 지구의 건강한 발전을 담보할 수 있는 새로운 패러다임의 제시에 초점을 맞추고 있다. 하지만

이 전략은 전통적인 사회복지의 실천 영역을 넘어서는 것으로 사회복지사들이 관여하는 경우는 많지 않다. 특히 한국처럼 사회복지사의 역할이 서비스 제공에 한정되어 있는 상황에서는 더욱 그러하다. 이 운동의 일차 표적 집단은 인간을 억압하고 환경을 파괴하는 정치, 경제, 사회의 모든 체제라고 할 수 있다. 일반 대중도 운동의 표적 집단에 포함된다. 궁극적으로 이들의 의식과 태도가 바뀌어야 진보적 변화도 가능하기 때문이다. 이 전략에 적합한 활동가·실천가의 역할로는 조직가, 교사, 옹호자, 촉매자 등을 들 수 있다.

6
chapter

지역사회복지의 실천 과정

사회복지 실천에서 널리 쓰이는 문제 해결 모델(problem-solving model)은 대략 다음과 같은 과정을 제시한다. 즉 문제 인식과 변화 욕구 확립 → 정보 수집 → 사정(査定)과 변화 전략 수립 → 개입과 변화 노력 → 평가와 종결의 다섯 가지 단계이다(Hardcastle, Wenocur and Powers, 2011). 지역사회복지 실천의 과정도 이와 크게 다르지 않다. 대부분의 이론가들과 실천가들이 비슷한 내용의 실천 전략을 제시하고 있다. 이 책에서는 문제 해결 모델을 바탕으로 지역사회복지의 실천 과정을 살펴보려고 한다.

1. 지역사회복지 실천에서 가치와 윤리

일반적으로 가치(values)란 좋은 것 또는 바람직한 것을 의미하고 윤리(ethics)는 옳은 것, 마땅한 것을 뜻한다. 다시 말해서 가치란 우리가 구현하려고 하는 이상(ideal), 비전(vision), 원리(principles)에 관한 진술(statement)이고 윤리는 이 가치에서 파생된 행위의 지침 같은 것이라고 할 수 있다. 따라서 가치와 윤리는 서로 유기적으로 연결되어 있고 현실에서는 종종 혼합된 모습으로 나타나기도 한다. 특히 의사, 변호사, 사회복지사와 같이 전문 직업에 종사하는 사람에게는 일정한 행위 원칙과 기준을 준수해야 하는 의무가 주어지는데 이것을 흔히 윤리 강령(code of ethics)이라고 한다. 대체로 윤리 강령은 윤리뿐만 아니라 가치에 관한 내용을 담고 있다.

지역사회 실천에 종사하는 사회복지사와 기타 활동가에게는 다음과 같은 가치를 구현해야 할 윤리적 책임이 주어진다. 이러한 가치의 구현은 지역사회 실천의 모든 과정에서 항상 염두에 두어야 할 가장 중요한 과업이다. 다시 말해서 이 가치를 구현하는 것이 지역사회 실천의 궁극적 목표라고 해도 과언이 아니다.

1) 문화적 다양성

문화는 시간과 공간에 따라 다양한 형태로 나타난다. 이 다양한 문화는 인간 사회의 교류와 혁신과 창의성의 원천이 된다. 생물학적 다양성이 자연 생태계의 풍요와 지속가능성을 보장하는 핵심 요소의 역할을 하는 것처럼 문화적 다양성도 인간 사회의 지평을 넓히는 데 크게 기여한다. 따라서 사회복지 실천에 종사하는 사람은 문화적 다양성이 현재는 물론 미래에서도 인류의 공동 유산이라는 사실에 유념해야 한다.

하지만 우리는 현실에서 인종, 민족, 지역, 계층, 직업, 나이 등에 따라 문화적 편견이 만들어지고 이것이 다시 인간 삶의 여러 영역에서 차별과 불평등으로 이어지는 현상을 목격하게 된다. 특히 지난 20여 년에 걸쳐 외국에서 수많은 이주 노동자와 결혼 이민자들이 유입된 한국 사회에서는 이러한 문화적 편견이 더욱 심해지는 경향을 보인다. 따라서 지역사회의 실천가·활동가는 각 사회 집단이 지닌 문화적 가치와 의미를 정확히 인식하는 한편 문화적 소수자가 겪는 차별과 억압의 구조에 대항하여야 한다.

2) 자기 결정과 임파워먼트

실천가·활동가는 지역사회 구성원 스스로 자신들의 삶에 관해 자율적인 의사결정권을 행사할 수 있는 권리를 존중해야 한다. 다만 자율적인 의사결정으로 자신 또는 타인이 해를 당할 우려가 있는 경우에는 실천가의 전문적인 판단이 클라이언트의 판단보다 우선권을 가질 수 있다. 그러나 이와 같은 경우에도 전문적 또는 법적 정당성이 확보되어야 한다.

자기 결정(self-determination)의 근본 토대는 지역 주민의 임파워먼트 실현이라고 할 수 있다. 사실 모든 지역사회 실천은 지역사회로 하여금 임파워먼트를 실현하도록 돕는 과정이다. 지역사회 실천에서 임파워먼트의 요체는 지역사회가 자신들의 삶에 대한 통제권을 온전히 행사하도록 돕는 것이므로 임파워먼트와 자기 결정은 같은 말이나 다름이 없다.

3) 비판 의식의 개발

비판 의식[1](critical consciousness)이란 용어는 프랑크푸르트 학파(the Frankfurt School)의 비판이론[2](critical theory)과 브라질

---

1) '비판'이라는 한국어는 영어 'critical'을 표현하기에는 한계가 있는 단어이다. 영어 critical에는 '비판적'이라는 뜻도 있으나 이것은 이 단어가 의미하는 내용 가운데 일부에 지나지 않는다. Critical의 어원은 그리스어 'kriticos'(통찰력이 있는 판단)와 'kriterion'(표준, 기준)이다.

의 사회교육자이자 운동가였던 파울로 프레이레(Paulo Freire)의 이론에 뿌리를 둔 것으로 알려져 있다. 비판 의식은 사고의 주체(thinking subject)가 홀로 고립되어 존재하는 것이 아니라 타인과의 관계 속에 존재한다는 사실에서 출발한다. 아울러 비판 의식은 대상 세계의 심층적 이해에 도달하는 데 초점을 맞춘다. 비판 의식을 개발한다는 것은 사회적 관계의 겉모습이 아니라 그것의 심층에 놓여 있는 권력과 특권의 차이(즉 불평등)에 대한 성찰적 인식에 도달하려는 노력이라고 할 수 있다. 그리고 이 불평등을 해소하고 사회 정의를 실현하기 위해 마음을 다짐하고 세상을 보는 관점을 재조정하는 행위로 나아가는 것이 비판 의식의 개발이다. 이것을 흔히 의식화(conscientization)라고 표현하기도 한다.[3)]

따라서 지역사회실천에서 비판 의식을 개발한다는 것은 지역사회 구성원을 억압하는 사회적·경제적 제도와 기관의 성격을 파악하고 이렇게 얻은 이해와 지식을 지역 주민과 공유함으로써 이들이 지역사회를 변화시키는 활동을 격려하고 돕는 일이다. 비판 의식의 개발은 대화와 교육을 통해 이루어질 수 있다.

4) 사회 정의에 대한 헌신

사회 정의가 무엇인지를 정의하는 일은 결코 간단한 과제가 아니겠지만, 사회 정의에 부합하지 않는 것이 무엇인지를 가려내는 일은 그리 어렵지 않다. 권력의 오용·남용, 자원의 편중 배분, 주변

---

2) 비판이론은 독일 프랑크푸르트 대학을 중심으로 활동했던 네오 맑스주의(Neo-Marxism) 전통의 사회과학자들이 발전시킨 사회이론으로 인간을 노예로 만드는 모든 억압 구조로부터 인간을 해방시키는 것을 기본 목적으로 삼는다.

3) 과거 권위주의 통치 시대에 한국 사회에서는 '의식화'라는 용어를 계급의식을 조장하고 공산주의에 동조하는 행위로 몰아 일반 대중의 각성을 막으려고 한 바 있다.

집단의 소외 등은 지역사회에서 우리가 쉽게 목격할 수 있는 현상으로 사회 정의와 부합하지 않는 것들이다.

실천가·활동가는 먼저 지역사회의 모든 삶의 측면에서 누구나 동등한 권리와 접근권을 누려야 한다는 기본 명제를 분명히 인식하고 있어야 한다. 사실 지역사회 실천의 주요 목표 중 하나가 사회 정의를 증대시키는 것이다. 사회 정의를 증대시키기 위한 싸움에는 주류 사회의 편견에 도전하는 것, 다양성을 인정하고 그 가치를 역설하는 것, 자원의 평등한 분배에 힘을 기울이는 것, 불의한 정치 행태에 도전하는 것 등이 포함된다.

2. 지역사회 사정(査定)

사회복지사나 지역사회 조직이 지역사회 문제에 개입하는 데 필요한 첫 번째 작업은 지역사회의 상황을 있는 그대로 파악하는 일이다. 그 중에서도 두 가지 즉 지역사회가 어떠한 문제와 욕구를 지니고 있는지, 또한 그것을 해결할 역량은 얼마나 되는지를 파악하는 것이 중요하다. 사회복지학에서는 이러한 작업을 흔히 지역사회 사정(community assessment)이라고 부른다. 즉 지역사회 사정은 지역사회의 욕구와 이것을 해결할 수 있는 역량에 대한 정보를 수집, 분석, 보고하는 과정이다.

과거의 지역사회 사정은 주로 욕구 사정(need assessment)에 그치는 경우가 많았다. 이것은 이른바 결핍 모델(deficiency model) 혹은 전문가 모델이라는 비판을 받았다. 결핍·전문가 모델은 지역사회가 지닌 욕구를 지역사회 내부에서 해결할 수 없기 때문에 외부 전문가의 도움이 필요하다고 주장한다. 이러한 접근 방법은 지역사회가 자신의 문제를 해결할 역량을 지니고 있지 못하다는 가정에서 출발한다.

최근의 지역사회 사정에서는 결핍·전문가 모델에 대한 반발로 지역사회의 자산과 자원을 강조하는 경향이 짙다. 이것을 역량 모델(capacity model) 또는 강점 관점(strength perspective)이라고 한다. 그렇다고 해서 역량 모델이 지역사회가 모든 문제를 자체적으로 해결할 수 있다고 주장하는 것은 아니다. 역량 모델이 강조하는 것은 지역사회가 문제 해결의 주체가 되어야 하며 또 될 수 있다는 점이다.

그런데 지역사회 사정은 왜 해야 하는 것일까? 무엇보다도 중요한 이유는 지역사회를 변화시키려는 실천 활동이 지역사회에 대한 종합적이고도 정확한 정보를 요구하기 때문이다. 단편적이거나 부정확한 정보와 사건에 바탕을 둔 판단은 사태를 악화 또는 왜곡할 가능성이 높다. 면밀히 이루어진 지역사회 사정은 사회복지사를 비롯한 실천가들에게 자신감과 정확한 판단의 기초를 제공해 준다. 게다가 지역사회 사정을 준비하는 과정에서 쟁점에 대한 지역 주민들의 관심과 참여를 높이는 계기가 마련되기도 한다. 마지막으로 지역사회 실천에 사용될 자원을 공급하는 각종 재단과 같은 기관들이 공식적인 지역사회 사정을 요구하는 경우가 많다. 이와 같은 이유로 지역사회 사정은 지역사회 개입의 필수적 과제라고 할 수 있다.

1) 지역사회 사정의 개념

사회복지 실천에서 사정은 진단(diagnosis), 평가(evaluation), 판단(judgment), 이해(understanding) 그리고 사실 자료 수집(fact gathering) 따위의 내용을 포괄하는 개념이다. 과거 문헌에서는 사정보다 진단이라는 말을 자주 썼다. 진단은 병리학적 용어로 무언가 잘못되거나 나쁜 곳이 없나 찾아본다는 뜻인데 앞에서 언급한 결핍 모델의 접근 방식을 상징한다. 따라서 진단 대신 사정이란 말을 쓰게 된 것은 역량 모델 또는 강점 관점의 등장과 관계가 깊다고 하겠다.

지역사회 사정은 사회복지사가 지역사회에 대한 전문적 개입을 하기 위해 지역사회의 욕구와 자원을 파악하는 과정이다. 지역사회 사정에는 문제의 성격, 관계 당사자들의 문제 극복 역량, 유관 기관과 제도, 가용 또는 소요 자원, 문제 해결에 대한 지역사회 주민들의 의지 등이 조사 대상으로 포함된다.

2) 지역사회 사정의 유형

지역사회 사정의 유형을 범위에 따라 나누면 종합 사정, 탐색 사정, 문제 지향적 사정, 하위 체계 사정으로 요약할 수 있다 (Hardcastle, Wenocur and Powers, 2011).

(1) 종합 사정(comprehensive assessment)

사정의 범위가 글자 그대로 전체 지역사회를 포괄하며 새로운 자료의 생산으로 이어지는 경우가 대부분이다.

(2) 탐색 사정(familiarization assessment)

기존 자료를 바탕으로 지역사회의 개괄을 이해하기 위한 초보적 수준의 사정을 가리킨다.

(3) 문제 지향적 사정(problem-oriented assessment)

사정의 범위는 지역사회 전체이지만 초점은 단일 문제(가령 청소년 일탈)에 맞추어진다.

(4) 하위 체계 사정(subsystem assessment)

지역사회의 특정 구성 요소나 측면을 사정의 대상으로 삼는다. 이를테면 지역사회의 경제 부문을 사정 대상으로 삼거나 교육 부문 또는 종교 부문을 사정하는 경우가 여기에 속한다.

3) 지역사회 사정의 주요 원칙

(1) 목표를 명확하게 밝혀야 한다.

지역사회 사정의 목표를 분명하게 밝히는 것이 가장 중요하다. 목표가 지역사회 사정의 나침반 노릇을 하기 때문이다. 목표에 따라 수집할 정보의 범위와 내용 그리고 해석도 달라진다. 여기에서 말하는 목표란 과업과 대상 집단을 모두 포함한다. 가령 지역사회 사정의 목표가 지역 주민들의 건강에 대한 욕구를 알아내는 것인지, 아니면 장애인들이 어떠한 서비스를 제공받고 있는지에 초점을 맞추고 있는지 목표를 확실하게 정리해야 한다. 목표와 초점을 명확히 기술할수록 지역사회 사정의 유용성도 더욱 높아질 것이다.

(2) 구체적인 쟁점에 초점을 맞춘다.

지역사회의 모든 문제와 쟁점을 포괄하는 조사는 사실상 불가능하다. 사회복지사 또는 지역사회 조직 활동가의 제한된 자원과 역량으로는 더욱 그러하다. 이 점을 무시하고 지역사회 사정을 강행한다면 그 과정에 압도당해서 목적 의식을 상실할 가능성이 크다. 따라서 지역사회 사정은 구체적인 쟁점이나 문제에 초점을 맞추어야 한다.

(3) 다양한 관점을 인정한다.

정확한 사정이 이루어지려면 지역사회 내부의 다양한 관점에 민감해야 한다. 다양한 관점이란 지역 주민 사이의 사회·경제적 차이는 물론 특별한 욕구의 존재까지도 인정한다는 것을 의미한다. 사람들은 프로그램, 기관, 서비스 등에 관해 상반된 견해를 지니기 일쑤이다. 이 점을 염두에 두고 여러 가족과 지역 주민 그리고 서비스 기관의 직원 등을 포함한 다양한 이해 당사자로부터 수집한 정보만이 지역사회의 모습을 온전하게 그려낼 수 있다.

(4) 지역 주민의 참여를 중시한다.

지역사회 사정을 효과적으로 진행하기 위해서는 지역사회의 상황에 밝은 사람을 사정 작업에 참여시킬 필요가 있다. 이 때 유의해야 할 것은 될 수 있는 대로 지역 주민의 참여가 우선되어야 한다는 점이다. 지역사회 사정이란 결국 지역사회를 발전시키기 위한 기초 작업이므로, 이 작업에 지역 주민을 참여시킴으로써 이들로 하여금 자신들이 지역사회 발전에 일익을 담당한다는 인식을 갖게 하는 것이 중요하다. 이와 같은 인식을 지닌 주민들이 지역사회 사정의 과정에서 더 많은 시간과 노력을 투자할 것임은 물론이다.

4) 지역사회 사정의 절차

지역사회 사정은 크게 두 가지 과정, 즉 욕구 파악(needs identification)과 자원 파악(resource identification)으로 나누어진다. 욕구 파악은 지역사회의 문제 상황을 점검하는 과정이고 자원 파악은 이러한 문제 상황에 대처할 역량의 유무 여부를 조사하는 것이다.

(1) 욕구 파악

① 욕구의 개념

욕구란 현실과 당위성 사이의 차이(gap)를 가리키는 것으로 정의할 수 있다. 욕구는 규범적 욕구(normative needs), 인지적 욕구(perceived needs), 표출적 욕구(expressed needs), 상대적 욕구(relative needs)로 구분한다.

- **규범적 욕구**: 전문가나 기존 자료에서 제시한 목표 기준에 바탕을 둔 욕구로 이 기준에 미달하면 욕구가 존재한다고 본다. 예를 들어 세계 보건 기구(WHO)는 사람이 하루에 섭취해야 할 영양분의 양과 내용에 관한 기준을 만들어 세계 각국에 제시하고 있는데 이 기준에 미달되는 경우에는 규범적 욕구가 존재한다고 말할 수 있다. 규범적 욕구는 계량화가 쉽기 때문에 욕구의 객관성을 확보하는 데는 유리하나 이 개념으로는 욕구의 상대성이 잘 드러나지 않는다는 지적을 받기도 한다.
- **인지적 욕구**: 이것은 누군가의 의견이나 관찰에 바탕을 둔 욕구 개념으로 구체적인 자료를 통해 입증된 것이 아니다. 말하자면 사람들이 자신의 욕구로 느낌에 따라 욕구로 규정되기 때문에 흔히 느껴진 욕구(felt needs)라고도 한다. 그러나 사람의 느낌은 주관적인 것이므로 인지적 욕구의 개념을 사용할 경우 욕구에 대한 객관적 기준을 찾기가 어렵다는 단점이 있다.
- **표출적 욕구**: 이것은 인지적 욕구가 구체적인 행동으로 표현된 것이다. 여기에서 욕구란 요구하는 사람들의 숫자에 의해 결정된다. 표출적 욕구는 사회복지 서비스 분야에서 가장 일반적으로 사용하는 욕구의 기준이 된다. 그러나 사회복지사가 표출적 욕구에 전적으로 의존할 경우에는 사람들이 요구하지 않거나

수요가 없는 욕구를 소홀히 취급할 가능성이 크다.

- **상대적 욕구**: 비교 욕구(comparative needs)라고도 하는데 제공되는 서비스의 집단간 차이가 바로 상대적 욕구를 가리킨다. 가령 서울 강남 지역에는 잘 꾸며진 큰 공원이 많이 있지만 강북 지역은 그렇지가 못하다. 강북 주민들은 당연히 더 많은 공원이 지어졌으면 하는 욕구를 가지게 된다. 이것이 바로 상대적 욕구이다. 다시 말해서 상대적 욕구는 일종의 욕구 불평등을 가리키는 개념으로 이해할 수 있다.

② 표적 집단 파악

상당수의 지역사회 분석가들이 가능한 한 지역사회를 전체로서 파악할 것을 권고한다. 그러나 때로는 표적 집단을 선정해서 이들의 관점으로부터 지역사회에 대한 분석을 시도하는 것이 더욱 효과적일 경우가 있다. 특히 시간과 자원이 한정된 상황에서는 표적 집단에 초점을 맞추는 것이 좋다.

그러나 표적 집단을 결정하는 것 자체가 결코 쉬운 일이 아니다. 예를 들어 지역사회의 알코올 중독 문제를 해결하려는 노력에 대하여 생각해 보자. 이 때 표적 집단은 "서울 송파구 주민으로 알코올 문제를 지닌 사람"으로 정하거나, 아니면 "지난 3년간 알코올 중독 문제로 병원 치료를 받은 송파구 거주자"와 같이 그 초점을 훨씬 좁혀서 정할 수도 있다. 어느 것이 더 적절한 표적 집단이 될 것인지는 상황에 따라 달라지겠지만 욕구 파악의 초기 단계에서는 조금 더 넓은 표적 집단을 선정하는 것이 권장된다. 왜냐하면 대책이 구체화되면서 대상 집단의 범위도 좁아지는 것이 일반적 현상이기 때문이다.

표적 집단을 파악하는 작업은 이 집단의 특성을 이해하는 과제와 전체 지역사회의 특성을 이해하는 과제로 대별된다.

[과제 1] 표적 집단의 특성 이해하기

표적 집단의 특성을 이해하기 위해서는 다음과 같은 점을 조사해야 한다.
- 표적 집단의 역사(과거)
- 표적 집단의 인구 구성과 그들의 특성
- 표적 집단의 구성원들이 느끼는 자신들의 욕구(인지적 욕구)
- 자신들의 욕구와 관련한 표적 집단 구성원들의 지역사회에 대한 인식

구체적인 조사 작업은 기존의 인구학적 자료를 살펴보는 것으로 시작한다. 구성원들의 사회경제적 지위, 연령, 성별 등은 가장 기본적인 변수들이다. 아울러 표적 집단의 공간적 특성(밀집 지역, 빈민 지역 등)을 밝혀내는 것도 중요하다. 마지막으로 표적 집단의 구성원이나 이들의 과거를 잘 이해하고 있는 사람들을 면담하는 것도 잊지 말아야 한다.

[과제 2] 지역사회의 특성 알아내기

지역사회의 특성에는 지리적 경계, 사회 문제, 지배적 가치 등이 있다.

• 지리적 경계의 파악

다음과 같은 질문을 바탕으로 표적 집단의 지리적 집중 여부, 서비스 기관의 관할 영역이 중첩되는지 여부, 서비스에 대한 접근성 등을 중점적으로 조사한다.
- 표적 집단에 대한 개입은 어떠한 지리적 범위 안에서 이루어질 것인가?
- 표적 집단의 구성원들은 어느 곳에 살고 있는가?
- 표적 집단을 방해하는 물리적, 사회적 장벽에는 어떠한 것이 있는가?
- 표적 집단을 관할하는 각종 서비스 프로그램의 지리적 경계는 어디인가?

• 지역사회 문제의 프로필 작성

지역사회 문제의 내용과 범위를 밝히는 작업은 사회복지사로 하여금 표적 집단이 겪는 어려움을 충분히 이해할 수 있도록 도와준다. 또한 조금 더 현실적인 해결책을 마련하는 데도 이바지할 수 있다. 지역사회 문제를 파악하는 과정에서는 다음과 같은 점이 조사되어야 한다.

- 표적 집단에 영향을 미치는 지역사회 문제는 어떠한 것이 있는가?
- 표적 집단 가운데 주요 사회 문제를 겪고 있는 하위 집단이 있는가?
- 밝혀진 지역사회 문제에 관해 어떠한 자료가 존재하는가?
- 자료 수집은 누가 하고 있는가?」

• 지배적 가치의 파악

지역사회의 가치란 지역사회 구성원들이 지닌 신념 체계를 가리킨다. 가치는 지역사회의 정치와 역동성을 이해하는 데 중요한 변수가 된다. 가령 표적 집단에 대한 사회복지 서비스 제공 여부를 결정짓는 최후의 변수는 종종 지역사회의 가치로 귀착되는 경우가 많다. 사회복지사를 비롯한 지역사회 실천가들은 전체 지역사회의 가치와 표적 집단 사이의 가치 차이를 민감하게 다루어야 한다. 사실 양 집단의 차이를 파악하는 것이 지역사회의 욕구 파악에서 핵심 사항이라고 하겠다. 지배적 가치를 파악하는 과정에서 유의해야 할 점은 다음과 같다.

- 표적 집단이 중요하게 여기는 문화적 가치나 전통은 무엇인가?
- 표적 집단에게 (부정적인) 영향을 미치는 지역사회의 지배적 가치는 무엇인가?
- 표적 집단을 둘러싼 가치 갈등은 어떠한 것이 있는가?

③ 자료 수집

표적 집단을 파악한 다음에는 관계 자료를 수집한다. 자료의 수집에서 가장 중요한 일은 수집 방법을 결정하는 것이다. 어떤 방법을 사용하든지 간에 자료 수집에 동원할 수 있는 시간과 인력 그리고 자원, 표적 집단의 크기, 표적 집단과의 관계 등이 충분히 고려되어야 한다. 자료 수집은 기존 자료, 초점 집단(focus group), 지역사회 공청회(community forum), 사회 조사, 면접, 참여 관찰 등의 방법을 통해 이루어진다.

- **기존 자료**: 기존 자료는 흔히 이차 자료(secondary data)라고도 한다. 이차 자료 중에서 가장 많이 활용되는 것이 인구학적 특성이나 사회·경제적 자료를 축약한 사회 지표(social indicators)이다. 사회 지표와 같은 자료들은 통계청을 비롯한

공공기관에서 주로 생산된다. 최근에는 지역의 웬만한 사회 지표 정도는 각 지방 자치 단체의 인터넷 홈페이지에서 쉽게 얻을 수 있다.

- **초점 집단**: 초점 집단은 질적인 자료를 수집할 때 사용하는 방법으로 6~10명 정도의 소집단으로 구성된다. 초점 집단은 여러 명이 동시에 질의와 응답에 참여할 수 있고 참가자들 사이에 상호 작용이 이루어지므로 집중적인 토론에 매우 유용한 방법이다. 초점 집단의 목적은 기본적으로 토론이며, 갈등 해소, 의사결정, 문제 해결 등의 구체적 과제를 위해 구성된 집단은 초점 집단으로 볼 수 없다. 초점 집단을 사회 조사의 전후에 사용하면 조사의 효과를 높이는 데 큰 도움이 된다.
- **공청회**: 공청회는 초점 집단과 마찬가지로 지역사회 구성원으로부터 정보를 직접 수집할 수 있는 방법이다. 그러나 공청회는 초점 집단과 달리 공개된 장소와 시각에 참가자의 제한을 두지 않고 이루어진다. 공청회는 초점 집단에 비해 훨씬 소란스럽고 관리가 어려운 것이 사실이나, 지역사회 구성원들의 다양한 소리를 들을 수 있다는 장점을 갖는다. 공청회가 성공하려면 지역 주민의 참여를 극대화할 수 있는 시각과 장소를 선택하는 것이 중요하다.
- **사회 조사**: 사회 조사는 비교적 명료한 주제나 쟁점에 관하여 지역 주민들의 견해와 태도를 알고 싶을 때 주로 사용한다. 상대적으로 적은 비용을 가지고 지역 주민 전체의 의견을 파악할 수 있고 또한 이것을 계량화할 수 있다는 점이 최대의 특징이다. 그러나 정보의 내용에 깊이가 없고 시간이 많이 걸린다는 단점도 있다.
- **면접**: 면접에는 직접 면접과 전화 면접이 있는데 둘 다 비용과 시간이 많이 든다. 특히 전화 면접이 낮 시간에 이루어지는 경

우에는 직장에 근무하는 사람들의 의견이 배제될 가능성에 대해 유의하여야 한다. 반면에 면접은 매우 심층적인 정보를 가져다 줄 수 있다.

- **참여 관찰**: 참여 관찰은 지역 주민의 일상적인 삶에 참여함으로써 그들이 겪는 문제를 직접 체험하는 방법이다. 이를테면 장애인들과 함께 살면서 그들이 일상적으로 겪는 문제나 제공되는 서비스의 질 등을 직접 파악해 본다.

(2) 자원 파악

욕구 파악이 끝난 후에는 이것을 충족할 수 있는 자원이 지역사회 내부에 존재하는지에 대한 조사가 이루어져야 한다. 지역사회의 자원 파악은 개인, 집단, 기관 등의 자원을 파악한 다음, 자원 지도를 작성하는 작업(asset mapping)으로 마무리된다.[4]

① 자원의 개념

지역사회의 자원(resources or assets)은 지역사회의 삶을 개선하는 데 쓰일 수 있는 모든 것을 의미한다. 여기에는 유·무형의 온갖 자원이 포함된다. 지역사회 자원을 조사할 때는 보통 세 종류의 대상에 초점을 맞춘다. 첫째는 사람이다. 인적 자원에는 자원으로 여기기 어려운 이른바 취약 집단(노인, 장애인, 빈민, 노숙인 등)도 해당된다. 지역사회 실천의 역사는 이들 취약 집단 구성원들이 지역사회를 변화시키는 데 적지 않은 공헌을 했다는 사실을 보여준다. 둘째는 비공식적 지역사회 조직이다. 종교, 문화, 체육, 취미 모임 등이 이에 속한다. 셋째는 학교, 병원, 경찰, 사회복지 기관 등의 공

2) 자원 지도의 작성과 자원 파악 과정을 동일시하는 경우도 종종 있다. 실제로, 상당수의 문헌에서는 자원 파악(resource identification)이라는 용어 대신에 자원 지도 작성(asset mapping)이라는 용어를 쓰고 있다. 이것은 자원 파악 과정의 최종 절차가 자원 지도 작성인 사실과 무관하지 않다.

식 기관들이다.

② 자원 파악의 방법과 의의

가능한 모든 방법을 사용할 수 있다. 간단하게는 신문이나 전화번호부의 광고 섹션(yellow pages)으로부터 자치 단체의 고급 정보에 이르기까지 다양한 정보원(情報源)이 존재한다. 핵심 자료 제공자(key informants)를 활용하는 것도 효과적이다. 핵심 자료 제공자는 사안에 따라 다를 수 있다. 예컨대 정치나 경제적 자원을 파악하는 일에는 지방 의회 의원과 같은 선출직 공무원들이 핵심 자료 제공자 역할을 할 수 있으나, 청소년 폭력 문제를 해결하기 위한 자원 파악에는 피해 청소년의 부모가 가장 핵심적인 자료 제공자가 된다. 개인의 자원을 파악하는 기준으로는 해당 문제에 관한 기술(skills), 관심, 경험의 여부가 중요하다.

자원 파악은 욕구 파악과 달리 지역사회의 긍정적 측면을 부각시키는 과정이다. 자원 파악은 또한 지역사회 문제의 해결은 내부로부터 시작되어야 한다는 점을 강조한다. 마지막으로 자원 파악은 지역 주민의 관계성에 주목한다. 관계성이 전제되어야 자원 파악의 의미가 완성되는 것이다.

③ 자원 지도의 작성

수집한 지역 자원의 목록을 지도에 표시하는 것이 자원 파악의 최종 절차이다. 파악된 자원의 내용은 실제 지도에 직접 기입하거나 컴퓨터를 이용한다. 가능하면 별 다른 표시가 없는 커다란 지도를 사용하는 것이 좋다. 자원 지도는 지역사회의 문제와 역량을 한눈에 보여준다. 게다가 자원 지도는 사회복지 서비스에 대해 대부분의 주민들이 지니고 있을지 모르는 선입견이나 오해를 교정하는 데 적지 않은 도움을 제공한다.

3. 개입 가설의 수립

지역사회 문제를 해결하고 변화를 이끌어내는 과정에서 수많은 사람들(전문가, 자원 봉사자, 지역 주민 등)이 자신들이 생각하는 해결 방법을 나름대로 제시할 것이다. 이들의 해결책은 각기 자신들의 체험에 바탕을 둔 것이므로 일정한 설득력을 지니고 있어서 그냥 무시하기가 어렵다. 그러나 개입의 성격과 내용 그리고 전략에 관한 최종 결정은 문제 파악이 이루어지고 그 원인에 대한 합의가 도출될 때까지 미루어져야 한다.

1) 문제 원인에 대한 가설의 수립

지역사회 사정을 통해 수집된 자료와 정보를 바탕으로 문제의 원인에 대한 가설을 세우는 작업이다. 예를 들어 청소년의 자살률이 높은 어느 지역사회에 개입하는 경우를 생각해 보자. 지역사회 사정은 표적 집단인 청소년들의 학업 성적, 과외 활동, 부모의 사회경제적 특성, 가정환경 등을 밝혀줄 것이다. 사회복지사(또는 실천가)는 이 자료를 면밀히 분석해서 청소년들의 자살을 둘러싼 인과 관계를 가설의 형태로 표현할 수 있어야 한다.

문제의 원인 분석을 위한 가설의 예

다음과 같은 요소들이 청소년들의 우울증이나 자살을 초래하는 것으로 보인다.
- 학업에 대한 주위의 지나친 기대와 그로 인한 스트레스
- 또래 집단으로부터의 심각한 따돌림
- 자아 정체성을 확립하는 과정에서 발생한 가족 문제

2) 기초적 개입 가설의 수립

문제의 원인에 관한 가설을 세운 다음에는 이것을 토대로 어떠한 종류의 개입이 필요할 것인지에 대해 기초적인 가설을 작성한다. 개입 가설은 특정한 접근(개입) 방법과 결과 사이의 관계에 초점을 맞춘다. 가설에는 표적 집단과 문제와의 관계, 개입(접근) 방법, 기대 결과가 포함되어야 한다. 따라서 가설을 세울 때는 다음 두 가지 질문을 염두에 두어야 한다.

- 어떤 종류의 개입이 문제 해결에 가장 큰 효과를 낼 것인가?
- 이와 같은 개입으로부터 어떠한 결과를 기대할 수 있을 것인가?

기초적 개입 가설의 예

> 자살의 위험성이 있는 청소년들에게 다음과 같은 개입이 이루어진다면,
> • 학교 사회복지사나 상담 교사에 의한 적극적 원조 활동
> • 친구나 자원 봉사자를 말동무로 짝지어 줌
> • 가정에서의 사후 지원 서비스 제공
>
> 다음과 같은 결과를 기대할 수 있을 것이다.
> • 자살 위험성이 있는 청소년의 과외 활동 참여율 상승
> • 표적 집단의 고립감과 우울증 감소
> • 일 년 이내에 청소년 자살률 최소한 25% 감소

4. 관계 당사자 파악

개입 가설이 만들어진 다음에는 문제와 관련된 당사자들을 모두 밝혀내야 하는 작업이 기다리고 있다. 이 일은 체계 이론의 틀을 빌려 표현하는 것이 가장 효과적이다. 즉 관계 당사자들을 단순히 개인이나 개인의 집합체로 간주하기보다는 하나의 하위 체계로 보는 것이 지역사회의 거시적 변화를 이끌어내는 데 도움이 된다. 지역사회 실천가들은 관계 당사자들이 공통의 특성과 이해관계를 지니고 있을 뿐만 아니라, 체계와 유사한 속성을 보인다는 점에 주목해야 한다. 엔트로피(entropy)는 그러한 속성의 대표적인 예이다. 엔트로피란 지속적인 자원의 투입이 이루어지지 않을 경우 체계가 쇠퇴·해체하는 자연적 경향을 가리키는 용어이다.

가령 일단의 지역 주민들이 점증하는 학교에서의 폭력 현상에 대

해 관심을 표명하고 문제를 제기했다고 해도, 지역사회 안팎으로부터 지속적인 관심과 자원이 투입되지 않는다면 문제 제기자들의 관심 자체가 낮아지고 이윽고 소멸될 것임은 불을 보듯 뻔하다. 또한 관계 당사자들은 제각기 따로 노는 것이 아니라 서로 밀접한 관계를 맺으면서 상호 작용을 한다.

이와 같은 이유로 관계 당사자들을 지역사회의 거시적 변화를 도모하는 데 필수적인 하위 체계로 인식할 필요가 있는 것이다. 이렇게 볼 때 관계 당사자들은 다음과 같이 정리할 수 있다.

1) 문제 제기자 체계

문제 제기자 체계(initiator system)는 문제를 가장 먼저 인지하고 그것을 공론화시키는 사람들로 이루어진다. 가령 앞에서 언급한 학교 폭력 문제의 경우, 피해 학생의 학부모들이 문제 제기자 체계의 핵심을 구성할 가능성이 높다. 문제 제기자 체계를 파악하기 위해서는 다음 질문이 고려되어야 한다.

- 누가 처음으로 문제를 인식하고 거기에 관심을 기울였던가?
- 문제를 제기한 사람들이 문제 해결 과정에 참여할 수 있는 방법은 무엇인가?

2) 변화 주도자 체계

변화 주도자 체계(change agent system)에는 변화를 일으키는 데 주도적 역할을 할 수 있는 모든 사람이 포함된다. 변화 주도자 체계에 어떠한 사람들이 포진할 것인지는 매우 중요하다. 이들의 시각에 따라 변화의 내용과 결과가 달라지기 때문이다. 이상적으로는 변화 주도자 체계에 문제 제기자 체계를 대표할 수 있는 사람들(즉 문제 경험자·피해자 그리고 문제 해결 과정에 참여했던 경험자들)이 포함되는 것이 좋다. 이들은 다음과 같은 일에 도움을 줄 수 있다.

- 문제 경험자·피해자와의 신뢰 관계 형성
- 쟁점과 문제의 진단
- 문제 경험자·피해자에게 변화의 필요를 확신시킴
- 변화가 일어나도록 직접 실천함

변화 주도자 체계의 기본 기능은 변화를 추동하기 위한 실천 과정의 초기에 모든 노력을 총괄하고 리더십을 발휘하는 일이다. 즉 다양한 사람과 집단이 다양한 활동을 하면서 변화를 추구하기 때문에 변화 작업을 총괄하고 조정하며 과업을 적절히 배분하는 리더십을 보여야 하는 것이다.

3) 클라이언트 체계

클라이언트 체계(client system)는 실천가들에게 지역사회 개입을 요청하고 그 개입의 결과로 혜택을 받게 되는 모든 사람으로 이루어진다. 클라이언트 체계가 표적 집단(target population)과 정확히 일치하는 경우도 적지 않다. 예를 들어 표적 집단이 지역사회의 모든 노숙인이라고 하자. 그리고 지역사회 실천의 목표가 해당 지역사회의 모든 노숙인에게 주거와 사회복지 서비스를 제공하는 것이라고 하자. 이런 상황에서 클라이언트 체계와 표적 집단은 완전히 일치할 것이다. 그러나 양자의 개념 차이를 정확히 이해할 필요가 있다. 클라이언트 체계가 지역사회 실천을 통해 혜택을 얻으려는 사람들을 가리키는 것과 달리, 표적 집단은 일반적으로 조금 더 넓은 스펙트럼의 사람들을 포함한다.

변화 주도자들은 일차 수혜 집단을 설정하는 과정에서 신중할 필요가 있다. 이것이 변화 전략을 수립하는 과정에 중대한 영향을 주기 때문이다. 가령 학교 폭력이 지역사회가 당면한 가장 큰 문제라고 가정해 보자. 이 문제가 해결될 경우에 혜택을 볼 사람들은 학생, 교사, 부모, 교육 관청의 행정가, 경찰, 지역사회 전체 등 실로 다양하다. 문제는 이들 가운데 누구를 일차 수혜 집단으로 설정하느냐에 관한 것이다. 만일 '폭력 없는 학교에서 양질의 교육을 받기 원하는 학생들'이 일차 수혜 집단으로 설정된다면 개입의 초점은 학생 훈육과 경찰력의 강화에 놓일 가능성이 높다. 반면에 일차 수혜 집단을 폭력 학생으로 설정한다면 개입은 '치료'에 역점을 둘 것이다.

4) 지지 체계

지지 체계(support system)는 문제 해결에 관심을 지닌 모든 사람들을 아우르는 개념이다. 따라서 지지자들은 본질적으로 이차 수혜 집단에 포함되는 것으로 보아야 한다. 지지 체계의 구성은 상당 부분 표적 집단 또는 해당 문제와 직·간접으로 관련되어 있다. 가령 장애 어린이를 둔 부모들은 지역사회 전체의 장애인과 그들이 겪는 고통에 관심을 가질 가능성이 높다. 이들은 지역사회 장애인 문제를 해결하기 위한 지역사회 실천 과정에서 자연스럽게 지지 체계의 일원이 된다. 이런 관계를 그림으로 표현하면 다음과 같다.

〈그림 6-1〉 체계 사이의 관계

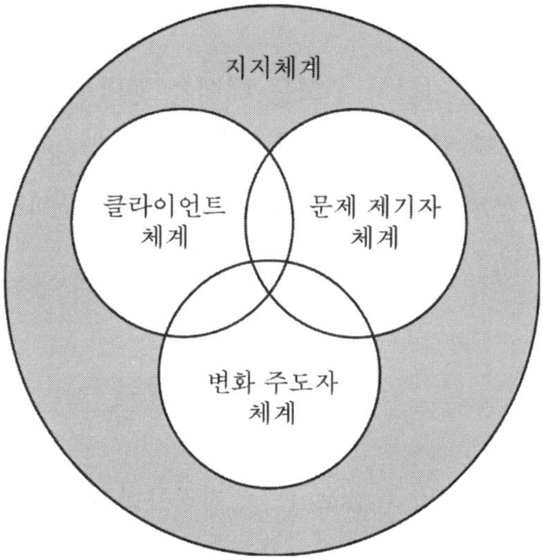

잠재적 지지자들을 파악하려면 다음과 같은 점을 고려해야 한다.

- 변화를 일으킬 힘을 가진 사람이 누구인가?
- 누가 시간과 자원 그리고 변화에 대한 갈망을 지니고 있는가?
- 표적 집단이 신뢰할만한 사람으로 변화에 기여할 수 있는 사람은 누구인가?
- 표적 집단에 속했던 사람 중에 변화에 기여할 수 있는 사람은 누구인가?

5) 표적 체계

여기에서 표적 체계(target system)는 변화의 대상이 되는 개인, 집단, 제도, 구조, 정책 등을 포괄하는 개념으로 앞에서 언급한 표적 집단(target population)과는 구분되어야 한다. 말하자면 변화에 걸림돌이 되는 일체를 의미한다고 하겠다. 표적 체계를 파악하는 데는 다음과 같은 질문이 도움을 준다.

- 일차 수혜 집단이 원하는 혜택을 얻기 위해서는 어떠한 변화가 먼저 이루어져야 하는가?
- 표적 체계는 어디에 위치하고 있는가? 조직인가 아니면 지역사회인가?

6) 행동 체계

행동 체계(action system)는 지역사회의 변화를 이루기 위해 함께 행동하기로 동의하고 결심한 모든 사람을 포괄한다. 넓게 본다면 이들 역시 변화 주도자 체계의 연장선에서 이해할 수 있다. 그러나 변화 주도자 체계는 변화를 추동하는 핵심 세력에 한정된 개념이고 행동 체계의 구성원들은 나머지 사람들이다. 행동 체계의 구성원에는 가급적 다른 체계의 대표자들이 두루 포함되는 것이 좋다. 또한 특별히 적대적인 관계가 아니라면 표적 체계의 대표자도 포함되는 것이 바람직하다.

5. 변화 가능성 분석

변화의 가능성을 분석하는 일은 문제의 관계 당사자들이 과연 변화할 준비가 되어 있는가를 파악하는 작업으로 요약된다. 이 작업에는 변화에 대한 일반적 개방성(general openness to change), 제안된 변화 방향(즉 문제 해결책)에 대한 열의, 제안된 해결책을 시행하는 데 소요되는 자원의 유무, 제안된 변화 방향에 대한 외부의 저항 정도 등에 대한 평가가 포함되어야 한다.

1) 변화에 대한 일반적 개방성

이것은 문제의 관계 당사자들이 지역사회의 변화에 대체로 개방적인 태도를 보이고 있는가를 평가하는 작업이다. 이 작업은 과거의 경험을 바탕으로 하는 비공식적 평가이다. 평가의 초점은 표적 집단·체계에 맞추어진다. 이들이 변화를 받아들일 준비가 되어 있다면 개입 과정은 비교적 순탄하게 진행될 가능성이 높다.

2) 변화에 대한 열의

관계 당사자들이 변화에 대해 어느 정도의 열의를 지니고 있는지를 평가한다. 이 열의의 정도에 따라 변화 전략의 선택도 달라져야 한다. 열의에 대한 평가는 관심의 정도는 물론 변화에 대한 내부적 합의의 정도까지 감안해야 한다.

3) 소요 자원의 가용성

지역사회가 소요 자원을 가지고 있는지와 그 자원이 사용 가능한 것인지를 평가한다. 개방성이나 열의가 변화에 도움을 주는 것이 사실이지만 소요 자원의 가용성보다 더 중요한 것은 아니다. 소요 자원의 가용성은 변화를 추구하는 데 필수적인 조건이다. 여기에서 자원은 예산을 비롯한 인력, 공간, 시간 등을 망라한다.

4) 변화 비용

변화를 추동하는 과정에서 소요되는 비용의 분석 역시 변화 가능성을 가늠하는 데 필수적인 요소이다. 그러나 이것은 결코 쉬운 일이 아니다. 변화의 가능성에 대하여 확신이 설 때까지는 구체적인 개입 전략이 나오기 어렵고 구체적인 개인 전략이 짜이지 않은 상태에서 소요 비용을 산출하는 것은 사실상 불가능하기 때문이다. 그러므로 이 단계에서는 최소한의 소요 예산을 산출하는 정도로 만족할 수밖에 없다.

5) 변화에 대한 외부 저항

관계 당사자가 아닌 개인과 집단으로부터 발생할지도 모를 저항을 분석하는 일이다. 변화를 시도하는 과정에서 이러한 저항은 흔히 있을 수 있다. 특히 공적인 자금이 요청되는 변화일수록 외부의 저항에 부딪힐 가능성이 크다. 이들이 공적인 자금에 대해 경쟁적인 관계에 있다면 더욱 그러할 것이다.

평가의 과정에서는 변화를 지원하는 우군 세력 가운데 취약한 개인이나 집단이 있는지 확인할 필요가 있다. 외부의 압력이나 저항에 물러설 가능성이 있는 사람들은 사실상 자산이 아니라 부채이므로 이들의 존재에 대해 민감해야 한다.

6. 변화 방법의 선택

변화의 가능성이 타진된 다음에는 적절한 변화 방법이 무엇인지를 결정해야 한다. 바꾸어 말하면, 어떠한 방법을 써야 의도하는 변화를 가장 효과적으로 이끌어낼 수 있는가를 따져보는 단계이다. 이 때 과거의 경험이나 타 지역의 사례를 살펴보는 것이 큰 도움이 된다. 즉 과거 이와 유사한 상황에서(또는 타 지역에서) 사용된 변화 전략과 그것의 성공 여부를 따져볼 필요가 있는 것이다. 다른 사람들이 시행한 개입 전략을 참조할 때는 다음과 같은 점들을 충분히 고려해야 한다.

- 우리의 현재 상황과 일치하는가?
- 효과적인 전략인가? 다시 말해서 충분한 변화를 가져올 수 있을 것인가?
- 되풀이가 가능한가?
- 실용적인 방법인가? 즉 돈과 시간의 측면에서 시행 가능한 것인가?

그러나 변화 방법의 모색은 역시 변화 대상을 명확히 파악하는 것으로부터 시작해야 한다. 이를테면 「국민기초생활보장법」의 수급자격을 둘러싼 끊임없는 논란을 해결하기 위해서는 근본적으로 자격 기준에 관한 정책을 바꾸어야 한다. 이 경우의 변화 대상은 정책이다. 만일 정책 변화가 특정한 인물(가령 보건복지부 장관)의 집요한 반대에 직면해 있다면, 이 때의 변화 대상은 보건복지부 장관이 된다. 이와 같이 변화의 대상에는 정책, 프로그램, 인물, 실천 등이 모두 포함된다. 사회복지사는 최종적으로 이 가운데 어느 것에 역점을 두어야 바라는 변화를 달성할 수 있을 것인지를 결정한다.

마지막으로 사회복지사(또는 기타 실천가)는 문제를 어떻게 다룰 것인지에 대해 결정해야 한다. 문제 자체를 다룰 것인가, 아니면 문제를 만들어내는 구조적 상황을 상대할 것인가에 관한 결정이다. 이 결정에 따라 개입 방식이 달라져야 함은 물론이다.

개입 방식은 크게 직접 서비스 제공, 옹호, 직접 행동(direct action)의 세 가지로 나눌 수 있다. 문제 자체를 다루어야 한다면 직접 서비스 제공이나 옹호 방식이 유리하다. 반면에 문제의 근본 원인을 다룬다면 직접 행동이 효과적이다. 직접 서비스의 제공은 주로 문제의 결과를 신속히 '치료'해야 할 상황에서 채택하는 개입 방식이다. 옹호 역시 외부 전문가의 도움이 절실히 필요할 때 사용된다. 그러나 옹호는 사회 구조의 변화에 조금 더 많은 관심을 보인다는 점에서 직접 서비스 제공과 다르다. 직접 행동은 다른 두 가지 방식과 달리 지역사회 내부의 힘과 자원을 동원하여 근본적인 변화를 추구하는 것이다.

물론 이 세 가지 방식이 반드시 상충하는 것은 아니다. 때로는 세 방식을 동시에 또는 순차적으로 사용해야 할 상황도 있을 수 있다. 사회복지사는 지역사회의 상황을 종합적으로 고려하여 어떠한 방식의 개입이 변화를 극대화할 수 있을 것인가를 판단해야 한다.

7. 목적과 목표의 수립

한국어에서 목적과 목표는 뚜렷하게 구분되는 말이 아니다. 둘은 종종 동의어로 쓰이기도 한다. 그러나 영어의 goal과 objective는 구분이 가능하다. 앞의 것(goal)은 대개 장기적이고 추상적인 의도를 가리키는 용어로 쓰이는 반면에, 뒤의 것(objective)은 구체적이고 단기적인 계획을 나타내는 말로 쓰인다. 우리는 이 책에서 goal을 목적으로 objective를 목표로 번역할 것이다. 물론 이것은 자의적인 번역이다. 독자 여러분이 양자를 바꾸어 번역한다고 해도 틀렸다고 할 수 없다. 다만 여러 한국 문헌들이 그렇게 사용하고 있기 때문에 독자들의 혼란을 줄이려는 뜻에서 이 책도 다수의 의견을 따를 뿐이다.

목적과 목표는 욕구 사정을 바탕으로 도출된다. 목적(goals)은 기대 결과를 간략하게 (그리고 종종 추상적으로) 요약한 것이다. 그것은 보통 한 문장 정도로 짧게 표현된다. 목표(objectives)는 목적을 세부적으로 설명한 것이다.

1) 목적 수립

목적은 기대 결과나 바라는 미래에 대한 일반적 기술이라고 요약할 수 있다. 목적은 욕구 사정의 결과와 직결되어 있다. 따라서 지역사회 개입을 통해 무엇이 이루어지기를 바라는지에 관한 가치 판단이 들어 있다. 그것은 꼭 관측과 측정이 가능해야 하는 것은 아니다. 목적은 단순히 기대와 희망의 표현이다. 가령 지역사회의 청소년 폭력을 줄이기 위해 지역사회 실천에 착수했다면, 그 목적은 간단히 "지역사회의 청소년 폭력 감소"로 요약될 수 있다. 물론 이것은 전체적인 목적이고, 이와 별도로 세부적인 목적의 수립도 필요하다.

2) 목표 수립

목적을 설정한 다음에는 그 목적을 달성하기 위한 목표를 명시한다. 목표는 구체적이고 측정이 가능해야 한다. 목표는 언제까지 무엇을 얼마만큼이나 달성할 것인지를 상세하게 보여준다. 예를 들어 앞에서처럼 "청소년 폭력 감소"를 목적으로 정한 경우에는 다음과 같은 목표 설정이 가능할 것이다. "2020년까지 지역사회의 청소년 폭력 발생 건수를 30% 이상 감소시킨다."

(1) 좋은 목표의 특성

적절하게 수립된 목표는 조직에 논리와 방향을 제시한다. 그렇다면 잘 짜인 목표는 과연 어떠한 것일까? 양질의 목표는 대체로 다음과 같은 특성을 지닌다.

- 구체적인 내용을 담아야 한다(specific).
- 측정이 가능해야 한다(measurable).
- 성취할 수 있는 것이어야 한다(achievable).
- 목적에 적합한 것이어야 한다(relevant).
- 시간적 틀이 분명해야 한다(timed).
- 도전적이어야 한다(challenging).

(2) 목표의 종류

목표에는 행태적 목표(behavioral objectives), 결과 목표(outcome objectives), 과정 목표(process objectives)의 세 가지가 있다. 행태적 목표는 사람들의 행태와 그 행태의 산물을 바꾸는 것에 역점을 둔다. 결과 목표는 구체적인 결과를 얻는 것에 초점을 맞춘다. 이것은 종종 사람들의 행태 변화로부터 기인하기도 한다. 과정 목표는 다른 목표를 이루는 데 필요한 토대를 제공한다. 즉 과정 목표는 무슨 일을 누가 어떻게 할 것인지에 관해 기술한다. 예컨대 청소년 폭력을 줄이기 위한 계획을 수립하는 것 자체가 과정 목표가 된다.

〈표 6-1〉은 목적과 목표의 구체적 예를 보여준다.

〈표 6-1〉 목적과 목표의 구체적 예

- 목적: 장애인 이동권에 대한 지역사회 주민의 인식 제고

- 과정 목표
  1. 지역 주민들에게 장애인 이동권에 대한 정기 교육을 실시한다.
  2. '장애인과 비장애인이 함께 하는 한마당'이라는 행사를 개최한다.
  3. 장애인용 저상 버스 운행을 촉구하는 캠페인을 벌인다.

- 결과 목표
  1. 1년 안에 지역 주민의 50% 이상이 장애인 이동권에 관한 교육을 받게 한다.
  2. 올해 말까지 장애인용 저상 버스가 운행되도록 노력한다.

(3) 목표의 구성

목표는 시간적 틀(time frame), 표적, 결과, 결과를 측정하는 기준, 이렇게 네 부분으로 이루어진다.

시간적 틀은 결과가 성취되는 특정 시기(연, 월, 일)를 가리킨다.

사업의 착수 시기가 불분명한 경우에, 시간적 틀은 경과 시간(예컨대 사업 착수 3개월 이내)을 표시하는 방법으로 표현하면 된다.

표적은 목표의 대상이 되는 사람이나 사물을 의미한다. 만일 결과 목표가 지역사회 장애인의 삶의 질을 높이는 것이라면 이때의 표적은 장애인이 된다. 과정 목표는 때때로 프로그램이나 기관 부서를 표적으로 삼기도 한다.

목표의 세 번째 구성 요소인 결과는 모든 활동이 종결된 후에 얻어질 결과를 의미한다. 결과 목표의 경우에 결과는 삶의 질 향상, 인간관계 개선 등과 같이 측정이 가능하다. 과정 목표에서의 결과는 과정이 완결되었음을 가리킨다. 이런 경우에 있어서 결과는 보고서나 계획의 형태로 표현된다.

목표의 마지막 구성 요소는 목표의 성취 여부를 판단하는 기준이다. 일반적으로 결과 목표의 성취 여부는 양적인 기준에 의해 가려지고 과정 목표의 경우는 질적인 기준에 의해 가려진다.

3) 실행 계획 수립

목적과 목표의 수립이 끝나면 구체적인 실행 계획이 만들어져야 한다. 실행 계획은 모든 과제와 책임 주체 그리고 시간표를 명확하게 담고 있어야 한다. 실행 계획의 수립을 위해서는 계획 집단(planning group)을 소집하는 것이 좋다. 계획 집단은 가급적 표적 인구 집단의 특성이 잘 반영되도록 구성할 필요가 있다. 완성된 실행 계획은 모든 구성원에게 나누어 주어 각자의 소임이 무엇인지를 분명히 알게 해야 한다.

8. 전술의 선택

전술은 전략과 마찬가지로 목적을 달성하는 방법에 관한 용어이다. 그러나 양자는 똑같은 것이 아니다. 많은 사람들이 이 점을 혼동한다. 전략과 전술을 동의어처럼 쓰고 있는 것이다. 전략(strategy)은 장군을 뜻하는 그리스어 strategos에서 나왔고 전술(tactics)은 일반 병사를 가리키는 taktikas에서 유래되었다. 장군이 전쟁의 큰 그림을 그린다면 병사는 전투 현장에서 구체적인 싸움에 임한다. 따라서 전술은 전략을 수행하는 구체적인 행동(싸움)인 것이다.

지역사회 실천에서 쓰이는 전술은 실로 다양하다. 우리가 상상할 수 있는 거의 모든 전술이 동원된다고 해도 과언이 아니다. 그러나 이 모든 전술이 목적 달성에 죄다 도움이 된다고 보기는 어렵다. 어떠한 전술은 오히려 역효과를 내기도 한다. 특히 폭력에 의존하는 전술은 일시적인 효과를 낼지는 모르지만 장기적으로는 목적 달성에 방해가 된다. 그러므로 위험 부담을 최소화하고 목적 달성에 가장 효과적인 전술을 선택하는 것은 지역사회 실천에서 필수적인 과제이다.

사회복지사를 비롯한 전문 지역사회 실천가들이 전술을 사용할 때 그 전술은 다음과 같은 특성을 지닌다. 첫째, 모든 전술은 계획된 것이다. 겉으로는 그렇게 보이지 않을 수도 있지만 실제로는 계획된 전술을 사용한다. 둘째, 전술은 상대방으로부터 특정한 반응을 얻기 위해 사용하는 것이다. 따라서 얻으려는 반응의 내용이 달라지면 전술도 달라져야 한다. 셋째, 전술은 상대방과의 상호 작용을 전제로 한다. 이쪽에서 상대방과의 접촉을 거부하는 경우에도 이 말은 타당하다. 상대방과의 접촉 거부나 회피도 엄밀히 말해 상호작용의 하나이기 때문이다. 넷째, 전술은 목적 지향적이다. 비록 명시된 목적이 없는 경우에도 전술이 목적 지향적이라는 점에는 변함이 없다.

1) 전술의 종류

지역사회 실천에서 쓰이는 구체적인 전술은 일일이 열거할 수 없을 만큼 많지만, 이것을 범주화하면 협력(collaboration), 싸움 또는 교란(contest or disruption), 캠페인(campaign)의 세 가지로 대별할 수 있다(Brager, G. et al., 1987). 이 세 가지 전술은 전혀 다른 차원에 놓여 있는 것이 아니라 하나의 연속선 위에 존재하는 것이다. 즉 이 연속선 위의 한 끝에 협력이 자리를 잡고 있으며 그 반대쪽 끝에 싸움(또는 교란)이 놓여 있다. 캠페인은 양 극단의 중간으로 보면 된다. 이것을 그림으로 나타내면 〈그림 6-2〉와 같다.

〈그림 6-2〉 전술의 연속선

(1) 협력

협력 전술은 공통의 이익에 초점을 맞춤으로써 상호간의 차이를 좁히고 협력을 통해 얻을 수 있는 이익을 극대화하려는 전술이다. 협력 전술은 변화 주도 세력과 표적 체계 사이에 변화의 필요성에 대한 공감대가 존재하고 자원 배분에 대한 합의가 이루어졌을 때 사용한다. 협력 전술에서는 참여와 주민 임파워먼트에 의거한 역량 구축(capacity building)이 중시된다. 협력 전술의 구체적인 방법으로는 문제 해결, 교육, 설득 등이 있다.

(2) 싸움

싸움은 양자 사이에 의견이 일치하지 않는 상황에서 타협을 거부할 때 발생한다. 이럴 때 양쪽은 각자의 위치와 목적을 명시하고 그것을 독자적으로 추구하겠다는 결의를 다진다. 이 과정에서 양쪽은 상대방을 제압하기 위해 자원과 지원 세력을 모으고 힘을 극대화한다. 싸움의 결과가 한쪽의 일방적인 승리로 끝나게 될 때에는 양자 간의 싸움 관계도 자연스럽게 해소된다. 반면에 양자의 싸움이 교착 상태에 빠지게 되면 양쪽 모두 캠페인 전술로 전향하는 움직임을 보일 가능성이 높다. 특히 지역사회 실천에서는 표적 체계가 실천가들의 변화 노력을 반대할 때 양자 간에 싸움의 관계가 형성되기가 쉽다. 싸움 전술에는 협상, 지역사회 행동, 집단 소송 등이 있다.

(3) 캠페인

양자 간에 이견이 있지만 싸움이 아닌 방법으로 이것을 해결하려고 할 때 캠페인 전술이 사용된다. 지역사회 실천에서 캠페인은 표적 체계를 향하여 변화의 필요성을 인식시킬 때 주로 사용하는 전술이다. 표적 체계가 실천가들의 변화 노력에 선뜻 동의하고 있지는 않지만, 양자 간에 타협의 여지가 남아 있을 때 이 전술을 쓰게 된다. 캠페인 전술은 양자의 차이점을 명시하는 것으로부터 시작된다. 그 다음에는 양자의 공통적인 이해관계를 찾아내는 작업이 뒤따른다. 양자 간에는 적어도 이 공통의 이해관계를 해치는 일은 하지 않는다는 일종의 '신사협정'이 묵시적으로 작용한다. 이러한 방식으로 양자의 차이를 좁히고 합의를 도출하는 것이 캠페인 전술이다. 양자 간에 타협이 이루어지면 실천가들은 협력 전술로 전환한다. 만일 캠페인 전술이 실패하는 경우에 양자 간의 관계는 싸움 상태로 바뀐다. 캠페인의 세부적 예로는 교육, 설득·로비 활동, 대중매체를 이용한 호소 등이 있다.

2) 전술 선택의 기준

전술을 선택할 때에는 다음과 같은 점들을 고려해야 한다.

(1) 목표

지역사회에 대한 변화 노력이 진행되면서 목표 역시 진화 과정을 겪게 된다. 전술의 선택도 여기에 맞추어야 한다. 가령 독자 여러분이 지역사회의 가정 폭력을 해결하기 위한 실천 활동을 벌이고 있다고 가정해 보자. 여러분의 변화 노력 덕분에 지역사회에서는 가정 폭력의 피해자들을 위한 쉼터를 세워야 한다는 공감대가 형성되었다. 하지만 문제를 분석하는 과정에서 가정 폭력의 잠재적 피해자에 대한 의식화 교육 쪽으로 목표가 옮겨 간다면, 여러분의 전술도 서비스 옹호에서 임파워먼트를 위한 교육으로 바뀌어야 할 것이다.

(2) 수혜 집단

변화를 주도하고 있는 집단이 수혜 집단의 역할을 어떻게 인식하고 있는가 하는 것도 전술 선택에서 중요한 참고 사항이 된다. 수혜 집단을 서비스의 소비자 또는 수급자로 여기는 경우에는 아마도 협조 전술을 사용하는 것이 가장 좋을 것이다. 반대로 수혜 집단이

유권자 또는 권력의 희생자로 인식된다면 대체로 싸움 전술의 효과가 클 것임은 자명하다.

(3) 자원

특정한 전술을 사용하는 데 어떠한 자원이 얼마나 필요할 것인가를 정확히 판단해야 한다. 예를 들어 협조 전술을 사용할 때 반드시 필요한 자원 가운데 하나가 변화 과정에 대한 기술적 전문성이다. 이것을 갖추어야 변화 노력의 시행 과정을 제대로 평가하고 감시할 수 있다. 반면에 싸움 전술을 사용할 경우에는 능숙한 협상력과 풍부한 법적 지식이 요구될 것이다.

(4) 윤리

윤리 문제는 지역사회 실천의 모든 과정에서 언제든지 불거져 나올 수 있겠지만 전술의 선택과 사용 과정에서는 더욱 그러하다. 특히 실천 집단(변화 주도 세력)의 가치와 표적 집단(변화 대상)의 가치가 충돌하는 상황에서는 윤리 문제가 발생할 가능성이 아주 높다. 윤리 문제와 관련하여 지역사회 실천에서 지켜야 할 두 가지 큰 원칙은 인간 존중과 비폭력이다. 그 밖에 다음과 같은 점들을 염두에 두어야 한다.

- 사람을 수단이 아닌 목적으로 여긴다.
- 참여자의 자율성과 자결 능력을 존중한다.
- 모든 이의 인권, 민권, 법적 권리를 존중한다.
- 주어진 상황에서 모든 이에게 최대의 이익이 되는 방향으로 행동한다.

9. 시행과 평가

실행 계획과 전술이 확정된 이제 우리가 할 일은 이 계획을 따라 실천하는 것이다. 구체적으로는 모든 참여자들이 정기적으로 만나 실천 계획의 진행 상태를 점검하는 한편, 상황에 따라 필요한 조정과 수정을 해나가는 작업이다. 지역사회 문제를 해결하기 위한 변화의 노력은 짧게는 몇 달 길게는 몇 년을 필요로 한다. 그리고 이 변화의 노력에 들어가는 적지 않은 자원까지 감안한다면, 실행 계획이 성공적으로 시행되어야 함은 말할 필요조차 없다.

평가(evaluation)는 그래서 중요하다. 계획이 잘 진행되고 있다면 그것을 확인하는 기쁨을 누릴 필요가 있다. 만일 얼마간의 조정이 요구된다면 우리는 너무 많은 시간이 흘러가기 전에 그 사실을 알고 싶다. 변화의 노력이 여지없는 실패로 판명되는 최악의 경우에도 우리는 손실을 최소화할 수 있는 방안을 조속히 강구하길 원한다. 이 모든 것이 오직 지속적인 평가가 이루어져야만 가능하다.

1) 평가의 개념

일반적으로 평가란 어떤 대상이나 노력의 장점, 가치 또는 중요성 따위를 체계적으로 조사하는 작업을 뜻한다. 지역사회복지 실천에서 평가란 변화 노력(change efforts)이 과연 가치가 있는 것이었는지를 결정하는 과정이다. 여기에서 우리가 필요로 하는 평가는 흔히 프로그램 평가(program evaluation)로 부르는 것이다. 프로그램 평가는 특정한 표적 집단에게 제공된 재화나 서비스의 전달 과정과 결과의 평가에 초점을 맞춘다. 프로그램 평가는 지역사회 실천에서 자주 사용된다. 프로그램 평가는 지역사회의 조직이나 집단이 참여하고 있는 특정한 프로젝트와 활동을 평가하는 것이지 조직 전체를 평가하는 것은 아니다.

2) 프로그램 평가의 단계

프로그램의 평가는 일정 수준 이상의 통계적 지식과 조사 기법을 요구한다. 이 책에서는 상세한 평가 절차와 방법을 다루는 것이 목적이 아니므로 간단한 평가 절차만을 제시할 것이다. 프로그램 평가는 일반적으로 다음의 여섯 단계를 거친다.

(1) 관계 당사자를 참여시킨다.

지역사회에 변화를 가져오기 위한 프로그램의 시행은 지역사회 내부의 다양한 주체들과의 동반자 관계 속에서 이루어지기 마련이다. 따라서 평가 과정에서 이들의 참여가 보장되지 않는다면 평가 결과가 무시되거나 비판을 받기 쉽다. 평가 과정에 참여시켜야 할 관계 당사자는 프로그램 운영에 참여하고 있는 사람과 프로그램의 대상이 되는 사람 그리고 평가의 일차적 사용자들이다. 여기에서 평가의 일차적 사용자는 프로그램의 일차적 사용자와 다르다. 평가의 일차적 사용자는 주로 프로그램 스태프(program staff)나 프로그램의 비용을 제공한 사람이 되는 것이 보통이다.

(2) 프로그램을 기술한다.

프로그램 기술(program description)은 평가의 대상이 되는 지역사회 개입의 내용을 요약하는 것이다. 여기에는 프로그램의 목표와 방법에 대한 설명이 포함되어야 한다. 프로그램의 기술은 말처럼 간단한 것이 아니다. 그것이 어떻게 기술되느냐에 따라 평가에 관한 미래의 모든 결정 준거가 달라지기 때문이다. 또한 프로그램의 정의에 대해 관계 당사자들의 견해가 다를 가능성이 있으므로 이것을 일치시키는 일에도 관심을 기울여야 한다. 프로그램의 정의에 대해 합의가 이루어지지 않은 채 수행된 평가는 유용성을 상실할 것이다.

(3) 평가 계획의 초점을 정한다.

평가를 한다고 해서 모든 관계 당사자들의 질문에 일일이 답을 할 수도 없거니와 또한 바람직하지도 않다. 따라서 평가에 착수하기 전에 평가의 방향과 순서 등을 미리 정할 필요가 있다. 이렇게 해야 시간과 자원의 낭비를 막고 효율적인 평가를 할 수가 있는 것이다. 평가의 초점을 정할 때 고려해야 할 점은 평가의 목적, 사용자, 용도, 질문, 방법, 평가 절차에 관한 합의 등이다.

(4) 믿을 만한 증거를 수집한다.

믿을 만한 증거는 좋은 평가의 토대가 된다. 그러나 어떠한 정보가 '증거'로 인정될 수 있을 것인지는 상황에 따라 다르다. 관계 당사자 가운데는 엄격한 통계적 절차를 거친 것만을 증거로 간주하는 사람이 있는가 하면 또 어떤 이는 계량적 방법보다는 질적 방법을 선호하기도 한다.

평가의 포괄적 신뢰성을 높이기 위한 방법 중의 하나는 자료를 수집, 분석, 해석하는 과정에 관계 당사자의 참여를 적극적으로 권장하는 것이다. 자신들이 참여한 일의 결과에 대해 관계 당사자들이 긍정적 반응을 보일 것은 자명하다.

(5) 결론을 정당화한다.

평가에서 제시된 증거가 스스로 자신을 정당화하는 것은 아니다. 결론이 타당한 것으로 인정받기 위해서는 증거를 다양한 관계 당사자들의 관점에서 면밀히 분석해야 한다. 결론은 관계 당사자들이 인정한 기준에 따라 수집한 증거에 바탕을 둔 경우에만 타당한 것으로 여겨진다.

(6) 평가 결과가 널리 활용될 수 있도록 노력한다.

평가 결과가 차후의 의사결정과 실천 계획에 저절로 쓰일 것으로 기대하는 것은 단순한 생각이다. 평가 결과가 널리 활용되기 위해서는 평가자의 의도적인 노력이 필요하다. 다음은 평가의 활용에 영향을 미치는 요인들이다. 평가자는 이 점을 충분히 염두에 두고 평가에 임해야 한다.

① 평가 설계

평가의 설계 단계에서부터 관계 당사자들이 합의한 기준과 목적에 알맞은 질문과 방법이 반영되도록 한다.

② 준비

평가 결과를 어떻게 활용할 것인지에 관해서 모든 관계 당사자들에게 미리 준비를 시키는 작업이다. 사전에 철저한 준비가 이루어진 경우 평가의 활용도는 당연히 높아질 것이다.

③ 피드백(feedback)

평가 과정에서 관계 당사자 사이에 충분한 의사소통이 이루어지도록 노력한다면 평가 결과와 그 활용에 대한 상호 신뢰도 높아진다.

④ **사후 지원(follow-up)**

평가의 진행 과정은 물론 종료 이후에도 (평가 결과의) 사용자들에게 계속적인 지원 서비스를 제공하는 것이 평가의 활용을 높일 수 있다.

⑤ **전파(dissemination)**

평가에서 얻은 교훈을 관계자들에게 지속적으로 전파한다.

3) 좋은 평가의 기준

어떠한 평가가 '좋은' 평가인가는 다음과 같은 기준에 비추어 판단한다.

- 효용성(utility): 평가가 얼마나 유용한 것인가를 따지는 기준이다. 즉 (평가 결과의) 사용자가 알고 싶어 하는 모든 의문에 제대로 답을 하고 있다면, 좋은 평가라고 할 수 있다.
- 타당성(feasibility): 평가 절차나 내용이 정치적으로나 비용의 측면에서 충분히 실용적인 것인가에 관한 기준이다.
- 윤리적 정당성(propriety): 평가 절차나 내용이 윤리적으로 문제가 없는가를 판별하는 기준이다.
- 정확성(accuracy): 평가 결과가 정확한 것인가를 따지는 기준이다.

7
chapter

지역사회복지의 실천 기술

1. 조직화

조직화(organizing)는 지역사회복지 실천의 한 모델일 뿐만 아니라 모든 지역사회복지 실천 모델에서 가장 널리 쓰이는 전술의 하나이다. 조직화는 글자 그대로 사람들을 모으는(조직하는) 작업으로부터 출발한다. 어떠한 사람들이 조직화 과정에 참여하는가? 지역사회의 어떤 문제를 공유하고 그 문제의 해결을 바라는 사람들로서 대개는 지역사회의 의사결정 과정에서 소외되고 잘못된 제도에 의해 억압을 받는 사람들이다. 조직화는 이들로 하여금 상호 관계망을 형성하고 변화를 위한 구체적 행동에 나서도록 자신감을 불어넣는다. 요컨대 조직화는 변화를 추구하는 보통 사람들이 자신들의 권력 토대를 건설하는 과정이다.

1) 조직화의 원칙

(1) 사적 이익에 대한 관심을 조직화에 활용하라.

사람은 자신의 이익과 무관한 일에는 관심을 보이지 않는다. 그리고 대부분의 조직가들은 사람들의 이런 행태가 조직화에 걸림돌이 될 것으로 생각하는 경향이 있다. 이것은 어느 정도 사실이다. 사익에 연연하는 사람을 지역사회의 공적인 이익을 추구하는 조직화에 참여시키는 것은 결코 쉬운 일이 아니다.

그러나 생각을 바꾸어 보면 불가능할 것처럼 보이는 사람들을 조직화에 참여시킬 수 있는 길이 열려 있다는 것을 알게 된다. 중요한 것은 사익의 의미를 조금 더 크게 생각하도록 도와주는 일이다. 즉 사익 추구에 전념하는 사람에게 조직화가 자신의 사익 추구와 상충하지 않는다는 점을 인식시킨다면 이 사람이 조직화에 참여하는 것도 가능해진다. 조직화는 결국 사익과 공익의 공통 영역이 존재한다는 사실을 가르치는 과정이기도 하다. 바꾸어 말하면 그것은 '나'와 '우리'의 개념을 다시 정립하는 과정인 셈이다.

(2) 조직화는 동적인 과정이다.

조직화는 지속적인 관심과 노력을 요구하는 동적인 과정이다. 이 과정을 통해 지역 주민들은 협력의 필요성과 효과적인 실천에 대해 배우게 된다. 아울러 성장하지 않는 조직은 결국 해체된다는 점도 기억해야 한다. 여기에서 성장이란 단순한 양적 증가를 의미하지 않는다. 조직의 성장이란 헌신적이고 활동적인 멤버들이 끊임없이 들어와서 조직에 활력을 불어넣는 현상을 가리킨다.

(3) 갈등과 대결(confrontation)에 익숙해지는 법을 배워야 한다.

사람들은 갈등과 대결이라는 말에 거의 본능적인 반발을 보이는 경우가 많다. 심지어 어떤 이들은 이것을 조직가들의 의도적인 산물로 여기기도 한다. 말하자면 조직가들이 사람들을 동원하기 위해서 갈등과 대결을 일부러 조장한다는 것이다. 이러다 보니 어떤 조직이나 조직가 중에는 갈등과 대결에 대해 부담감 또는 죄책감을 느끼기도 한다.

그러나 조직원들은 갈등과 대결 그리고 협상에 익숙해져야 한다. 조직화 과정에서 궁극적으로 이런 문제와 직면하기 때문이다. 지역사회 문제가 항상 상대방의 선의에 의존해서 해결되는 것은 아니다. 오히려 그 반대의 경우가 더 많다. 상당히 많은 문제들이 기득권 세력의 권력과 탐욕에 뿌리를 두고 있다. 특히 구조적인 문제일수록 갈등과 대결을 내포하고 있다는 사실을 모두 유념해야 한다. 지역사회 조직이 이런 상황에 대해 충분한 영향력을 행사하려면 결국은 승자와 패자가 나뉘는 상황까지 각오해야 하는 것이다. 우리의 명분이 옳다고 해서 상대방이 저절로 굴복하고 물러가지는 않는다. 과거에 항의와 요구와 도전을 받아본 일이 없는 상대방일수록 이쪽에서 강하게 나간다면 의외로 쉽게 물러설 수도 있다.

(4) 쟁점은 명확해야 한다.

지역사회의 조직화는 쟁점(issue)을 중심으로 이루어진다. 따라서 조직가는 쟁점을 명확하게 재정립할 필요가 있다. 쟁점을 다시 규정할 때에는 다음 사항을 염두에 둔다.

쟁점은 첫째 시급한(immediate) 문제로 표현되어야 한다. 가령 '달동네'의 재개발이 임박한 경우에 "시청에서 곧 재개발에 착수할 것이다."라고 하는 것보다는 "철거반이 곧 들이닥칠 것이다."라고 표현하는 것이 문제의 시급성을 잘 드러낸다.

둘째, 쟁점은 문제를 구체적(specific)으로 담아내야 한다. 여기에서 구체적이란 말은 문제와 해결책 모두에 적용된다. 짓다 만 빈 건물에 청소년들이 모여 본드를 흡입하는 것은 하나의 문제(problem)이다. 이것이 쟁점이 되려면, "청소년 보호를 위해 빈 건물을 철거하자"와 같은 구체적 내용이 담겨야 한다.

셋째, 쟁점은 실현 가능한(realizable) 것으로 잡아야 한다. 명분에 치우쳐 실현이 어려운 문제와 씨름하는 것은 조직화에 치명적 타격을 입힐 가능성이 있다. 사람들은 이기기 위해 그리고 이익을 얻으려고 조직에 참여한다. 뿐만 아니라 문제 해결에 성공함으로써(즉 상대방과의 싸움에서 이김으로써) 지역 주민들은 힘이 자신들에게도 있음을 피부로 느끼게 된다. 조직가는 이 점을 명심해야 한다.

2) 조직화의 단계

(1) 문제 파악

문제를 공유하고 있는 사람들이 함께 모여 해결책과 그 방법에 대해 합의를 하는 단계이다.

(2) 문제를 쟁점으로 전환

앞에서 이미 언급한 바와 같이 문제와 쟁점은 다른 개념이다. 쟁점은 우리가 해결하려고 하는 문제에 대한 구체적인 해결책을 담고 있다. 예를 하나 더 든다면, 공기 오염은 문제이고 이것을 해결하기 위해 자동차의 배기가스 규제를 강화하는 법을 만드는 것은 쟁점이다.

(3) 전략 개발

조직화를 추진할 전략은 기본적으로 지역사회 권력 관계의 재편에 관한 것이다. 전략 개발은 다음 사항을 고려해서 이루어져야 한다.

- 장 · 단기 목표
- 조직의 강점과 약점
- 문제 당사자의 범위
- 지지 세력
- 문제 해결의 열쇠를 쥐고 있는 의사결정권자
- 사용 가능한 전술

(4) 대중 동원

조직화의 표적(target)은 의사결정권을 지니고 있는 개인 또는 집단이다. 이들과 맞서기 위해서는 가능한 한 많은 사람을 동원할 필요가 있다.

(5) 표적의 반응

조직이 원하는 것을 얻거나(문제 해결) 아니면 조직화를 계속해서 더 많은 사람을 동원한다. 이것은 지속적인 싸움이 될 수도 있다.

(6) 승리 또는 조직의 재편성

문제가 해결되면(승리) 조직화 작업도 끝이 나거나 아니면 다른 싸움을 위해 재편성된다.

3) 조직화의 내용

조직화의 주요 내용은 사람과 자원을 끌어 모으고(동원), 모인 사람들이 조직의 목표와 방법을 논의하며(회의), 조직을 이끌 사람들을 찾아내는 일(리더십 개발)로 채워진다.

(1) 동원

동원의 핵심은 역시 사람이다. 그러나 헌신적인 사람을 모으는 일은 결코 쉽지 않다. 대부분의 사람들은 사회 운동에 대해 냉소적이거나 방관적이다. 따라서 지나친 낙관과 기대는 금물이다. 가장 널리 쓰이는 방법은 소수의 헌신적 인물을 찾아내어 이들을 발판으로 외연을 넓히는 일이다.

어떻게 해야 헌신적 소수를 찾아낼 수 있을 것인가? 조직화 초기에는 기존의 지역사회 조직을 활용하는 것이 좋다. 즉 동원 작업은 지역사회에서 활동하고 있는 기존 조직의 멤버들을 접촉하는 것으로부터 시작한다. 어떠한 형태의 조직이든 상관없이 조직 활동을 이미 하고 있는 사람들일수록 사회 운동에 적극적일 가능성이 높기 때문이다.

동원을 위해 사람을 접촉할 때는 그 접촉이 개별적(personal)이고 직접적인 것이 되도록 노력해야 한다. 예를 들어 모임에 참여해 달라는 초청장을 다수에게 우편으로 발송하는 것보다는 전화 또는 직접 방문을 통해 개별적으로 초청장을 전달하는 것이 참여율을 크게 높일 수 있는 방법이다.

이밖에도 동원의 대상에는 잠재적 우군(友軍), 돈, 정보, 대중매체 등이 포함된다. 동원은 조직화의 한 부분이지만 그 자체가 지역사회 실천의 중요한 기술이므로 다음에 따로 자세한 논의를 하겠다.

(2) 회의

조직의 일상적인 운영은 회의를 통해 이루어진다. 조금 단순하게 표현할 때 조직은 결국 회의라고 할 수 있을 정도로 회의는 조직의 성패에 중대한 영향을 미친다. 그렇다면 조직을 성공으로 이끄는 양질의 회의는 과연 어떠한 것일까? 결론부터 말해서 그것은 민주적이면서도 생산적이어야 한다. 좋은 회의는 다음과 같은 특성을 지닌다(Ganz, 2002).

① 철저한 준비와 계획

준비와 계획이 철저히 이루어진 회의가 좋은 회의의 첫째 요건이다. 회의 준비에는 목표, 의제(議題, agenda), 장소, 회의장 세팅, 역할 배분, 참석 대상자 연락 등이 포함된다.

② 원활한 진행과 관리

회의 진행과 관리가 원활히 이루어져야 한다. 길고 지루하면서도 결론이 잡히지 않는 회의는 그 자체로 시간 낭비일 뿐만 아니라 조직의 다른 활동에도 나쁜 영향을 준다. 그러기 위해서는 적절한 규칙이 필요하다. 사람들은 규칙을 '관료적'인 것으로 여기는 경향이 있다. 규칙이 외부에서 만들어져 자신들에게 강요된다면 그렇게 생각하는 것이 당연하다. 따라서 규칙 제정의 민주성이 보장된다면 규칙은 '관료적' 색채를 벗고 회의의 원활한 진행에 도움을 줄 것이다.

회의 진행과 관리를 책임진 사람은 회의가 이 규칙과 의사일정(議事日程)에 따라 움직이도록 만전을 기울여야 한다. 무엇보다도 중요한 것은 회의의 소집 목적이 충분히 달성되도록 노력하는 일이다. 그리하여 회의 참가자들이 무엇인가를 이루어냈다는 만족감을 가지고 회의를 마치게 될 때 그 회의는 성공했다고 할 수 있다.

③ 합리적인 의사결정 규칙

투표, 만장일치, 다수결과 같은 의사결정 규칙은 회의의 근간이다. 이러한 의사결정 규칙은 일관성을 유지하면서도 상황에 따라 충분히 유연할 필요가 있다. 지역사회 실천 조직과 같은 비관료적·비공식적 조직에서는 흔히 만장일치 제도를 선호하는 경향이 있다. 사실 만장일치 제도는 한 사람의 반대만으로도 의안의 통과를 막을 수 있기 때문에 가장 민주적이다. 그러나 만장일치 제도는 조직의 일상적 운영에 걸림돌이 되기가 쉽다. 게다가 만장일치 규칙은 반대 의견을 가진 사람들에게 조직 운영을 핑계로 사실상의 찬성 압력을 가하는 도구로 악용될 소지도 있다.

물론 만장일치 제도가 항상 문제가 되는 것은 아니다. 조직에 따라서는 만장일치에 의한 의사결정이 조직에 활력을 불어넣는 경우도 있다. 만장일치 제도가 긍정적인 결과를 가져오기 위해서는 회의 참가자들 상호간의 존중과 상대방 의견에 대한 경청 그리고 반대자에 대한 진지한 설득이 필수적이다.

④ 참여 기회의 실제적 보장

소수가 지배하는 회의는 좋은 회의라고 할 수 없다. 그러나 대부분의 회의에서는 소수만이 발언을 할 뿐만 아니라 이들의 발언이 의사결정에 지대한 영향력을 행사한다. 이런 회의는 민주적인 회의와 거리가 멀다. 회의가 이런 식으로 굳어지면 말없는 다수가 소외감과 무력감을 느끼게 될 것이고 종국에는 조직의 약화로 이어질 것이 뻔하다.

이러한 일을 방지하기 위해서 회의 진행자는 회의 참가자 모두에게 발언 기회가 공평하게 돌아가도록 세심한 관심을 기울여야 한다. 문제는 상당수의 참가자들이 여러 가지 이유로 발언에 소극적이거나 발언을 두려워한다는 사실이다. 회의 진행자는 이들이 자신의 의견을 충분히 표현할 수 있는 회의 분위기를 조성하는 데 힘써야 한다.

⑤ 정시(定時) 종결

부득이한 경우를 제외하고 회의는 정시에 끝나는 것이 좋다. 진행자는 회의가 끝나기 전에 회의 내용을 간략하게 정리하고 평가한다. 다음 회의의 일정을 정확히 알려주는 것도 중요하다. 상황에 따라서는 회의의 종결을 기도나 노래와 같은 상징적인 의식으로 표현할 수도 있다. 사후 모임(meeting after the meeting)이 활발하다면 회의가 성공적이었다고 평가해도 무방하다.

(3) 리더십 개발

리더십(leadership) 개발이란 특정 집단으로 하여금 리더와 추종자가 공유하는 목적을 추구하도록 설득하고 모범을 보이는 과정이라고 정의할 수 있다. 그리고 조직의 성패는 바로 이 리더십에 의해 결정된다고 해도 지나치지 않다. 간과해서 안 될 점은 특정인의 리더십에 의존하는 조직은 '지속 가능한' 조직이 되기 어렵다는 사실이다. 특히 지역사회 실천처럼 다양한 사람과 문제를 다루는 상황에서는 더욱 그러하다. 리더십 개발이 중요한 것은 바로 이런 이유 때문이다. 리더십 개발의 방법에는 다음과 같은 것이 있다.

① 책임과 권한의 분산(delegation)

리더십 개발은 기존 리더가 지닌 책임과 권한을 조직원들에게 나누어 주는 것으로부터 시작된다. 책임과 권한의 분산은 위험(risk)을 감수해야 하는 작업이다. 그러나 리더는 이 과정을 거쳐야만 잠재적 리더를 파악할 수 있다. 한편, 잠재적 리더들은 책임과 권한의 분산을 통해 리더십이 요구하는 동기 유발, 책임감, 권위, 위험 감수 능력 따위의 덕목을 기를 수 있는 기회를 갖게 된다.

② 멘토링(mentoring)

잠재적 리더를 상당 기간 일 대 일로 가르치는 방법이다. 리더 자신의 경험을 들려주고 도전 의식과 책임감을 가질 수 있도록 격려한다. 잠재적 리더에 대한 신뢰와 기대를 표시하는 것이 이들을 리더로 만드는 데 가장 효과적인 방법이다.

③ 교환 프로그램(exchange programs)

타 조직 또는 집단과 리더십을 교환하는 것도 리더십 개발에 도움이 된다. 스태프와 자원 봉사자들은 이러한 교환 프로그램에서 타 조직의 운영과 활동 방법을 배우거나 자신들의 조직이 지니지 못한 기술을 습득할 수 있다.

④ 워크숍(workshops)

워크숍은 특정한 주제를 집중적으로 다룰 수 있는 기회이다. 기존의 리더는 워크숍을 잠재적 리더를 파악하는 기회로 삼는 동시에, 이들에게 리더십을 발휘할 수 있는 기회를 다양하게 제공해야 한다.

2. 사회 행동

현대 간접 민주주의의 가장 큰 문제점 가운데 하나는 주권자로서의 개인을 거대한 관료적 의사결정 구조와 의회의 권력 정치(power politics) 앞에서 종종 무력한 존재로 전락시킨다는 사실이다. 우리는 일상생활에서 이러한 무력감을 숱하게 느끼며 산다. 사회 행동(social action)은 이와 같은 무력감을 극복하고 임파워먼트를 극대화하기 위해 지역사회 주민들이 펼치는 집합적 행동을 의미한다. 사회 행동은 본질적으로 싸움(action campaign)이다.[1] 싸움은 시작과 끝이 있고 승자와 패자를 갈라놓는다. 그러므로 사회 행동은 치밀한 계획에 따라 이루어져야 한다.

1) 일반적 전략

(1) 쟁점의 효과적인 정리

너무도 상식적인 말이지만 모든 사회 행동이 성공하는 것은 아니다. 아니, 성공하는 사회 행동은 그렇게 많지 않다. 왜 그러한가? 성공에 필요한 조건이 제대로 갖추어지지 않았기 때문이다. 사회 행동을 성공으로 이끄는 데 필요한 첫 번째 작업은 쟁점의 정리이다. 쟁점의 정리(issue framing)란 쟁점을 표현하는 방식과 쟁점을 담을 인식의 틀 그리고 쟁점에 대한 접근 수준의 결정을 모두 포함한다. 쟁점을 정리하는 과정에서 실천가와 지역 주민은 문제를 해석하고 정의하며 의미를 부여한다. 쟁점은 다음과 같은 점을 고려하여 정리되어야 한다.

① 쟁점은 넓게 정리해야 한다.

쟁점은 될 수 있는 대로 넓은 시각에서 정리하는 것이 좋다. 특히 사회 정의나 경제적 불평등과 연결해서 정리하는 것이 폭넓은 지지를 확보하는 데 도움이 된다. 이를테면 골프장을 건설하려는 시도에 맞서 싸움을 벌일 때, 지역 주민이 입을 피해를 중심으로 쟁점을 정리하기보다는 환경 파괴라는 더 큰 시각에서 쟁점을 정리하는 것이 명분을 축적하는 데에 더욱 효과적이다.

---

1) 한국에서 캠페인은 의식 개혁을 겨냥한 사회적 운동 따위를 의미하는 말로 여겨지고 있으나, 캠페인의 본뜻은 전쟁이다.

② 지역 주민이 체감할 수 있어야 한다.

아무리 좋은 명분을 내세워도 지역 주민이 관심을 보이지 않는다면 아무 소용이 없을 것이다. 사회 행동은 지역 주민의 동원을 바탕으로 하기 때문에 지역 주민이 스스로 깨닫고 느낄 수 있도록 쟁점을 정리해야 한다. 즉 쟁점 정리가 지역 주민의 동원에 도움이 되는 방향으로 이루어져야 한다.

③ 지역 주민의 인식을 넓히는 데 도움이 되어야 한다.

지역사회 실천가는 쟁점을 정리하는 과정이 지역 주민의 인식 지평을 넓히는 기회가 될 수 있도록 도와주어야 한다. 예컨대 1980년대의 강제 철거 반대 투쟁은 임박한 강제 철거로부터 자신들의 주거를 지키는 싸움으로 출발했지만, 이 싸움을 거치면서 철거민들과 일반 대중 모두 주거권에 대한 인식을 새롭게 하는 기회를 가질 수 있었다.

④ 싸움의 정당성을 뒷받침할 수 있어야 한다.

쟁점의 정리가 적절하게 이루어질 때 주민들은 문제의 원인에 맞서 싸우는 것이 정당한 일이라는 자신감을 갖게 된다. 사람들은 싸움에 참여하기 전에 자신이 그럴 권리를 가지고 있다는 점을 확신해야 하는 것이다. 강제 철거에 대항하는 싸움에서 세입자들에게 꼭 필요한 것은 세입자도 행복을 추구할 권리가 있다는 사실에 대한 확신이다.

⑤ 변화의 가능성을 확신시킬 수 있어야 한다.

사회 행동에 참여하는 사람들은 변화의 가능성을 확인하고 싶어 한다. 조직가들은 이 점을 소홀히 다루어서는 안 된다. 따라서 조직가들은 쟁점을 정리하는 과정에서 문제의 원인과 해결 방안 그리고 해결의 가능성을 합리적으로 제시해야 한다.

(2) 힘의 극대화

조직이 지닌 힘(권력)을 극대화하는 작업은 단순히 조직의 권력 자원을 증대시키는 것에 그치지 않는다. 그것은 상대방의 힘을 약화시키거나 우리에게 유리한 방향으로 이용하는 것까지를 포함한다.

힘의 극대화는 상대방의 강점과 약점을 파악하는 것으로부터 시작된다. 지피지기(知彼知己)는 병법의 기본이다. 조직가는 상대방의 권력 기반, 지지 세력, 반격 태세, 취약점 등을 파악하여 적절한 대책을 강구하여야 한정된 힘을 효율적으로 쓸 수 있다. 특히 다음과 같은 점에 유의해야 한다.

① 표적 선정

공격의 대상을 정확히 선정해야 한다. 가령 골프장 개발을 반대하는 싸움에서 공격 목표를 업체로 삼을 것인지 아니면 담당 관청으로 삼을 것인지를 정확히 판단해야 의도하는 효과나 양보를 얻어낼 수 있다. 표적 선정에서 가장 중요한 것은 양보를 얻어낼 수 있는 상대를 표적으로 삼아야 한다는 점이다. 도저히 양보할 수 없는 처지에 놓인 상대방이라면 아무리 공격해 보았자 소기의 성과를 거두기가 어려울 터이다.

아울러 표적은 될 수 있는 대로 개인화(personalize)하는 것이 좋다. 제도나 기관을 상대로 하는 것보다는 개인을 상대로 하는 것이 효과적이라는 말이다.

② 상대방 힘의 역이용

상대방은 대부분 이 쪽에 비해 압도적으로 많은 자원을 보유하고 있다. 이런 상황에서 정면 공격은 소모적이며 실패할 확률이 높다. 강한 상대를 이길 수 있는 방법 가운데 하나는 상대방의 힘을 역이용하는 것이다. 예를 들어 사회 행동 조직이 어떤 기업을 상대로 싸움을 펼치고 있다고 하자. 이 때 기업 자체를 상대하는 것보다는 그 기업의 고객들을 상대로 싸움의 정당성을 호소하는 것이 훨씬 효과적이다. 기업에게 고객은 자원이지만 이 자원을 사회 행동 조직에게 유리한 방향으로 이용하면 싸움이 좀 더 쉬워질 수 있다.

③ 공격 수단으로서의 상대방의 가치와 규범

상대방의 가치와 규범도 상대방을 향한 효과적인 공격 수단이 될 수 있다. 대개 상대방의 가치와 규범은 사회 행동 조직을 억누르고 속박하는 성격을 지니는 경우가 많다. 그러나 이것을 면밀히 검토해 보면 이쪽의 공격 수단이 될 소지가 얼마든지 있다. 즉 상대방이 자신들의 가치와 규범을 제대로 지키지 않을 때, 사회 행동 조직은 이것을 쟁점으로 삼아 상대방에게 타격을 가할 수 있다. 예컨대 사회의 기득권 세력은 언제나 법질서를 내세운다. 그렇게 함으로써 사회 행동의 입지를 약화시킬 수 있기 때문이다. 그러나 기득권 세력이 법질서를 제대로 지키지 않고 사회적 약자를 억압할 때, 사회 행동 조직은 이것을 오히려 공격의 소재로 삼을 수 있다.

(3) 정당성 확보

사회 행동 조직이 사용하는 전술은 정당성을 확보할 수 있는 것이어야 한다. 정당성은 조직 내부와 조직 외부 양쪽에서 모두 확보되어야 한다. 조직 내부의 정당성 확보는 조직 구성원의 가치를 적절히 반영할 때 이루어진다. 이것은 조직가들이 전술 선택에서 자신의 가치와 선호를 구성원들에게 일방적으로 강요해서는 안 된다는 의미이기도 하다.

또한 조직 외부로부터 싸움의 정당성을 인정받는 일도 마찬가지로 중요하다. 적절한 전술의 사용은 조직 외부(즉 일반 대중)로부터 정당성을 얻는 일과 직결된 문제이다. 어떠한 전술이든 대중의 승인을 받을 수 없는 것이라면 사용하지 않는 것이 좋다. 대중의 승인을 얻지 못한 전술을 사용하다가 사회 행동의 명분마저 손상을 입는 일이 적지 않다. 특히 폭력의 사용은 금물이다. 폭력은 일시적으로 사회 행동의 동력을 높이는 효과가 없지 않으나, 상대방에게 반격의 빌미를 제공함으로써 궁극적으로는 사회 행동의 궤멸을 초래할 가능성이 크다. 구체적인 예로, 1990년대 중반 이후에 한국의 학생 운동이 급격히 쇠약해진 일차적인 원인은 몇 차례의 폭력 사건과 깊은 관계가 있다. 보수 세력은 이 폭력 사건에 대한 사회적 비판을 학생 운동에 대한 대대적 반격의 기회로 삼았고 결국은 학생 운동을 대중으로부터 고립시키는 데 성공하였던 것이다.

그러나 정당성 확보에 괘념하다가 보면 사회 행동의 동력이 떨어질 가능성도 적지 않다. 더구나 전술의 정당성을 판단하는 잣대는 대부분 사회 기득권층이 만든 것이다. 이들은 자신들의 이익을 지키기 위해 사회 행동에 대해 엄격한 윤리적 잣대를 요구하는 경향이 있다. 이 점을 염두에 두면서 조직가들은 정당성 확보와 운동의 활력이라는 두 개의 목표가 서로 충돌하지 않도록 전술 개발에 세심한 주의를 기울여야 한다. 이와 같은 딜레마를 해결하는 데는 앨린스키의 다음과 같은 조언이 도움이 될 것이다(Alinsky, 1971).

- 수단의 윤리성에 대한 판단은 판단하는 사람의 정치적 입장에 따라 달라진다.
- 윤리적 판단은 (절대 기준이 아닌) 상황에 따라 이루어져야 한다.
- 대체로 사회 행동의 성패가 최종적인 윤리적 판단을 좌우하는 경향이 있다.[2)]
- 반대자들은 효과적인 수단은 무엇이든지 비윤리적인 것으로 몰

2) "잘 되면 충신, 못 되면 역적"이라는 우리나라 속담과 비슷한 내용이다.

아붙이려고 한다.

2) 정치적 압력 전술

사회 행동의 상당 부분은 정치 체계를 상대로 펼쳐진다. 정치 체계는 극복의 대상이 되기도 하고 목표를 이루기 위한 동반자가 되기도 한다. 이러한 정치 체계에 영향력을 행사하기 위해서는 먼저 정부 구조, 정책 형성과 입법 과정 등에 관해 충분한 지식과 정보를 갖추어야 한다. 그런 다음에 어떠한 전술을 사용할 것인지를 결정한다.

(1) 정부 구조와 정책 형성

좁은 의미의 정부는 행정부이지만 넓은 의미로는 행정부, 입법부, 사법부를 포괄하는 개념이다. 원칙적으로는 입법부가 법을 만들고 행정부는 이것을 집행한다. 그러나 한국의 현실은 그렇지가 않다. 입법 기능만 해도 사실상 행정부가 주도한다고 해야 정확한 표현일 것이다. 국회는 행정부가 준비한 법안에 대해 통과 여부를 결정하는 기관으로 전락한 지 오래이다.[3] 한편, 1990년대 초반부터 시작된 지방 자치는 전체적인 정부의 지형을 바꾸어 놓고 있다. 중앙정부가 행하던 상당수의 기능이 지방 정부로 이양되었고 지역사회의 구체적인 삶에 영향을 미칠 수 있는 규정들이 지방 의회에서 만들어지고 있다.

사회 행동 조직의 실천가들은 이러한 변화를 면밀히 읽고 권력의 소재지와 정책의 형성 과정을 정확히 파악해야 한다.

---

3) 한국 국회를 '통법부'(通法府)라고 조롱하는 것도 이런 이유 때문이다.

① 책임과 권력의 소재지 파악

사회 행동 조직이 정치 체계를 표적으로 삼을 때의 기본 목적은 정책 형성 과정에 영향력을 행사하는 데 있다. 그러자면 정책 형성 과정에서 해당 문제를 책임진 부서와 사람은 물론, 그 중에서도 중요한 역할을 하는 사람이나 조직을 정확히 파악해야 한다. 가령 지역사회의 주거 상황을 개선하는 운동을 펼칠 때, 관할 관청이 시청인지 구청인지 또한 담당 부서는 건축과인지 사회과인지 따위의 기초적인 사실부터 제대로 파악해야 한다.

② 정책 형성 과정에 대한 영향력 행사

정치적 압력을 행사하는 목적 자체가 정책 형성 과정에 영향을 미쳐 사회 행동 조직의 목표와 일치시키기 위함이다. 정책 형성 과정에 대한 영향력 행사는 다음과 같은 단계를 거친다.

- 문제를 제기한다.
- 합리적 대안을 제시한다.
- 무엇이 바람직한 대안인가에 관해 의사결정자와 의견을 교환한다.
- 사회 행동 조직이 제안한 원칙을 채택하도록 의사결정자에 압력을 가한다.
- 새 정책이 제대로 시행되고 있는지 확인하고 감시한다.

(2) 주요 전술

정치 체계에 영향력을 행사하는 방법에는 로비 활동(lobbying)과 직접 참여의 두 가지가 있다. 로비 활동은 자신의 이익을 관철시키기 위해 정치인이나 관료를 설득하는 행위이고 직접 참여는 단순한 청원자로 머물지 않고 의사결정 과정에 직접 참여하는 방법이다.

① 로비 활동

로비 활동은 정치인이나 관료에게 쟁점의 배경과 가능한 해결 방안 그리고 대중의 정서 등을 전달하고 설득하는 과정을 말한다. 로비 활동은 다음과 같은 상황에서 전개하는 것이 좋다.

- 현안이 매우 중요한 사안이고 또한 그것에 대해 논란이 많다.
- 반대파에서 이미 로비 활동을 하고 있다.
- 의사결정자가 아직 마음을 정하지 못한 상태인 것 같다.
- 의사결정가가 모르는 사실을 우리 쪽에서 알고 있다.

그러나 만일 의사결정자가 모든 관계 정보를 가지고 있을 뿐 아니라 우리 쪽의 의견을 충분히 들어 알고 있는 상황에서는 로비 활동을 하지 않는 것이 더 낫다.

로비 활동은 다음과 같은 요소가 구비되어 있을 때 가장 큰 효과를 낼 수 있다. 첫째는 쟁점이 적절해야 한다. 여기에서 적절하다는 것은, 의사결정자의 관점에서 볼 때, 심정적인 동정이 가고 대중의 지지를 얻을 수 있는 쟁점이어야 한다는 뜻이다. 둘째, 로비 활동 주체가 충분한 지지 기반을 갖추고 있어야 한다. 의사결정자의 궁극적 관심은 사안의 성격 자체가 아니라 배후의 대중이기 때문이다. 로비스트는 자기 배후에 대중적 지지가 존재한다는 사실을 상대방에게 알게 함으로써 로비 활동의 효과를 높일 수 있다. 의사결정자에게 대규모의 편지 쓰기 캠페인을 벌이는 것은 이러한 방법의 대표적인 보기이다. 셋째, 의사결정자가 누구인지를 정확히 파악해야 한다. 마지막으로 메시지 전달 방법이 예의에 어긋나지 않으면서도 설득력을 지닌 것이어야 한다.

로비 활동은 일회적인 것이 아니므로 로비 활동가들에게는 무엇보다도 끈기가 필요하다. 끈기는 로비 대상에게 로비 활동이 계속될 것임을 확인시키는 데 필수적인 요소이다. 결론적으로 로비 활동의 요체는 단순한 설득이라기보다는 상대방이 부족한 정보를 제공하여 역지사지(易地思之)의 가능성을 확보하는 과업이다. 중요한 것은 로비 활동이 상대방에 대한 위협을 포함해서는 안 된다는 점이다. 위협은 상대방을 굴복시키려는 의도로 해석되어 소기의 목적을 달성하는 데 방해가 될 수 있다.

로비 활동의 가장 큰 제약은 로비 활동에 대한 사회의 부정적 인식이라고 할 수 있다. 이것을 극복하기 위해서는 로비 활동을 법과 절차에 따라 전개하여 혹시 있을지도 모를 잡음과 오해를 사전에 차단해야 한다.

② 직접 참여

직접 참여는 선거에 출마하거나 공직을 담당함으로써 의사결정 과정의 주체가 되려는 노력이다. 직접 참여는 사회 행동 조직이 구현할 수 있는 최고 수준의 임파워먼트라고 할 수 있다. 그러나 직접 참여는 공무에 대한 책임을 수반하므로 사회 행동의 의제를 제한할 가능성도 적지 않다. 게다가 직접 참여의 길은 그렇게 넓지 않은 것이 우리의 현실이다.

3) 직접 행동

직접 행동(direct action)은 로비 활동과 같은 온건하고 간접적인 방법이 효과를 거두지 못할 때 사용하는 대결 전술의 하나이다. 직접 행동은 문제를 대중의 눈에 보이게 하는 데 큰 효과가 있다. 또한 직접 행동은 표적에 대해 직접적인 타격을 가하는 동시에 사회 행동 조직의 내부 결속력을 높일 수 있다. 그러나 직접 행동은 성공적인 자원 동원을 전제로 할 뿐만 아니라 때로는 상당한 위험 부담을 감수해야 한다.

(1) 선택 기준

사회 행동 조직의 실천가들은 직접 행동을 어떠한 상황에서 어떠한 기준으로 선택해야 소기의 효과를 거둘 수 있는가에 대하여 면밀히 검토한 이후에 직접 행동에 나서는 것이 좋다. 무엇보다도 다음과 같은 점을 충분히 검토할 필요가 있다.

첫째, 사용하려는 직접 행동의 효과와 비용에 대한 분석이다. 이를테면 파업을 할 경우에 사용자 쪽에서 협상을 신속히 재개할 것인가? 아니면 파업의 적법성을 시비하면서 손해 배상을 청구할 것인가? 만일 손해 배상 청구 소송에서 패하게 된다면 그 비용을 감당할 수 있을 것인가? 실천가들은 이러한 구체적인 질문을 바탕으로 효과와 비용에 관해 냉철한 분석을 거친 뒤에 직접 행동의 착수 여부를 결정해야 한다.

두 번째는 직접 행동이 조직의 명분에 도움이 되는 방향으로 쟁점을 정리해 줄 것인가에 관한 문제이다. 예를 들어 요즘 장애인의 이동권 보장을 요구하는 사람들이 시내버스를 세우고 휠체어에 앉은 장애인을 태우기 위한 일종의 시위를 벌이는 사건이 자주 일어나고 있다. 그러나 현재 한국의 시내버스가 휠체어 장애인을 태울 장비를 갖추고 있지 못하므로 이들의 시내버스 승차 노력은 처절할 정도의 고통일 뿐이다. 바로 이와 같은 고통 자체가 심각한 장애인의 이동권 문제를 상징한다. 그리고 이들의 직접 행동은 쟁점을 극명하게 드러내는 동시에 장애인들이 내건 명분을 강화시켜 준다.

셋째, 자신들이 사용하려는 직접 행동 전술이 조직의 가치와 대중의 윤리적 정서에 부합하는가 하는 점이다. 가령 평화 운동을 하는 사람들이 폭력을 쓴다면 자신들이 숭상하는 가치와 어긋나는 것은 물론 대중의 지지를 받기가 어렵다.

(2) 전술 지침

미국의 유명한 조직가이자 사회 행동가였던 앨린스키는 직접 행동의 전술 지침으로 다음과 같은 점을 강조하였다(Alinsky, 1971). 그의 전술 지침은 1940년대의 미국이라는 특정한 역사적 상황에서 겪은 체험을 바탕으로 형성되었기 때문에 적용에 신중을 기할 필요가 있다. 나아가 현대의 조직가들은 새로운 상황에 맞는 적절한 전술을 개발하는 데도 관심을 가져야 한다. 그러나 오늘날에도 이 지침이 거대한 기득권 세력을 어떻게 상대해야 할 것인가에 관해 매우 실제적인 도움을 주고 있는 것만은 부인하기 어렵다.

① 조직 내부의 지지를 받는 전술만을 사용하라.

실천가의 의욕이나 판단을 조직원들에게 강요하지 말라는 뜻이다. 전술의 사용자는 결국 일반 조직원들이기 때문이다.

② 직접 행동 자체보다 직접 행동의 위협이 더 효과적일 때가 많다.

직접 행동이 실제로 이루어지는 것보다 상대방에게 직접 행동의 위협을 전달하는 것이 도리어 효과적이라는 말이다. 이 말은 "싸우지 않고 이기는 것이 상책"이라는 속담을 연상시킨다. "힘이란 당신이 가지고 있는 것만이 아니라, 당신이 가지고 있다고 상대방이 생각하는 것"이라고 앨린스키는 강조한다.

③ 조롱만큼 강력한 무기가 없다.

조롱은 열전을 피하면서도 효과적인 공격을 가할 수 있는 유용한 수단이다. 대부분의 경우에 조롱은 상대를 격분시키고 이것은 결국 우리에게 유리한 결과를 가져다 준다. 조롱에 대한 반격은 참으로 어렵다. 기득권 세력의 처지에서는 조롱에 대해 정색을 하고 반격을 할 수도 없고 그렇다고 해서 조롱을 조롱으로 맞서는 것도 모양새가 좋아 보이지 않는다.

④ 상대방이 실수를 저지를 때까지 인내하라.

상대방에게 지속적인 압력을 가하는 목적은 상대방의 실수를 유도하기 위함이다. 이렇게 저질러진 상대방의 실수는 우리의 쟁점을 대중에게 널리 알리는 계기를 마련해 준다. "만질수록 덧난다."는 우리 속담이 있다. 내버려 두면 저절로 해결될 문제를 건드려서 상황을 악화시키는 경우를 가리킨다. 상대방이 사회 행동에 대해 일절 대응하지 않는다면 행동의 동력은 오래가지 못한다. 그렇기 때문에 지속적인 압력이 필요한 것이다. 그것은 인내의 기다림이다. 언제까지? 상대방이 실책을 저지를 때까지!

⑤ 상대방의 반응에 대비하라.

사회 행동 조직의 압력과 공격에 대해 상대방은 어떤 반응을 보일 것인가? 조직가들은 시위자에 대한 법적 제재, 사회적 비난, 해고 위협, 손해 배상 청구 소송 등 다양한 형태의 반응을 예상하고 적절한 준비를 하고 있어야 한다. 상대방의 반응은 이처럼 대결적인 것만 있는 것이 아니다. 때로는 회유와 양보를 통해 조직의 동력을 약화시키는 방법을 쓰기도 한다. 사회 행동 조직으로서는 이런 반응에 대처하기가 가장 어렵고 힘든 것이 사실이다.

(3) 유형

직접 행동의 종류와 형태는 간단한 서명 운동으로부터 정교한 방해 전술에 이르기까지 다양하다.

① 시위 전술(demonstration tactics)

다중을 동원하여 세를 과시하고 기득권층의 일상을 교란하는 것이 주된 목적이다. 폭력과 파괴의 위험이 내포되어 있다. 행진, 집회, 피케팅(picketing), 농성(sit-ins) 등이 여기에 속한다.

② 교육 홍보 전술(education tactics)

표적 집단을 향해 대규모의 교육과 선전전(宣傳戰)을 펼친다. 이 전술의 목적은 문제를 드러내고 해결책을 제시하는 것이다. 상대방과의 면담 또는 공청회를 통해 사안의 내용과 성격을 알리거나 대중매체에 해당 사안에 관한 광고를 내는 것도 이런 전술의 일종이다.

③ 불평 전술(complaint tactics)

문제의 존재를 표적 집단에게 알리는 방법으로 청원(petition)이 대표적이다. 상대방에게 비공개로 불평을 전달하기도 한다.

④ 경제 전술(economic tactics)

반대자·상대방의 경제적 여건에 타격을 가하기 위해 사용하는 전술로 불매 운동(boycott), 파업 등이 있다.

(4) 한계와 문제점

직접 행동이 유발할 수 있는 가장 큰 문제점은 상대방을 자극해서 반격의 가능성을 높일지도 모른다는 것이다. 또한 해당 쟁점에 별로 관심이 없던 잠재적 반대자들을 각성시켜 이들의 조직화를 돕는 결과를 초래하기도 한다. 뿐만 아니라 직접 행동에는 늘 폭력의 위험이 도사리고 있다는 점도 간과할 수 없다. 마지막으로 직접 행동은 지속적으로 전개하기가 어렵다는 점도 지적할 필요가 있겠다.

4) 법적 행동

① 특징과 장점

법적 행동(legal actions, litigation)도 직접 행동과 마찬가지로 대결적 접근 방법의 하나이다. 그러나 직접 행동이 소란스럽고 가시적이며 어느 정도 극적인 요소를 담고 있는 것과 대조적으로, 법적 행동은 상대적으로 차분하고 非가시적이라고 할 수 있다. 또한 직접 행동이 사회 행동 조직의 정당성에 손상을 가할 개연성을 내포하고 있는 것과 달리, 법적 행동은 사회 행동 조직의 정당성을 확실하게 높일 수 있는 방법이다.

사회 행동 조직이 문제로 삼고 있는 쟁점은 법적 공방을 거치면서 그 내용이 조금 더 명확해지는 한편, 대중의 눈에 '공식적'인 문제로 인식될 기회가 주어진다. 법적 행동의 최대 장점은 상대방을 양보와 타협을 심각하게 고려하지 않으면 안 될 상황으로 몰아넣는다는 것이다. 법적 행동은 시간과 돈이 많이 드는 지루한 싸움이므로 아무리 자원이 넉넉한 상대방일지라도 양보와 타협을 생각하지 않을 수 없게 된다.

② 유형

법적 행동은 크게 가처분 청구와 소송으로 나뉜다. 가처분은 추가적인 사실을 수집할 때까지 상황을 악화시킬 가능성이 있는 행위를 중단시키는 법적 수단이다. 가령 환경 파괴의 우려가 있는 공사를 막기 위해 법적 행동을 취할 때, 시간이 많이 걸리는 정식 소송으로는 임박한 환경 파괴를 막기가 어렵다. 가처분은 이런 문제를 신속히 해결할 수 있는 효과적 수단이다.

소송은 법원에 손해 배상을 청구하거나 잘못된 행위를 시정해 달라고 요구할 때 사용한다. 사회 행동에서 자주 쓰이는 소송으로는 집단 소송(class-action suits)과 정부 기관을 대상으로 제기하는 행정 소송 등이 있다. 집단 소송은 소비자 문제나 환경 문제에서와 같이 소송에 대한 수요는 분명히 존재하나 개인의 피해 정도가 작고 소송 비용이 많이 드는 경우에, 흩어진 피해자·권리자를 모아 하나의 소송 절차를 통해 분쟁을 해결하는 제도이다.

③ 한계와 문제점

지역사회 실천 조직은 소송을 통해 대단히 유의미한 승리를 거둘 수 있다. 그러나 소송이 지니고 있는 한계와 문제점도 만만치가 않다.

첫째로 소송은 시간이 오래 걸릴 뿐만 아니라 많은 돈을 필요로 한다. 상대방에 비해 자원이 부족한 사회 행동 조직으로서는 감당하기가 쉽지 않다.

둘째, 소송은 복잡한 법률 지식과 법적 기술을 요하는 일이므로 전문가에 의존할 수밖에 없다. 그 결과 조직의 자율성과 역동성이 제약을 받을 수도 있다.

셋째, 상대방의 대항 소송(counter-suits)을 촉발할 수도 있다. 이럴 경우에 어쩔 수 없이 방어 준비를 해야 되고 적지 않은 자원을 여기에 투입해야 한다.

5) 연대

사회 행동의 상대방은 강력한 힘과 풍부한 자원을 보유하고 있는 것이 일반적인 현상이다. 이러한 상황에서 독자적인 힘만으로는 상대방을 이기거나 상대방으로부터 충분한 양보를 얻어내기가 어렵다. 연대는 이런 문제를 타개하기 위한 방법으로 널리 쓰이고 있다.

(1) 유형

① 협력(cooperative efforts)

일시적이거나 단기적인 연대가 필요할 때 주로 쓰인다. 공동 행진, 시위, 단합 대회와 같은 특정한 행사를 위해 이루어지는 가장 초보적인 연대의 유형이다. 연대의 내용은 대체로 실무적 사항에 국한된다.

② 협동 네트워크(networks)

이념 지향이 비슷한 여러 조직이 지속적인 접촉과 정보 교류를 유지하다가 특정한 문제가 발생하면 일시적인 공동 대처에 합의한다. 한국의 여러 진보 단체들은 이러한 협동 네트워크 방식의 연대를 자주 활용한다.

③ 연합(coalitions)

연합은 협동 네트워크와 여러 모로 유사한 점이 많지만, 장기적인 쟁점의 해결을 위한 연대라는 점에서 차이가 난다. 연대의 성격은 느슨하면서도 구조화된 협력 관계라는 특징을 갖는다. 조직간 협력은 보통 운영 위원회(steering committee)를 통해 이루어진다.

④ 동맹(alliances)

동맹은 가장 높은 수준의 연대로서 영속 조직의 형태를 유지한다. 즉 동맹 자체가 별도의 인력과 조직을 가지고 있으며 상위 조직의 성격을 띤다. 그러나 때로는 개별 조직의 자율성을 포기해야 하는 상황도 있을 수 있다.

(2) 원칙

연대는 다음과 같은 원칙에 따라 이루어져야 효과를 극대화할 수 있다.

① 열린 커뮤니케이션

조직과 조직 사이의 커뮤니케이션이 항상 원활하게 이루어지도록 노력해야 한다. 원활한 커뮤니케이션의 토대는 정보의 공유이다.

② 참여의 극대화

연대의 본질은 참여와 협동이다. 가능한 한 참여할 수 있는 모든 사람과 집단이 참여하도록 해야 한다. 이렇게 하는 것이 반대자·상대방의 자원을 축소하는 길이기도 하다.

③ 구체적이고 성취 가능한 목표의 설정

적어도 초기에는 구체적이고 성취 가능한 목표를 설정하는 것이 중요하다. 이렇게 해야 연대의 힘이 강해지고 장기적인 목표를 추구할 여건도 마련될 수 있다.

④ 창조적이고 즐거운 회의

지역사회 실천에 참여하는 조직가나 활동가들은 대부분 회의에 이골이 난 사람들이다. 이들은 연대 형성을 통해 천편일률의 무미건조한 회의가 아니라 활기차고 창조적인 새로운 모습의 회의를 기대한다. 무엇보다도 먼저 회의의 횟수를 줄이는 것이 좋다. 회의의 방법과 형식도 바꿀 필요가 있다. 회의보다는 특별 위원회나 전담팀(task forces)을 만들어 이것을 중심으로 활동하는 것이 효과적이다.

⑤ 다양성의 존중

연대의 형성 과정에서 의견, 신념, 종교 등의 다양성을 인정하고 존중해야 한다. 이 다양성이 분열의 원천이 아니라 논의를 풍요롭게 하는 자산이 되도록 모든 구성원이 노력해야 한다.

(3) 진로

연대를 어떠한 방향으로 이끌고 나갈 것인가? 네 가지의 대안이 가능하다. 즉 현상 유지, 성장, 방향 수정, 축소 또는 종결이 그것이다.

① 현상 유지

현재의 연대 조직이 의도한 대로 기능하고 있을 때, 이 상태를 잘 유지하는 것은 연대의 목적을 실현하는 데 필수적인 요소가 된다. 유지할 내용에는 다음과 같은 것이 반드시 포함되어야 한다.

- 연대의 존재 이유와 목적
- 연대 조직의 기본적 지배 구조(governance)와 규칙
- 연대의 리더십과 멤버십(membership)
- 연대의 전략적 실천 계획
- 연대의 재정
- 연대에 대한 대중의 지지
- 연대의 정신

② 성장

연대 조직이 안정 상태에 놓이고 여러 가지 과업에서 성공을 거두게 되면 자연히 조직을 확대하자는 논의가 시작된다. 연대 조직이 성장을 지향하기 위해서는 지역사회의 욕구, 조직 구성원들의

동의, 소요 자원 등의 요소가 갖추어져야 한다.

그러나 조직의 확대에는 다음과 같은 문제점도 따라온다는 것을 유념해야 한다. 첫째, 더 많은 자원이 요구된다. 둘째, 리더십에 대한 압력이 증대한다. 셋째, 조직의 역할과 조직에 대한 지역사회의 기대가 커지면서 지역사회 서비스를 책임지라는 압력도 커질 가능성이 높다. 다시 말해서 도전하고 반대하고 요구하던 입장을 떠나 서비스를 직접 제공하는 주체가 되라는 압력이 거세진다는 뜻이다. 마지막으로 양적 성장은 질적 저하를 가져올 가능성을 내포한다는 점이다.

성장의 문제점을 피하기 위해서는 성장에 대한 면밀한 계획과 준비가 필요하다. 특히 어느 부분과 기능에 얼마만큼의 성장이 필요한지를 철저히 따져서 성장 계획을 펼쳐나간다면 성장에 따르는 문제점을 지혜롭게 해결할 수 있을 것이다.

③ 방향 수정

연대 조직의 목표가 이루어지거나 다른 조직이 해당 문제에 개입할 의사가 있을 때, 구성원들의 합의를 바탕으로 연대 조직의 방향을 수정할 수 있다. 예를 들어 노숙인 문제를 해결하기 위해 만든 연대 조직이 소기의 목표를 달성한 다음에는 청년 실업 문제의 해결을 모색하는 쪽으로 사업의 초점을 바꿀 수 있다.

④ 축소 또는 종결

연대 조직이 여러 가지 구조적 문제에 직면하게 될 때 선택할 수 있는 진로에는 축소 또는 종결이 있다. 최종 결정은 문제의 성격에 따라 달라진다. 문제가 장기적인 것이고 현재의 대처 능력이 충분치 못하다면 조직을 일단 축소하는 것이 좋다. 나중에 상황이 개선된다면 다시 조직을 확대할 수 있다.

한편, 상황이 나아질 기미가 보이지 않고 조직의 대처 능력이 현저하게 모자란다면 연대 관계는 종식될 수밖에 없다. 물론 연대의 목표가 완전히 이루어져서 연대의 필요가 더 이상 제기되지 않는 상황이 올 때에도 연대 관계는 소멸된다.

3. 옹호

1) 개념

옹호(advocacy)는 지역사회 실천에서 오랫동안 사용한 기술의 하나로서 클라이언트의 이익을 지키고 대변하는 모든 활동을 총칭한다. 그러나 옹호는 직접 서비스와는 구분될 뿐만 아니라 반드시 대결이나 갈등이 수반되는 것도 아니다. 옹호는 다양한 전문가들이 여러 차원에서 행할 수 있다. 옹호는 클라이언트가 권리를 갖고 있으며 그 권리의 보장은 법적으로 요구할 수 있는 것이라는 가정에서 출발한다. 따라서 옹호는 클라이언트가 마땅히 받아야 할 권리나 혜택에 초점을 맞추는 경향이 있다.

옹호는 크게 개별 옹호(case advocacy)와 집단 옹호(class advocacy)로 나뉜다. 개별 옹호는 개인이나 가족을 위한 옹호 활동이며 집단 옹호는 집단이나 제도의 문제점과 관련된 옹호 활동이다. 개별 옹호는 주로 특정 클라이언트에게 필요한 자원이나 서비스를 확보하는 일에 초점을 맞춘다. 그러나 개별 옹호를 펼치는 과정에서 문제가 특정인에게 국한된 것이 아니고 비슷한 처지의 사람들이 공통적으로 겪는 문제라고 판명이 나면 종종 집단 옹호로 발전되기도 한다. 집단 옹호는 명분 옹호(cause advocacy)라고도 하는데 사회적 여건을 변화시키는 일을 강조한다는 점에서 개별 옹호와 다르다.

사회복지사들이 민권 운동, 주거권 실현 운동, 사회복지권 운동 등에 동참해서 싸우는 것이 집단 옹호의 대표적 보기라고 할 수 있다.

2) 옹호의 주요 원칙

옹호는 다양한 집단을 상대로 하는 활동일 뿐만 아니라 그들이 지닌 가치, 신념, 규칙 등과도 싸워야 하는 어려운 일이다. 효과적인 옹호 활동을 펼치기 위해 지역사회 활동가들은 다음과 같은 원칙 또는 지침에 유의할 필요가 있다.

첫째, 옹호 활동은 합리적인 수준을 유지하는 것이 좋다. 비록 클라이언트를 위하는 일이라고 해도 무리한 요구를 고집하는 것은 아무런 도움이 되지 않는다.

둘째, 가능하면 '개인플레이'보다는 팀워크(teamwork)에 의존한다. 물론 개별적인 옹호 활동이 때로는 더 좋은 결과를 가져오는 경우도 있다. 하지만 동원 가능한 자원의 양이나 다양한 전술의 사용 면에서 볼 때, 일반적으로 팀워크에 의한 옹호 활동이 개별 활동에 견주어 훨씬 유리하다.

셋째, 옹호 활동은 종종 적극적이고 단호한 태도를 요구한다는 사실을 명심해야 한다. 타협적이거나 양보하는 태도는 상대방에게 약점으로 보일 가능성이 크다. 그러나 이런 태도를 취한다는 것은 아무래도 유쾌한 일이 아니다. 다른 사람에게 싫은 소리를 하거나 잘못된 점을 지적해야 하는 일을 누가 좋아하겠는가. 힘과 돈을 가진 사람(또는 조직)을 상대해야 하는 처지에서는 더욱 그러할 것이다. 그러므로 적극적이고 단호한 태도의 필요성은 더욱 크다고 하겠다.

넷째, 유연성을 강점으로 인식할 필요가 있다. 단호한 태도가 요구된다고 해서 매사에 경직된 모습을 유지해야 하는 것은 아니다.

상황에 따라 최선보다는 차선에 만족하는 법도 배워야 한다.

3) 옹호의 기술과 전술

사회복지 실천 일반에서 쓰이는 다양한 기술과 전술은 옹호 활동에도 유용하다. 그 중에 몇 가지를 독자들에게 소개한다.

(1) 설득

설득(persuasion)은 사회복지 실천에서 자주 쓰이는 대인 관계 기술의 하나이다. 설득은 클라이언트 또는 어떤 명분(cause)에 대해 호의적인 해석을 얻어내기 위한 제반 활동으로 요약할 수 있다. 그것은 또한 표적 체계(target system)로 하여금 우리의 목적을 반영하는 쪽으로 의사결정을 변경하거나 방향을 틀도록 노력하는 활동이기도 하다. 설득의 효과를 높이는 데는 개인적인 권위와 정확한 사실 파악이 필수적이다.

설득은 네 가지 요소로 이루어진다. 즉 메시지 전달자(communicator), 전달 형식(format), 전달할 메시지(message), 그리고 전달 대상(audience)이 바로 그것이다.

① 전달자

전달자는 다음과 같은 덕목을 갖추어는 것이 좋다.

- 신뢰성: 전달자는 일반적으로 믿을 만한 사람이어야 할 뿐만 아니라 해당 사안에 대해서도 신뢰할 만한 사람이어야 한다.
- 전문성: 해당 사안에 대해 전문적인 지식을 갖고 있어야 한다. 전문성은 신뢰성을 높이는 방법이기도 하다.
- 동질성: 전달자는 전달 대상자와 배경과 가치의 측면에서 동질

성을 가진 사람이어야 설득의 효과가 크다.

• 非언어적 강점: 다른 조건이 똑같을 때 가급적이면 외모나 옷차림, 제스처 등에서 매력을 끌 수 있는 전달자를 선정하는 것이 좋다.

② 전달 형식

메시지는 개인이 직접 상대방의 면전에서 전달해야 설득의 효과가 커질 수 있다. 믿을 만한 전달자의 호소를 면전에서 거절하기는 쉽지 않다. 직접 대면이 어려운 경우에는 전화로 전달하는 것이 차선책이다. 그러나 직접 대면이나 전화를 통한 전달 방식은 가능하지 않을 경우가 적지 않다. 또한 한꺼번에 많은 사람을 접촉하기가 어렵다는 단점도 있다.

③ 메시지

메시지는 반복적이면서 전달 대상에게 이익과 보상을 가져다주는 것일수록 설득력을 지닌다. 아울러 지역사회에서 신망이 높은 사람이나 권위를 지닌 인물의 지지를 받는 메시지는 전달 효과가 크다.

④ 대상

메시지의 전달 대상이 다음과 같은 상황에 놓여 있을 때 전달자의 설득이 상대적으로 쉬워질 수 있다.

• 전달자를 알거나 좋아하거나 존경한다.
• 메시지를 이미 신뢰하고 있다.
• 과거에 유사한 명분에 동조한 경험이 있다.
• 소기의 행동을 취할 시간과 자원을 가지고 있다.

(2) 대표하기

대표하기(representation)란 다른 사람의 의견을 대신해서 표현

또는 전달하는 행위를 말한다. 대표자와 대표를 요청한 사람(피대표자)과의 관계는 양자의 합의에 의해 결정된다. 대표 행위는 다음과 같은 원칙에 바탕을 두고 이루어져야 한다(Hardcastle, Wenocur and Powers, 2011).

- 당사자 외에 제3자의 개입이 필요한가를 먼저 결정한다.
- 대표자는 자신의 지식을 클라이언트와 공유한다.
- 클라이언트가 원하는 바는 찾아내 점검한다.
- 대안을 제시하고 클라이언트로 하여금 바람직한 것을 선택하게 한다.
- 매사에 서로 협조한다.

(3) 표적 흔들기

'표적 흔들기'(embarrassing the target)는 직접적인 도전이나 공격이 어려울 때 쓸 수 있는 효과적인 전술이다. 여기에서 'embarrassing'이란 말의 뜻은 상대방을 당혹스럽게 만든다는 뜻인데, 그렇게 함으로써 특정 사안에 대한 상대방의 태도나 입장을 흔들 수 있기 때문에 '표적 흔들기'라고 번역하였다. 표적 흔들기는 상대방(즉 표적)이 과거 자신들의 공언(公言)과 다른 의사결정을 내릴 때 주로 사용되는 옹호 전술이다. 이런 경우에 옹호 활동가는 상대방의 일관되지 못한 견해를 대중매체를 통해 노출시킴으로써 상대방을 당혹스럽게 만드는 것이다.

(4) 정치적 압력

정치적 압력(political pressure)은 선출직 공무원을 대상으로 펼치는 옹호 활동이다. 이것은 또한 정부의 지원을 받는 기관을 상대로 이루어지기도 한다. 때로는 선출직 공무원(이를테면 국회의원)을 통해 해당 기관에게 압력을 행사할 수도 있다. 선출직 공무원은 유권자들에게 민감할 수밖에 없기 때문에 이들의 청원(petition)에 기민하게 반응한다. 한편, 정부 지원 기관은 국민의 세금에 의존하고 있으므로 역시 정치적 압력에 민감하다.

4) 옹호의 유형

(1) 자기 옹호

자기 옹호(self-advocacy)는 옹호를 필요로 하는 사람이나 집단이 스스로 자신들을 옹호하는 활동을 가리킨다. 가령 노숙인들이 자신들의 처지를 사회에 알리고 노숙인 문제에 사회적 개입이 이루어져야 한다는 것을 역설하는 경우가 이러한 옹호 활동에 해당한다. 그렇다고 해서 자기 옹호 활동이 사회복지사나 지역사회 활동가들의 도움을 전혀 필요로 하지 않는 것은 물론 아니다. 지역사회 실천에 종사하는 활동가는 클라이언트의 자기 옹호 활동이 원활하게 진행되도록 기술적・행정적 원조와 정보 등을 제공한다.

(2) 정치적 옹호

정치적 옹호(political advocacy)는 공공 옹호(public advocacy)라고도 하는데 주로 정치와 정책 영역을 대상으로 하는 옹호 활동을 가리킨다. 정치적 옹호의 최고 목표는 사회 정의의 구현이다. 입법 옹호(legislative advocacy)는 정치적 옹호의 대표적인 보기이다. 입법 옹호는 특정 법안의 제정을 촉구하거나 반대하는 활동을 말한다. 입법 옹호를 제대로 펼치기 위해서는 입법 과정에 영향을 미치는 요인들을 정확히 파악하고 이것들에 민감하게 반응하는 능력을 길러야 한다. 예컨대 특정 법률안을 국회에서 통과시키기 위한 입법 옹호 활동에 종사하고 있다면, 이 법을 시행하는 데 들어가는 비용이나 이 법에 대한 대중의 지지 여부 등을 정확히 인식하고 있어야 할 것이다.

(3) 시스템 옹호

시스템 옹호(systems advocacy)는 기존의 체제를 옹호한다는 뜻이 아니다. 시스템 옹호의 정확한 뜻은 옹호 활동의 표적이 시스템이라는 뜻이다. 여기서 시스템이란 정부 기관, 의회, 대기업, 학교 등의 기존 사회 제도를 총칭한다.

시스템 옹호의 목표는 이들로 하여금 주민들의 요구를 정책과 프로그램에 충실히 반영하고 잘못된 정책을 바꾸며 규칙의 적용 방법을 개선하도록 하는 것이다. 시스템 옹호의 사례로는 장애인들의 이동권 보장 운동, 「국민기초생활보장법」 제정 운동, 성차별 철폐 운동 등을 들 수 있다.

시스템 옹호와 정치적 옹호는 상호배타적인 것이 아니다. 예컨대 시스템 옹호를 위해 입법 옹호(곧 정치적 옹호)를 사용하는 경우도 있다.

(4) 미디어 옹호

지역사회 실천에서 미디어 옹호(media advocacy)는 지역사회 실천 조직의 취지나 목표에 대한 대중의 지지를 얻기 위해 미디어를 사용하는 일체의 활동을 의미한다. 가령 지역사회의 노숙인 문제를 해결하기 위한 조직의 활동가라면, 이 문제를 바라보는 지역사회 구성원들의 시각을 바꾸고 조직의 활동을 꾸준히 알려 주민들의 참여를 촉진시키기 위해 미디어를 활용하려고 할 것이다. 미디어 옹호자(media advocates)로서 지역사회 실천가는 대중에게 노숙인 문제의 원인이 무엇인지를 알려야(inform) 한다. 그 다음 노숙인 문제를 특정 개인의 문제가 아니라 지역사회 전체에 영향을 주는 문제로 재정리한다(recast). 마지막으로 지역사회 구성원들이 이 문제를 해결하는 일에 동참하도록 독려한다(encourage).

요컨대 미디어 옹호는 의제 설정(agenda setting), 논의 틀 바꾸기(shaping the debate), 정책 추진(advancing a policy)의 세 가지 요소로 이루어진다. 의제 설정은 미디어와 일반 대중 그리고 정책 입안자들이 지역사회 실천 조직이 제기하는 쟁점에 관심을 갖도록 영향을 행사하는 과정이다. 논의의 틀을 바꾼다는 것은 쟁점에 대한 기본 인식이 조직의 인식과 일치하도록 일반 대중의 관점을 바꾼다는 뜻이다. 지역사회 실천 조직의 최종 과업은 정책 입안자에게 압력을 가하도록 미디어를 활용하는 것이다.

4. 임파워먼트

(1) 개념

임파워먼트(empowerment)는 국내 문헌에서 역량 강화, 권한 부여, 세력화 등의 다양한 표현으로 번역된다. 그러나 사회복지 실천에서 임파워먼트는 매우 복합적이고 다차원적인 개념이며, 때로는 모호하기까지 하다. 사회복지학에서 쓰이는 임파워먼트의 개념은 대략 다음과 같은 특징을 담고 있다(김인숙 · 우국희, 2002).

첫째, 힘과 권력을 중심 주제로 삼는다. 특히 힘과 권력의 획득을 사회복지 실천의 목표로 본다.

둘째, 될 수 있는 대로 클라이언트를 긍정적으로 바라보는 관점을 견지한다. 클라이언트를 "문제를 가진 도움의 대상"으로만 여기던 과거 사회복지학의 경향을 벗어나 클라이언트가 스스로 문제를 해결할 잠재력을 지녔다는 점을 강조한다.

셋째, 문제의 정치·사회적 맥락을 이해하려고 노력한다. 문제가 개인적인 것이든 사회적인 것이든 그 배후에 정치·사회적 힘과 요소가 작용하고 있다는 전제에서 문제를 바라본다. 그 중에서도 구조적 불평등과 억압의 메커니즘에 주목한다.

넷째, 임파워먼트를 순환적이고 유동적인 과정으로 이해한다. 임파워먼트 상태에 도달했다가도 언제든지 이전의 상태로 떨어질 가능성이 상존한다는 것이다. 따라서 점진적이고 지속적인 임파워먼트를 강조한다.

이와 같은 내용적 특징을 염두에 둔 채 지역사회복지 실천에서 쓰이는 임파워먼트의 개념을 정리해 보자. 과정으로서의 임파워먼트(empowering)는 지역사회 주민들이 자신의 삶에 대해 자주적 통제력을 획득하고 삶의 질을 높이는 데 필요한 자원에 접근하려는 시도를 가리킨다. '결과로서의 임파워먼트'(empowered)는 주민들의 노력과 지역사회 실천가들의 개입의 효과로 나타난 지역사회에 대한 주민들의 더 많은 통제력과 자원 접근성을 의미한다(Zimmerman, 2000).

지역사회 실천은 지역사회 주민들의 임파워먼트를 도와주는 과정이기도 하다. 즉 임파워먼트 자체가 지역사회 실천의 주요 목표인 것이다. 지역사회 실천으로서의 임파워먼트는 무력감을 느끼는 주민들에게 자신들의 잠재력을 개발하고 이 힘을 바탕으로 필요 자원을 획득하도록 도와주는 과정이다.

(2) 방법

지역사회 실천가는 지역주민의 임파워먼트를 어떻게 도와줄 수 있는가? 루빈과 루빈(Rubin and Rubin, 2004)은 다음과 같은 단계를 제시하고 있다.

① 의식 제고(consciousness raising)

의식 제고는 이 책의 제6장 첫머리에서 다루었던 비판의식 개발 또는 의식화라는 용어와 같은 뜻을 지닌다. 무력감을 느끼는 개인들을 한데 모아 문제의 원인이 자신들에게 있는 것이 아니라는 점을 알게 한다. 자신들은 억압과 배제의 희생자라는 사실을 깨닫게 하고 각자의 경험을 나누도록 한다. 의식화 모임을 통해 사람들은 자신만이 문제를 갖고 있는 것이 아니며 그 문제가 자신의 잘못 때문이 아니라는 사실도 인식하게 된다. 이러한 과정을 거치면서 사람들은 자신들을 억압하는 사회 구조에 대해 비판의식을 갖추게 된다.

② 자기 목소리 내기(self-assertion)

문제의 원인과 소재를 파악한 다음에는 공개적으로 자기의 목소리를 내는 것이 중요하다. 개인적인 수준에서는 그 자체가 임파워먼트의 과정이 될 수 있다. 지역사회 실천가는 이들이 공개적으로 자기 목소리를 내는 데 두려움을 갖거나 위축되지 않도록 도와준다.

③ 공공 의제로 만들기(framing the agenda)

쟁점이 공공 의제(public agenda)가 될 수 있도록 그 틀을 짜는 과제이다. 지역사회 실천가는 문제의 원인과 소재를 대중이 제대로 인식할 수 있게끔 쟁점을 효과적으로 정리해야 한다. 필요하다면 시위나 대중매체 캠페인을 벌일 수도 있다. 어떤 쟁점을 공공 의제로 만드는 과정은 두 가지 면에서 임파워먼트에 도움을 준다. 첫째, 대중으로 하여금 긍정적인 눈으로 쟁점을 바라볼 수 있게 한 것 자체가 하나의 큰 성과이다. 둘째, 쟁점이 공공 의제에 포함되는 것을 가로막는 제도적 편향(system bias)과 싸움으로써 주민들로 하여금 가능성을 맛보게 한다.

④ 힘과 권력 키우기(building power)

자원 동원을 통해 주민들의 힘을 키우는 과정이다. 사람의 수와 열정이 가장 중요한 힘의 원천이다. 그 밖에 법적 행동, 전문성, 힘의 위협 등도 힘의 원천이 될 수 있다.

⑤ 역량 구축(capacity building)

역량에는 두 가지 요소가 있다. 하나는 조직 건설과 캠페인 전개에 필요한 지식과 기술이다. 기득권 세력과의 싸움은 조직적인 것이 되어야 한다. 다른 하나는 성공에 대한 신념이다. 이것은 삶에 배어 있는 고질적 무력감을 극복하는 데 필수적인 요소가 된다.

⑥ 사회 자본의 창출(creating social capital)

사회 자본은 지역사회 구성원의 사회적 관계에 바탕을 둔 자원으로서 구성원간의 협력과 연대감을 높이는 데 기여한다. 지역사회 실천가는 사회 자본의 창출을 도움으로써 주민 유대와 책임의 공유 의식을 강화시켜야 한다.

5. 지역사회 실천에서 사회복지사의 역할

우리는 지금까지 7장에서 지역사회복지 실천에 필요한 주요 기술에 관해 섭렵하였다. 이 모든 기술은 지역사회 실천을 원활히 수행하기 위한 구체적 기술이라고 할 수 있다. 이제 우리는 지역사회 실천에서 요구되는 사회복지사의 일반적 역할을 살펴보는 것으로 7장을 마무리하려고 한다.

지역사회 실천에서 사회복지사가 할 수 있거나 해야 하는 역할은 이루 헤아리기 힘들 정도로 많다. 사실 지역사회 실천에서 일어나는 모든 일에 사회복지사의 개입이 필요하다고 해도 과언이 아니다. 여기에서는 몇 가지 주요 역할만을 소개하기로 한다.

1) 촉매자

촉매의 사전적 의미는 변화 과정에 직접 참여하지 않으면서도 변화가 일어나도록 돕는 물질이다. 촉매자(catalyst or enabler)로서의 사회복지사는 다른 사람들을 격려하여 변화 추구 행동에 참여하도록 이끈다. 주된 방법은 사람들이 문제와 관심을 공유할 수 있는 회의를 열거나 의견을 두루 청취하는 일이다.

이 과정에서 사회복지사는 지역의 토착 리더를 적극적으로 활용해야 한다. 토착 리더는 지역사회에 오랫동안 거주한 사람으로 지역사회 사정에는 정통하지만 문제를 해결하는 데 필요한 기술이나 시간이 절대적으로 부족하다. 사회복지사의 촉매 활동은 이 토착 리더의 잠재력이 발휘될 수 있는 여건을 마련해 주는 것이다. 촉매자로서의 사회복지사가 명심해야 할 것은 사람들이 스스로 할 수 있는 일을 사회복지사가 해 주어서는 안 된다는 점이다.

2) 교사

교사(teacher or educator)의 기본 임무는 가르치는 것이다. 교사로서의 사회복지사는 무엇을 가르치는가? 훌륭한 교사는 답을 가르치지 않고 답을 얻는 과정을 가르친다. 사회복지사가 교사의 역할을 할 때에도 마찬가지다. 지역사회 실천에서 사회복지사는 사람들에게 다양한 과업을 어떻게 수행할 것인가를 가르친다. 가르침의 초점은 사람들로 하여금 자신들에게 필요한 질문이 무엇인지를 깨닫게 하여 자신의 상황에 알맞은 정확한 질문을 제기하도록 하는 데 있다.

효과적인 교수법은 실천을 통한 학습(learning by doing)과 불가분의 관계를 이룬다. 숙련된 교사는 학생의 실패를 두려워하지 않는다. 사회복지사는 이 점에 유의해야 한다.

3) 촉진자

촉진자(facilitator)는 만사가 원활히 진행되도록 돕는 '과정 기술'(process skill)의 소유자를 말한다. 그것이 회의이든 캠페인이든 상관없이 누군가는 이 과정이 제대로 흘러가도록 책임을 지고 이끌어야 한다. 촉진자로서의 역할은 종종 무미건조하며 非가시적이다. 그것은 마치 집안 살림을 맡은 사람과 비견될 수 있다. 겉으로 보면 기술이라고 할 것도 없는 일상의 루틴(routine)이지만, 이 일이 이루어지지 않을 경우에는 모든 것이 중지될 수밖에 없는 필수적 활동이다.

4) 연결자

연결자(linker)로서의 사회복지사가 하는 일은 조직 외부 및 미디어와의 연계 활동으로 요약된다. 조직 외부와의 연계 활동에는 각종 회의 참석과 타 조직과의 연대 활동이 포함된다. 사회복지사는 이런 연계 활동을 새로운 아이디어와 프로그램을 개발하는 기회로 삼는다.

미디어와 접촉하는 것도 대단히 중요한 연결 활동이다. 사회복지사는 미디어와 접촉할 때, 물론 조직의 공식적인 대변인 역할을 삼가야 하지만, 배후에서 지역사회 실천의 의의와 목표를 설명하고 미디어의 호의적인 반응을 얻어내는 데 기여할 수 있다.

5) 중개자

중개자(broker)로서의 사회복지사는 클라이언트와 지역사회의 자원을 연결하는 역할을 수행한다. 중개자 역할을 수행하는 사회복지사는 자원의 공정한 배분이 이루어지도록 노력하는 동시에 이 과정에서 클라이언트가 인간으로서의 존엄을 유지할 수 있도록 돕는다.

6) 옹호자

지역사회 실천에서 사회복지사는 종종 옹호 활동에 종사하게 된다. 옹호 활동은 개인, 집단, 지역사회 수준에서 다양하게 이루어진다. 옹호자(advocate)로서의 사회복지사는 클라이언트의 권리와 존엄성을 위해 싸운다. 옹호 활동을 펼치는 과정에서 주의해야 할 점은 옹호 활동이 클라이언트의 존엄성을 훼손하거나 임파워먼트 형성에 방해가 되지 않도록 노력해야 한다는 것이다.

7) 협상가

사회복지사는 클라이언트를 위한 옹호 활동을 벌이다가 협상가(negotiator)로 변신해야 하는 경우가 자주 있다. 협상가는 특정인이나 집단의 편에 서서 관계 당사자 사이의 이견과 논란을 해결하는 사람이다. 사회복지사가 협상가의 역할을 수행할 때 유의해야 할 점은 자신이 클라이언트로부터 위임을 받은 사람이라는 사실을 분명히 인식하는 일이다. 다시 말해서 사회복지사가 클라이언트 체계의 일원이기는 하지만 클라이언트 자신이 아니고 클라이언트를 대표하는 사람이라는 점을 잊지 말아야 한다.

8) 조직가

조직가는 지역사회 실천 과정에서 단순히 사람을 모으는 것이 아니라 그 모임에 조직의 틀을 만들어주는 역할을 수행한다. 지역사회 실천에서 조직화(community organizing)는 가장 핵심적인 내용의 하나라고 할 수 있다. 따라서 사회복지사가 조직가(organizer)의 역할을 수행해야 한다는 점에서는 이견이 있을 수 없다. 사실, 과거의 지역사회복지는 지역사회 조직론이라고 할 정도로 지역사회 조직(사업)에 관한 내용이 지배적이었다. 특히 한국과 같이 지역사회복지의 전통이 일천한 사회에서는 전문 사회복지사가 지역사회를 조직하는 역할을 하기 전에 이른바 운동권에서 지역사회를 조직하는 활동가들이 대거 배출된 바 있다. 그러나 사회가 민주화되고 비전문적인 지역사회 활동가의 역할이 감소하고 있는 현재 상황에서는 조직가로서의 사회복지사의 역할이 그 어느 때보다 크다고 하겠다.

제 3 부

지역 복지의 거시적 제도와 환경

제3부는 지역사회복지에 영향을 미치는 거시적 환경에 대해 살펴보기로 한다. 가장 먼저 주목할 것은 지역 분권화의 흐름이다. 지역 분권화는 사회복지의 지역화를 수반하고 있다. 이어서 지역사회복지 네트워크의 이론과 실제를 살펴본 뒤 지역사회의 자원 동원에 관한 이론과 현실 조직에 대해 공부할 것이다.

8
chapter

지역 분권과 사회복지의 지역화

지역사회복지의 실천은 기본적으로 지역사회라는 물리적 테두리를 전제로 이루어진다. 그러나 그 과정은 지역사회 외부의 정치·사회적 환경에 의해 적지 않은 영향을 받는다. 간단한 예로, 과거 권위주의 정권이 지배하던 시절의 지역사회 실천과 절차 민주주의가 뿌리를 내린 오늘날의 지역사회 실천은 그 내용과 지향 면에서 상당한 차이를 보인다. 과거의 지역사회 실천에 반독재·민주화운동의 성격이 강하게 배어 있었던 것과 달리 오늘날의 지역사회 실천은 주민들의 구체적인 삶의 질을 높이는 데에 주력하고 있다.

8장에서는 오늘날 한국의 지역사회복지 실천에 영향을 미치는 지역 분권화와 사회복지의 지역화 추세를 살펴보려고 한다. 여기에는 지역 운동, 지방 자치, 복지 재정 분권화, 지역사회복지 계획, 지역사회 서비스 투자 사업이 포함된다.

1. 지역 운동

한국 사회에서는 지난 1990년대 초반 이후 정치·사회적 민주화가 이루어지고 지방 자치가 실시되기 시작하였다. 그 결과 정치 권력의 집중이 어느 정도 느슨해졌고 시민 사회가 성장하게 되었다. 이것은 다시 사회 운동의 양적 증가와 질적 심화로 이어지는 한편, 지역사회에 대한 주민의 참여 열기를 확산시키는 데 크게 기여하고 있다. 지역 운동은 이러한 사회 운동의 성장과 주민 참여의 확산이 함께 빚어낸 사회 현상이다.

지역 운동은 1980년대 말부터 시작되어 1990년대 후반의 외환위기를 거치면서 내용과 저변이 넓어졌다. 최근에는 지역 차원에서 삶의 질을 높이기 위한 다양한 운동과 실험이 펼쳐지고 있다.

1) 지역 운동의 개념

지역 운동의 개념을 정의할 때, 대략 세 가지 수준의 논의가 필요하다. 첫째는 지역의 범위에 관한 논의이다. 둘째는 운동의 주체와 조직 방식에 관한 것이다. 마지막 논의는 운동의 내용에 관해 다룬다.

먼저, 지역의 범위에 대해 생각해 보자. 지역 운동의 공간적 범위는 어떻게 설정해야 하는가? 즉 여기에서 지역이란 구체적으로 어디를 가리키는 것인가? 이것은 지역사회의 지리적 범위가 무엇인가 하는 문제와 크게 다르지 않다. 우리는 이 책의 앞부분에서 지역사회의 지리적 범위를 구성원 사이에 상호 작용이 일어나고 동류의식과 소속감을 느낄 수 있는 범위로 규정한 바 있다. 현실적으로 볼 때 이와 같은 내용을 담을 수 있는 지역의 범위를 현재의 광역 자치구역(시, 도)으로까지 넓혀서 생각하기는 어렵다. 그렇다고 해서 일상적 대면과 접촉이 이루어지는 '근린 지역'(neighborhood)으로 한정하는 것도 현실과 거리가 멀다. 결국, 지역 운동이 말하는 지역의 범위는 기초 자치 구역(시·군·구)을 중심으로 어느 정도의 가감이 가능한 범위를 뜻한다고 보아야 한다.

둘째로, 지역 운동의 주체는 누구이며 조직 방식은 어떠한 것인가? 지역 운동은 주체와 조직 방식에 따라 지역 주민 운동과 지역사회 운동으로 나눌 수 있다. 전자는 지역사회를 토대로 지역 주민들이 생활 문제와 관련해 일으키는 운동이고 후자는 전국적 사회운동이 지역 단위에서 펼쳐지는 것으로서 전문 운동가가 중심 역할을 한다. 또한 지역 주민 운동은 본질적으로 '아래로부터' 출발한 상향식 지역 운동인 반면에 지역사회 운동은 '위로부터' 시작된 하향식 지역 운동이다.

마지막으로 지역 운동의 내용은 바로 앞에서 말한 바와 같이 생활 문제를 다루는 미시 정치와 사회 운동이 역점을 두는 거시 정치로 나누어진다. 지역 주민 운동의 기본 양태인 미시 정치는 지역 주민의 일상적인 삶과 직결된 문제에 초점을 맞춘다. 이와 대조적으로 지역사회 운동은 지역을 토대로 하면서도 전국적인 쟁점에 개입한다. 전자의 대표적 사례로는 군포 쓰레기 소각장 건립 반대 운동이나 부천의 담배 자판기 금지 조례 제정 운동을 들 수 있다. 한편, 1980년대 후반의 민주화 투쟁 과정에서 결성된 '민주 헌법 쟁취 국민 운동 본부'의 지부는 후자의 대표적인 예이다.

2) 지역 운동의 변화 양상

권위주의 군사 정권이 지배하던 1980년대까지의 지역 운동은 생활 정치를 강조하는 지역 주민 운동의 성격보다는 전국적 사회 운동이 지역 단위에서 전개되는 지역사회 운동의 성격이 훨씬 강했다. 그것은 철저한 중앙 집권과 권위주의 체제가 최소한의 주민 참여조차 허락하지 않았기 때문에 생긴 당연한 현상이었다. '중앙'의 정치는 비록 민주주의의 기본 원리와 어긋나게 펼쳐지기는 했어도 정치 자체의 부재로까지 이어지는 경우는 드물었다. 이에 반해 지역의 정치는 아예 존재조차 하지 않는 상태였다. '중앙'의 사회 운동조직들은 권위주의 정권과 싸우기 위한 발판으로 지역사회 운동을 조직하였다. 이것은 정권에 대한 일종의 포위 작전이었다.

그러나 이와 같은 지역사회 운동은 대다수 지역 주민과는 무관한 지역 운동으로서 자원 동원에 성공하기가 어려울 수밖에 없었다. 더구나 지역사회 운동은 운동가·활동가 중심의 조직 방식을 고수하여 일반 주민의 참여와는 거리가 멀었다. 물론, 지역사회 운동 중에도 지역 주민 운동과 연계하거나 지역 주민 운동의 연장으로서의 성격을 띤 경우도 없지 않았다. 강제 철거 반대 운동은 이러한 경우의 대표 사례라고 할 수 있다. 하지만 전체적으로 본다면, 이 시기의 지역사회 운동은 지역에 뿌리를 내리지 못한 채 일회적인 운동으로 그쳤다고 평가해야 마땅할 것이다.

1990년대 들어 권위주의 독재 정치가 끝나고 지방 자치까지 실시되면서 지역 운동은 질과 양 모든 면에서 커다란 변화를 보이기 시작하였다. 우선, 지역 운동은 양적으로 크게 늘어났다. 특히 자치단체의 장을 직접 뽑기 시작한 1995년부터 양적 성장이 뚜렷해졌다. 이것은 정치적 민주화로 시민 사회의 공간이 넓어진 상황에서 지방 자치가 지역에 대한 관심을 증폭시켰기 때문에 일어난 결과로 보인다.

그런데 1995년 이후 벌어지고 있는 지역 운동은 대부분 지역 주민 운동이라는 특징을 지니고 있다. 민주화 이전의 지역 운동이 지역사회 운동 일색이었던 것과는 대조가 된다. 아울러 지역 주민 운동 중에서도 생존권을 지키기 위한 '저항 중심'의 지역 운동이 급격하게 퇴조하고 있다. 그 대신에 삶의 질을 높이기 위한 '생활권 중심'의 지역 운동의 비중이 날로 커지고 있다. 이와 같은 현상은 사회 전반이 민주화되고 지방 자치가 이루어지면서 생존권을 위협하는 권위주의적 행정이 어느 정도 사라진 결과로 보아도 무방할 것이다.

최근에는 지역 운동과 지방 정부가 민관 파트너십을 형성하는 경우도 자주 있다. 지역 운동의 양상이 이른바 공동 생산(co-production)의 형태로 발전한 것이다.[1] 공동 생산에서의 기본적인 역할 분담은 지방 정부가 재정을 대고 지역 운동 조직은 사업을 집행하는 방식이다. 1999년부터 시작된 공공 근로의 민간 위탁 사업은 민관 파트너십의 대표 사례로 부각되고 있다. 이 사업 역시 지방 정부가 재정 지원을 맡고 지역 운동 조직이 사업 추진을 맡는 방식으로 운영된다. 그러나 지방 정부와 지역 운동 조직 사이의 역할 구분이 계약상 분명히 규정되기 때문에 양자 간 상호 작용이 밀접하게 일어나지는 않는다. 이것은 선진 외국의 민관 파트너십이 밀접한 상호 작용을 보이는 것과는 대조적이다. 실제로 한국의 민관 파트너십은 진정한 파트너의 위상을 담보하지 못한 채 지역 운동조직을 지방 정부의 하청 기관으로 전락시킬 위험성을 내포하고 있다고 해도 과언이 아니다. 지역 운동 조직에서도 지방 정부를 불신하고

1) 지역사회 실천에서 공동 생산이란 정부가 독점적으로 수행하던 일을 주민 조직이 민관 파트너십의 형태로 담당하는 현상을 가리킨다.

투쟁의 상대로 여기는 기본 태도를 여전히 버리지 못하고 있다.

3) 지역 복지 운동

지역 운동의 다양한 진화 가운데 특히 우리의 주목을 끄는 것은 역시 지역사회 차원에서 삶의 질을 높이려는 운동이다. 이것을 총칭해서 지역 복지 운동이라고 부르기로 하자. 한국 지역 복지 운동의 기점은 1980년대 후반에 벌어졌던 의료 보장 개혁 운동이며 이후 1990년대의 지방 자치 실시와 민주화에 따른 시민 사회의 확장으로 운동의 범위가 넓어지고 내용이 다양해졌다. 특히 1990년대 후반에 발생한 미증유의 외환위기는 실업자를 양산하면서 사회보장에 대한 필요성을 절감하게 만들었다.

1990년대의 지역 복지 운동에서 가장 두드러지게 나타난 것은 생산자 공동체 운동과 실업 극복 운동이었다. 생산자 공동체 운동은 과거 끈질기게 시도되었던 협동조합 운동의 흐름을 이어받은 것으로 서울의 저소득층 지역을 중심으로 시작되었다. 이것은 불안정한 고용 조건을 빈민 스스로 해결하기 위한 일종의 자구 노력의 일환이었다. 이들은 전문 기술을 필요로 하지 않는 분야에서 자신들의 노동력과 적은 자본으로 창업하였다. 건설 노동자 협동조합인 '일꾼두레', 봉제 생산자 협동조합인 '실과 바늘', 도시락 생산 공동체인 '한솥밥' 등은 1990년대 초반에 만들어진 대표적 생산 공동체들이었다(한국 도시 연구소, 2000).

생산 공동체 운동은 스페인 바스크 지방에 자리한 몬드라곤 협동조합 복합체(Mondragon Worker Cooperative Complex)에서 영감을 얻은 것으로 알려져 있다.[2] 그리스도교를 배경으로 빈민 운동을

2) 흔히 몬드라곤 공동체로 불리는 몬드라곤 생산자 협동조합 복합체는 호세 마리아 아리스멘디 신부의 주도로 1956년에 시작되어 오늘날 160여 개의 협동조

펼치던 성직자들과 활동가들은 몬드라곤의 성공 사례를 한국 사회에 적용하려는 시도의 일환으로 생산 공동체 운동을 펼쳤다. 그러나 생산 공동체 중 상당수는 지원 제도가 전무한 상태에서 치열한 시장 경쟁을 뚫지 못하고 주저앉고 말았다.

이러한 상황에서 당시 김영삼 정부가 저소득층에 대한 자활 지원 사업을 시범적으로 운영하기 위해 다섯 개의 자활 지원 센터를 설치하기로 하였다. 그리고 생산 공동체 운동을 전개하던 활동가들이 이 사업의 중추적인 역할을 맡게 되었다. 이 자활 지원 센터가 「국민기초생활보장법」이 제정되면서 자활 후견 기관(현재는 지역 자활 센터)으로 법제화되었고 그 수도 크게 늘어났다.

생산 공동체 운동이 새로운 계기를 맞게 된 것은 1997년 외환위기와 이에 따른 대량 실업 사태였다. 정부는 실업자 구제를 목적으로 공공 근로 사업의 시행을 결정하고 이것을 민간 단체에 위탁하기로 하였다. 이 과정에서 많은 실업 관련 단체가 자활 생산 공동체 운동에 참여하게 되었다. 이 운동에 참여한 활동가들은 공공 근로 민간 위탁 사업 등을 통해 무료 간병인 사업, 숲 가꾸기 사업, 음식물 재활용 사업과 같은 '사회적 일자리 창출' 운동을 전개하면서 생산 공동체 운동의 새로운 활로를 모색하기 시작하였다. 당시 이 운동에 관련된 연구자들과 실업 운동 주체들은 장기적 안목에서 사회 안전망의 강화와 함께 사회적 일자리 창출을 요구하는 투쟁을 전개하였다.

한편, 1994년 말부터 시민 운동 단체인 '참여 연대'를 중심으로 「생활보호법」 개정 운동이 시작되었다. 이 운동은 '국민 복지 기본선 확보 운동'이라는 이름으로 펼쳐졌는데 종국에는 「국민기초생활보장법(국기법)」 제정 운동으로 이어졌다. 「국기법」 제정 이후 운동의 흐름은 수급권의 진정한 보장을 요구하는 방향으로 계속되고

합과 8만에 가까운 조합원이 일하는 거대한 복합체로 성장하였다.

있다.

2000년대 이후 지역 복지 운동은 더욱 조직화되고 그 내용도 매우 다양해졌다. 여기에는 복지 증대와 관련 제도 개선 요구 운동은 물론이고 지자체 예산 감시 운동, 관련 조례 개정·제정 운동, 건강권 확대 운동 등 실로 다채로운 내용이 포함되어 있다.

2. 지방 자치의 실시

한국은 지난 1991년부터 지방 자치 제도를 시행해 왔다. 지방 자치가 시작되면서 이른바 지역화(localization) 또는 지방화에 대한 담론이 크게 유행하고 있다. 이러한 현상은 세계화(globalization) 흐름과 맞물려 더욱 증폭되는 추세이다. 그 배후에는 "가장 지역적인 것이 가장 세계적"이라는 구호가 작동한다. 이 구호의 핵심은 우리의 삶의 터전인 지역사회에 관심을 갖자는 것이다.

1) 지방 자치의 의의

우리 사회의 상당수는 지방 자치를 지역 개발의 동의어로 간주하는 경향이 있다. 물론, 이 둘은 같은 뜻이 아니다. 지역 개발은 지방 자치가 없어도 할 수 있는 일이다. 또 어떤 사람들은 지방 자치를 기업 경영에 비유하길 좋아한다. 지방 정부의 장은 경영자이고 지역 주민은 고객이라는 식의 구호가 이에 해당한다. 아예 한술 더 떠서 "시장은 사장"이니 "○○시는 ○○주식회사"라는 소리도 나온다. 대다수의 한국 언론은 지방 자치를 이러한 관점에서 경영학적인 수사로 표현하고 있다. 연전에 서울의 어느 거대 신문사에서는 지방 자치에 관한 특집을 모아 책을 펴냈다. 그 책의 제목은 「지방 경영 시대」였다. 앞에서 언급한 경영학적 관점의 대표적인 보기이다.

그러나 이러한 접근 방식은 문제가 있다. 시장이 시민을 고객처럼 대한다는 것은 그럴 듯하게 들릴지 모르지만, 이런 시각에는 정치의 개념이 누락되기 십상이다. 실제로 지방 자치를 경영학적인 수사로 논하는 사람들은 지방 자치에서 정치의 개념을 의도적으로 배제하려는 경향이 있다. 이것은 출발부터 잘못된 생각이다. 현실 정치가 아무리 엉망이라고 해도 지방 자치에서 정치 자체를 부정하는 것은 지방 자치의 참 뜻을 왜곡하는 처사이다. 유능한 지방 경영자는 차라리 중앙 집권 시대의 관료 중에 더 많이 있었을지도 모른다. '고객'에 대한 질 높은 서비스는 지방 자치가 아니라도 얼마든지 가능하다. 지방 자치는 지역 권력의 주인이 지역 주민임을 확인하는 과정이다. 이 과정을 우리는 참여라고 부르고 이게 바로 정치인 것이다. 중앙 정치가 엉망이라고 해서 지방 자치가 정치 현상임을 부정하는 것은 명백한 잘못이다. 고객이니 경영자니 하는 경영학적 수사가 만연되면 지방 자치의 脫정치화가 깊어지고, 궁극적으로는 지방 자치의 주체인 주민의 참여 의식이 마비되어 지방 자치의 실패를 불러올 가능성이 높다.

이제 다시 지방 자치의 참 뜻이 무엇인지 생각해 보도록 하자. 지방 자치는 두 가지 차원에서 접근할 수 있다. 하나는 대외적인 차원이고 다른 하나는 대내적인 차원이다. 대외적 차원은 분권화, 대내적 차원은 참여라는 말로 요약된다. 분권화(decentralization)는 중앙 정부가 가지고 있는 권력을 각 지역에 나누어 준다는 정도의 소극적인 의미가 아니라 중앙의 논리를 지역의 논리로 대체한다는 적극적인 의미를 갖는다. 지역의 논리는 거대, 획일, 불균형, 관료주의로 특징되는 중앙의 논리와 대조적으로 작음, 다양성, 균형, 공동체를 지향한다.

또한 분권화는 단순히 중앙 정부에서 지방 정부로의 이동을 뜻하는 것이 아니다. 그것은 모든 수준에서 권력과 자원이 분산되어야 한다는 주장이다. 따라서 지역 수준에서도 마찬가지로 분산이 이루어져야 한다. 이것을 이차 분권화(secondary decentralization)라고 한다. 지역사회복지 분야에서 이차 분권화의 대표 사례로는 영국에서 제안된 패치 시스템(patch system)이다. 패치 시스템은 여러 팀의 사회복지사들이 만 명 정도의 동네를 맡아 서비스를 제공한다. 패치 시스템은 클라이언트나 문제에만 초점을 두지 않고, 클라이언트를 도와주는 가족과 친지 그리고 동네 전체의 자원에 관심을 갖는다. 이와 같은 지역 주민과의 파트너십을 토대로 사회복지사들은 가급적 신속히 도움을 제공하는 한편, 지역사회 보호를 유지·발전시킬 자원에 초점을 맞춘다.

2) 참여의 중요성

민주주의의 본질은 결국 참여로 집약된다. 그 어떤 조직이나 사회도 구성원의 참여가 없이는 민주적이라고 할 수 없다. 그 조직과 사회의 장이 제 아무리 구성원들을 하늘처럼 섬긴다고 해도 참여 없는 조직과 사회를 우리는 민주적이라고 하지 않는다. 참여는 지방 자치를 지역 주민에 의한 자치로 승화시키는 과정이다. 관(官) 중심에서 주민 중심으로 옮겨간다는 뜻이다. 민주주의의 핵심은 자치에 (인민에 의한 통치, a government by the people) 있다. "인민을 위한 정부"는 왕정 아래에서도 가능하다. 지역 주민을 하늘처럼 모시겠다는 구호는 그럴싸하게 들리지만 주민의 참여가 보장되지 않으면 공허한 소리일 뿐이다. 이 참여야말로 이른바 풀뿌리 민주주의의 근본이다. 세종대왕은 백성을 아끼고 사랑한 명군임이 틀림없지만 그를 민주적 지도자라고 부를 수는 없다.

이처럼 참여는 민주주의의 본질적 요소이다. 더구나 풀뿌리 민주주의로 불리는 지방 자치에서는 주민의 참여가 더욱 중요할 터이다. 그러나 오랜 권위주의 정치와 커뮤니티 해체 현상이 맞물리면서 한국 사회에서는 참여라는 말이 생소하기만 하다. 중앙 정치에서부터 조그마한 사적 모임에 이르기까지 참여하려는 사람은 종종 '정치적인 사람'으로 간주되기 일쑤이다. 뒷짐을 지고 관망하는 것이 현자의 태도처럼 인식되고 있는 것이다. 이런 풍토에서는 참여가 나올 수 없다. 또한 참여가 없는 곳에서는 민주주의가 생겨나지 않는 법이다. 그리고 민주주의 없는 지방 자치는 속빈 강정에 지나지 않는다. 그렇다면 어떻게 해야 주민 참여를 높일 수 있는가?

그 첫째 책임은 물론 주민 자신에게 있다. 참여 정신은 주인 정신이다. 지역사회의 주인이라는 의식이 없다면 적극적인 참여는 기대하기 어렵다. 참여는 나와 내 지역의 이익을 증진하는 길이기도 하다. 그러면 무슨 일에 어떻게 참여해야 하는가? 주민 참여는 우선 지역 행정에서부터 시작되어야 한다. 지역 행정을 지키는 파수꾼 노릇은 하는 사람이 따로 있는 것이 아니다. 모든 주민이 행정감시관(ombudsman)이 되어 입법과 정책 수립, 집행 과정 등 모든 면에서 민주주의 원리가 제대로 관철될 수 있도록 노력해야 한다. 둘째로, 주민들은 지역사회에서 요구되는 여러 가지 사회 활동에 자원 봉사자로 참여할 필요가 있다. 시민 운동 모임, 환경 단체, 사회복지 단체와 시설, 학교, 그리고 소비자 모임 등에 적극적으로 참여해서 자신이 가진 자원(시간, 지식, 돈, 재능)을 활용하고 지역사회의 삶의 질이 향상되도록 힘써야 할 것이다.

또한 참여에도 연습과 훈련이 필요하다. 지역사회의 여러 가지 분야에서 참여의 훈련을 받고 이것을 토대로 더 크고 공적인 분야에 참여할 때, "지방 자치는 민주주의의 학교"라는 말이 현실로 나타날 것이다. 공적 영역에 참여하는 것이 당장에는 쓸 데 없거나 손해나는 일처럼 보일지 모르지만, 사회 전체의 이익을 증진하는 것이 결국에는 개인의 이익도 증대시킨다는 사실을 직시해야 한다.

주민의 참여를 높이기 위해서는 주민 자신의 의식이 가장 중요하지만 이에 못지않게 지방 정부의 체계적이고 끈질긴 노력이 있어야 한다. 주민의 적극적인 지역사회 활동은 행정 수요의 감소로 이어지고 이것은 다시 주민의 삶의 질을 높이는 일에 더 많은 자원을 사용할 수 있도록 만들어준다. 따라서 지방 정부는 주민의 행정 참여를 활발하게 하기 위하여 참여에 필요한 기반을 정비하고 참여 기회를 넓히도록 노력해야 한다. 구체적으로 행정 정보의 공개와 제공, 주민 정보의 수집과 분석이 상호 작용을 통해서 시너지 효과를 낼 수 있도록 알맞은 환경을 조성해야 한다.

3) 지역 복지에 대한 시사점

지방 자치의 실시로 지역 복지의 책임이 중앙 정부에서 지방 정부로 옮겨졌기 때문에 지역 복지의 지형에는 큰 변화가 일어나고 있다. 무엇보다도 의미 있는 변화는 지역 주민의 다양한 욕구를 중앙 정부가 아닌 지방 정부가 직접 파악할 수 있게 되었다는 점이다. 아울러 중앙 집권 체제 아래에서는 사실상 불가능했던 지역 특성에 어울리는 고유 사업을 추진할 수 있는 여건도 마련되었다.

그러나 이러한 변화가 모두 긍정적인 것만은 아니다. 지역 간 사회·경제적 격차가 엄연히 존재하는 가운데 지역의 사회복지를 지방 정부에만 맡긴다면, 지역 간 격차는 더욱 더 벌어지고 말 것이다. 게다가 전문성과 인력이 부족한 지방 정부가 사회복지 기관에 대한 적절한 지도와 감독을 제대로 하지 못할 가능성도 얼마든지 있다. 이런 문제를 방지하기 위해서는 전국적 통일성이 요구되는 사업의 계획과 관리는 중앙 정부가 맡고, 지방 정부는 이런 사업의 시행을 맡으면 될 것이다.

사실 지방 자치가 지역의 사회복지에 미칠 영향에 대해서는 낙관론과 비관론이 엇갈린다. 낙관론에 따르면, 지방 정부의 재량권이 넓어져 지역 주민의 욕구와 선호를 반영하기가 쉬워진다. 또 지역간 경쟁과 모방 효과로 자치 단체의 장이나 지방 의회가 복지 확대에 더 많은 관심을 보이게 될 것이라는 전망도 가능하다. 이와는 반대로 지방 자치가 복지 증대에 걸림돌이 될 것으로 보는 비관론도 있다. 비관론자들은 지역의 정치 역학(力學)을 감안할 때 복지 증대보다는 지역 개발 논리가 우세할 가능성이 훨씬 높을 것으로 판단한다. 특히 토호(土豪)의 영향력이 큰 지역일수록 이렇게 될 가능성은 더욱 클 것이다. 게다가 열악하기 이를 데 없는 지방 재정이 복지 증대의 구조적 장애 요인으로 작용하고 있는 상황에서 지방 자치가 복지 증대로 이어지리라고 낙관하기는 쉽지 않다.

그러나 낙관론이나 비관론 모두 지역 주민의 의지라는 중요한 점을 놓치고 있다. 재원이나 행정 재량권 같은 구조적 요인이 복지의 모든 것을 결정하는 것이 아님은 복지국가의 발달 과정에서도 이미 입증이 된 바 있다. 중요한 것은 정치가 아닌가(politics matters!). 지역 주민의 정치적 의식과 이것에 근거한 동원력, 조직력 등이 앞에서 언급한 요소보다 더 중요하다. 지방 자치란 결국 주민 자치라는 사실을 우리는 유념해야 한다.

3. 사회복지 재정의 분권화

1) 사회복지의 지역화

역사적으로 볼 때 사회복지는 지역(local) 차원에서부터 시작되었다. 서양의 구빈법 전통은 빈민 구제의 지역 책임을 강조했고 한국 역사에서도 원초적인 사회안전망은 지역사회가 제공한 바 있다. 서구의 경우 국가(중앙 정부)가 사회복지의 책임을 맡게 된 것은 19세기 말에 이르러서였다. 이후 사회복지에 대한 중앙 정부의 책임은 복지국가라는 형태로 발전되었다. 서구 복지국가는 이차 세계대전이 끝난 뒤 1970년대 초까지 계속 팽창하면서 황금기를 누렸다.

그러나 1970년대부터 세계 경제가 깊은 침체기에 들어가자 복지국가의 황금기는 끝이 나고 다양한 재편 작업이 펼쳐지기 시작하였다. 복지국가의 재편 과정에서 제기된 주요 쟁점 가운데 하나는 '과도하게 비대해진' 국가(중앙 정부)의 역할을 어떻게 조절해야 하는가에 관한 것이었다. 이에 대한 해결책으로 제시된 것이 복지 제공에 대한 중앙 정부의 책임을 상당 부분 지방 정부로 이전하는 정책, 즉 분권화(decentralization)이다. 복지의 분권화는 흔히 사회복지의 지역화(localization of social welfare)라고도 불린다. 사회복지의 지역화를 지지하는 사람들은 이것이 과거의 복지국가보다 효율적이고 민주적이며 지속 가능하다고 주장한다. 반면에 복지의 지역화가 국가 수준에서 접근해야 할 사회 구조 차원의 문제 해결을 지역사회와 시장에 떠넘기는, 일종의 책임 방기라는 비판도 제기된다.

사회복지의 지역화에 대한 평가가 어떠하든 간에 복지국가의 분권화는 이제 보편적인 추세로 자리를 잡아가고 있다. 하지만 여기에서 우리는 복지국가가 절정에 이르렀던 시기에도 사회부조와 사회복지 서비스의 대부분이 지방 정부의 행정적 책임 하에 시행되었다는 사실을 기억할 필요가 있다. 사회복지 전달 체계에서 지방 정부의 역할이 전혀 새로운 것은 아니라는 말이다. 다만 최근의 복지 지역화 현상은 과거와는 상당히 다른 면모를 보이고 있다는 점에 주목해야 한다. 과거에 지방 정부가 하던 역할은 중앙 정부의 업무를 대행하는 것이 일반적이었다. 그러나 최근의 사회복지 지역화 현상은 단순한 업무 대행이나 권한 이양(devolution)에 그치지 않고 지역 차원에서 복지 정책을 설계하고 시행하며 관리하는 수준까지도 포함하는 것으로 보인다. 이러한 체제를 '지역 복지국가'(local welfare state)라고 부르는 연구자들도 있다(van Berkel, 2003; Wollmann, 2004).

2) 한국의 복지 분권 현황

한국의 경우에는 복지국가의 형성 과정이 서구에 비해 매우 늦게 시작되었기 때문에 복지국가의 성숙과 복지의 지역화가 혼합되어 나타나는 경향을 보인다. 한편으론 복지국가의 확대가 이루어지면서도 다른 한편으론 중앙 정부의 역할을 지방으로 이양하는 작업이 진행 중인 것이다. 그럼에도 한국의 복지 지역화 수준은 서구에 비해 아직 낮다고 하겠다.

한국에서도 사회보험을 제외하면 대부분의 사회복지 업무는 지방 정부(지자체)가 맡아 왔다.[3] 이러한 역할은 물론 지방 정부의 독자

---

3) 「사회보장기본법」 제25조 제2항에 따르면, 사회보험은 국가(중앙 정부)의 책임 하에 시행하고 공공부조와 사회복지 서비스는 국가와 지자체의 책임으로 시행

적인 정책 집행이 아니라 중앙 정부의 위임을 받아 업무를 대행하는 성격이었다.[4] 특히 사회복지 서비스에 관한 업무는 거의 전적으로 지방 정부가 맡아 집행해 왔다. 그럼에도 지방 정부가 독자적으로 복지 정책을 기획하고 시행하는 일은 아주 드물었다.[5] 요컨대 한국의 지방 정부는 중앙 정부의 복지 업무를 대행하는 하위 기관의 성격이 뚜렷하다.

사회복지 업무의 분권과 관련하여 가장 큰 문제점은 중앙 정부와 지방 정부 사이의 업무 분장이 법적으로 명확하게 규정되어 있지 않다는 사실이다. 모든 사회복지 관련 법령의 모법이라고 할 수 있는 「사회보장기본법」은 사회보험은 국가(중앙 정부)가, 공공부조와 사회복지 서비스는 국가와 지자체가 공동 책임으로 운영하도록 규정하고 있다. 「사회복지사업법」에도 국가와 지자체가 사회복지 증진의 책임을 진다고 되어 있다. 한편, 「지방자치법」에 규정된 지자체의 사무 범위에는 '주민의 복지 증진에 관한 사무'가 들어 있는데 그 내용은 사실상 모든 복지 업무라고 할 만큼 포괄적이다.

3) 복지 재정 분권화

재정 분권(fiscal decentralization)이란 지방 정부가 자치 지역의 행정 기능을 수행하는 데 필요한 재원의 조달과 지출에 관한 의사결정을 중앙 정부의 간섭을 받지 않고 자주적으로 처리할 수 있는 권한을 뜻한다. 한국에서는 1991년부터 지방 자치 시대가 열렸지만

하도록 규정되어 있다.

4) 엄밀히 말해 사회보험을 제외한 여타 복지 분야에 대한 국가와 지자체의 업무 분장(分掌)은 법적으로 매우 모호하고 혼란스럽다.

5) 지자체의 사회복지 세출 구조에 관한 최근 자료를 보면, 국가 보조 사업이 전체 세출의 85.8를 차지하고 있으며 지자체의 독자 사업은 14.2%에 불과하다 (한국지방행정연구원, 2009).

자치의 핵심이라고 할 수 있는 재정의 분권은 이루어지지 않았다. 그렇게 된 가장 큰 이유는 지방 정부의 재정이 중앙 정부에서 독립을 할 수 있을 정도로 튼튼하지 않기 때문이다.[6] 대부분의 지방 정부는 독자적인 사업은커녕 소속 공무원의 인건비조차 자체 재원으로 충당하기가 어려울 정도로 재정 상태가 열악하다.

지방 재정의 열악함은 사회복지 분야에서 더욱 두드러지게 나타난다. 왜냐하면 한정된 재원의 배분 과정에서 우선순위는 그나마 개발 사업과 같이 눈에 보이는 분야에 주어지기 때문이다. 따라서 지방 정부는 복지 분야에 필요한 재원을 대부분 중앙 정부에 의존해 왔다. 중앙 정부는 지방 정부가 사회복지 업무를 수행하는 데 필요한 경비를 '국고 보조금'이라는 형태로 지원한다. 국고 보조금은 용도가 지정되어 있으며 지방의 재정 능력에 따라 차등적으로 주어진다. 국고 보조금은 지방 정부로 하여금 중앙 정부의 정책 노선과 비전에 맞는 업무를 수행하도록 장려하기 위한 지원금의 성격을 띤다. 그러나 이것은 지방 정부의 자율성을 제한하는 성격도 아울러 갖고 있다.

국고 보조금은 지방 교부금, 지방 양여금과 함께 중앙 정부가 지방 정부에 교부하는 3대 이전(移轉)재원 중 하나이다. 지방 교부금과 지방 양여금은 일정한 배분 공식에 의해 결정되지만 국고 보조금은 매년 중앙 정부의 사업 심사에 따라 지원 규모와 대상이 정해진다. 국고 보조금은 지방 정부의 자체 부담이 동반되어야 하는 매칭 시스템(matching system)을 채택하고 있다. 이것은 중앙 정부의 사회복지 사업이 늘어나면 지방 정부의 대응 예산도 자동으로 늘어나게 하므로 지방 재정의 압박 요인이 되기도 한다.

이와 같은 상황에서 노무현 정부(2003-2008)는 국가 균형 발전

6) 무엇보다도 한국의 지방 정부에는 독자적인 지방세 과세권이 없다. 헌법 제59조에 그렇게 규정되어 있다.

전략의 일환으로 지방 분권 정책을 강력히 추진하였다. 노무현 정부는 지방 분권을 실질적으로 보장하는 재정 분권화에 특히 힘을 기울였다. 재정 분권화 정책의 하나로 정부는 국고 보조금 사업의 정비를 천명하였다. 정비 이유로는 국고 보조금에 관한 법적 근거의 모호함, 낮은 효율성 문제, 지방 정부의 자율성 제약 등이 지적되었다. 이에 따라 정부는 2005년부터 복지 분야의 국고 보조 사업을 지방으로 이양하는 정책을 시행하였다. 정부는 149개[7]의 국고 보조 사업을 지방으로 넘기고 이양에 필요한 재원 확보를 위해 한시적인 '분권 교부세'를 신설하였다. 분권 교부세는 내국세의 일정 비율(2012년 1월 현재 0.94%)을 지방 이양 복지 사업에 사용하도록 할당된 일종의 지방 보조금이다.[8] 분권 교부세의 자치 단체별 교부액은 지자체별 수요 액수를 산정하여 해당 지자체에 직접 주거나 광역 단체를 통해 교부하도록 되어 있다.

복지 재정의 분권화는 재원의 효율성을 높이고 중앙 정부의 불필요한 간섭을 줄여 사회복지 분야에서 지방 정부의 자율성을 강화하는 데 기여할 것으로 보인다. 또한 복지 재정의 분권화는 지역의 욕구와 선호를 적절히 반영할 수 있는 여지를 넓혀 사회복지 서비스의 질적 제고에도 도움이 될 것이다.

그러나 문제도 적지 않다. 무엇보다도 큰 문제점은 복지 재정의 분권화가 한국 지방 재정의 현실을 충분히 고려하지 않은 채 일방적으로 추진되고 있다는 점이다. 지방의 열악한 재정 형편을 감안할 때 지방으로 이양된 국고 보조 사업은 장기적으로 축소될 가능성이 크다. 이것은 지역 복지의 위축으로 이어질 수 있다. 더구나 분권 교부세로 마련되는 재원은 복지 서비스의 수요 증대 추세에

7) 2005년에 이양된 149개의 국고 사업은 2010년에 90개로 통・폐합이 되었다.

8) 분권 교부세는 애초에 5년 기한으로 도입되었으나 2014년까지 연장되었고 이후 보통교부세에 통합된다.

비추어 턱없이 적다는 비판을 받고 있다. 또한 지방의 재정 상황에 따라 지역 간 복지 격차가 커질 우려도 제기된다.

결론적으로 복지 재정의 분권화는 여러 가지 전제 조건이 충족될 때에만 긍정적인 결과를 낳을 수 있다. 그 중에 하나가 지방 재정의 온전한 자립이다. 서울과 같이 '특별한' 도시조차 100%의 재정 자립과는 거리가 먼 현실에서 복지 재정의 분권화는 얻는 것보다 잃는 것이 더 많은 정책이 될 가능성이 크다. 게다가 저출산·고령화로 인한 사회복지 서비스의 지속적 증대 추세를 감안한다면 복지 재정의 분권화는 신중하게 추진해야 한다.

4. 지역사회복지 계획

1990년대 초에 시작된 지방 자치 제도는 2000년대에 들어와 지역 분권화라는 차원으로 발전되었다. 지역 분권화는 사회복지 분야에서도 화두로 등장하여 중앙 정부의 일방통행을 대체 또는 보완할 제도적 장치의 필요성이 더욱 커졌다. 지역사회복지 계획은 이러한 필요를 충족시키기 위해 도입된 제도이다.

1) 개념과 의의

지역사회복지 계획은 일정한 지역(locality)과 기간(period)을 계획 단위로 하는 사회 계획(social planning)의 일종으로 지역 구성원의 복지 수요를 전망하고 이것을 충족시키기 위한 복지 자원의 조달 방법과 전달 체계를 마련하는 절차인 동시에 그 내용이다. 한국에서 지역사회복지 계획은 2006년부터 본격적으로 시행되었다.

한국의 지역사회복지 계획은 4년 주기의 중기 계획으로 시·군·구(기초 지자체)가 수립하는 기본 계획과 이것을 종합·조정하는 시·도(광역 지자체) 단위 계획으로 나뉜다.

이론적인 관점에서 볼 때, 지역사회복지 계획은 지역사회복지 실천의 한 방법이자 내용이다. 우리는 이 책의 제5장에서 지역사회복지의 실천 유형과 개입 전략에 대해 공부한 바가 있다. 거기에서 언급된 로스만의 사회 계획(social planning) 모델을 여러분은 기억하는가? 바로 이것이 지역사회복지 계획의 원형(原形)에 해당한다.

지역사회복지 계획의 도입은 다음과 같은 의의를 갖는다. 첫째, 지역사회복지의 합리와·체계화이다. 한국의 지역사회복지는 자의적이고 즉흥적인 의사결정과 파편화된 전달 체계로 인해 효과성과 효율성 측면에서 줄곧 비판을 받아 왔다. 지역사회복지 계획의 도입은 이러한 문제점을 해결하는 데 기여할 것이다. 둘째, 지역사회의 복지 자원 극대화이다. 지역사회복지 계획은 지역의 복지 증대라는 장기적인 목표를 달성하기 위해 지역 내부의 복지 자원을 개발·동원하는 데 총력을 기울인다. 셋째, 지역사회복지 계획을 수립하고 실천하는 과정에는 지역사회의 다양한 부문과 주체가 참여하도록 되어 있다. 이것은 자연스럽게 지역사회의 역량 제고로 이어진다.

2) 배경과 법적 근거

그동안 지방 자치 단체의 사회복지 업무는 중앙 정부의 사업을 대행하는 역할에 지나지 않았고 이 과정에 지역 주민의 참여는 사실상 배제되어 있었다. 그러나 저출산·고령화로 인한 사회복지 서비스 수요의 증대와 지방 분권의 확대는 지역 특성에 맞는 복지 정책의 수립이 필요하다는 인식을 확산시켰다. 이에 따라 정부는 「사회복지사업법」을 개정하여 지역사회복지 계획을 법제화하였다. 지역사회복지 계획의 법적 근거는 「사회복지사업법」 제15조 3-6항과 이 법의 시행령에 마련되었다.

3) 원칙

지역사회복지 계획을 수립하는 과정에서 지켜야 할 원칙은 다음과 같이 정리할 수 있다.

첫째, 지역성의 원칙으로 지역의 특성이 적절하게 반영되어야 한다는 것이다. 즉 단순한 국고 보조 사업의 집행 계획 수준이 아니라 지역 주민을 위한 고유 사업을 개발하고 실천할 수 있는 계획을 마련해야 한다. 이것은 지역사회복지 계획을 도입하게 된 근본 취지와 직결된 원칙이라고 할 수 있다.

둘째, 과학성의 원칙으로 객관성을 담보할 수 있는 기초 자료의 확보를 강조한다. 하지만 사회 계획이 과학성을 지나치게 강조하면 사회적 약자와 소수자에 대한 배려가 어려워질 가능성이 있다는 점에 유의해야 한다.

셋째, 연속성의 원칙은 상위 계획, 유관 계획, 연차 계획 등과 상충하는 내용과 방향이 없도록 계획을 수립해야 한다는 뜻이다.

넷째, 실천성의 원칙은 계획의 구체적인 실행이 가능하도록 행정과 재정 계획이 동반되어야 함을 가리킨다.

4) 내용

한국의 지역사회복지 계획은 다음과 같은 내용을 담도록 「사회복지사업법」에 규정되어 있다.

- 복지 수요의 측정 및 전망에 관한 사항

- 사회복지 시설 및 재가 복지의 장기·단기 공급 대책에 관한 사항
- 인력·조직 및 재정 등 복지 자원의 조달 및 관리에 관한 사항
- 사회복지 전달 체계에 관한 사항
- 사회복지 서비스 및 보건 의료 서비스의 연계 제공 방안
- 지역사회복지에 관련된 통계의 수집 및 정리에 관한 사항
- 사회복지 시설에 종사하는 사람의 처우 개선에 관한 사항

5) 절차

지역사회복지 계획은 기초 자치 단체장의 책임 아래 공무원, 지역 주민, 관계 전문가 등 '지역사회복지 협의체' 구성원의 참여로 만들어진다. 구체적인 행정 절차는 다음과 같다.

(1) 지역 복지 욕구 조사와 지역 복지 자원 조사

지역사회의 복지 수요를 정확하게 조사하기 위해 다양한 방법을 동원한다. 지역 주민의 유형별 복지 욕구는 물론이고 지역사회와 조사 대상자의 일반 현황 자료까지 포함한다. 자원 조사는 지역의 복지 수요를 충족시키기 위해 지역 내부의 사회복지 자원이 얼마나 되는지를 파악하고 부족한 자원의 확충 방안을 마련하기 위해 시행한다. 여기에는 지역 내 복지 시설, 기관, 단체의 현황과 서비스 제공 내역 그리고 이용 정보 등에 관한 전수 조사가 포함된다.

지역의 복지 수요와 자원 조사가 이루어진 다음에는 이것을 토대로 문제를 진단하고 해결의 우선순위를 결정하며 향후의 추세를 전망한다. 마지막으로 지역사회복지의 정책과 방향을 설정하는 것으로 기초 조사를 끝낸다.

(2) 지역사회복지 계획안 준비와 의견 수렴

이 단계에서는 각 부문별 사업 계획을 지역사회복지 협의체를 중심으로 진행한다. 이 과정에서 주민들의 적극적인 참여가 이루어지도록 힘쓴다. 지역 주민의 의견 수렴 과정은 주민들의 복지 욕구를 직접 확인할 수 있는 기회인 동시에 계획의 정당성을 확보하는 데 매우 중요한 요소가 된다. 의견 수렴은 계획안 공고, 관련 공청회, 간담회 등을 활용할 수 있다. 법적으로도 지역사회복지 계획은 20일 이상의 공고 절차를 거치게 되어 있다.

(3) 심의 확정과 제출

지역사회복지 계획은 지역사회복지 협의체의 심의를 거쳐 기초자치 단체장이 확정한다. 확정된 계획안은 광역 자치 단체장에게 제출하고 광역 자치 단체장은 이것을 종합·조정하여 시·도 계획을 작성한다. 시·도 계획도 기초 지자체 계획과 마찬가지로 20일 이상의 공고 기간을 거쳐야 한다. 시·도 계획은 '사회복지 위원회'의 심의를 거쳐 확정된다. 이렇게 확정된 지역사회복지 계획은 시행 개시 연도의 전년도 11월 30일까지 보건복지부 장관에게 제출해야 한다.

(4) 시행과 평가

지역사회복지 계획은 4년 단위 중기 계획과 연차별 계획으로 구성되어 있다. 연차별 계획은 세부 실행 계획으로 지역사회복지 계획의 시행은 이것을 토대로 이루어진다. 보건복지부 장관 또는 시·도 지사는 지역사회복지 계획을 평가할 수 있다. 평가는 내용의 충실성, 시행 과정의 적정성, 시행 결과의 목표 달성도, 지역 주민의 참여도와 만족도 등을 고려하여 이루어진다.

5. 지역사회 서비스 투자 사업

1) 사회 서비스의 개념

최근 들어 사회 서비스(social services)라는 말의 쓰임이 빈번해졌다. 특히 정부나 공공기관에서 나오는 사회복지 관련 문헌과 자료 중에 이 말이 두드러지게 많다. 이것은 정부가 사회 서비스에 대해 지대한 관심을 보이고 있다는 증거이기도 하다.

그런데 사회 서비스란 무엇일까? 이것은 또 사회복지 서비스와 어떻게 다른가? 이 질문에 '명확한' 답을 제시하기는 매우 어렵다. 왜냐하면 '명확한' 기준이 없기 때문이다. 연구자들의 이견은 말할 것도 없고 나라에 따라서도 그 기준과 내용이 다르다. 예를 들어 영국에서 사회 서비스는 교육, 건강 보호, 주거, 대인 사회 서비스(personal social services), 사회보장의 다섯 개 부분을 총칭하는 개념이다(Alcock, May and Rowlingson, 2008). 즉 영국의 사회 서비스라는 용어는 사회복지를 의미하는 모든 용어 중에서 최상위 개념이라고 할 수 있다. 미국은 사회 서비스 대신에 사회복지 서비스(social welfare services)를 이러한 의미로 사용한다. 말하자면 영국과 미국에서는 한국과 달리 사회 서비스나 사회복지 서비스의 개념이 사회복지 전반을 아우르는 포괄적 용어로 통용된다. 이것은 우리가 논하려는 사회 서비스의 개념과는 전혀 다르다.

그렇다면 먼저 사회 서비스와 사회복지 서비스의 차이점에 대해 생각해 보자. 한국에서는 전통적으로 사회복지 서비스를 취약 집단의 돌봄(care) 및 치료(treatment)와 관련된 활동을 의미하는 개념으로 사용해 왔다.[9] 따라서 노인, 장애인, 아동, 환자 등을 돌보고 치료하는 활동이 사회복지 서비스의 핵심 영역이라고 할 수 있다. 이것은 영국에서 말하는 대인 사회 서비스와 같다(Baldock, Manning and Vickerstaff, 2007). 반면에 사회 서비스는 한국에서 전통적으로 쓰던 사회복지 서비스라는 말보다 넓은 범위를 갖는다. OECD를 비롯한 국제기구에서 사용하는 사회 서비스의 개념은 공공 행정, 건강 보호, 교육, 문화, 예술 등을 모두 포함하는 방대한 개념이다.

한국 정부도 국제기구의 사회 서비스 개념을 상당 부분 받아들였다. 정부는 2006년에 사회 서비스 일자리 창출을 목적으로 '사회 서비스 향상 기획단'을 만들면서 국제 기준을 따라 사회 서비스 범위를 규정하였다(김태일, 2011). 개정된 「사회보장기본법」도 사회 서비스를 "국가와 지방 자치 단체 그리고 민간 부문의 도움이 필요한 모든 국민에게 복지, 보건 의료, 교육, 고용, 주거, 문화, 환경 등의 분야에서 인간다운 생활을 보장하고 상담, 재활, 돌봄, 정보의 제공, 관련 시설의 이용, 역량 개발, 사회 참여 지원 등을 통해 국민의 삶의 질이 향상되도록 지원하는 제도"로 정의하고 있다. 이러한 개념 정의는 전통적인 사회복지 서비스 개념으로는 담아낼 수 없는 매우 포괄적인 것이다.

아울러 사회 서비스의 개념을 판단하는 기준으로 중요한 것은 정부의 개입 여부이다. 정부의 개입이 없는 순수한 민간 제공 서비스는 사회 서비스에 포함하지 않는다. 사회 서비스의 개념을 규정한 정부의 여러 법률에서도 사회 서비스를 '사회적으로 제공하는 서비스'로 명시하고 있는데 여기서 사회적으로 제공한다는 것은 정부의 개입을 의미한다. 다만 정부의 개입은 다양한 형태로 이루어지므로 정부의 개입이 꼭 직접 제공을 뜻하는 것은 아니다.

---

9) 사실 서구에서는 사회복지 서비스라는 용어를 거의 쓰지 않는다.

2) 지역 사회 서비스 투자 사업의 개요

정부는 급증하는 사회 서비스 수요에 대처하는 동시에 사회 서비스 분야의 일자리를 늘리겠다는 목적으로 2007년부터 지역 사회 서비스 투자 사업을 시작하였다.[10] 이 사업의 가장 큰 특징은 수요자 중심의 서비스를 지역사회가 주도해서 개발한다는 것이다. 즉 이 사업은 과거의 국가 주도형 사회 서비스 정책과 달리 지역별, 계층별 특성에 맞는 사회 서비스를 지역사회가 주도하여 개발하도록 설계되었다. 그 핵심은 전자 서비스 이용권(voucher) 방식으로 이것을 통해 수요자(이용자) 중심의 서비스 체계를 지향하고 있다. 또한 과거의 사회 서비스 제도가 저소득층에게 초점을 맞추었던 것과 달리 새 제도는 중산층 일부까지 아우르는 제도로 그 폭이 넓어졌다. 지역 사회 서비스 투자 사업의 재원은 국비 지원과 지자체의 대응 투자로 마련된다. 국비 지원 비율은 서울이 50%이고 시·도는 70%이다. 〈표 8-1〉에는 새 방식과 옛 방식을 비교해 놓았다.

〈표 8-1〉 사회 서비스 제공 방식 비교

구분	공급기관 지원방식	수요자 지원방식
지원방법	민간단체 보조금	이용권(voucher)
공급기관	단일 기관 독점	다수 기관 경쟁
서비스 대상	수급자 등 저소득층	중산층 일부도 포함
본인 부담금	전액 국가 지원	일부 본인 부담
서비스 기간	공급기관 재량	이용자 욕구별 표준화

자료: 보건복지부. 2012b.

10) 처음에는 '지역 사회 서비스 혁신 사업'이라는 이름으로 시작하였다. 한국의 사회복지 정책에서는 연속성과 일관성을 기대하기가 어렵다. 현재의 '지역 사회 서비스 투자 사업' 명칭도 앞으로 다시 바뀔지 모른다.

3) 사업의 유형과 내용

지역 사회 서비스 투자 사업은 지역 선택형과 지역 개발형으로 나뉜다. 지역 선택형(표준형)은 서비스 수요가 비교적 고르고 전국 단위의 공급이 쉬운 사업을 위주로 이루어진다. 이 유형의 사업은 보건복지부가 모델을 제시하고 지자체가 선택을 하는 방식으로 되어 있다.[11] 지역 선택형 사업의 서비스 이용 대상은 전국 가구 평균 소득 100% 이하 가구의 만 2세~6세 아동이다.

〈표 8-2〉 지역 선택형과 지역 개발형 사업의 비교

구분	지역 선택형 사업	지역 개발형 사업
사업개발 주체	보건복지부	지자체
지자체 역할	사업 선택	사업 개발
제공기관 선정	보건복지부	지자체
대상자 선정	시·군·구	시·군·구
이용 대상	전국 가구 평균소득 100% 이하	전국 가구 평균소득 100% 이하 (단, 장애인·노인 대상 사업은 120% 이하)
사업 성격	서비스 수요가 고르고 전국적 공급이 용이한 사업	서비스 수요의 지역 간 편차가 크고 전국적 공급이 어려운 사업

자료: 보건복지부. 2012b.

지역 개발형 사업은 서비스 수요의 지역 간 편차가 크고 전국 단위의 공급이 어려운 사업들로 이루어진다.[12] 이 사업들은 지자체가 지역 여건과 주민 수요 등을 반영하여 창의적인 사업 아이템을 개

11) 2012년 기준으로 지역 선택형은 '아동 인지 능력 향상 서비스' 사업이 유일하다. 이 사업은 영유아 발달 초기부터 아동과 부모에게 독서 지도와 관련 정보 제공 등 서비스를 제공해 아동의 창의적, 생산적, 균형적 발달을 촉진하기 위한 목적으로 시행하고 있다.

12) 2012년 기준으로 지역 개발형 사업은 586개가 있다.

발하면 보건복지부가 이것을 선정·지원하는 방식으로 진행된다. 지역 개발형 사업의 서비스 이용 대상은 전국 가구 평균 소득 100% 이하로 지역 선택형 사업과 같으나, 장애인과 노인 대상 사업만은 전국 가구 평균 소득 120%까지 이용할 수 있다. 〈표 8-2〉는 이 두 유형을 정리·비교한 것이다.

한편 보건복지부는 지역 사회 서비스 투자 사업의 활성화를 위해 10대 유망 사회 서비스를 선정하고 이 분야를 집중적으로 지원하고 있다. 〈표 8-3〉은 이것을 정리·요약한 것이다.

〈표 8-3〉 10대 유망 지역 사회 서비스 투자 사업

서비스 구분	서비스 내용
영유아 발달 지원 서비스	발달 문제의 가능성이 있는 영유아에게 중재 서비스를 제공하여 영유아의 정상적인 발달을 지원
아동 정서 발달 지원 서비스	악기교육과 정서 치유 서비스를 통해 저소득 가정 아동의 정서적 문제를 해결
문제 행동 아동 조기개입 서비스	문제 행동 아동(ADHD)에 대한 조기 발굴과 치유를 통해 건강한 성장을 도모
인터넷 과몰입 아동 청소년 치유 서비스	인터넷과 게임 중독 위험 아동에 대해 지속적인 상담 치료를 하여 학업 비효율성과 아동·청소년 범죄 등 사회 문제 예방
맞춤형 운동 처방 서비스	고령자의 건강 상태와 개인별 특성에 맞는 운동 서비스를 지원하여 건강 증진을 도모
돌봄 여행 서비스	전문 돌봄 인력이 동반하는 여행 서비스를 통해 노인과 장애인 등 취약계층의 문화적 욕구를 충족시킴
장애인 보조기구 렌탈 서비스	고가의 장애인 보조 기기를 대여하여 장애인 가정의 비용 절감과 재활을 지원
시각 장애인 안마 서비스	노인과 장애인에게 안마 서비스를 제공하는 동시에 시각 장애인에게 일자리 지원
나 홀로 아동 방과 후 돌봄 서비스	맞벌이 가정의 나 홀로 아동에게 양육 서비스를 제공하여 자녀 양육의 부담을 경감하고 아동을 보호
정신 건강 토털케어 서비스	정신 장애인과 그 가족에게 일상생활의 관리와 건강한 사회생활을 영위하도록 지원

자료: 보건복지부. 2012b.

4) 전달 체계와 이용 절차

지역 사회 서비스 투자 사업의 전달 체계는 행정 주체인 보건복지부, 시·도, 시·군·구와 공급 주체인 제공 기관으로 구성된다. 행정 주체 가운데 보건복지부는 사업의 기본 계획을 수립하고 지침을 작성하는 등 사업의 총괄적 책임을 맡는다. 아울러 전자 바우처 시스템을 구축하고 관리하는 것도 보건복지부의 소관이다. 한국보건복지정보개발원은 보건복지부의 위탁을 받아 바우처 비용 지급과 정산 그리고 사업 모니터링을 실시한다. 시·도는 바우처 사업을 총괄하고 시·군·구의 사업을 관리·감독하며 시·도 차원의 사업을 개발하고 시행하기도 한다. 시·군·구는 사업의 실질적인 시행 기관으로 서비스 제공 기관의 지정과 관리, 서비스 이용자 선정, 사업 홍보 등의 업무를 담당한다.

한편, 서비스 제공 기관은 지자체의 장이 공모 절차를 거쳐 지정한다. 서비스 제공 기관의 법적 형태는 개인, 법인, 대학, 비영리 단체, 연합체(컨소시엄) 등 모든 것이 가능하다. 지정된 서비스 제공 기관은 서비스 공급 인력의 모집과 교육, 서비스 제공, 집행 실적 보고, 자체 평가 등의 업무를 시행한다.

서비스 이용은 신청주의에 따른다. 읍·면·동에서는 신청을 접수하고 상담과 욕구 조사를 실시한다. 시·군·구에서는 신청자의 소득 조사를 거쳐 선정 여부를 결정한다. 이용자의 선정은 소득 기준과 서비스 필요성 여부를 중심으로 판단한다. 선정 우선순위는 지자체가 정하고 이것을 보건복지부가 심사하여 확정한다.

서비스 이용자로 선정되어 전자 이용권(voucher)을 지급 받은 사람은 정해진 서비스 제공 기관과 접촉하여 서비스를 이용할 수 있다.[13] 서비스의 가격은 이용자와 제공 기관이 자율적으로 결정하여 지자체에 신고하고 지자체의 장은 이것을 이용자에게 공지한다. 서비스 비용은 바우처 지원금과 본인 부담금을 합한 것으로 이 중에 본인 부담금은 소득 수준에 따라 10% 이내에서 30%까지 차등적으로 결정된다. 서비스 지원 기간은 최대 12개월이며 필요에 따라 1회의 추가 지원이 가능하다.

5) 평가와 과제

지역 사회 서비스 투자 사업은 사회 서비스의 수요 충족과 서비스 관련 산업의 발전이라는 목표를 가지고 출범하였다. 이 사업의 가장 큰 특징은 전자 바우처 방식의 도입과 지역 주도 개발이라고 할 수 있다. 먼저 바우처 방식은 이용자의 선택권을 확대하고 공급자의 경쟁을 강화하여 서비스의 질을 높이는 제도로 알려져 있다. 그러나 바우처 방식이 효과를 거두려면 공급자 간의 경쟁이 일정한 수준을 유지해야 하는데 경쟁이 약하거나 아예 공급자가 없는 지역의 경우에는 효과를 거두기가 어렵다.

또한 이 사업의 성공을 위해서는 양질의 서비스 제공 인력이 충분하게 공급되어야 하는데 한국의 사회 서비스 노동시장은 임금 수준과 근로 조건이 열악한 주변부 노동 시장의 성격을 띤다. 이러한 상황에서 전문성과 책임성을 지닌 양질의 서비스 인력을 창출하는 것은 한마디로 불가능하다. 이 문제를 해결하려면 서비스 인력의 전문성을 높이기 위한 체계적인 직업 훈련 개발과 임금을 비롯한 근로 조건의 개선이 반드시 이루어져야 한다.

이용자 측면에서 보면, 전자 바우처를 핵심으로 하는 이 사업은 제도에 대한 정확한 이해가 이루어져야 소기의 성과를 거둘 수 있

13) 지역 사회 서비스 투자 사업은 1인당 연간 2개까지만 이용할 수 있다.

다. 하지만 제도 자체가 그렇게 간단한 것이 아니므로 교육 수준이 낮은 취약 집단의 이용자들에게는 적절한 홍보와 도움이 필요하다. 덧붙여 본인 부담금 때문에 서비스 이용을 꺼리는 수요자를 배려하는 대책도 시급하다. 실제로 수급자들조차 본인 부담금을 내야 하는 상황은 사회 서비스 확대라는 취지에 맞지 않는다. 또 낙후 지역에 대해서는 본인 부담금의 비율을 더 줄여주는 정책도 고려해야 한다.

한편, 지역 주도 개발이라는 특징은 지역의 개발 역량이 부족한 여건에서는 빛이 바랠 가능성이 크다. 아울러 지역 역량에 따라 지역 간 불균형이 생겨나기도 한다. 이와 같은 문제를 해소하기 위해서는 지역 역량의 증대 노력이 수반되어야 한다. 이것은 단기간에 이루어질 수 있는 일이 아니므로 취약 지역에 대한 중앙 정부의 장기적인 지원과 자체 노력이 병행되어야 한다.

9
chapter

지역사회복지 네트워크

지역사회의 실천 현장에서 사회복지사가 일상적으로 대면하는 클라이언트는 대부분 복합적인 문제에 얽혀 있는 경우가 많다. 이를테면 학교 폭력의 가해자는 아마도 또 다른 폭력의 희생자일 가능성이 크다. 게다가 이 폭력의 배후에는 가정의 빈곤이나 가족 구성원의 알코올 중독 같은 더욱 근원적인 요인이 작동하고 있을 것이다. 이와 같은 경우에 이 학생의 폭력 문제를 단일 기관이나 조직의 힘으로 해결할 수 있다고 생각하는 사회복지사는 단언컨대 아무도 없으리라. 이 문제의 해결에는 다양한 사회복지 조직과 기관의 개입이 필요하다. 그리고 이 기관들의 개입은 독자적이고 파편화된 개입이 아니라 서로 정보와 판단을 나누어야 하고, 또 필요하다면 자원을 교환해야 하는 개입이어야 한다. 즉 사회복지 조직과 기관은 문제 해결 과정에서 일종의 서비스 네트워크(service network)를 형성해야 하는 것이다. 지역사회의 서비스 기관과 조직들이 네트워크의 필요성을 인식한다는 것은 클라이언트의 생태학적 환경에 관심을 기울여야 하는 사회복지 실천의 핵심 원리에도 부합한다.

지역사회에는 다양한 사회복지 조직과 기관이 활동하고 있다. 이 조직과 기관은 서로 경쟁하는 경우도 있겠지만 일반적으로는 상호 보완적인 관계를 맺게 된다. 이렇게 형성된 상호보완 관계는 지역사회복지 네트워크의 토대를 이룬다. 즉 지역이 필요로 하는 사회복지 서비스를 제공하는 과정에서 이 다양한 조직과 기관은 네트워크의 형성을 통해 분업과 협업에 참여한다.

1. 네트워크란 무엇인가?

1) 네트워크의 개념

네트워크(network)라는 단어는 그 쓰임새가 너무도 폭넓고 다양해서 개념을 정의하기가 매우 어려운 용어 중 하나이다. 우리가 상식적으로 쓰는 네트워크라는 말은 연결, 관계 따위의 뜻을 가리킨다. 실제로 모든 네트워크는 연결 또는 관계로부터 시작된다. 또한 네트워크는 동맹(alliance), 동반자 관계(partnership), 연합(coalition), 협력(collaboration) 따위의 다양한 용어로 표현되기도 한다. 아울러 굳이 네트워크라는 말을 쓰지 않아도 본질상 네트워크인 경우를 우리는 흔히 볼 수 있다.

그렇다면 네트워크는 과연 무엇인가? 가장 보편적으로 알려진 네트워크의 사회과학적 정의는 "일련의 행위자(a set of actors)와 이들 사이의 관계로 이루어지는 조직적 실체(organizational entity)"이다(Alexander, 1995; Knoke and Yang, 2008). 이 행위자 사이의 관계 또는 연계가 네트워크의 구조를 이룬다. 행위자들은 공동의 목표를 달성하기 위해 상호작용을 하는 가운데 자원과 서비스를 주고받는다. 이러한 교환의 규모와 지속성은 네트워크의 크기, 성격,

기능 등에 따라 달라진다.

네트워크 중에서 행위자가 조직(기관)인 경우에는 '조직간 네트워크'(interorganizational network)라고 불린다. 우리의 관심사인 지역사회복지 네트워크는 조직간 네트워크의 성격을 띠고 있다. 조직간 네트워크는 크게 법정 네트워크와 자발적 네트워크로 나뉜다. 법정 네트워크는 구성의 목적과 근거가 법령에 의해 규정되는 것을 말한다. 한국의 '지역사회복지 협의체'가 이러한 사례에 해당한다. 자발적 네트워크는 법적인 규정과 상관없이 개별 조직의 자발적인 참여로 이루어진 네트워크로 대부분의 조직간 네트워크는 여기에 속한다.

2) 네트워크의 특성

그런데 개별 조직은 무엇 때문에 네트워크를 형성하려고 하는 것일까? 조직간 네트워크의 자발적 형성을 촉진하는 요인으로는 조직 역량(organizational capacity), 프로그램의 복합성, 경쟁 조정의 필요 등이다(Graddy and Chen, 2006; Hardcastle, Wenocur and Powers, 2011).

첫째, 조직 역량이 클 경우에는 네트워크에 참여해서 자신의 이익을 관철하기가 비교적 쉽다. 조직 역량이 작은 조직은 부족한 자원과 역량을 보충하기 위해 네트워크에 참여하게 된다. 반면에 중간 규모의 조직 역량을 갖춘 경우에는 참여를 통해 얻는 이익이 모호하기 때문에 네트워크 참여를 망설일 가능성이 높다.

둘째, 지역사회가 요구하는 프로그램은 대부분 복합적이다. 개별 서비스 조직이 홀로 이 요구를 충족시키기에는 기술적, 정치적, 사회적으로 한계가 있을 수밖에 없다.

셋째, 활동 분야, 지역, 대상 집단 등이 동일하거나 유사한 조직들의 경우에는 과도한 경쟁과 갈등을 조정해야 하는 문제를 안고 있다. 이와 같은 상황에서 결성된 네트워크는 조정 기능을 수행하는 구조적 틀을 제공한다.

네트워크는 다른 모든 인위적인 조직과 마찬가지로 일정한 라이프 사이클(life-cycle)을 거친다. 네트워크의 라이프 사이클(또는 발전 단계)은 계획 → 형성 → 성숙 → 지속 → 해체 또는 전환으로 요약할 수 있다(Robeson, 2009). 계획 단계에서는 핵심 멤버를 연결하고 목적을 명시한다. 형성 단계에서는 관계 개발, 네트워크 정체성 확정, 지식 공유, 집합적 소속감 확립 등이 이루어진다. 성숙 단계는 기존 과업에 초점을 맞추는 동시에 역할을 넓히는 단계이다. 지속 단계에서는 기존 활동을 계속한다. 마지막 단계인 해체 또는 전환 단계는 네트워크의 효과성이 축소되었음을 인정하고 해체 과정을 걷거나 다른 쟁점 또는 목표를 찾아 네트워크의 전환을 꾀하는 시기를 가리킨다.

이제 네트워크(또는 네트워킹)의 장점과 단점을 살펴보기로 하자. 네트워크에 참여하는 조직이 누릴 수 있는 장점으로는 위험과 자원의 공유, 외부 도전에 대한 효과적인 대응, 조직의 지식 기반 확대, 정책 개발 능력 강화, 조직간 협력 증대 등이 있다. 반면에 단점도 적지 않다. 무엇보다도 네트워크 참여는 개별 조직의 자율성을 감소시킨다. 또한 네트워크 내부에서 권력과 자원을 공유하다 보면 이것이 균등하게 배분되지 않고 한쪽에 몰리는 현상이 나타나는 경우가 흔하다. 이러한 불평등은 네트워크 갈등의 요인으로 발전하기도 한다. 그리고 이것은 다시 네트워크의 응집력과 효과성을 저하시킬 공산이 크다.

3) 네트워크와 사회 자본

네트워크를 논할 때 빠질 수 없는 개념이 사회 자본이다. 요즘 들어 국내 문헌에서도 사회 자본에 대한 언급이 무성하다. 하지만 사회 자본을 학문적으로 엄밀하게 정의하는 일은 생각처럼 쉽지 않다. 사회 자본의 개념 정의는 그야말로 백가쟁명(百家爭鳴)의 양상을 띠고 있어 통일된 개념을 제시하기가 매우 어렵다. 심지어 동일 학자의 개념 정의가 맥락에 따라 다르게 내려지는 경우도 있다.

그럼에도 사회 자본을 논하는 대다수 연구자들이 사회적 관계에 초점을 맞춘다는 점에 대해서는 이론의 여지가 없다. 사회 자본에 대한 숱한 개념 정의는 모두 사회적 관계가 가져다주는 가치, 보상, 혜택 같은 것에서부터 시작한다. 사실 다수의 연구자들은 사회 자본을 사회적 관계의 교환 구조에서 개인이나 조직이 차지하고 있는 특정 위치의 산물로 정의하는 경향을 보인다(Burt, 2000; Lin, 2008). 사회 자본의 개념과 관련 이론의 주요 개발자로 알려진 부르디외(P. Bourdieu)나 콜먼(J. Coleman)도 사회 자본이 네트워크에서 창출되는 것으로 보았다. 이러한 전통을 따라 사회학자 린(Lin, 2008)은 사회 자본을 "사회적 네트워크에 내장된 자원으로 네트워크 내부의 연계를 통해 접근하거나 동원할 수 있는 것"으로 정의하였다. 정치학자 퍼트냄(Putnam, 2000) 역시 사회 자본을 사회적 네트워크에서 파생되는 호혜성의 규범으로 규정하였다.

이와 같은 사회 자본의 개념 정의에 따르면, 사회적 네트워크의 구성 멤버들은 연계를 바탕으로 가치와 자원을 공유하게 되고 이것은 다시 신뢰와 상호 의무 수준을 높이는 결과로 이어진다. 또한 사회 자본은 네트워크를 형성한 멤버들에게 상호 이익이 되는 공조

(共助)와 협동을 촉진시킨다. 퍼트냄은 신뢰와 호혜성의 규범이 멤버들의 집합 행동을 촉진하며 이것은 다시 지역사회의 정치적·경제적 발전에 이바지한다는 주장을 펴기도 하였다.

이렇듯 사회 자본이 사회적 관계, 나아가 사회적 네트워크의 산물로 여겨지다 보니 양자의 개념을 혼동하는 문제도 자주 발생한다. 여러 문헌에서 사회적 네트워크가 곧 사회 자본인 것처럼 묘사하는 경우를 심심치 않게 볼 수 있다.[14] 그러나 한마디로 말해 사회 자본과 사회적 네트워크는 같은 것이 아니다(Burt, 2000). 물론 사회 자본은 사회적 네트워크에 의존한다. 네트워크가 없으면 내장된 사회 자본의 동원은 불가능하다. 즉 사회적 네트워크는 사회 자본을 사용하기 위한 필요조건이다. 그리고 이 네트워크의 특성에 따라 사회 자본의 양과 질이 결정될 가능성이 크다. 예를 들어 사회적 네트워크의 밀도[15](density)가 높을수록 네트워크 멤버가 얻을 수 있는 사회 자본의 몫은 늘어난다.

한편, 사회 자본의 부정적 측면에 대해서도 주목할 필요가 있다. 사실 사회 자본에 관한 최근의 논의는 사회의 좋은 가치 또는 바람직한 가치를 죄다 사회 자본이라는 개념에 덧씌우는 형태로 이루어지는 양상을 보인다. 다시 말해서 사회 자본을 무조건 좋은 것, 바람직 한 것으로 전제한 상태에서 논의가 진행되고 있다는 말이다. 이것은 학문적으로 엄밀한 태도가 아니다. 사회 자본에도 부정적인 성격이 분명하게 내재한다(Browning, Dietz and Feinberg, 2000). 예컨대 극단적인 경우이긴 해도, 갱단이나 마피아의 사회적 네트워크에서 파생된 사회 자본이 파괴적인 것임은 말할 나위가 없다.

---

14) 사회 자본 개념을 대중화시킨 장본인인 퍼트냄조차 이런 식으로 사회 자본을 정의하는 경우가 제법 있다. 이와 같은 모호함은 그의 사회 자본 이론이 충분히 과학적이지 못하다는 비판을 받는 데 일조해 왔다.

15) 네트워크의 밀도란 멤버 사이에 이론적으로 가능한 관계의 총량에 견주어 실제로 발생하는 관계의 총량 비율을 가리킨다.

이렇게 극단적인 예가 아니어도 네트워크 멤버 사이에 자연스럽게 형성될 내집단 편향[16] (in-group bias)은 종종 네트워크에 소속되지 않은 사람과 조직에 대해 부정적으로 작용한다는 사실도 유념해야 한다. 요컨대 사회 자본이라고 항상 좋은 것은 아니라는 뜻이다.

또 하나 우리가 기억해야 할 것은 사회 자본 이론이 복지국가 축소 전략을 추진하는 세력에게 널리 사용된다는 점이다. 미국과 영국처럼 복지국가 축소 전략을 강하게 추진해 온 사회에서는 가족과 자원 부문(voluntary sector)의 복지 공급 역할을 새롭게 강조하고 있는데 사회 자본은 이것을 뒷받침할 토대로 각광을 받는다. 신자유주의의 정책 거점인 세계은행과 OECD가 대규모 사회 자본 연구의 열성적인 후원자가 된 것도 이런 시각과 무관하지 않다.

사실 사회 자본 이론가들 중에는 복지국가가 사회 자본의 축적에 걸림돌 노릇을 하고 있다고 보는 사람들이 많다(Kumlin and Rothstein, 2005). 구체적으로 말해서, 사회 자본의 핵심 요소로 퍼트냄이 지적한 호혜성 규범이란 자발적인 네트워크를 통해 형성되는 것인데 복지국가가 이 호혜성 규범의 확립을 방해한다는 것이다. 이들에 따르면, 복지국가의 존재는 시민들로 하여금 자발적인 네트워크를 만들어 곤경에 놓인 동료 시민을 도와주는 대신에 복지 제도와 프로그램에 위임하려는 태도를 고착시킨다. 말하자면 국가 체제가 시민을 사회적 위험으로부터 보호하는 사회에서는 시민들의 자발적인 호혜성 규범이 복지국가에 의해 밀려난다(crowded out)는 주장이다.

그러나 실증 연구는 이러한 주장을 뒷받침하지 않고 있다. 여러 비교 연구에 따르면, 최고 수준의 국가 복지 체제를 유지하고 있는 스칸디나비아 나라들에서 사회 자본의 수준도 높은 것으로 밝혀졌

16) 내집단 편향은 자신이 속한 집단의 내부 구성원을 호의적으로 대하는 것과 달리 외부인은 차별적으로 대하는 태도나 경향을 가리킨다.

다(Kumlin and Rothstein, 2005; Rothstein and Stolle, 2003). 더구나 북유럽 사람들은 복지국가 수준이 상대적으로 낮은 영국 사람들보다 더욱 자발적으로 동료 시민을 돕는 것으로 나타났다. 한마디로 높은 수준의 국가 복지가 사회 자본의 축적을 방해한다는 주장에 경험적 근거가 희박하다는 말이다.

결론적으로 사회 자본을 늘리려는 노력은 그것이 사회 전체의 신뢰 수준을 높이고 연대성을 강화하는 맥락에서만 유용하다. 또한 사회 자본의 증대가 국가 복지의 확대와 얼마든지 양립할 수 있다는 사실에 우리는 주목해야 한다. 지역사회복지 실천에 종사하는 모든 사람들은 이와 같은 점에 유의하면서 사회 자본에 관한 논의에 임하여야 할 것이다.

2. 지역사회복지 네트워크의 이론적 고찰

1) 지역사회복지 네트워크의 개념

지역사회복지 네트워크는 지역사회의 복지 욕구에 효과적으로 대처하기 위해 만들어진 사회복지 서비스 공급 주체들의 연계 체제이다. 여기에는 개인, 정부, 공공 기관, 비영리 자원 조직, 영리 조직, 자조 집단 등 다양한 형태의 사회복지 공급 주체들이 참여할 수 있다. 이처럼 지역사회복지 네트워크에는 개인도 참여할 수 있지만, 조직이나 기관이 구성의 핵심 주체를 형성하기 때문에 본질적으로 조직간 네트워크(interorganizational network)이다. 지역사회복지 네트워크는 대부분 자발적으로 결성되나 정부나 공공 기관이 직접 나서서 결성의 주체가 되기도 한다. 한국의 지역사회복지 협의체가 그러한 예이다.

지역사회복지 네트워크의 개념과 관련하여 한 가지 유의할 점은 네트워크의 규모와 범위에 관한 것이다. 지역사회복지 네트워크는 포괄적이고 거시적인 네트워크에서 아주 소규모의 미시적 네트워크까지 다양한 형태로 나타날 수 있다. 지역사회복지 네트워크라고 해서 모두 한국의 지역사회복지 협의체와 같은 거시적인 네트워크라고 생각할 필요는 없다. 오히려 현실에서는 소규모의 네트워크들이 훨씬 많다.

2) 지역사회복지 네트워크의 성격과 기능

지역사회의 사회복지 서비스 공급 주체들이 형성한 네트워크는 지속적이고 체계적인 연계 체제로 다음과 같은 수준으로 발현될 수 있다(Cordero-Guzman, 2004). 첫째는 협력(collaboration)이다. 협력은 공식적 차원에서 지속적이고 폭넓은 관계 형성을 의미한다. 개별 조직들은 협력 관계를 기반으로 공동 목표를 향해 헌신하는 새로운 구조에 흡수된다.

둘째로 조정(coordination)이다. 조정은 비공식적 성격의 관계로 개별 조직의 활동 영역과 기능이 중복되거나 충돌하지 않도록 관리하기 위한 것이다.

셋째, 제휴(cooperation)는 사안에 따른 일시적인 관계 형성으로 제휴 관계를 맺은 개별 조직은 독자적 영역과 기능을 그대로 인정하고 자원을 독립적으로 사용한다.

지역사회복지 네트워크는 조직간 네트워크로 다양한 기능을 수행한다. 하지만 모든 네트워크가 다 똑같은 기능을 수행하는 것은 아니다. 네트워크의 성격과 규모에 따라 수행하는 기능은 달라진다. 따라서 지역사회복지 네트워크의 기능으로 으레 지역사회복지 계획의 수립을 언급하는 것은 현실과 맞지 않다. 그것은 오히려 예외적인 기능에 속한다. 지역사회복지 네트워크가 수행할 수 있는 기능 중에는 다음과 같은 것이 포함된다.

첫째, 프로그램 개발과 역할 분담이다. 지역사회복지 네트워크가 개발할 프로그램은 개별 조직이나 기관이 수행할 수 없는 복합적이고 중층적인 성격의 프로그램이어야 한다. 이렇게 개발한 프로그램을 효과적으로 수행할 주체를 선정하고 관련 조직 사이에 적절한 역할 배분이 이루어지도록 관리하고 조정하는 것이 지역사회 네트워크의 기본 임무이다.

둘째, 자원 조달과 동원이다. 지역사회의 복지 욕구를 충족시킬 자원에는 돈, 인력, 시간, 전문 지식, 스킬 등이 포함된다. 자원 조달과 동원은 지역사회 내부는 물론 외부로까지 그 범위를 넓혀서 이루어지기도 한다.

셋째, 지역사회복지를 증대시키기 위해 필요한 교육과 훈련, 정보 수집과 분석, 지역사회 욕구 조사, 홍보, 옹호 등 다양한 활동에 종사한다. 이러한 활동 역시 지역사회 내부는 물론 사회 전체를 대상으로 전개해야 하는 경우도 있다.

3) 지역사회복지 네트워크의 구성 원칙

지역사회복지 네트워크가 효과적이고 창의적인 역할을 수행하기 위해서는 구성 과정에서 다음 원칙이 지켜져야 한다. 첫째, 자발적인 참여이다. 네트워크 참여가 강제나 의무라면 네트워크의 장점을 발휘하기가 어렵다. 실제로 최근 서구에서는 정부가 사회복지 서비스의 공급을 맡기기 위해 인위적인 네트워크의 형성을 요구하는 경우가 자주 있다. 이러한 경우에 자주 쓰는 방법은 선도 조직(lead organization)과 서비스 공급 계약을 맺고 이 조직으로 하여금 지역사회복지 네트워크를 구성하도록 권고하거나 법제화하는 것이다.

하지만 이 '선도 조직' 모델은 네트워크 구성원의 상호 신뢰를 굳게 하기보다는 선도 조직의 독주 가능성으로 인한 상호 불신과 경쟁 심리 유발 등의 문제를 일으켜 네트워크의 장점을 살리지 못한다는 비판이 제기되었다(Graddy and Chen, 2006). 요컨대 네트워크는 자발성과 자주성에 기초해야 네트워크의 장점이 극대화될 수 있다.

둘째, 평등성의 원칙이다. 지역사회복지 네트워크가 소기의 목표를 제대로 이루려면 구성원 사이에 유의미한 자원 교환과 의사결정에서의 평등한 참여가 보장되어야 한다. 이렇게 평등한 참여가 보장된 네트워크만이 구성원 사이의 유대감과 신뢰를 강화하고 지역주민에게 진정한 통합 서비스를 제공할 수 있다.

셋째, 유연성의 원칙이다. 네트워크는 자발적인 참여에 바탕을 둔 것이므로 자발적인 의사에 따른 탈퇴 역시 자유롭게 허용되어야 한다. 또한 네트워크에 참여한 구성원이 다른 네트워크에 참여하는 것도 가능해야 한다. 아울러 네트워크가 다루어야 할 문제를 설정하는 데도 유연한 태도가 필요하다. 이와 같은 유연성은 네트워크가 관료적인 조직으로 변질되는 것을 막는 데 중요한 요소이다.

넷째, 분권(decentralization, devolution)의 원칙이다. 네트워크는 권력과 자원의 분산을 본질적 요소로 삼는다. 권력과 자원이 집중된 네트워크는 형식적인 네트워크일 뿐이다. 분권은 구성 조직 간에만 적용되는 것이 아니다. 분권은 개별 조직 내부에서도 이루어져야 한다. 이른바 이차 분권(secondary devolution)이다. 다시 말해서 조직의 대표들이 네트워크를 독점하지 말고 실무자들이 운영의 중심이 되도록 해야 한다.

3. 지역사회복지 네트워크의 실제

지역사회복지 네트워크는 오래 전부터 지역사회에 있어 왔다. 서구 사회는 말할 것도 없고 한국 사회에서도 1990년대 이후 다채로운 지역사회복지 네트워크가 만들어졌다. 여기에서는 현존하는 한국의 지역사회복지 네트워크 중에서 가장 거시적인 조직 두 개만 골라 소개하기로 한다.

1) 지역사회복지 협의체

(1) 설치 배경과 목적

사회복지와 보건 업무가 지역사회 차원에서 통합적으로 운영되어야 한다는 당위성은 이미 오래 전부터 거론되었다. 정부는 이러한 의견을 참조하여 양자를 통합적으로 운영할 '보건복지사무소'의 시범 사업을 1990년대 후반부에 추진하였다. 그러나 이 사업은 현실 제도로 발전하지 못하고 그대로 종결되었다. 그리고 지역사회 차원에서 사회복지 서비스의 전달 체계를 개선해야 한다는 여론은 더욱 높아갔다.

이에 따라 정부는 지역의 사회복지와 보건 분야에서 일하는 민간과 정부 기관의 대표 그리고 관계 실무자들이 참여하는 논의 구조를 만들기 위해 노력해 왔다. 이 노력은 2001년부터 지역사회복지 협의체 시범 사업으로 이어졌고 그 성과를 토대로 2003년 7월에 「사회복지사업법」이 개정되었다. 개정 「사회복지사업법」은 시·군·구 사회복지 위원회를 폐지하고 2005년 7월부터 지역사회복지 협의체를 설치하도록 규정하였다.

지역사회복지 협의체의 가장 큰 목적은 사회복지 전달 체계를 효율적으로 개선하는 데 있다. 이것은 협의체의 등장 배경이기도 하다. 둘째 목적은 수요자 중심의 통합 서비스를 제공하기 위한 기반을 마련하는 것이다. 이원화된 보건과 복지 업무의 통합은 오랜 정책 과제이기도 하다. 셋째 목적은 지역사회의 복지 문제를 민주적으로 해결하는 구조를 확립하는 것이다. 지역의 복지 증진을 위해 민관 합동의 논의 기반이 마련되어야 한다. 아울러 서비스를 제공하는 실무자들의 의견과 전문 기술이 자유롭게 소통・공유될 수 있는 터전이 필요하다.

(2) 구성과 기능

「사회복지사업법」에 따르면, 지역사회복지 협의체는 시・군・구에 설치하며 사회복지 사업과 보건 의료 사업의 대표자, 사회복지와 보건 의료 관련 공무원, 사회복지와 보건 의료 관련 전문가 등으로 구성한다. 또한 지역사회복지 협의체의 업무를 효율적으로 수행하기 위해 별도의 실무 협의체를 둔다. 이 규정에 따라 자치 단체 조례에서는 지역사회복지 협의체를 '대표 협의체'와 '실무 협의체'로 나누고 있다. 일반적으로 대표 협의체는 공공 부문과 민간 부문 그리고 이용자를 대표하는 위원으로 이루어진다.

「사회복지사업법」이 규정한 지역사회복지 협의체의 기능은 매우 모호하다. 「사회복지사업법」 제7조 1항에 보면, "지역사회복지 계획을 심의하거나 건의하고 사회복지・보건 의료 관련 기관・단체가 제공하는 사회복지 서비스 및 보건 의료 서비스의 연계 협력을 강화하기 위하여 지역사회복지 협의체를 둔다."고 되어 있다. 다만 조직과 운영에 대해서는 보건복지부령에 따라 시・군・구의 조례로 정할 수 있다. 보건복지부(2004)는 지역사회복지 협의체를 구성하는 초기 단계에서 운영 조례안을 제시한 바 있는데 여기에는 (대표) 협의체의 기능을 다음과 같이 제시하였다.

- 지역사회복지 계획의 수립, 시행, 평가에 관한 사항
- 사회복지 서비스 및 보건 의료 서비스의 연계와 협력에 필요한 사항
- 지역 주민의 복지 욕구 조사, 지역 내 복지 자원 조사와 개발에 관한 사항
- 시장, 군수, 구청장이 지역 복지 시책 추진을 위해 필요하다고 인정하는 사항
- 그 밖에 지역사회 복지 사업 전반에 대한 협의와 건의

한편, 실무 협의체의 기능으로 예시한 내용은 서비스의 연계와 협력에 관한 실무 협의, 지역사회복지 협의체에서 심의할 안건의 사전 검토, 지역사회 복지 증진을 위한 세부 사업의 실무 협의 등 모든 분야의 '실무'를 실무 협의체의 기능으로 지정하고 있다. 그러나 자치 단체의 조례에서는 이것과 상이한 규정도 나타난다.[17)]

지금까지 언급한 업무를 정리하면, 지역사회복지 협의체의 기능을 협치(governance), 연계(network), 통합 서비스 제공의 세 가지로 요약할 수 있다(보건복지부, 2009). 협치 기능은 지역사회의 복지 문제를 민간 부문과 공공 부문이 함께 논의·결정한다는 것을 의미한다. 연계 기능은 지역사회의 인적·물적 자원을 연계하고 조직하는 기능을 가리킨다. 통합 서비스 제공 기능은 지역의 서비스 공급 기능을 통합하여 전달 체계의 효율성을 높이는 기능이다.

---

17) 일례로 강남구 조례에 규정된 실무 협의체의 기능을 보면, '실무적'인 수준을 넘어선다. 즉 「국민기초생활보장법」 관련 사항, 저소득층 복지 증진에 관한 사항, 「의료급여법」 관련 사항 등을 심의·의결하는 기능이 실무 협의체에 주어진다. 반면에 송파구에서는 이런 기능을 대표 협의체에 부여하고 있다. 이것은 자치 단체 사이에도 차이점이 적지 않음을 보여준다.

(3) 운영 원칙

보건복지부가 제시한 지역사회복지 협의체의 운영 원칙은 다음과 같다.

첫째, 지역 특성을 적극적으로 반영해야 한다. 지역사회복지 협의체와 실무 협의체 구성의 역할 설정, 회의 운영 틀 등은 관계 법령의 범위 안에서 지역 특성을 반영하여 만들어야 한다.

둘째, 민주적 운영 원칙이다. 지역 주민과 서비스 수요자의 욕구가 반영될 수 있도록 민주적 대표성이 보장되어야 한다. 아울러 협의체에 참여한 사람들 사이에서 의사소통이 잘 이루어질 수 있도록 적절한 경로를 마련할 필요가 있다.

셋째, 지역 자원 활용의 극대화 원칙이다. 협의체는 지역 내의 자원과 인력의 연계 네트워크를 구축하고 복지 자원의 발굴과 활용의 극대화에 힘을 기울여야 한다.

넷째, 서비스의 효율성 제고 원칙이다. 서비스의 중복 제공을 최소화하는 한편, 서비스 누락이 발생하지 않도록 유의해야 한다.

(4) 과제와 대안

지역사회복지 협의체는 지역사회복지 네트워크의 일종으로 법정 네트워크의 성격을 갖는다. 법정 네트워크가 자생적 네트워크에 비해 네트워크의 잠재력을 제대로 발휘하기가 어렵다는 것은 널리 인정되고 있다(Graddy and Chen, 2006; 이주헌 · 박치성, 2010). 무엇보다도 네트워크 형성에서 핵심 요소가 되는 자발성이 법정 네트워크에는 부족하거나 부재하기 때문이다. 이것은 또한 민 · 관 협력체의 성격을 띠고 있어서 관의 영향력을 배제하기가 원천적으로 불가능하다. 더욱이 한국의 지역사회에서 민간 부문의 서비스 제공자들은 대부분 정부의 재정 지원과 기관 감독을 동시에 받고 있다.

이와 같은 현실에서 관이 주도하는 네트워크가 네트워크의 원칙을 충실히 따를 것으로 기대하기는 힘들다.

또 하나 중요한 문제는 지역사회복지 협의체가 조직간 네트워크의 성격을 분명하게 드러내지 않는다는 점이다. 관이 주도하는 법정 네트워크에서 관의 영향을 최소화하는 데에는 인적 네트워크(personal network)보다 조직간 네트워크가 더 낫다. 그러나 지역사회복지 협의체는 조직 자체가 아니라 조직 대표들의 모임으로 규정되어 있다. 즉 인적 네트워크처럼 구성된 셈이다. 한국의 지역 정치 상황에서 사회복지 기관의 대표들은 대부분 자치 단체장과 휘하의 관료들에게 민간 부문의 대표성을 주장할 수 있는 위치에 있지 않다. 이렇게 조직이 아니라 대표자들의 네트워크를 표방하는 지역사회복지 협의체에서는 협의체가 지향하는 협치의 원칙이 유린될 가능성이 크다. 이러한 문제를 방지하기 위해서 협의체를 조직 중심의 네트워크로 전환할 필요가 있다. 덧붙여 이 네트워크에는 지역의 자생적이고 민주적인 민간 복지 조직들이 참여할 수 있는 길도 열려야 한다.

2) 지역사회복지 협의회

(1) 개념과 역사

사회복지 협의회는 지역 내 각종 사회복지 기관과 주민의 연합체로서 지역사회의 복지 욕구를 대변하는 역할을 수행한다. 대부분의 연구자들은 사회복지 협의회의 기원을 19세기 말 영국과 미국에서 유행했던 자선 조직 협회(COS)에서 찾고 있다. 당시 자선 조직 협회의 주요 업무는 빈민에 대한 구호 활동을 조정하는 것이었다. 자선 조직 협회는 뒤에 사회복지 공동 모금회와 사회복지 협의회로 분화되었다.

한국에서 사회복지 협의회가 처음으로 결성된 것은 1952년이었다. 당시 한국전쟁의 와중에서 구호 활동을 펼치던 민간 사회복지 기관들이 모여 한국 사회사업 연합회를 만들었던 것이다. 연합회는 1970년에 오늘날의 공식 명칭인 한국 사회복지 협의회로 재출발을 하게 된다. 1985년부터는 시·도 지방 사회복지 협의회가 조직되기 시작하였으며, 1998년에 있었던 「사회복지사업법」 개정으로 시·도 사회복지협의회는 독립 법인이 되었다. 이어서 2003년 7월의 「사회복지사업법」 개정은 시·군·구 사회복지 협의회의 설립을 규정하였다.

(2) 기능과 역할

「사회복지사업법」에 규정된 사회복지 협의회의 기능은 사회복지에 관한 조사 연구와 정책 건의, 사회복지 관련 기관·단체 간의 연계·협력·조정, 사회복지 소외 계층 발굴 및 민간 사회복지 자원과의 연계·협력 등이다. 「사회복지사업법」 시행령에는 지역 수준에 따라 기능을 세분화하고 있다. 즉 전국 수준의 한국 사회복지 협의회는 아래에 열거한 업무를 수행한다. 한편, 시·도 협의회와 시·군·구 협의회는 상위 자치 단체와 협의회가 위탁하는 업무를 수행하도록 규정되어 있다.

- 사회복지에 관한 조사 연구 및 정책 건의
- 사회복지에 관한 교육 훈련
- 사회복지에 관한 자료 수집과 간행물 발간
- 사회복지에 관한 계몽과 홍보
- 자원 봉사 활동의 진흥
- 사회복지 사업에 종사하는 사람의 교육 훈련과 복지 증진
- 사회복지에 관한 학술 도입과 국제 사회복지 단체와의 교류

• 보건복지부 장관이 위탁하는 사회복지에 관한 업무

그러나 지역사회복지 협의회의 기능은 「사회복지사업법」의 협소한 규정에 얽매이지 말고 더욱 확장되어야 한다. 특히 사회복지 권리 옹호 운동이나 지역사회 조직화와 같이 관이 주도하는 지역사회복지 협의체가 하지 못하는 역할에 초점을 맞출 필요가 있다.

(3) 조직

「사회복지사업법」 시행령에 따르면, 중앙과 시·도 사회복지 협의회는 15인 이상 30인 이하, 시·군·구 협의회는 10인 이상 30인 이하의 이사로 이사회를 구성한다. 그리고 이사회가 협의회의 주요 업무를 심의·의결한다. 문제는 회원 구성 면에서 사회복지 시설이나 기관의 장이 압도적인 다수를 차지하고 있다는 점이다. 요컨대 사회복지 협의회가 사회복지 기관 협의회의 성격으로 변질될 가능성이 상존해 있다.

(4) 과제와 대안

먼저 사회복지 협의회에 일반 주민의 참여가 원천적으로 봉쇄되어 있어 일부 전문가와 명망가의 모임으로 끝날 공산이 크다. 따라서 일반 주민을 비롯한 비전문가의 참여가 적극적으로 이루어질 수 있도록 제도를 바꾸어야 한다. 그렇게 해야 주민 참여에 바탕을 둔 '지역사회 밀착형' 사회복지 협의회가 만들어질 수 있다. 다만 한 가지 주의할 것은 참여 확대와 협의회의 전문성이 상충하지 않도록 조직 운영의 지혜를 발휘해야 한다는 점이다.

사회복지 협의회는 취지와 동기로 볼 때 지역사회 중심 조직이 되어야 마땅하나 현실은 그렇지가 못하다. 한국의 사회복지 협의회는 광역 자치 단체 수준에서는 비교적 활발하게 활동하고 있으나 시·군·구 수준에서의 활동은 여전히 미약하다. 대부분의 시·군·

구 협의회가 이름만 걸어 놓고 있을 뿐 사실상 활동을 하지 않고 있으며 아예 설립조차 되지 않은 곳도 적지 않다. 이것은 바람직한 모습과 거리가 멀다. 사실, 중앙과 광역 수준의 협의회는 기본적인 조직만 갖추어도 무방하다.

과거 권위주의 정권이 지배하던 시절에 사회복지 협의회는 숱한 '관변 단체' 가운데 하나로 여겨졌다. 이러한 과거와 관행은 오늘날에도 협의회의 운영에 적지 않은 영향을 미치고 있는 것으로 보인다. 이것은 정부 지원에 상당히 의존하고 있는 재정 상태와도 무관하지 않다. 더구나 회원의 대부분이 사회복지 시설과 기관의 대표자이기 때문에 정부의 영향력에 쉽게 노출될 수밖에 없는 현실적 한계도 무시하기 어렵다. 이런 문제를 해결하기 위해서는 협의회의 인적 구성을 민주화하는 한편, 재정 자립을 이루기 위한 여러 가지 방안을 적극적으로 모색해야 한다.

현재 사회복지 협의회가 하는 일들은 사회복지 협의회의 특성을 제대로 반영하고 있지 못하다. 연구 조사, 기관 간 조정, 사회복지 홍보 등 간접 서비스 활동은 질적 수준이 낮거나 미약한 데도 불구하고, 협의회는 복지관 운영과 같은 직접 서비스 업무에 관심을 높이고 있다. 이런 현상의 배후에는 재정 문제도 개입되어 있는 것으로 보인다. 그러나 직접 서비스 활동은 기존의 사회복지 시설·기관과 불필요한 마찰과 갈등을 유발하여 사회복지 협의회의 입지를 좁히는 결과를 가져올 가능성이 있으므로 이에 대한 신중한 검토가 요구된다.

결국 사회복지 협의회는 지역 수준에 따라 기능과 역할을 시급히 재정립해야 할 상황에 놓여 있다. 더구나 지역사회복지 협의체가 만들어진 후에는 양자 사이의 역할 분담이 더 명확해져야 한다. 결론적으로 사회복지 협의회는 한국의 지역 현실이 요구하는 새로운 기능과 역할을 진지하게 모색해야 한다.

10
chapter

지역사회의 자원 동원

지역사회에서 다양한 실천 사업과 활동을 전개하는 데에는 상당한 돈과 인력 그리고 시간이 들어간다. 필요한 자원은 이것만이 아니다. 지역사회복지의 실천 과정에는 권력이나 금력을 가진 세력과의 싸움도 빈번하다. 여기에 필요한 자원에는 관계 형성, 정보, 대중의 지원, 홍보 능력, 정치적 분석 능력 등 다양한 소프트 파워(soft power)가 포함되어야 한다.

그러나 한국 사회와 같이 대부분의 사회복지 실천 활동이 정부를 비롯한 공공 부문의 지원 체제 하에서 이루어지는 상황에서 자원 동원에 대한 관심은 낮은 수준에 머물러 있었다. 오히려 공적인 지원 체제의 밖에서 활동하는 지역 조직이나 주민 단체들이 자원 동원 문제에 오래전부터 관심을 기울여 왔다. 공식적인 사회복지 실천 활동에 종사하는 사람들은 이들의 활발한 자원 동원 움직임에 영향을 받게 되었다. 아울러 사회복지 공동모금회나 기업의 사회공헌 활동이 증가하면서 자원 동원에 대한 관심도 함께 늘고 있다.

10장에서는 지역사회 자원의 개발 및 동원과 관련된 주제들을 다룬다. 이곳에서 우리는 자원 동원의 기본 이론과 방법에서부터 사회적 마케팅(social marketing)에 이르기까지 다양한 내용을 살펴볼 것이다.

1. 자원 동원의 이론

1) 자원 동원의 개념

지역사회복지의 증진이라는 목표를 내걸고 활동하는 모든 조직은 자신들의 비전과 가치를 실현하기 위해 지속적인 자원의 투입을 필요로 한다. 하지만 지역사회복지의 실천 활동에 종사하는 조직은 본질적으로 영리 추구 활동을 하지 않기 때문에 자체적인 소득 창출이 사실상 불가능하다. 이러한 조직적 특성으로 인해 지역사회복지 조직은 외부 자원에 상당 부분 의존할 수밖에 없다. 그런데 특정 자원이나 특정 제공자에 대한 의존도가 높으면 조직의 자율성이 심각하게 제약을 받는다. 따라서 자원의 원천을 다원화하는 것은 조직의 자율성과 유연성을 지키는 데 중요하다. 자원 동원은 이러한 목적에 부합하는 활동이다.

지역사회 자원 중에는 사용할수록 줄어드는 것이 있는가 하면, 사용할수록 도리어 늘어나는 것도 있다. 앞의 것을 경제적 자원이라 하고 뒤의 것을 도덕적 자원(moral resources)이라고 한다(Ganz, 2002). 경제적 자원은 돈이나 물질 같은 것이고 도덕적 자원으로는 관계, 헌신, 이해(understanding), 지지 따위가 있다.

지역사회에는 사회복지 실천에 필요한 자원이 다양하게 존재한다. 그 중에 어떤 것은 즉시 사용이 가능한 자원이 있는가 하면 광물질을 함유한 원석처럼 다듬고 가꾸어야 제대로 사용할 수 있는 자원도 있다. 예를 들어 수중에 있는 돈은 금방 사용이 가능하나 인력 자원은 대부분 교육과 훈련을 거쳐야 효과를 낸다. 또한 치밀한 준비와 분석 과정을 통해 찾아낼 수 있는 자원도 적지 않다. 특히 인적 네트워크나 헌신(commitment)과 같은 무형 자원이 그러하다.

이렇게 필요 자원의 소재와 원천을 밝히고 기존 자원의 가용성을 높이며 예비 자원의 저량(貯量, stock)을 증대시키는 지역사회 실천 활동을 일컬어 자원 동원(resources mobilization)이라고 한다. 궁극적으로 자원 동원은 자신들의 비전과 가치를 공유할 지지 세력을 형성하고 이 관계를 관리하는 과정이라고 할 수 있다.

자원 동원은 다음 세 가지 내용이 통합된 과정이다(Venture for Fund Raising, 2010).

첫째, 자원 동원의 주체가 되는 조직의 비전과 가치를 확립하고 자원 동원의 필요성을 인식하는 일이다. 이것은 자원 동원의 이유와 목적을 분명하게 정리하는 일이라고 할 수 있다. 자원 동원은 이 목적을 실현하기 위한 도구에 지나지 않는다.

둘째, 자원 동원은 잠재적 지지 세력이 이해할 수 있는 언어와 방식으로 가치와 이해관계를 공유할 터전을 마련하는 일이기도 하다. 아무리 고상한 가치를 내세워도 잠재적 자원 제공자가 그것을 이해하고 공감해야 자원 동원에 성공할 수 있다.

셋째, 자원 동원은 잠재적 자원 제공자가 조직과 밀접한 관계를 형성하도록 관리하는 일이다. 잠재적 자원 제공자와의 밀접한 관계 형성이 자원 제공의 가능성을 높이는 토대가 된다.

2) 인적 자원 동원의 모델과 전술

지역사회복지의 실천에서 돈을 비롯한 물적 자원보다 중요한 의미를 갖는 자원이 바로 인적 자원이다. 물적 자원은 아무리 많아도 실천의 수단에 지나지 않는다. 반면에 인적 자원은 실천의 동반자가 될 수 있다.

(1) 동원 모델

사람을 동원하여 지역사회 실천에 참여시키는 방법은 다음과 같은 모델 가운데 하나를 따르는 것이 일반적이다(Rubin and Rubin, 2007).

① 보스턴 모델(Boston Model)

단일 쟁점을 내건 회원 조직의 경우에는 조직가들이 잠재적 회원을 일대일로 접촉하여 회원을 모집한다. 구체적으로는 조직가들이 지역사회 사정에 정통한 몇 사람(key community gatekeepers)을 선정하고 이들로부터 잠재적 회원의 명단을 넘겨받아 개별적으로 접촉하는 방식이다. 급박한 위험과 싸우기 위한 지역사회 조직은 대개 이러한 방식으로 사람을 모은다.

② 앨린스키 모델(Alinsky Model)

다양한 지역사회 문제에 대항하기 위해 기존의 지역사회 조직들을 한꺼번에 동원하는 방식이다. 일반적으로는 지역사회의 일부 집단이 초기 사업에 필요한 자금을 마련해 놓고 전문적인 조직가들을 초청하여 지역사회 조직화를 이끌어 달라고 부탁한다. 외부에서 들어온 전문 조직가들은 지역사회의 기존 리더들과 함께 공동 전선에 참여할 가능성이 있는 지역사회 조직을 찾아 일종의 연맹을 결성한다.

③ ACORN 모델(ACORN Model)

ACORN은 「지역사회 조직과 즉시 개혁을 위한 연합」의 약자로서 미국 최대의 지역사회 운동 조직이다. 전문적인 ACORN 조직가들이 지역사회에 들어와 조직 사업을 벌이는 점은 앨린스키 모델과 비슷하다. 그러나 ACORN 조직가들은 앨린스키 모델의 조직가들과 달리 지역사회 조직들을 상대하지 않고 개인을 상대한다. 보스턴 모델과 앨린스키 모델의 혼합형이라고 해도 무방하다.

④ 진보적 옹호 모델(Progressive Advocacy Model)

전국을 활동 무대로 삼는 사회 운동 조직에서는 일반 회원이 직접적으로 활동에 참여하는 일은 거의 없다고 해도 과언이 아니다. 이런 조직에서는 전일제로 일하는 스태프 멤버들이 사회적 공동선이나 사회의 약자를 위해 의제를 개발하고 운동을 펼쳐나간다. 이와 같은 조직에서의 인적 자원 동원은 직접 활동가의 충원을 뜻하기보다는 운동 조직을 뒷받침할 회원의 충원을 가리킨다. 즉 정기적으로 회비를 낼 회원의 충원이 동원의 최대 관심사가 된다. 참여연대나 경실련과 같은 단체의 인적 동원은 바로 이러한 모델에 입각하고 있다.

(2) 동원 전술

인적 자원의 동원 전술은 기존 조직의 활용, 개별적 접촉, 사회·경제적 네트워크의 활용으로 대별된다.

① 기존 조직의 활용

기존 조직을 활용하는 것은 가장 빨리 사람을 동원할 수 있는 방법의 하나이다. 이런 전술을 사용하는 활동가들은 지역사회의 여러 조직들을 면밀히 조사한 뒤에 참여 가능성이 높은 조직이나 집단의 지도자들과 접촉하여 지역사회 실천에 동참할 것을 권유한다. 물론 기존 조직의 구성원들이 새로운 조직에 흡수되는 것이 아니라, 연맹(confederation)과 같은 일종의 우산 조직(umbrella organization)을 만들어 기존 조직의 자율성을 지키면서 동등한 자격으로 참여하는 것이다.

기존 조직의 활용에는 아무래도 조직간 경쟁 문제가 개입되기 때문에 어려움이 있을 수 있다. 연맹의 토대가 될 조직과 연맹 조직의 리더를 정하는 문제가 특히 분란을 일으킬 소지가 많다.

② 개별적 접촉

지역사회 주민들을 개별적으로 접촉하여 지역사회 실천에 동참하도록 하는 방법이다. 개별적 접촉의 방법은 호별 방문, 우편물 발송, 사랑방 좌담회, 동네 이발소·미장원과 같이 사람이 모이는 곳에서의 대화 등 다양하다. 어떠한 방법을 사용하든 간에 초점은 반대자가 아니라 잠재적 지지자에 집중되어야 한다. 즉 반대자를 찾아다니며 설득을 하는 것보다는 지지할 가능성이 높은 사람을 찾아서 이들의 동참을 권유하는 것이 효율적이다.

또 하나 중요한 것은 이들 잠재적 지지자들에게 그들의 힘으로 변화를 가져올 수 있다는 점을 강조해야 한다. 이들에게 당면한 문제에 관해 가르치거나 훈계하는 것은 동원에 아무런 도움이 되지 않는다.

③ 네트워크의 활용

네트워크(network)란 서로 이미 사회적으로 알고 있는 사람들 사이의 결속 관계를 의미한다. 네트워크에 속해 있는 사람의 동원은 그렇지 않은 사람에 비해 훨씬 쉽다는 것이 정설이다. 조직가는 이들을 직접적으로 접촉하는 것보다는 네트워크 내부의 동료를 통해 접촉하는 것이 동원에 더욱 효과적이라는 사실을 염두에 두어야 한다. 그것은 네트워크에 속해 있는 사람들이 서로 상대방의 견해나 정서를 잘 이해하고 있을 뿐만 아니라, 네트워크 내부에는 일종의 內집단 편향(in-group bias)이 작용할 가능성이 크기 때문이다. 또한 쟁점에 따라 접촉할 네트워크도 달라야 한다는 점도 잊지 말아야 한다.

(3) 동원을 위한 유인(incentives)

인적 자원의 동원을 위해 잠재적 지지자를 접촉하다 보면, 그들의 반응도 갖가지로 나타남을 알 수 있다. 단순히 명분 자체에 마음이 움직여 기꺼이 동참하는 사람이 있는가 하면, 명분에는 공감을 표시한다면서도 실제로는 거부하는 사람에 이르기까지 다양하다. 따라서 조직가는 효과적인 동원을 위해 적절한 유인책을 제시할 필요가 있다.

① 물질적 이익에 대한 기대

지역사회 실천에 동참할 경우에 개개인에게 물질적 이익이 돌아올 것을 강조하는 방법이다. 가령 지역사회의 복지 수준을 제고하기 위한 운동을 벌이고 있는 조직에서는 이 운동으로 데이케어(day care) 서비스의 무상 제공이 가능해질 수 있음을 상기시킴으로써 개인의 참여를 유도할 수 있다.

그러나 이러한 유인을 지나치게 강조하는 조직은 오래가지 못한다는 점도 기억해야 한다. 물질적 유인에 길들여진 사람은 물질적 유인이 떨어지거나 부족해지면 조직과 운동을 쉽게 이탈할 것이기 때문이다.

② 연대성에 대한 호소

이것은 지역사회의 연대성에 대한 개인의 책임감에 호소함으로써 참여를 이끌어내는 방법이다. 연대성 호소는 다음과 같은 방법으로 개인을 움직일 수 있다.

첫째, 사람은 자신이 심리적으로 동일시하고 있는 지역사회를 보호하기 위해 조직 활동에 적극적이 된다.

둘째, 사람은 자신이 속한 특정 집단을 지지하기 위해 열심을 낼 가능성이 있다. 여기에서 특정 집단은 자신의 인구학적, 사회적, 경제적 특성을 공유하는 집단을 말한다. 가령 도시 재개발로 강제 철거의 위협을 받고 있는 사람들이 철거 반대 운동을 펼치는 조직에 가담하는 것은 이러한 유인이 작용한 것으로 볼 수 있다. 물론 이들의 참여가 단순한 연대성 유인에 그치지 않고 물질적 이익과 연결되어 있는 경우도 많다. 그러나 이러한 경우에 물질적 이익은 즉시 직접적으로 발생하기보다는 긴 시간에 걸쳐 천천히 파급되므로 이들의 참여는 연대성 호소에 반응한 것으로 평가할 수 있다.

③ 조직 참여의 보람과 만족감

조직에 참여해서 유의미한 일을 행하고 그 결과에 대하여 보람과 만족감을 느낄 수 있는 것도 참여를 촉진하는 유인이 되기에 충분하다. 그러자면 리더십 개발 프로그램을 토대로 참여 주민이 자신의 능력을 발휘할 수 있는 기회를 널리 제공하는 한편, 주민들의 참여가 승리로 이어질 것을 확신시키는 노력도 함께 기울여야 한다. 조직을 통한 승리의 경험이야말로 가장 확실하게 지속적인 참여를 이끌어낼 수 있다. 특히 초기 단계에서의 승리는 지속적인 동원에 큰 활력을 불어넣는다. 지역사회 실천가들이 작은 승리를 소중하게 생각해야 하는 것은 바로 이러한 이유 때문이다.

3) 물적 자원 동원의 전략적 절차와 방법

(1) 전략적 절차

① 상황 분석

모든 계획은 상황 분석(situational analysis)으로부터 시작된다. 말 그대로 상황 분석이란 조직이 현재 어떠한 상황에 놓여 있는지를 분석하는 일이다. 상황 분석은 자원 동원의 필요성과 필요량 그리고 역량 등을 점검하는 데 도움을 준다. 상황 분석에는 여러 가지 방법이 있으나 가장 일반적으로 쓰이는 것은 SWOT 분석이라고 하겠다.[1] SWOT 분석은 조직의 사명을 달성하는 데 강점(strengths), 약점(weaknesses), 기회(opportunities), 그리고 위협(threats)이 되는 요소가 무엇인지를 밝혀내는 작업이다. 강점과 약점은 조직의 내부 역량에 관한 것이고 기회와 위협은 외부 여건과 관계가 있다.

자원 동원을 준비하는 단계에서는 상황 분석과 함께 다음과 같은 내용도 포함되어야 한다.

첫째, 자원 동원(가령 모금 활동)과 관련된 법적 규정을 충분히 숙지한다.

둘째, 다른 조직과 기관의 자원 동원 활동을 벤치마킹(benchmarking)한다.

셋째, 자원 동원 과정에서 예기치 않은 논란을 일으키지 않도록 윤리적·도덕적 기준을 명시한다. 자원 동원에 골몰하다 보면 윤리적으로나 도덕적으로 무리한 방법을 시도하는 경우가 생긴다. 이런 일로 문제가 야기되면 조직의 자원 동원은커녕 조직 자체가 치명적인 타격을 받을 수가 있다.

② 지역사회 자산 지도 작성

자원 동원의 실질적인 첫 단계는 자원의 소재를 파악하는 일이다. 이것과 관련해서 가장 기본적으로 쓰이는 방법은 지역사회 자산의 지도 작성(community asset mapping)이라고 하겠다. 지역사회 자산 지도 작성은 지역사회에 있는 각종 자산의 목록을 체계적으로 작성하는 것이나 이것이 꼭 공간적 지도를 의미하지는 않는다(Kretzmann and McKnight, 1993). 사실 대부분의 지역사회 자원

1) SWOT는 Strengths, Weaknesses, Opportunities and Threats의 약자이다.

은 공간적 성격과는 무관하다. 자원 지도 작성에 필요한 정보는 지역사회 서베이와 지역사회 조직화를 통해 얻을 수 있다.

그렇지만 지역사회 자산 지도 작성은 어디까지나 자원 동원의 배경 작업에 불과하다. 왜냐하면 자원 동원은 지역사회라는 물리적·사회적 영역에 국한된 것이 아니기 때문이다. 특히 재정 자원의 동원은 지역사회의 틀을 넘어야 하는 경우가 훨씬 많다. 반면에 인적 자원이나 사회적 네트워크와 같은 무형 자원은 대부분 지역사회 내부에서 충당한다. 그리고 이렇게 하는 것이 지역사회의 연대감과 역량을 강화하는 데 기여할 수 있다.

③ 이해관계자 집단의 파악과 관계 형성

자원 동원에서 이해관계자(stakeholders)란 지역사회복지 실천 조직의 비전과 사명에 공감하거나 지지할 가능성이 있는 개인, 집단, 조직, 기관 등을 말한다. 아울러 이 조직의 활동으로 혜택을 입는 사람들도 이해관계자에 포함된다. 이해관계자 집단은 지역사회복지 실천 조직과 직접·간접으로 연결되어 있을 뿐만 아니라 조직의 존재와 발전에 관심을 기울인다. 이해관계자 집단의 지지는 자원 동원의 외연을 확장하는 데 기본 토대의 역할을 한다. 조직과 관련된 집단의 지지를 얻지 못하는데 조직과 무관한 사람들의 도움을 얻기는 더욱 어렵기 때문이다.

이해관계자 집단을 파악한 다음에는 이들이 조직의 비전과 가치에 공감하고 자신들이 지닌 자원을 제공할 수 있도록 적절한 여건과 분위기를 만들어야 한다. 이것의 요체는 관계 형성(relationship building)이다. 관계 형성은 단순한 연결만을 의미하지 않는다. 그것의 핵심은 조직의 비전과 사명을 효과적으로 전달하는 일이다. 여기에서 초점은 비전과 사명의 전달 자체가 아니라 그것의 시급성을 상대방이 느끼고 반응하는 데 맞추어져야 한다. 이러한 과제에 자주 쓰이는 방법은 '키 메시지'(key message)의 개발이다. 이것은 조직의 비전과 사명을 담되 상대방이 쉽게 이해하고 공감할 수 있는 성격을 띠어야 한다. 따라서 키 메시지는 감동을 주고(inspiring), 기억하기 쉽고(memorable), 적극적이고(positive), 분명하며(clear) 관심을 끄는 힘이 있어야 한다(attention-grabbing).

그런데 이해관계자 집단의 파악과 관계 형성에는 한 가지 전제 조건이 필요하다. 조직에 대한 긍정적 평판을 확보하는 일이다. 평판이 좋은 조직이 그렇지 못한 조직에 비해 자원 동원에서 성공 가능성이 높을 것임은 자명하다. 조직의 긍정적 평판이나 이미지는 프로그램의 효과성, 조직의 전문성, 구성원의 신뢰도, 지역사회와의 관계 등에 달려 있다.

④ 자원 동원의 방법 선택

자원 동원의 방법으로는 보조금·지원금(grant) 신청, 자체적인 소득 창출 활동(예컨대 바자회), 편지 발송, 기업 협찬 요청, 기타 모금 활동 등을 꼽을 수가 있다. 한편, 인적 자원의 동원 방법에는 지역사회 조직화, 봉사자 모집과 교육·훈련, 캠페인 등이 쓰인다.

자원 동원의 방법 선택에서 핵심 원리는 자원의 원천(resource sources)을 적절하게 혼합하는 것이다. 적절한 혼합이란 단순히 자원 원천을 다변화하는 데 그치는 것이 아니라 각 원천의 특성에 맞는 접근 방식을 적용함을 의미한다. 이것은 특정 자원에 대한 의존도를 낮추기 위한 목적은 물론 자원 동원의 효과성을 높이는 데에도 도움을 준다.

(2) 방법

① 회비

조직의 구성원으로부터 회비를 거두는 일은 가장 손쉬운 자금 동원 방법의 하나로 널리 쓰이고 있다. 회비의 최대 장점은 조직 구성원의 충성심을 확인하는 동시에 조직의 자율성을 유지할 수 있다는 점이다. 반면에 회비로는 충분한 자금을 모으기가 어렵다는 단점이 있다. 또한 회비가 조직 구성원의 자격 조건처럼 여겨져서 지역사회 실천의 원리와 상충될 수도 있다.

② 조직 홍보와 마케팅

조직의 목적, 취지, 아이디어 등을 지역사회에 널리 알려서 지역사회로부터의 기부를 극대화시키는 방법이다. 이것은 본질적으로 조직을 지역사회에 판매하는 행위이기 때문에 일종의 마케팅(marketing)으로 볼 수 있다. 비영리조직(NPO)의 마케팅이란 조직이 필요로 하는 것을 얻기 위해서 무엇인가 가치 있는 것과 교환하는 과정이다. 마케팅에서는 이미지 형성, 친구(동조자, 지지자) 만들기, 지역사회와의 관계 등이 중요하다.

③ 외부 그랜트 신청

큰 규모의 자금을 필요로 할 때는 정부 기관이나 외부 재단 또는 지역사회 공동 모금회에 그랜트(grants)를 신청할 수 있다. 얼마 전까지만 해도 지역사회 실천에 대한 지원금은 선진 외국에서나 볼 수 있는 현상이었지만 최근에는 한국에서도 지원 기관이 늘어나고 있다. 대기업이 세운 각종 복지 재단과 사회복지 공동 모금회가 대표적인 예이다.

그랜트는 정부, 재단(foundations), 기금(funds), 기타 공익 법인, 기업 등이 개인, 조직, 사업, 프로그램 등에 제공하는 금전적 지원 또는 기부를 의미한다.[2] 이것은 반환을 할 필요가 없는 돈이지만

2) 이것을 흔히 보조금이나 지원금으로 번역하고 있지만, 그 의미가 너무 제한적이어서 여기에서는 원어 그대로 그랜트라고 표현하기로 한다. 아울러 여기에서 말하는 그랜트에는 정부 지원금은 포함되지 않는다.

제공자가 의도하는 바에 따라 사용되어야 하므로 용도가 제한된다. 그랜트는 제공자가 특정 주체를 지정하여 제공하는 경우도 있으나 대부분 공모 형식을 취한다.

그랜트 신청서는 다음과 같은 내용을 담아야 한다(The World Bank, 2007).

첫째, 상황 진술로 자신들의 지역사회가 직면하고 있는 중요한 문제와 관련 프로젝트의 필요성을 설명한다.

둘째, 신청 기관에 관한 정보로 조직의 구성과 활동 내역은 물론, 자신들의 역량과 적합성이 명시되어야 한다.

셋째는 프로젝트의 기술(記述)인데 목표와 목적, 활동 내용, 시행 방법, 대상 집단, 기대 효과 등이 포함된다.

넷째, 예산 내역으로 프로젝트 비용, 신청 금액, 여타 재원의 조달 방법 등을 밝힌다.

마지막으로 모니터링과 평가에 관한 내용인데 프로젝트의 시행 과정을 감독하고 그 결과를 평가할 방법을 기술한다.

④ 특별 이벤트

특별 이벤트는 특정한 날이나 기간을 정해 서비스, 생산물, 행사 등을 제공하고 여기에 비용을 부과하는 방법이다. 일일 찻집, 세차 행사, 바자회 같은 것이 대표적인 모금 이벤트이다. 이러한 이벤트는 일회성 경비를 조달하는 데 사용해야 그 효과가 크다. 지역사회 실천가는 모금 이벤트를 단순히 돈을 모으는 기회가 아니라 지역사회의 결속력을 강화하는 기회로 삼아야 한다.

특별 이벤트는 모금 활동 외에도 숱한 사람을 접촉하면서 잠재적 기부자를 발굴할 수 있는 기회를 제공한다. 조직에 따라서는 이 특별 이벤트를 일회성 행사가 아니라 지역사회 차원에서 함께 즐기고 참여하는 정기 행사 또는 축제로 발전시키는 경우도 있다. 이러한 경우에는 이 행사가 주최 조직의 브랜드로 인식되어 해당 조직의 대중화에 기여하기도 한다.

특별 이벤트를 준비하는 조직은 행사가 조직의 대의명분에 비추어 적합한가를 면밀히 살펴볼 필요가 있다. 이를테면 양성 평등 운동에 종사하는 지역사회 조직이 미인 선발 대회를 특별 행사로 연다면 그것은 조직의 대의명분에 적합하다는 평을 받기 어렵다. 또한 행사의 시점과 대상 집단과의 정합성도 매우 중요하다. 행사의 시점을 선택하는 것은 가장 많은 청중을 모을 수 있는 시기와 일자 그리고 시간대를 정하는 일을 넘어선다. 그것은 시의성(時宜性)까지 감안해야 한다. 즉 여러 가지 요소를 고려하여 대중이 적절하다고 여기는 시기를 선택해야 한다는 뜻이다. 행사의 정합성은 행사가 행사 참여 예상 집단의 사회적·문화적 속성과 부합해야 한다는 점을 의미한다. 가령 참여자 가운데 노인들이 압도적으로 많을 것으로 예상되는 상황에서 로큰롤(rock'n roll) 행사를 연다면 호응도는 그렇게 높지 않을 것이다. 마지막으로 행사의 후원자를 고르는 일도 중요하다. 후원자를 고를 때는 재정적인 측면 외에도 조직의 사명이나 대의명분에 보탬이 될 수 있는 후원자를 골라야 한다.

⑤ 직접 모금 활동

직접 모금 활동은 특별 행사와 같은 매개 과정이나 형식에 의존하지 않고 모금 자체를 목적으로 하는 활동을 가리킨다. 직접 모금 활동은 조직의 가용 자원을 늘리는 목적도 있지만 조직의 자율성을 지켜서 비전과 사명을 효과적으로 수행하기 위한 목적도 아울러 갖는다. 직접 모금 활동의 결과물인 기부금품은 그랜트와 달리 용도 제한이 없거나 비교적 느슨하다. 또한 이것은 그랜트가 지원하지 않는 일상적인 운영비에도 사용할 수 있어 조직의 재정적 유연성을 높이는 데도 기여한다. 지역사회복지 조직이 얻을 수 있는 기부금품은 정기적인 소액 기부가 주류를 이룬다. 흔히 후원금이라고 불리는 이 소액 기부는 그 액수가 크지 않지만, 대부분 정기적인 기부의 형태를 띠고 있어서 예측이 가능하고 향후 기부 증대의 토대가 될 수 있다. 한국의 경우 지역사회복지 조직에 대한 큰 액수의 기부는 매우 드물다. 그러나 정기 후원자로 하여금 특별 기부의 형식으로 가끔 정기 후원금의 몇 배를 내도록 하는 것은 그리 어렵지 않다. 아울러 적정한 규모의 잠재적 기부자를 발굴하는 것도 중요하다. 또 현금 외에 물품, 서비스, 시간, 재능 등 다양한 내용의 기부에도 관심을 기울일 필요가 있다.

직접 모금 활동의 대상을 크게 개인과 기관으로 나누어 생각해 보자. 개인에 대한 모금 활동으로는 직접 방문, 편지 보내기, 모금함 설치 등이 있다. 직접 방문 대상자는 평소에 조직과 우호적이고 밀접한 관계를 유지하던 인물 중에서 가능성이 큰 인사를 중심으로 선택한다. 편지 보내기는 모금 활동의 역사가 긴 서양에서 가장 많이 쓰는 방법이다. 이 방법이 효과를 보려면 먼저 기부 가능성이 있는 잠재적 대상자 명단을 확보하고 있어야 한다. 또한 편지의 내용과 형식이 정중하면서도 호소력을 갖추어야 함과 동시에 시점의 선택도 중요하다. 대부분의 기부가 연말연시에 이루어지는 것은 바로 이 시기가 사람의 마음을 움직이기에 적합하기 때문이다.

모금함 설치는 설치 장소에 대한 상대방의 동의를 얻어야 하고 모금 조직의 지명도가 상당하지 않으면 큰 효과를 보기 어려우므로 누구나 쓸 수 있는 방법은 아니다. 더구나 한국 사회에서는 모금함에 대한 부정적 인식도 적지 않아서 신중하게 접근할 필요가 있다. 하지만 자체 건물이나 우호적 관계를 유지하는 기관(가령 후원 기업)에 설치하는 것은 시도할 만하다.

직접 모금의 대상이 되는 기관에는 기업과 각종 사회 조직이 있다. 기업 중에 먼저 접촉할 대상은 지역사회에 소재하고 있는 것들이다. 이러한 기업은 지역사회의 상황을 어느 정도 숙지하고 있으므로 접촉이 비교적 용이하다. 게다가 이들은 지역사회의 평판이나 지지를 필요로 하기 때문에 지역 복지 조직의 요청에 어떤 형태로든 반응할 가능성이 크다. 그러나 지역에 소재한 기업이라도 규모가 큰 기업이라면 접촉 자체가 어려운 경우가 많다. 이와 같은 경우에도 중요한 것은 역시 조직의 평판과 신뢰도이다. 평판과 신뢰도가 높은 지역사회복지 조직일수록 상대방으로부터 긍정적인 반응을 얻어내기가 쉽다.

접촉이 어려운 기업이지만 기부 가능성이 있는 경우에는 사회적 네트워크를 활동하는 것이 좋다. 필요하다면 해당 기업에 영향을 미칠 수 있는 관계자로부터 추천장을 받는 것도 도움이 된다. 이러한 경우에도 상대방이 부당한 간섭이나 압력으로 느끼지 않도록 세심한 준비와 배려를 해야 함은 물론이다.

지역사회에는 명분이 있는 일에 종종 기부를 하는 사회 조직이 적지 않다. 로터리 클럽(Rotary Club)이나 라이온스 클럽(Lions Club)처럼 봉사 활동으로 유명한 조직은 말할 것도 없고 청년회의소(Junior Chamber), 각종 골프 클럽, 동창회, 향우회 등 숱한 자원 조직이 존재한다. 이와 같은 조직들에게 기부를 요청하기 전에 해야 할 일은 해당 조직의 기부 역량을 점검하는 것이다. 각종 클럽이나 친교 조직은 대부분 소득 창출 활동을 하지 않기 때문에 기부 역량이 매우 제한되어 있다. 또한 이 조직들을 대상으로 기부 요청을 하는 다수의 모금자도 감안해야 한다. 즉 기부 요청을 하는 조직은 나 혼자가 아니라는 점에 유념할 필요가 있다. 이것은 결국 모금 활동에서 지역사회복지 조직이 경쟁력을 갖추어야 한다는 결론으로 이어진다.

⑥ 非현금 자원의 모색

非현금 자원(in-kind resources)은 물품, 인력, 서비스를 모두 아우르는 개념이다. 지역사회 실천가는 현금은 물론 현금 이외의 자원도 현금과 마찬가지의 가치를 지니고 있음을 간과해서는 안 된다. 또한 현금의 기부보다는 물품의 기부가 상대적으로 쉽게 이루어질 수 있으므로 非현금 자원의 동원에도 관심을 기울여야 한다.

⑦ 자원 공유

다른 조직과 자원을 공유하는 것도 부족한 자원을 효율적으로 쓸 수 있는 방법의 하나이다. 자원 공유에는 사무실 공간, 장비, 인력의 공유 등이 포함된다. 자원 공유가 성공하기 위해서는 최적의 파트너를 선정하는 것이 가장 중요하다. 구체적으로 말하자면 철학을 공유하면서도 실제적인 일에서의 협력이 가능한 상대방을 골라야 한다. 자원 공유는 우리나라의 사회 운동 단체들도 자주 사용하는 방법이다. 특히 물질적 토대가 취약한 진보적 단체들이 이런 방법을 애용하고 있다.

2. 자원 동원과 사회 마케팅

최근 지역사회의 자원을 둘러싼 지역 복지 조직의 경쟁은 갈수록 거세지고 있다. 지역 자원은 한정되어 있는데 이것을 개발·동원하려는 주체는 빠르게 늘어나는 중이다. 전통적인 지역 복지 조직은 물론, 다양한 비영리 조직이 자원 동원 활동에 나서고 있다. 따라서 종래의 낡은 방법에 의지한 자원 동원은 효과도 낮고 조직의 활성화에도 큰 도움이 되지 못한다. 필요한 것은 새로운 상황에 걸맞은 대응 방식이다. 새 방식은 자원 동원 자체에 골몰하는 것보다 자원 동원에 필요한 저력과 토대를 튼실하게 갖출 것을 요구한다. 즉 지역사회에 조직의 비전과 사명을 알리고 평판과 신뢰성을 제고하는 것이 자원 동원의 선결 과제라는 말이다. 이러한 과제를 수행하는 데 널리 쓰이는 방법이 이른바 사회 마케팅(social marketing)이다.

1) 사회 마케팅의 개념

마케팅을 간단히 정의하면 상품과 서비스의 판매 증진에 필요한 기법과 전략을 연구하고 개발하는 활동이다. 사회 마케팅은 일반적인 마케팅 기법과 원리를 채용하지만 팔려고 하는 상품의 종류와 특성이 다르다. 즉 사회 마케팅은 상품과 서비스가 아니라 사회적 아이디어, 태도, 행태 등의 '판매'에 관심을 쏟는다. 예를 들어 공공장소에서의 금연 운동이나 안전벨트 매기 캠페인은 대중의 행태를 바꾸기 위한 것으로 사회 마케팅의 대표적인 사례로 여겨진다. 이러한 활동은 특정 집단의 행태나 태도를 변화시키려는 전략의 일환이다. 그리고 이 전략의 혜택은 표적 집단의 구성원들과 사회 전체가 받게 된다. 이 부분에서 사회 마케팅은 일반 마케팅과 결정적으로 갈라진다. 일반 마케팅의 목적은 마케팅의 주체가 이익을 얻는 데 있다.

결론적으로 사회 마케팅은 사회적 이익 또는 공동선의 실현을 위해 바람직하다고 여겨지는 사회적 아이디어를 대중이 수용하도록 설득하는 데 마케팅 원리와 기업을 사용하는 것이다(Kotler and Andreasen, 1995). 이것을 다음처럼 표현할 수도 있다. 사회 마케팅은 표적 집단의 자발적 행태를 변화시키려는 목적으로 고안된 프로그램에 상업적 마케팅의 개념과 도구를 적용하는 전략적 과정이다(Andreasen, 2000). 이러한 사회적 마케팅의 주된 목표는 표적 집단의 후생 개선에 기여하고 나아가 사회 전체의 이익을 증대하는 데 있다.

사회 마케팅은 다음과 같은 구성 요소를 필수적으로 가지고 있어야 한다(Lefebvre and Flora, 1988; National Social Marketing Centre, 2006).

첫째, 소비자 지향(consumer orientation)인데 이것은 사회 마케팅이 소비자의 적극적 참여를 보장하는 방향으로 이루어져야 한다는 뜻이다. 쉽게 말해서 사회 마케팅의 주체가 소비자의 이해 부족이나 수동적인 반응을 탓하지 말고 소비자가 수용할 수 있는 방식으로 접근하는 것이 중요하다. 이렇게 하기 위해서는 소비자의 욕구와 필요에 대한 정확한 사정(査定, assessment)이 먼저 이루어져야 한다.

둘째, 자원과 가치의 자발적 교환(voluntary exchange)이다. 교환은 시장 메커니즘의 기본 요소인데 이것은 자발성에 기초하고 있다. 자발적 교환을 촉진하기 위해서 사회적 마케팅은 소비자가 진정으로 원하는 것을 제공해야 한다. 아무리 좋은 상품(즉 사회적 아이디어)을 가지고 있어도 소비자가 수용하지 않으면 소비자의 행태 변화라는 소기의 목적은 달성하기 어렵다.

셋째, 특정한 행태 목표(specific behaviour goals)가 설정되어 있어야 한다. 이것은 문제가 되는 행태를 바람직하다고 여기는 행태로 변화시키려는 목표라고 할 수 있다. 행태 목표의 설정은 행태 이론에 바탕을 둔 정밀한 행태 분석에 바탕을 두어야 한다.

넷째, 표적 집단에 대한 분할 접근(segmentation approach)이 필요하다. 사회 마케팅이 효과를 발휘하려면 표적 집단을 포괄적으로 접근할 것이 아니라 일정한 동질성을 가진 하위 집단으로 나누어 접근하는 것이 좋다.

2) 마케팅 혼합

마케팅 분야에서 마케팅 혼합(marketing mix)은 아마도 가장 유명한 용어 가운데 하나일 것이다. 마케팅 혼합이란 마케팅의 목적 달성에 알맞도록 일련의 마케팅 요소를 결합하는 과정으로 요약할 수 있다. 마케팅 혼합의 요소들은 흔히 4P로 나타낸다.[3] 4P는 상품(product), 가격(price), 판매 촉진(promotion), 장소(place)를 의미한다. 기업의 마케팅이란 결국 소비자가 원하는 상품(product)을 제 가격(price)에 적절한 장소(place)에서 적절한 판매 촉진 활동(promotion)을 통해 팔기 위한 전략 활동이다. 이 마케팅 혼합은 사회 마케팅에도 그대로 적용할 수 있다.

사회 마케팅에서 상품은 마케팅 주체가 표적 집단이 수용했으면 좋겠다고 생각하는 특정 지식, 태도, 행태 따위를 가리킨다. 예를 들어 주민들의 적극적인 자원 활동이 지역사회의 역량을 증대시킨다고 생각하는 지역 조직이 있다면, 이들의 생각이 바로 사회 마케팅의 상품이 될 수 있다. 사회 마케팅의 상품은 표적 집단의 가치, 신념, 필요·욕구에 기본적으로 부합해야 하며 기존의 특정 문제에 대해 해법이 될 수 있어야 한다. 가령 지속적인 혈액 부족 상태를 겪고 있는 상황에서 “헌혈이 타인의 생명을 구하는 신성한 행위”라는 사회적 아이디어는 대중의 가치관에 부합하는 ‘상품’일 뿐만 아니라 혈액 부족 상태를 해결하는 방법이 될 수 있다.

표적 집단이 해당 사회적 아이디어나 관련 프로그램을 수용하기 위해서는 일정한 비용을 치러야 한다. 이 비용에는 돈, 시간, 노력, 심리적 갈등, 쾌락, 생활 방식 등 다양한 것들이 포함된다. 이것이

3) 경우에 따라서는 P의 수를 늘린 모델을 제시하기도 한다.

사회 마케팅에서 말하는 가격의 내용이다. 예컨대 "흡연이 건강에 나쁘다."라는 사회적 아이디어를 받아들이려면 흡연에서 누리던 '쾌락' 같은 것은 포기할 수밖에 없다. 또 금연을 하는 과정에서는 여러 가지 심리적 갈등과 육체적 부작용을 겪기도 한다. 이와 같은 '가격'은 대부분 비금전적이며 무형의 사회적 성격을 띠고 있어서 흔히 사회적 가격(social price)이라고 표현한다(Hardcastle, Wenocur and Powers, 2011).

사회 마케팅을 사용하는 지역 복지 조직이나 비영리 조직은 상품 가격을 결정할 때 표적 집단이 치르는 가격이 자신들의 투입 비용보다 장기적으로 많거나 적어도 동등하도록 해야 한다. 그러나 상품의 교환과 사용은 궁극적으로 표적 집단이 치르는 가격에 비해 자신들이 받게 될 이익의 양이 얼마나 될 것인가에 달려 있다. 이것은 일반적인 상거래와 마찬가지로 지극히 당연한 상식이다.

마케팅에서 장소란 그저 물리적 공간만을 의미하지 않는다. 장소에는 상품이 소비자에게 도달하는 경로와 방식도 포함된다. 부연하면, 장소를 구성하는 요소로는 상품 배분의 특성, 전달 방식, 위치, 교통, 시간 등이 있다(Winston, 1985). 사회 마케팅 주체는 표적 집단의 특성과 부합하는 장소를 골라 교환을 촉진시켜야 한다. 특히 상품 가치를 키울 수 있는 장소를 선택하는 것이 바람직하다. 그렇게 하기 위해서 장소는 접근이 쉬어야 하고 안락한 환경을 갖추어야 하며 또 표적 집단에게 가장 편리한 위치와 시간대를 감안한 것이어야 한다.

판매 촉진은 상품의 정보를 소비자에게 효과적으로 전달하여 판매를 증대하기 위한 활동과 기법으로 그 핵심은 커뮤니케이션이다. 판매 촉진 활동은 여타 마케팅 혼합 요소와 적절히 조화를 이루어야 그 효과가 나타난다. 판매 촉진은 모든 요소가 확정되고 그 결합이 적절해야 시행할 수 있는 마지막 작업으로 상품의 성공 여부는 결국 판매 촉진에 달려 있다.

사회 마케팅에서 판매 촉진의 요체는 표적 집단으로 하여금 사회적 아이디어를 적극적으로 수용하도록 설득하는 것이다. 이러한 설득 커뮤니케이션이 효과를 발휘하려면 메시지가 간결하고 호소력이 있으며 정직한 것이어야 한다. 사회 마케팅은 상업 마케팅보다 소비자(즉 표적 집단)와의 상호작용에 더욱 많은 관심을 기울일 필요가 있다.

표적 집단에 메시지를 전달하는 가장 효과적인 수단으로는 각종 미디어가 손꼽힌다. 미디어로는 전통적인 대중 매체가 많이 사용되지만, 최근에 널리 쓰이는 사회적 미디어(social media)도 매우 유용하다. 이 밖에 비영리 조직과 지역사회복지 조직이 자주 사용하는 판매 촉진 기법으로는 캠페인이나 특별 이벤트 등도 있다.

11
chapter

지역사회의 자원 동원 기관

우리는 지난 10장에서 자원 동원 활동에 종사하는 조직을 기본적으로 지역사회복지 실천 조직이라는 전제 하에 논의를 펼친 바 있다. 하지만 현실에서 지역사회복지 실천 조직은 자원을 동원하는 일보다는 이것을 효율적으로 사용하는 일에 훨씬 많은 시간과 노력을 투입해야 한다. 그것이 바로 지역사회복지 실천 조직의 존재 이유이기 때문이다. 예컨대 지역사회의 서비스 조직이 서비스 제공이라는 본연의 임무보다는 서비스를 제공하기 위한 자원의 개발과 동원에 더 큰 비중을 두고 있다면, 지역 주민들은 이런 조직에 신뢰를 보내기 어렵다.

이와 같은 필요를 반영하여 지역사회에는 자원의 개발과 동원에 전력을 기울이는 사회복지 조직 또는 비영리 조직이 출현하게 되었다. 이 가운데 한국에서 현재 활동하는 두 개의 대표적인 조직을 11장에서 다루려고 한다. 하나는 물적 자원의 동원을 맡은 사회복지 공동 모금회이고 다른 하나는 인적 자원, 특히 자원 봉사자의 동원을 책임지는 자원 봉사 센터이다.

1. 사회복지 공동 모금회

1) 공동 모금의 배경

지역사회의 사회복지 조직을 비롯한 비영리 조직은 여러 가지 자원 동원 활동에 종사한다. 그러나 이 활동이 이들의 목적은 아니다. 이들의 목적은 지역사회가 필요로 하는 서비스를 개발하고 제공하는 것이다. 그런데 지역사회에는 자원 동원을 주된 목적으로 설립된 기관이 있다. 바로 사회복지 공동 모금회이다. 엄밀히 말하면, 한국 사회에서 공동 모금회는 자원 동원을 위해 세워진 유일한 사회복지 기관이라고 하겠다. 사회복지 공동 모금회는 민간 부문에서 자원을 동원하여 국가 복지가 하지 못하거나 할 수 없는 분야의 사업을 지역사회복지 기관이나 비영리 조직이 수행하도록 지원한다.

그런데 사회복지에서 민간 부문의 역할이 무엇이며 어느 정도나 되어야 하는가에 관한 문제는 수많은 학자와 정치가 그리고 관계 당사자에게 끊임없는 논쟁거리를 제공해 왔다. 특히 최근의 복지국가 개혁 담론에는 민간 부문의 참여 확대가 약방의 감초처럼 들어 있다. 민간 부문 확대론의 핵심은 시장 역할 증대와 '자선(charity)으로의 복귀'로 요약된다. 특히 민간 부문 확대론의 배후 세력인 신자유주의자들은 민간 부문의 확대를 통해 복지국가 이전의 상태로 돌아가기를 원하고 있다.

지역사회 공동 모금은 한 마디로 현대판 자선 활동이라고 할 수 있다. 이것은 특히 미국적인 제도이다. 복지국가가 제대로 발달하지 못한 미국에서 공동 모금이 가장 활발하다는 사실이 이 점을 단적으로 보여준다. 공동 모금은 미국을 비롯한 영어권 국가에서 활발한 반면에, 복지국가가 확립된 유럽에서는 거의 찾아보기 힘든 현상이다.[1] 유럽에서는 대부분의 자선 활동이 복지국가의 틀 속에 흡수되었지만 미국이나 영국과 같은 앵글로 색슨 국가에서는 여전히 복지 공급의 주체로서 중요한 역할을 수행하고 있는 것이다.

물론, 공동 모금 제도가 여러 가지 사회적 미덕을 담고 있다는 것은 분명하다. 여기에서 우리는 나눔의 정신과 노블레스 오블리제(noblesse oblige)의 덕목을 엿볼 수 있다. 또한 그것은 지나친 정부 의존을 줄여 민간 부문에 활력을 불어넣는 결과를 가져오기도 한다. 정부가 사회복지 증진을 위해 제 몫을 다한다 해도 모자라는 부분은 여전히 남아 있다. 이것은 어쩔 수 없이 민간 부문의 몫이다. 공동 모금 제도는 바로 민간 부문의 몫을 상징한다.

그러나 공동 모금 제도에는 이데올로기적 성격이 짙게 배어 있다는 사실도 부정할 수 없다. 특히 이 제도에는 미국식 개인주의와 자유주의의 가치가 깊게 각인되어 있다. 이 미국식 개인주의와 자유주의 가치·사상은 복지의 사회적 공급을 지양하고 개인의 선택, 경쟁, 시장 논리를 강조한다. 이것이 지나치면 사회복지를 부정적으로 보는 인식이 널리 퍼지고 사회적 약자의 입지가 줄어들 수 있다.

그러므로 우리는 공동 모금을 둘러싼 정치·사회적 배경과 흐름을 감안하면서 지역사회 공동 모금 제도에 접근해야 한다. 다시 말해서 지역사회 공동 모금 제도의 정치·사회적 성격을 인식하지 못한 채 무조건 상찬하거나 폄하하는 것은 사회복지학도로서 바람직한 태도가 아니다. 특히 필요한 것은 우리 사회의 특성에 맞는 공동 모금 제도가 어떠한 것인지에 관해 진지한 고민이 있어야 한다

---

1) 국제 공동 모금 연합회(United Way Worldwide)의 회원국 현황을 보면, 선진국 가운데는 영어권 국가가 모두 포함되어 있지만 유럽 국가는 거의 없다. 나머지 가입국의 절대 다수는 개발도상국이다.

는 점이다.

2) 공동 모금의 특성

(1) 주민 운동

공동 모금은 단순히 돈을 모으고 나누는 일이 아니다. 이것은 한 지역사회의 구성원들이 연대성을 느끼며 서로 돕고 살겠다는 의식이 전제되어야 가능하다. 공동 모금은 이러한 의식을 바탕으로 펼쳐지는 동시에 이 의식을 확산하는 역할을 한다. 말하자면, 공동 모금 활동과 주민들의 연대 의식은 상승 작용을 하면서 전자를 하나의 주민 운동으로 승화시키는 계기를 마련한다.

(2) 지역 운동

공동 모금은 지역사회를 토대로 펼쳐진다. 지역의 사회복지 공동모금회는 지역 구성원들의 자발적인 참여를 바탕으로 지역의 자원을 동원하여 지역의 사회복지 기관과 시설에 배분한다. 그 결과는 지역사회의 복지 증진과 주민 연대성의 강화로 나타난다. 이것을 가능하게 하는 것은 지역 주민들의 자발적 참여와 협동 정신이다. 우리는 이러한 과정을 지역 운동으로 표현할 수 있다. 지역 운동은 무엇을 달라고 요구하거나 '쟁취'하는 것만이 전부가 아니다. 우리가 지역 운동을 지역 구성원들의 자주성과 연대성을 높이기 위해 펼치는 지역사회 공동의 노력으로 정의한다면, 공동 모금은 마땅히 지역 운동의 하나로 간주되어야 한다.

(3) 효율적 자원 동원

공동 모금 제도가 도입되기 전에는 개인이나 사회복지 단체가 개별적으로 모금 활동을 벌였다. 개별적인 모금 활동은 모금 주체 사이의 경쟁, 기부자의 이중 부담, 모금 활동비의 낭비 따위의 문제를 일으킨다. 게다가 모금 주체에 대한 기부자의 신뢰 문제까지 겹쳐서 전체적으로 자원 동원의 효율성이 떨어질 수밖에 없다.

공동 모금 제도는 이러한 문제를 말끔히 해결해 준다. 모금 주체가 법적으로 신뢰할 수 있는 기관일 뿐만 아니라, 개별 모금의 낭비와 중복을 피할 수 있기 때문이다. 모금 과정에서도 규모의 경제(economy of scale)가 작용하여 자원 동원의 효율성은 한층 더 높아지게 된다. 이것만이 아니다. 공동 모금은 기부자들의 의사결정 비용을 줄이고 신뢰를 높임으로써 기부를 촉진하는 결과를 가져온다.

(4) 투명한 자원 동원

공동 모금은 모금 주체에 대한 법적, 사회적 승인을 통해 주민들의 신뢰를 얻고, 이것을 바탕으로 모금과 배분 활동을 전개한다. 이 과정은 일반 대중에게 낱낱이 공표되어 한 점의 의혹과 불신도 제기되지 않아야 한다. 바로 이 투명성이야말로 공동 모금 제도의 지속성을 담보하는 핵심 요소가 된다.

3) 공동 모금의 기능과 목적

이미 앞에서 말한 바와 같이, 공동 모금은 지역사회의 복지 재원을 민간 주도로 동원하는 제도이다. 조금 더 구체적으로 표현하면, 민간 주도로 조직된 모금회가 민간의 기부금을 받아 각 사회복지 기관·시설·단체에 배분하는 제도이다. 즉 사회복지 단체가 개별적인 모금을 하지 않고 모금 창구를 공동 모금회로 일원화하여 여기를 통해 필요한 재원을 배분받는다.[2] 이 때 공동 모금의 '공동'이란

2) 하지만 대부분의 사회복지 조직이나 기관은 후원금 등의 명목으로 소액 기부

말은 모금 방식이 개별적이 아니고 집합적이라는 사실을 가리킨다.

그렇다면 공동 모금은 어떠한 기능을 수행하는가? 대부분의 문헌에서 언급하고 있는 공동 모금의 기능은 민간 복지 재원의 조성, 지역사회 연대성 제고, 사회복지에 관한 인식 확산 등이다. 특별한 설명이 필요 없는 자명한 내용이라 하겠다.

이러한 기능을 수행하는 과정에서 각국의 공동 모금회가 내건 목적은 각각 다음과 같다. 먼저, 한국의 「사회복지공동모금회법」 제1조와 사회복지 공동 모금회 정관은 공동 모금회의 목적을 "사회복지에 관한 국민의 이해와 참여를 높이고, 국민의 자발적인 성금으로 조성된 재원을 효율적이고 공정하게 관리·운용함으로써 사회복지 증진에 이바지하는 것"으로 밝히고 있다. 요약하면, 사회복지의 인식 확산과 모금된 재원의 효율적인 관리를 목적으로 한다는 말이다.

미국 공동 모금회(United Way)에서 밝힌 목적은 "지역사회가 지닌 돌봄과 배려의 힘(caring power)을 동원하여 공동선(common good)을 증진하는 것"이다.3) 미국 공동 모금회는 이것을 부연하면서 공동 모금의 목적이 "인간의 가장 중요한 욕구인 파트너십과 합의 형성 그리고 자원 배분의 불평등 해소를 위해 지역사회를 함께 엮는 것"이라고 정의한다. 다시 말하면, 공동 모금 제도를 통해 지역사회 내의 파트너십과 합의가 이루어지고 자원 배분의 공정성이 높아지기를 희망한다는 뜻이다. 이러한 목적을 달성하기 위해 미국 공동 모금회가 역점을 두는 것은 아동과 청소년 지원, 가족 강화, 자립 진작, 안전한 동네 건설, 그리고 취약 계층 지원이다.

한편, 일본 공동 모금회는 공동 모금 운동요강에서 "주민 상호의 도움과 사랑을 토대로 주민 스스로가 참여하는 복지 커뮤니티를 만

금품의 모집 활동을 벌인다.

3) http://liveunited.org/pages/mission-and-goals

드는 것"을 목적으로 삼는다는 점을 밝히고 있다.[4] 2000년 6월에 시행된 일본의 「사회복지법」은 공동 모금의 목적을 지역 복지의 추진으로 선언한 상태이다.

4) 공동 모금의 원칙

한국의 「사회복지공동모금회법」은 제 3조에서 다음과 같은 기본 원칙을 제시하고 있다.

- 자발성: 기부금품은 기부하는 사람의 의사에 반하여 모집해서는 안 된다.
- 공정성: 공동 모금의 재원은 지역·단체·대상자와 사업별로 복지 수요가 공정하게 충족되도록 배분하고 목적과 용도에 맞도록 공정하게 관리·운영하여야 한다.
- 효율성: 재원의 배분은 객관적 기준에 따라 효율적으로 이루어져야 하며 그 결과는 공개해야 한다.

한편, 일본 공동 모금회가 제시한 원칙은 다음과 같다.

- 민간 주도: 공동 모금은 다양한 민간 사회복지 활동을 재원 면에서 적극적으로 지원하려는 주민의 자주적 활동으로 민간 활동의 특성인 유연성과 다양성이 발휘되어야 한다.
- 지역성: 모금 운동은 지역을 단위로 이루어져야 하며 지역의 다양한 민간 사회복지 활동에 배분되어야 한다.
- 계획성: 지역 내 다양한 민간 사회복지 단체의 재원 수요를 폭넓게 반영한 배분 계획을 세워 이것을 토대로 모금 활동을 펼쳐야 한다.

4) www.akaihane.or.jp/what/index.htm

- 공개성: 공동 모금은 주민의 신뢰 위에서 이루어질 수 있는 것이므로 주민들에게 모금과 배분에 관한 정보를 적극적으로 제공하고 투명성과 공정성을 유지하여 주민들의 지지를 얻는 일에 진력해야 한다.
- 참여성: 모금 과정에 모금회의 임직원은 물론 지역사회 주민이 폭넓게 참여할 수 있도록 노력해야 한다.

5) 공동 모금회의 조직 유형

공동 모금회는 나라에 따라 상이한 조직 형태를 보인다. 공동 모금회의 조직 형태는 모금회 자체 구조와 정부와의 관계 그리고 사회복지 협의회와의 관계를 기준으로 나누어 생각할 수 있다.

(1) 연맹형과 중앙 집중형

모금회의 자체 구조는 전국 조직을 기준으로 연맹형과 중앙 집중형으로 나눌 수 있다. 연맹형 조직 구조는 지역 단위의 공동 모금회가 먼저 만들어진 다음에 이들의 연합체인 전국 조직이 구성된 경우를 말한다. 연맹형은 각 지역 모금회가 자율성을 가지고 실제적인 모금 활동을 주도하고 중앙 모금회는 지역 조직 사이의 연락과 조정 업무 그리고 전국적인 조사·연구 활동에 치중하는 형태를 취한다. 연맹형은 지역사회 중심이라는 공동 모금의 특성을 가장 잘 살릴 수 있는 유형으로 평가받고 있으나, 지나치게 지역사회를 강조하다가 지역주의에 빠질 가능성도 없지 않다.

중앙 집중형은 전국 조직이 먼저 만들어지고 이것을 기초로 지역별 조직을 구성하는 방식을 취하는 경우가 대부분이다. 여기서 지역 모금회는 자율적인 별도의 조직이 아니라 전국 조직의 지역 분회의 성격을 갖는다. 중앙 집중형 공동 모금은 전국 조직이 모든 것을 총괄 운영함으로써 모금의 효율성을 극대화할 수 있는 장점을 지닌다. 하지만 중앙 집중형 조직 구조 아래에서는 지역 주민의 참여 기회가 제한될 가능성이 높으므로 지역사회의 잠재적 기부 에너지를 충분히 끌어내는 데는 한계를 가진 제도이다.

(2) 자율형과 정부 주도형

민간을 상대로 한 대규모의 모금 활동은 어느 나라에서든지 일정한 법적 규제를 받는다. 단적인 예로 한국의 공동 모금은 「사회복지공동모금회법」에 바탕을 두고 펼쳐진다. 일본도 마찬가지이다. 일본의 공동 모금은 1951년에 「사회복지사업법」(2000년에 「사회복지법」으로 바뀜)이 제정되면서 법적 기관으로 자리를 잡았다. 이와 같은 모법이 없는 경우에도 정부는 여러 가지 형태로 공동 모금 제도의 운영에 개입한다. 미국에서 자선 조직을 비롯한 각종 비영리·비정부 조직이 번성하게 된 것도 조세 감면과 같은 정부의 지원에 힘입은 바가 크다. 자선 조직에 대한 미국 정부의 조세 감면 조치는 이미 1894년에 이루어진 바 있다.

정부와의 관계라는 관점에서 공동 모금회의 유형은 자율형과 정부 주도형으로 나눌 수 있다. 자율형의 경우에는 정부의 통제와 규제가 최소 수준에 그치기 때문에 모금회의 자율적 활동이 보장된다는 장점이 있다. 반면에 정부의 지원 역시 제한적이어서 기부 환경이 열악한 상황에서는 모금의 성과를 거두기가 어렵다. 자율형은 미국처럼 기부 환경이 양호하고 지역사회의 자원이 풍부한 곳에 적합하다.

한편, 기부 환경이 열악하고 민간 활동이 부진한 상황에서 공동 모금을 시작할 때에는 대개 정부 주도로 공동 모금회를 구성하는 경향이 있다. 정부 주도형 모금회는 정부의 법적·재정적 지원을 받을 수 있는 유리한 위치에 있으나, 자율성 부족으로 準공공기관의 성격을 띠게 될 가능성이 높다. 이러한 상황에서는 지역 주민들의 자발적인 모금 참여를 저해할 공산이 크다.

(3) 사회복지 협의회와의 관계

사회복지 협의회와 공동 모금회는 다 같이 지역사회복지의 증진을 위해 존재하는 조직으로 때로는 협력하고 때로는 경쟁하면서 밀접한 관계를 유지해 왔다. 그러나 이 두 조직 역시 나라에 따라 다양한 관계 유형을 보인다.

① 사회복지 협의회 주도형

이 유형은 공동 모금회가 별도로 존재하지 않거나 일부 지역에서만 활동을 하고 있는 상황에서 사회복지 협의회가 지역사회복지의 총괄 조직으로 활발한 역할을 수행하고 있는 경우를 가리킨다. 사회복지 협의회가 모금을 주도하는 경우, 사회복지 협의회에는 지역사회복지 전문가들이 비교적 많이 포진하고 있으므로 모금과 배분 과정에서 사업의 효과성을 높일 수 있다는 장점이 있다. 그러나 별도의 공동 모금 조직이 있는 경우와 견주어 모금 능력은 떨어질 수밖에 없을 것이다.

② 상호 협조형

상호 협조형은 두 조직이 각기 소정의 고유한 업무에 전념하면서 밀접한 상호 협력 관계를 유지하는 형태이다. 즉 사회복지 협의회는 지역사회복지에 관한 체계적인 연구와 조사로 사회복지의 실태를 정확히 파악하고 공동 모금회는 이것을 토대로 필요한 재원의 모금과 배분을 전담한다. 상호 협조형은 공동 모금회와 사회복지 협의회가 각자의 특성을 살리면서 서로 협조하여 시너지 효과를 거둘 수 있다는 장점이 있다. 상호 협조형은 가장 바람직한 유형으로 여겨지지만 이 관계가 안정적으로 지속되기 위해서는 두 조직의 상호 신뢰와 존중이 선행되어야 한다.

(3) 공동 모금회 주도형

이 유형은 사회복지 협의회와의 관계에 구애받지 않고 모금회 자체적으로 필요한 모든 활동을 수행하는 경우를 말한다. 이렇게 하기 위해서 모금회는 사회복지 협의회가 하는 기능을 수행할 수 있는 전문 인력을 갖추어야 하며 내부 조직의 기능적 분화도 이루어내야 한다. 공동 모금회 주도형은 조직과 인력이 비대해지고 비용이 많이 들어간다는 단점도 있지만, 자체 조직으로 모든 활동을 수행하기 때문에 일관성과 효율성을 높일 수 있다는 장점도 지닌다.

6) 모금과 배분의 유형

(1) 모금 방법

공동 모금회의 모금 방법은 모금원에 따라 개별형, 기업형, 특별 사업형으로 나눌 수 있다. 개별형은 개인을 대상으로 하는 모금이며 기업형은 기업과 종업원을 대상으로 삼는다. 특별 사업형은 특별한 프로그램이나 이벤트(가령 걷기 대회, 축제, 바자회 등)를 통해 모금 활동을 벌이는 것이다.

개별형 모금은 사회복지와 나눔의 정신을 지역사회에 널리 퍼뜨리는 데 효과적이며 주민들의 자발적 참여를 촉진한다는 점에서 중요한 의미를 갖는다. 그러나 개별적 모금은 개인에게 접근하여 모금의 필요성을 인식시키기까지 많은 시간과 인력이 들어간다는 단점이 있다. 또한 노력에 비해 상대적으로 모금의 성과가 크지 않다는 한계도 있다.

기업형 모금은 적은 노력과 시간으로 한꺼번에 비교적 많은 돈을 거둘 수 있다. 특히 기업 종업원들의 급여 가운데 일정액을 공제하는 방법(payroll deduction)으로 모금을 할 경우에는 거액의 돈을 안정적으로 확보할 수 있다. 하지만 몇몇 기업가를 대상으로 거액의 모금을 하는 방식은 지역사회 중심이라는 공동 모금의 원칙과 배치되기 때문에 바람직하다고 할 수 없다.

특별 사업형은 여러 가지 유형의 모금 방법이 결합된 것으로 각 방식의 장점을 최대한 살리는 동시에 모금 참여자에게 일정한 반대급부를 제공할 수 있다. 그러나 안정성과 지속성이 없으며 특별 사업이 자주 벌어지는 경우에는 주민들의 관심을 끌기 어렵다는 단점도 있다.

(2) 배분 방법

일반적으로 공동 모금회는 모금한 재원을 배분하는 일정한 기준을 설정해서 이 기준에 따라 배분 사업을 진행한다. 배분 기준은 시기에 따라 달라질 수 있다. 공동 모금회의 역사가 짧은 한국에서는 아직 특별한 우선순위가 정해지지 않은 상태이지만, 미국과 같은 경우에는 해마다 특정한 분야와 프로그램에 배분의 우선권을 부여하는 경향을 보인다. 물론 이 우선순위는 사전에 공표하는 것이 원칙이다.

모금한 재원을 배분하는 일반적인 방법에는 기관 배분형, 프로그램 배분형, 혼합형 등이 있다. 기관 배분형은 사회복지 시설이나 기관을 대상으로 모금액을 배분하는 방법이다. 프로그램 배분형은 지역사회가 당면한 특정한 문제(주제)와 프로그램을 배분의 대상으로 삼는다. 혼합형은 양자를 혼합한 배분 방식이다.

기관 배분형은 기관의 지역별 분포가 고르지 않으므로 지역 사이의 격차를 가져올 가능성이 있으나, 사회의 취약 계층에게 집중적으로 배분된다는 점에서 긍정적인 면도 많다. 프로그램 배분형은 일상적인 사회복지의 틀로 다루기 어려운 문제에 재정 지원을 한다는 긍정적 측면을 갖는다. 이러한 배분 방식은 사회복지 시설과 기관으로 하여금 기존의 일상에 안주하지 않고 새로운 문제에 관심을 가지도록 자극하는 효과도 제공한다. 혼합형은 양자의 장점을 극대화할 수 있는 장점이 있으나 배분 기준이 명확하지 않은 경우 배분의 효과성이 약해질 가능성이 있다.

7) 한국 사회복지 공동 모금회

(1) 역사

한국 최초의 공동 모금회는 1970년 제정된 「공동모금법」에 의해 설립된 사회복지 법인 한국 사회복지 공동 모금회이다. 이 모금회는 1972년 11월과 12월 두 달 동안 처음으로 공동 모금을 실시했으나 여건과 준비의 부족으로 실패하였다. 그 이후 공동 모금회는 사실상 활동 정지 상태에 들어갔다가 1983년에 「사회복지사업법」이 개정될 때 공동 모금회 관련 조항이 삭제되고 말았다.

한편, 1975년부터 정부 주도로 시작된 이웃돕기 모금에 대해서는 1980년의 「사회복지사업기금법」이 제정되면서 모집과 배분의 틀이 들어진다. 1992년부터는 사회 · 경제 단체가 '이웃돕기 중앙 운동 추진 협의회'를 결성하여 전국적으로 언론과 연계한 모금 활동을 벌이기 시작하였다.

그러나 이웃돕기 모금 활동에 대해서는 정부의 공식적인 예산 투입이 이루어져야 할 사업에 민간의 성금을 투입한다는 비판이 끊임없이 제기됨에 따라 공동 모금 제도의 재도입에 관한 논의가 다시 점화되었다.

이러한 논의 끝에 1997년 3월 「사회복지공동모금법」이 만들어졌으나 이 법은 시행도 하기 전에 강력한 개정 주장에 직면하게 된다. 이 법에 대한 반대는 주로 민간 자율성 침해와 「기부금품모집규제법」을 둘러싼 문제 때문이었다. 당시의 「공동모금법」은 정부로 하여금 모금회에 간섭하고 개입하는 것을 사실상 보장해 주었다. 또한 공동 모금 활동 역시 「기부금품모집 규제법」에 따라 행정자치부 장관의 승인을 받도록 되어 있었다.

결국 1999년에 독소 조항을 뺀 「사회복지공동모금회법」이 새로이 제정되어 「사회복지공동모금법」을 대체하면서 본격적인 공동 모금이 펼쳐지기 시작하였다.

(2) 조직과 운영

한국의 사회복지 공동 모금회는 「사회복지공동모금회법」 제4조에 따라 사회복지 법인이 되어야 하며 보건복지부 장관의 설립 인가를 받아야 한다. 전체 조직 체계는 중앙 모금회와 광역 자치 단체(市·道) 모금회(지회)로 이루어진다.

중앙 모금회의 임원은 회장, 2~3명의 부회장, 15~20명의 이사, 2명의 감사로 구성된다. 그 밖에 업무를 총괄하는 사무총장과 분과 실행위원회를 둘 수 있다. 회장은 이사회에서 선출하고 이사는 인선위원회의 추천으로 선임된다. 이사회는 모금회의 주요 사항을 심의· 의결한다. 분과 실행위원회는 모금회의 기획, 홍보, 모금, 배분 업무에 관한 사항을 심의하기 위해 해당 분야의 전문가와 시민 대표로 구성한다.

시·도 지회에는 지회장을 두고 중앙 모금회에 준하는 조직을 갖출 수 있다. 지회장은 이사회의 의결을 거쳐 회장이 임명한다. 지회의 구성과 운영에 관한 사항은 중앙 모금회의 정관으로 정하게 되어 있다.

결론적으로 한국의 공동 모금회 조직 체계는 철저한 피라미드형 중앙 집권적 형태를 보인다. 게다가 이사회를 비롯한 각 위원회의 인적 구성과 선출 방식이 너무 제한적이어서 공동 모금회가 몇몇 개인에 의해 좌우될 소지를 안고 있다.

(3) 모금과 배분

① 모금

공동 모금은 연중 모금과 집중 모금으로 나뉜다. 집중 모금은 특정한 기간을 정해 모금회의 역량을 총동원하여 벌이는 모금 활동이다. 집중 모금은 사전·사후에 보건복지부 장관에게 보고하여야 한다.

모금 홍보는 질적으로나 양적으로 매우 낙후된 상태를 보인다. 현재 홍보 방법으로는 신문과 방송을 이용한 홍보, 전광판, 영화관, 옥외 광고, 홍보 대사 등을 사용하고 있다.

모금 사업 가운데는 연말연시에 진행하는 나눔 캠페인이 가장 큰 비중을 차지한다. 이 기간에는 사랑 나눔 음악회, 사랑의 열매 발대식, 캠페인 출범식, 방송 모금, 각종 이벤트와 콘서트를 통해 전국적인 모금 활동을 벌인다.

② 배분

「사회복지공동모금회법」은 모금회가 배분 기준을 매년 5월 31일까지 정해서 공고하도록 규정하고 있다. 여기서 다시 환기할 점은 공동 모금의 모금 방식이 배분 신청을 미리 받아 놓고 이것을 토대로 모금 목표액을 정한다는 사실이다. 배분 기준을 미리 정하는 이유는 배분 신청자들이 이것을 참조하여 신청을 하라는 뜻이다.

공동 모금회 정관에는 배분 기준과 원칙이 조금 더 구체적으로 나와 있다. 정관 제26조에 규정된 배분 원칙은 다음과 같다.

- 모금회는 공동 모금 재원의 배분을 통해 지역사회복지 증진과 사회복지 서비스의 활성화를 기하여야 한다.
- 배분은 사회복지 사업과 사회복지 활동 그리고 사회복지 프로그램을 행하는 자를 넓게 포괄하여야 한다.
- 배분은 지역, 단체, 대상자, 프로그램별로 복지 수요가 공정하게 충족되도록 하여야 한다.
- 배분은 과정과 결과가 투명하게 진행되어야 한다.
- 배분은 평가를 바탕으로 하여 효과적이며 효율적으로 실시되어야 한다.

또한 정관 제27조에 따르면, 공동 모금 재원의 배분은 지회를 통해 배분하도록 되어 있다. 모금은 중앙회와 지회가 모두 참여하지만 배분만은 지회 중심으로 이루어지도록 한 것은 공동 모금이 궁극적으로 지역사회복지를 구현하는 기관이자 제도(institution)임을 명확히 밝히기 위함이다. 다만 전국 규모의 사회복지 사업, 긴급 지원 사업, 시범 사업과 같이 지회에서 배분하기 곤란한 사업은 중앙회가 직접 배분한다. 한편, 모금회는 배분 사업의 효과를 높이기 위해 배분 사업의 종류를 신청 사업, 지정 기탁 사업, 기획 사업, 긴급 지원 사업으로 나눈다.

(4) 과제와 대안

역사가 일천한 한국의 사회복지 공동 모금회는 문제와 잠재력을 동시에 안고 있다. 공동 모금회가 본연의 기능을 제대로 수행하기 위해서는 다음과 같은 과제가 해결되어야 미래를 기약할 수 있을 것이다.

① 국가 복지와 민간 복지의 관계 재정립

앞부분에서도 밝힌 바와 같이 공동 모금 제도는 명과 암을 동시에 지니고 있다. 공동 모금 제도가 민간 복지의 중추로서 국가 복지의 여백을 채우고, 나아가 국가 복지 증대에 기여할 수 있을 것인가? 아니면 국가 복지의 대체 제도로 각인되어 결국은 국가 복지를 위축하는 결과를 가져올 것인가?

한국 사회가 처한 상황을 놓고 볼 때 국가 복지의 확대가 절대적으로 필요하다는 점에 대해서는 별 이견이 없을 것으로 안다. 그러나 민간 부문의 재원을 동원하여 국가 복지의 역할을 상당 부분 보충하는 것도 매우 의미 있는 일임이 틀림없다. 하지만 장기적으로는 국가 복지의 확대에 기여하도록 공동 모금 제도의 운영 방향을 설정할 필요가 있다. 이를테면 생계 보호 사업과 같은 지원은 국가의 손에 맡기고 공동 모금회에서는 국가가 손을 대지 않는 사업에 힘을 쏟아야 한다. 아울러 실험 사업 또는 시범 사업에서 발굴한 프로그램을 국가의 공식 사업으로 제도화할 수 있도록 선도하는 역할도 수행해야 한다.

다음으로 공동 모금회는 모금과 배분 사업을 통해 복지 주체와 지지 기반을 넓히는 일에 초점을 맞추어야 한다. 공동 모금 제도는 바로 이러한 일을 수행할 수 있는 좋은 여건과 위상을 지니고 있다. 구체적인 방법 가운데 하나는 각종 시민 사회 단체로 하여금 다양한 사회복지 사업과 활동을 펼칠 수 있는 기회를 제공하는 것이다. 시민 사회 단체는 그 성격상 실험적인 프로젝트로 지역사회복지의 지평을 확대하는 데 큰 역할을 수행할 수 있다.

② 운영의 민주화와 시민 참여의 확대

한국의 사회복지 공동 모금회는 자율적인 민간 조직이면서도 정부의 개입과 통제를 많이 받는 것으로 알려져 있다. 특히 기관의 임원을 선임하는 과정에서 적지 않은 잡음이 발생한다. 게다가 특정 세력이 조직을 사유화한다는 비판도 종종 제기된다. 이것은 모금회의 임원을 선임하는 과정이 매우 폐쇄적이기 때문에 생기는 문제점이다. 이러한 문제를 해결하기 위해서는 임원의 선임 과정이 투명하고 개방적이고 무엇보다 민주적이어야 한다.

또한 공동 모금회가 지역사회복지의 진정한 일원이 되기 위해서는 지역사회 주민의 참여가 필수적이다. 특히 모금 활동 참여가 크게 확대되어야 한다. 모금 활동 참여는 모금에 직접 참여하는 것과 모금을 위한 홍보 활동에 참여하는 것으로 나누어 생각할 수 있다. 현재 공동 모금회의 모금 활동은 언론이나 명망가 중심으로 펼쳐지고 있다. 이것은 주민들을 모금의 대상(즉 기부자)으로만 여기는 태도이다. 기부 자체도 중요하지만 모금 활동에 주민이 직접 참여하는 것이 더욱 중요하다. 그래야만 주민과 공동 모금회가 서로를 객체로 보는 시각을 고칠 수 있다. 그 밖에 다양한 방계 조직을 구축하여 주민의 참여가 제도적으로 이루어지도록 하는 방안과 지역주민이 피부로 느낄 수 있는 지역 사업을 지원하면서 공동 모금제도의 존재와 필요성을 적극적으로 알리는 등 다각적인 참여 방안을 모색해야 한다.

③ 모금 활동

공동 모금회의 모금액은 대부분 집중 모금 기간에 들어온다. 그런데 이 기간의 모금 활동은 주로 언론 기관에 의존하는 것이 현재의 상황이다. 이러한 상황에서 일반 시민들은 그것이 공동 모금회의 모금인지 언론 기관 자체의 모금인지도 분별하기 어렵다. 대부분의 시민들은 그것이 과거의 이웃돕기 성금 모금과 무엇이 다른지를 구분할 방법이 없다. 말하자면, 공동 모금회의 정체성이 시민들에게 뚜렷이 부각되지 않는다는 말이다. 언론사에 모금을 대행시키는 것은 공동 모금회의 인지도를 높이는 데 오히려 방해가 되며 장기적으로 모금의 활성화에도 부정적인 영향을 끼칠 수 있다.

또한 연말 집중 모금에 대한 의존도가 지나치게 높은 것도 문제가 아닐 수 없다. 특히 지역 모금회의 경우 집중 모금을 하기 위해서는 행정 기관의 지원을 받아야 하기 때문에 모금회에 대한 관의 영향력을 제어하기가 어렵게 된다. 가장 심각한 문제점은 공동 모금에 대한 일반의 시각을 왜곡할 소지가 많다는 사실이다. 모금이 특정 기간, 그것도 연말에 집중되기 때문에 대중에게는 모금 활동이 연말 행사 정도로 치부될 가능성이 높다. 이것은 기부 문화의 확산이라는 점에서도 바람직하지 않다.

모금의 폭이 좁다는 것도 큰 문제이다. 특정 기업과 고액 기탁자에 대한 의존이 지나칠 정도로 심하다. 이것은 공동 모금이 지역사회의 폭넓은 참여를 바탕으로 이루어져야 한다는 정신과도 어긋나며 기부 문화 확산에도 도움이 되지 않는다. 미국과 같이 기업 근로자들을 대상으로 자동 급여 공제를 할 수 있는 방안이 조속히 마련될 필요가 있다. 프로 스포츠 팀의 연고지 제도를 이용해서 해당 지역의 모금회와 지속적인 협력 관계를 구축하는 것도 공동 모금의 홍보에 도움이 될 것이다.

④ 배분 활동

배분과 관련해서 가장 큰 문제는 전국적인 배분 원칙과 기준이 구체적이고 분명하게 마련되어 있지 않다는 점이다. 특히 중앙회와 지회 간에 배분 원칙과 기준에 대한 해석이 다르게 이루어지는 경우가 적지 않다. 배분 사업에서 지회의 자율성을 충분히 존중하되 전국적인 통일성이 관철되는 방향으로 배분 원칙과 기준이 지켜져야 한다.

둘째, 사회복지 프로그램에 대한 지원이 일정 수준을 유지하도록 노력해야 한다. 배분 사업의 추이를 보면 단순 지원 사업의 비중이 지속적으로 증가하는 추세이다. 반면에 사회복지 프로그램에 대한 지원은 오히려 감소하는 경향이 보인다. 이것은 결코 바람직한 배분 방향이 아니다. 사회복지 프로그램은 사회복지 사업의 기본적 인프라에 해당하는 것으로 여기고 충분한 관심을 가져야 한다. 그러므로 기획 사업 같은 방법을 동원해서라도 사회복지 프로그램에 대한 지원이 일정 수준을 유지하도록 각별한 배려를 할 필요가 있다.

셋째는 배분 결과에 대한 적절한 평가 체계가 아직 미비하다는 사실이다. 배분 결과에 대한 평가는 공동 모금회 사업의 책임성(accountability)과 투명성을 가늠하는 핵심 요소이다. 현재의 평가는 주로 회계 측면에 치우친 감이 있는데 이것보다는 사업의 목표 달성이라는 측면에서 효과성을 중심으로 평가할 필요가 있다.

넷째, 사회복지 기관의 운영비를 지원하는 문제도 적극적으로 검토해야 한다. 공동 모금의 지원 대상에서 사회복지 기관의 욕구와 필요를 원천적으로 제외하면 궁극적으로 클라이언트에 대한 서비스의 질도 낮아질 수 있다는 점도 고려해야 한다.

마지막으로 새롭게 그 필요성이 제기되고 있음에도 정부의 공식 지원 대상이 아니어서 사각 지대에 놓여 있는 사업과 분야에 대한 지원에 더 많은 관심을 가져야 한다. 특히 지역별 사정이 충분히 반영되도록 사업 지원이 이루어질 필요가 있다.

2. 자원 동원과 자원 봉사 센터

1) 자원으로서의 자원 봉사

자원을 크게 양분하면 인력과 돈으로 요약된다. 지역사회복지 실천에서 인력은 돈이 할 수 없는 일을 수행한다는 점에서 그 의의가 상당하다. 더구나 지역사회에서 인력 자원의 동원은 단순한 가용 자원의 확대가 아니라 지역사회의 역량을 증대시키는 데 기여한다는 점에서 더욱 중요하다.

자원 봉사(voluntarism or volunteerism)는 의지를 뜻하는 라틴어 volo에서 유래한 말이다. 이 volo에서 다시 자유 의지라는 뜻의 voluntas가 생겼고 이것이 자원 봉사자(volunteer)라는 말로 발전되어 오늘에 이르렀다. 사회복지 관점에서의 자원 봉사란 개인, 집단, 지역사회에서 발생하는 문제를 예방, 통제, 개선하기 위한 제반 활동에 보수를 받지 않고 자발적으로 참여하는 활동이다.

자원 봉사는 일반적으로 다음과 같은 특징을 갖고 있다.

- 자발성과 자주성: 자원 봉사는 개인의 자유 의지에 따라 이루어지는 활동이다. 아무리 좋은 일이라도 다른 사람에 의해 강요된다면 자원 봉사의 의의는 사라진다.
- 공익성과 이타성: 자원 봉사활동은 이기주의와 상업적 이해관계에 매몰된 현대 사회에서 다른 사람에 대한 봉사를 통해 인간 본연의 모습을 찾으려는 활동이다. 또한 자원 봉사는 이웃과의 공존을 바탕으로 공동체의 번영을 꾀한다.

• 무보수성: 자원 봉사는 무보수를 특징으로 한다. 이 무보수의 원칙은 자발성, 공익성, 이타성을 뒷받침하는 특징이다.

2) 자원 봉사 센터

(1) 법적 지위

정부는 점증하는 자원 봉사의 중요성을 감안하여 정부 차원에서 자원 봉사를 체계적으로 육성한다는 방침을 세우고, 1994년에 자원 봉사의 주무 부서를 당시의 내무부로 결정하였다. 내무부는 이 결정에 따라 지역사회 자원 봉사활동의 구심점이 될 자원 봉사 센터를 설치하기 시작하였다. 자원 봉사 센터는 2010년 현재 전국 246개소에서 운영 중이다. 이 밖에 1개의 중앙 자원 봉사 센터가 설치 · 운영되고 있다(행정안전부, 2010).

처음에는 자원 봉사 센터의 법적 근거가 마련되지 않은 채 각 지자체의 조례에 의거하여 설치 · 운영되었다. 그러다가 2006년 2월에 「자원봉사활동 기본법」이 시행되면서 자원 봉사 센터에 법적 근거가 주어졌다. 이 법에 따르면, 국가 기관 및 지방 자치 단체는 자원 봉사 센터를 설치할 수 있으며 이 경우에는 자원 봉사 센터를 법인으로 만들어 운영하거나 비영리 법인에게 위탁해서 운영한다.

(2) 기능과 역할

자원 봉사센터의 기능과 역할에 대해서는 「자원봉사활동 기본법」 시행령에 규정되어 있다. 시행령은 광역 지자체 센터와 기초 지자체 센터를 구분하여 규정하고 있으나 핵심 내용은 비슷하다. 그러나 광역 단위의 센터와 기초 단위의 센터 간에 뚜렷한 업무 분장이 규정되었다고 보기는 어렵다. 바람직하기는 광역 센터는 기획, 지도자 교육, 기초 센터 간 네트워킹에 역점을 두고 기초 센터는 직접 실천 중심으로 업무를 분장할 필요가 있다.

「자원봉사활동 기본법」 시행령에 규정된 업무 내용을 정리하면 다음과 같다.

- 지역의 기관 · 단체들과의 상시 협력 체계 구축
- 자원 봉사 관리자와 지도자의 교육 훈련(광역 단체)
- 자원 봉사 프로그램의 개발과 보급(광역 단체)
- 자원 봉사 프로그램의 개발 · 보급과 시범 운영(기초 단체)
- 자원 봉사 조사와 연구(광역 단체)
- 자원 봉사자 모집과 교육 · 홍보(기초 단체)
- 자원 봉사 관련 정보의 수집과 제공(기초 단체)

(3) 운영

자원 봉사 센터의 운영 형태는 크게 자치 단체의 직영과 민간 위탁으로 나뉜다. 이것을 다시 세분하면, 직영에는 완전 직영과 혼합 직영이 있고, 민영에도 위탁 운영과 독립 법인 운영이 있다. 완전 직영 방식은 자치 단체 내의 전담 부서에서 회의 기능을 맡고 공무원이 센터의 직원이 되어 실무를 꾸려나간다. 혼합 직영 방식은 자치단체장이 대표가 되나 직원은 모두 민간인으로 구성되어 있다. 물론 이들 직원에 대한 임면권은 자치단체장이 갖는다. 직영은 행정력 활용이 쉽다는 장점이 있지만 정치적 중립과 민관 협력을 이루기가 어렵다는 단점이 있다.

민간 위탁 방식에서는 법인이나 단체가 위탁 운영의 주체가 된다. 마지막으로 자원 봉사 센터 자체를 독립 법인으로 만들어 운영하는 경우도 있다. 자원 봉사 활동이 민간의 자발성에 바탕을 둔 것이고 정치적 중립성의 확보가 중요하다는 점을 고려할 때, 독립 법인 방식의 운영이 가장 바람직한 것으로 평가된다.

한편, 자원 봉사 센터는 설립과 운영비의 일부를 중앙 정부로부터 지원받고 있으나 센터의 기본 운영에 들어가는 비용은 자치 단체의 예산으로 충당한다. 센터별 평균 예산은 2010년 기준으로 2억 9천만 원인데 이 중에 광역 센터가 7억 8천만 원, 기초 센터가 2억 5천만 원이고 지역 간 편차가 극심한 것으로 나타났다(행정자치부, 2010).

(4) 과제와 대안

한국의 자원 봉사 정책은 글자 그대로 난마와 같이 얽혀 있다. 무려 다섯 개의 중앙 부처가 별도의 자원 봉사 기구를 제각각 관장하고 있기 때문이다. 자원 봉사의 주무 부서로 지정된 행정자치부가 자원 봉사 센터를 관장하고 있고, 보건복지부가 사회복지 정보안내센터, 문화관광부가 청소년 자원 봉사 센터, 여성부가 여성 자원 활용 센터, 그리고 교육부가 학생 봉사 활동 안내 센터를 각각 관장하고 있다. 그 결과가 어떠할 것인가는 예측하기 어렵지 않다. 무엇보다도 정부 부처 간의 조정과 협의가 없기 때문에 자원과 인력이 낭비될 가능성이 크다. 각 부처의 센터는 종종 동일한 대상자를 상대로 경쟁을 벌이게 된다.

또한 현재 상당수의 자치 단체가 자원 봉사 센터를 직접 운영하고 있는데 이것은 민간 영역에 대한 침범이자 자발성을 생명으로 하는 자원 봉사의 정신을 훼손하는 일이다. 자원 봉사에 대한 정부의 개입으로 자원 봉사가 정치적 목적에 악용될 소지가 많다. 게다가 지역 주민들에게는 센터가 행정 기관으로 보일 가능성도 다분하다. 이에 덧붙여 전문성을 갖추지 못한 공무원을 인사 적체를 해소하기 위한 방편으로 자원 봉사 센터에 발령을 내는 일도 허다하다.

민간 위탁의 경우에도 센터 운영비에 대한 예산 배정이 담당 공무원의 자의성에 영향을 받고 있어서 자율적인 운영이 어려운 형편이다. 아울러 자원 봉사자의 활동이 관이 원하는 특정 분야에 집중되도록 보이지 않는 압력이 가해지기도 한다.

자원 봉사 센터의 일률적인 설치도 문제가 아닐 수 없다. 더구나 생활권을 고려하지 않은 채 행정 구역 단위로 설치했기 때문에 사실상 중복 설치의 결과를 가져오는 경우도 적지 않다. 일률적인 설치는 가용 자원의 제한, 전문 인력의 부족, 천편일률적인 프로그램 등 숱한 문제를 낳고 있다.

그렇다면 대안은 무엇인가? 먼저 정부는 자원 봉사 센터의 설립과 운영이 민간 주도로 진행되도록 법과 제도를 정비하고 어떠한 형태로든 운영에 개입하는 일은 지양해야 한다. 센터의 운영은 가급적 독립 법인이 운영하도록 하는 것이 좋다. 아울러 자원 봉사 활동을 관리할 전문 인력을 공적으로 배출하는 제도를 마련해야 한다.

무엇보다도 중요한 것은 여러 부처로 나뉘어 있는 자원 봉사 기구를 통합하는 일이다. 그렇게 해야 정부 예산과 자원의 낭비를 막고 효율적인 자원 봉사 정책을 추진할 수 있다. 만일 현실적인 이유로 당분간 통합이 어렵다면 중앙 부처 간의 조정과 협력 체제를 구축하는 것이 급선무일 것이다. 중앙 부처 간의 조정과 협력 체제가 이루어진 다음에는 이것을 바탕으로 지역 센터간의 협력 체제를 만들어야 한다.

한편, 자원 봉사 센터의 재정 기반을 어떠한 방법으로 튼실하게 만들 것인가에 관하여 진지한 고민이 있어야 한다. 현재와 같이 자치 단체의 예산 지원에 의존하는 방식으로는 안정적인 운영을 보장받기가 어렵다. 지역 인구의 수에 따라 일정한 예산을 중앙 정부와 자치 단체가 법적으로 보장해 주는 것도 효과적인 방법의 하나라고 생각된다. 그리고 「사회복지공동모금법」을 원용하여 자원 봉사 센터를 지원하는 것도 고려해 볼만하다.

제 4 부

지역사회의 직접 서비스 기관

제4부는 지역사회의 직접 서비스 기관(direct service agency)을 다룬다. 여기에서 다룰 지역사회의 직접 서비스 기관에는 대표적 지역사회 서비스 기관인 사회복지관을 필두로 각종 재가 서비스를 담당하는 재가 복지 서비스 기관, 그리고 지역사회에서 저소득층의 자활 문제를 총괄하는 지역 자활 센터가 포함되어 있다.

12 chapter

사회복지관

우리는 이미 이 책의 1장에서 사회복지관의 연원에 대해 공부한 바가 있다. 즉 현대의 사회복지관은 19세기 말 영국과 미국의 세틀먼트 하우스에서 발전해 왔다는 사실이다. 세틀먼트 하우스는 오늘날 네이버후드 센터(neighborhood center) 또는 커뮤니티 센터(community center)라는 이름으로 바뀌었을 뿐만 아니라 하는 일도 많이 달라졌다. 과거 세틀먼트 하우스에서 다루었던 사회 문제들 가운데 상당수가 이제는 존재하지 않기 때문이다. 또한 오늘날의 네이버후드 센터는 자원 봉사자가 운영하던 세틀먼트와 달리 전문 사회복지사들이 운영을 맡고 있다.

한국의 사회복지관은 1988년 「주택건설촉진법」이 영구 임대 주택을 건설할 때 사회복지관을 의무적으로 설치하도록 규정하면서 양적인 성장이 시작되었고 오늘날에는 지역사회의 대표적인 사회복지 서비스 기관으로 뿌리를 내렸다. 사회복지관은 2012년 1월 현재 전국에 430여 개가 설치되어 지역사회에 서비스를 제공하고 있다.[1)]

1) 한국 사회복지관 협회 홈페이지(www.kaswc.or.kr) 참조.

1. 특성과 기능

1) 특성

한국의 사회복지관은 오랫동안 법적인 근거가 모호한 상태에서 보건복지부의 사회복지관 설치·운영 기준에 의존해 왔다. 이러한 관행은 2004년에 「사회복지사업법」이 개정됨에 따라 폐지되었고 사회복지관은 분명한 법적 지위를 갖게 되었다. 또한 2007년에는 「사회복지사업법」에 사회복지관의 정의를 새롭게 규정하였다. 이 법 제2조에 따르면, "사회복지관이란 지역사회를 기반으로 일정한 시설과 전문 인력을 갖추고 지역 주민의 참여와 협력을 통해 지역사회의 복지 문제를 예방하고 해결하기 위하여 종합적인 복지 서비스를 제공하는 시설을 말한다."

「사회복지사업법」의 이와 같은 개념 정의는 사회복지관을 '기관'이 아닌 '시설'로 규정하고 있다는 점에서 한계를 보이고 있으나, 사회복지관이 지역사회 문제의 해결과 주민들의 복지 서비스 욕구를 충족시키는 중심임을 명확히 선언하고 있다.[2)]

사회복지관에 관한 법적 규정과는 별도로 사회복지관의 특성을 살펴보면 다음과 같다.

첫째, 사회복지관은 지역사회의 대표적인 사회복지 서비스 기관이다. 사회복지관의 역사는 19세기 말의 세틀먼트 하우스까지 올라

2) 사회복지 시설과 사회복지 기관을 명확히 규정하는 기준은 없다. 그러나 일반적으로 시설(facilities)은 물리적 의미를 갖고 있어서 수동적 느낌이 강하게 드러난다. 반면에 기관(organizations or institutions)은 정치적·사회적 의미를 갖고 있으며 능동성이 부각된다.

간다. 사회복지관만큼 경험과 노하우가 축적된 지역사회복지 서비스 기관은 없다. 한국에서도 사회복지관은 바로 사회복지의 역사라고 해도 과언이 아니다. 2000년대 이후 다른 서비스 기관이 나타나기 전까지는 사회복지관이 지역사회를 대표하는 독보적인 서비스 기관으로 자리를 잡아 왔다. 물론 사회복지관의 대표성은 단지 역사가 길다는 사실만으로 주어지는 것이 아니다. 사회복지관은 서비스의 포괄성 측면에서도 대표적인 지역사회복지 실천 기관이라고 부를 만하다. 사회복지관이 제공하는 서비스는 사회 서비스의 거의 모든 분야를 포괄하고 있고 그 대상도 지역사회 전체를 아우른다. 또한 다른 서비스 기관이 우후죽순처럼 들어선 오늘날에도 지역사회복지 서비스의 거점 기관으로 여겨진다.

둘째, 사회복지관은 사회 서비스 제공에서 민관 파트너십을 상징하는 기관이다. 현대 복지국가에서 사회 서비스 제공은 기본적으로 국가의 의무로 간주되고 있다. 서구의 경우 사회 서비스 제공은 대부분 공공 부문이 담당한다. 최근에 부분적인 민영화가 진행되고 있으나 아직도 공공 부문의 역할은 중요하다. 반면에 한국은 사회 서비스의 제공을 처음부터 민관 파트너십의 형태로 시작하였다. 즉 국가가 서비스 시설을 설립하고 그 운영은 민간 기관에 위탁하는 방식이다. 사회복지관은 바로 이 민관 파트너십을 상징하는 존재로 출발했고 아직도 그러하다.

2) 기능

전통적으로 사회복지관의 기능과 역할은 두 가지로 요약된다. 하나는 지역사회 주민들의 복지 서비스 욕구를 충족시키기 위한 직접 서비스 제공이고, 다른 하나는 지역사회 문제를 해결하기 위해 주민들을 조직하는 일이다(Hess, 1999).

(1) 직접 서비스 제공

사회복지관은 지역사회의 취약 계층을 비롯하여 지역사회 주민들이 필요로 하는 각종의 사회복지 서비스를 제공한다. 사회복지관이 제공하는 서비스는 클라이언트와 면 대 면(面對面, face to face) 상황에서 제공하므로 '직접 서비스'(direct services)라고 한다(Hepworth et al., 2010). 「사회복지사업법」에도 사회복지관이 저소득층, 장애인, 노인, 한부모 가족, 아동과 청소년 등 취약 계층에게 필요한 서비스를 제공할 것을 규정하고 있다. 분야별 서비스의 내용은 대부분 상담, 교육, 훈련, 재가 서비스, 지원 서비스와 같은 직접 서비스이다.

(2) 지역사회 조직화

한국의 사회복지관은 대체로 지역사회의 조직화 기능보다는 직접 서비스 기관으로서의 성격이 강하게 부각되어 왔다. 이렇게 된 데에는 아무래도 사회복지관의 역사가 일천할 뿐만 아니라 정치・사회적 민주화가 최근에 이루어졌다는 사실이 한 몫을 하였다.[3] 아울러 사회복지관의 행정과 재정이 관의 영향력 아래에 놓여 있다는 점도 지역사회를 조직하는 기능이 발달하지 못한 이유라고 할 수 있다.

이러한 상황 탓에 지역사회의 조직화는 주로 사회 운동 단체의 몫이었다. 사회복지관이 지역사회 조직화 사업에 관심을 갖게 된 것은 1990년대 후반부터였다. 특히 서울시 사회복지관 평가 지표에 지역사회 조직화 사업이 포함되면서 사회복지관의 지역사회 조직화 사업이 활기를 띠게 되었다. 그럼에도 불구하고 한국 사회복지관의

3) 한국의 사회복지관 역사는 일제 강점기인 20세기 초반까지 거슬러 올라갈 수도 있겠으나, 실질적인 발전은 1980년대부터 이루어졌기 때문에 "일천한 역사"라고 표현하였다.

지역사회 조직화 기능은 아직도 미약한 상태라고 해야 할 것이다. 사회복지관의 지역사회 조직화 기능이 활성화되기 위해서는 무엇보다도 사회복지관의 자율성과 전문성에 대한 보장이 이루어져야 한다.

2. 설립과 운영

1) 설립과 운영의 주체

사회복지관은 누가 세우고 어떻게 운영되는가? 한국의 사회복지관은 「사회복지사업법」과 동법의 시행 규칙에 설치와 운영 기준이 마련되어 있다. 이 법에 따르면 국가와 지방 자치 단체는 사회복지관을 설치·운영할 수 있다. 그리고 필요한 경우에는 설치한 사회복지관을 사회복지 법인이나 비영리 법인에 위탁하여 운영해도 무방하다. 국가와 지자체 외에도 사회복지관을 설치·운영할 수 있는데 이 경우에는 보건복지부령에 따른다.

사회복지관의 실무 전반을 아우르는 보건복지부의 '사회복지관 운영 관련 업무 처리 요령 안내'에 따르면, 사회복지관의 설립과 운영의 주체는 지방 자치 단체와 사회복지법인 그리고 비영리법인이다. 이 가운데 지방 자치 단체는 사회복지관을 설치한 후에 사회복지 법인 등에 운영을 위탁할 수 있다. 현재 운영 중인 사회복지관은 설립과 운영 주체에 따라 대략 다섯 가지로 나뉜다. 첫째는 정부 보조금을 받아 법인이 설치하고 운영하는 경우, 둘째는 지방 자치 단체가 건립해서 법인에 운영을 위탁하는 경우, 셋째는 지방 자치 단체가 설립하고 직접 운영하는 경우, 넷째는 법인이 건립하고 법인이 운영하는 경우, 다섯째는 영구 임대 아파트 단지 내의 복지관을 법인에 위탁 운영하는 경우이다.

사회복지관은 설치·운영과 관련하여 여러 수준의 행정적 감독과 규제를 받는다. 먼저 설립 과정에서는 시·군·구의 허가가 필요하다. 즉 기초 자치 단체장은 사회복지관의 설립과 위탁 운영에 관한 결정권을 가지고 있다. 또한 기초 자치 단체장은 사회복지관 사업에 관한 승인과 시행 과정에 대한 지도·감독을 통해 사회복지관에 적지 않은 영향력을 행사한다. 시장과 군수 그리고 구청장은 연 1회 이상 사회복지관에 대해 정기 검사를 실시하도록 되어 있다. 건립 위치의 선정은 광역 자치 단체장의 책임 아래 결정된다. 그 밖에 보건복지부와 광역 자치 단체에서도 사회복지관에 대한 감독을 시행한다. 사회복지관에 대한 평가도 이러한 감독의 일환이다. 「사회복지사업법」 시행 규칙 제27조는 보건복지부 장관과 시·도 지사로 하여금 사회복지관 등의 시설에 대해 3년마다 1회 이상 평가를 실시하도록 규정하고 있다.

2) 운영 원칙

보건복지부의 '사회복지관 운영 관련 업무 처리 요령 안내'에 따르면, 사회복지관 사업은 인도주의와 수혜자 존엄 유지를 전제로 다음과 같은 기본 원칙을 따라야 한다.

(1) 지역성의 원칙

사회복지관은 지역사회의 특성과 지역 주민의 문제와 욕구를 신속하게 파악·반영하여 지역사회의 문제를 해결하고, 이에 따른 서비스를 제공하여야 하며, 주민의 적극적인 참여를 유도함으로써 주민의 역할과 책임을 조장하여야 한다.

(2) 전문성의 원칙

사회복지관은 다양한 지역사회 문제에 대처하기 위해 일반적 프로그램과 특정한 문제를 해결할 수 있는 전문적 프로그램이 병행될 수 있도록 지식과 기술을 보유한 전문 인력이 사업을 수행하도록 하고, 이들 인력에 대한 지속적인 재교육 등을 통해 전문성을 증진하도록 하여야 한다.

(3) 책임성의 원칙

사회복지관은 지역사회의 이용자 등에게 사업 수행에 따른 효과성과 효율성을 입증하고 책임을 다하려는 다각적 노력을 기울여야 한다.

(4) 자율성의 원칙

사회복지관은 다양한 복지서비스를 효율적으로 제공하기 위하여 복지관의 능력과 전문성이 최대한 발휘될 수 있도록 자율적으로 운영하여야 한다.

(5) 통합성의 원칙

사회복지관은 사업을 수행하면서 지역 내 공공 및 민간 복지 기관 간에 연계성과 통합성을 강화시켜 지역사회복지 체계를 효율적이고 효과적으로 운영되도록 하여야 한다.

(6) 자원 활용의 원칙

사회복지관은 주민 욕구가 다양해짐에 따라 다양한 기능 인력과 재원을 필요로 하므로 지역사회 내의 복지 자원을 최대한 동원・활용하여야 한다.

(7) 중립성의 원칙

사회복지관은 정치 활동, 영리 활동, 특정 종교 활동 등에 이용되지 않도록 중립성을 유지하는 일에 각별히 노력해야 한다.

(8) 투명성의 원칙

사회복지관은 자원을 효율적으로 이용하고 운영 과정의 투명성을 유지하여야 한다.

한편, 사회복지관의 모태라 할 수 있는 세틀먼트 하우스에서 진화한 미국 네이버후드 센터의 운영 기조는 일반적으로 다음 네 가지 원칙에 의거한다(Smith, 2008). 이것을 한국 사회복지관의 원칙과 비교해 보면, 미국의 사회복지관은 역량 강점에서 지역사회를 접근하려는 인식이 더욱 뚜렷하다.

첫째, 센터는 지역사회 주민들을 위해 존재하는 기관이다. 센터는 지역 주민에게 서비스를 제공하는 동시에 주민들이 자신의 문제를 스스로 해결할 수 있도록 조직하는 일을 돕는다.

둘째, 센터는 지역사회의 자산(assets)에 초점을 맞춘다. 여기서 말하는 자산이란 지역사회가 가진 강점과 역량을 총칭하는 개념이다. 가령 직장을 다니는 한부모들을 위해 자녀들에게 방과 후 프로그램을 제공하는 것은 부모들이 자신들의 잠재력과 역량을 마음껏 발휘할 수 있도록 뒤에서 도와주는 결과가 된다.

셋째, 센터는 네이버후드와 네이버후드를 통합하는 수단이다. 이러한 통합은 전체 지역사회의 삶을 개선하는 결과로 이어진다.

넷째, 센터는 네이버후드 내부의 여러 조직을 이어주는 연결자의 역할을 한다.

3) 인력과 재정

(1) 인력

사회복지관이 지역사회를 대표하는 서비스 기관의 역할을 수행하려면 적정 수준의 전문 인력을 갖추어야 한다. 그러나 사회복지관의 설치와 운영에 관한 내용을 규정하고 있는 「사회복지사업법」과 동업 시행 규칙에는 인력에 관한 구체적인 내용이 없다. 단지 시행규칙 제22조에 "직원의 수는 사회복지관의 규모 및 수행하는 사업을 고려하여 정하여야 한다."라고 되어 있을 뿐이다.

사회복지관은 「사회복지사업법」 시행 규칙에 규정된 5대 사업 외에도 사회 서비스 욕구가 높아지면서 새로운 사업들이 계속 추가되고 있는 형편이다.[4] 따라서 사업 수행에 필요한 전문 인력 확보와 적정 인력 배치 기준이 절실하게 요청된다. 한국 사회복지관 협회(2010)에 따르면, 사회복지관이 현재의 사업을 수행하는 데 필요한 적정 인력은 평균 17명인데 정부가 인건비를 지원하는 인력의 평균은 11명으로 6명이나 부족하다. 한국 사회복지관 협회는 이상적인 인력 기준으로 24명을 제시하고 있다. 이것은 사업 표준 인력 18명과 행정 지원 인력 6명을 합친 숫자이다. 사업 표준 인력은 사례관리 기능 5명, 서비스 제공 기능 8명, 지역사회 조직화 5명으로 이루어진다.

(2) 재정

정부는 사회복지관의 설립과 운영 과정에서 여러 가지의 재정적 지원을 하도록 되어 있다. 무엇보다도 사회복지관 건립에 필요한

4) 사회복지관이 수행해야 하는 5대 사업은 가족 복지, 지역사회 보호, 지역사회 조직, 교육 문화, 자활 사업으로 구성되어 있다.

재정을 정부가 부담하거나 보조할 수 있다. 또한 사회복지관 시설의 증·개축비와 장비 구입비를 지원하기도 한다. 가장 중요한 것은 운영 경비를 지원한다는 점이다. 정부는 「지방교부세법」과 「지방재정법」 등에 의거하여 사회복지관 운영 경비를 지급한다. 지방 자치 단체도 필요한 경우에 별도로 운영 경비를 지급할 수 있다.
현재 사회복지관은 운영비, 기능 보강비, 건립비, 기타 보조금을 국가와 지자체로부터 받고 있다. 이 가운데 운영비는 시설 운영과 사업의 기본적인 재정 원천이다. 과거에는 운영비 지급을 면적 기준에 따라 유형을 나누어 지급했으나 이 규정은 폐지되었다. 하지만 아직도 상당수의 지역에서 면적에 따라 지급하는 관행을 유지하는 것으로 알려지고 있다.

사회복지관의 서비스 향상을 위해 인력과 마찬가지로 운영비가 적정 수준을 유지해야 한다는 사실은 자명하다. 그러나 보조금의 지원 규모는 적정 수준보다 약 30%나 부족한 것으로 나타났다(한국 사회복지관 협회, 2010). 인건비 역시 경상 보조금에서 지원하는 비율이 절반을 겨우 넘는 수준이어서 전문 인력 확보가 어려운 실정이다. 이런 문제를 해결하려면 보조금의 절대 액수가 늘어나야 하겠지만 그에 못지않게 보조금의 지급 방식도 바뀌어야 한다. 현재 사회복지관의 운영비 보조금은 구체적인 항목을 따지지 않은 채 포괄적 형태로 주어진다. 포괄 보조금 방식은 운영의 자율성을 보장할 수 있다는 장점이 있으나 정확한 예산 파악이 어려우며 운영의 투명성을 보장하기가 쉽지 않다.

한편, 사회복지관에 대한 정부 보조금은 단종(單種) 복지관에 비해서도 절대적으로 적다. 훨씬 다양한 서비스 업무를 수행하는 사회복지관이 노인복지관이나 장애인복지관 등의 단종 복지관보다 적은 보조금을 받는 것은 상식으로나 형평성 측면에서나 납득하기 힘들다. 실제로 노인복지관이 받는 경상 보조금은 사회복지관에 비해

두 배 가까이 많다(한국 사회복지관 협회, 2010).

4) 사업 분야

「사회복지사업법」은 사회복지관이 우선적으로 사업을 벌여야 할 대상을 규정하고 있다. 이들은 「국민기초생활보장법」에 따른 수급자를 비롯한 저소득 주민, 취약 계층(장애인, 노인, 한부모 가정 등), 직업 훈련과 취업 알선이 필요한 사람, 아동과 청소년 등이다. 또 동법 시행 규칙 제22조에는 사회복지관이 5대 분야의 업무를 수행하도록 규정하고 있다. 5대 분야는 가족 복지 사업, 지역사회 보호 사업, 지역사회 조직 사업, 교육 문화 사업 그리고 자활 사업이다. 따라서 사회복지관은 위의 우선 대상을 중심으로 사업을 시행하되 이 5개 분야에서 분야별로 하나 이상의 사업을 포함해야 한다. 보건복지부(2011)에서는 이것을 〈표 12-1〉처럼 상세히 정리하고 있다.

현행 사회복지관 사업의 문제점을 살펴보면 먼저 법에 규정된 일률적 틀을 지적할 수밖에 없다. 사회복지관은 기본적으로 지역사회 서비스 기관이다. 따라서 지역사회의 고유한 사회복지 상황이 사회복지관 사업에 반영되어야 한다. 그러나 법이 규정한 일률적인 틀이 고유 사업을 개발하는 데 걸림돌이 되고 있다. 더구나 사회복지관이 보유한 미약한 재정 자원을 감안하면 고유 사업의 개발은 사실상 불가능하다고 하겠다. 결국 사회복지관의 사업을 법에 의해 일률적으로 규정하지 말고 지역사회의 특수 상황에 맞는 사업을 개발할 수 있도록 폭넓게 자율성을 허용하는 것이 좋다.

〈표 12-1〉 사회복지관 사업 내용

사업 분야	단위 사업	우선 사업 대상 프로그램
가족복지사업	- 가족 관계 증진 - 가족 기능 보완 - 가정 문제 해결과 치료 - 부양가족 지원	- 개인과 가정 문제 등 상담 - 방과 후 아동 보호 프로그램
지역사회보호사업	- 급식 서비스 - 보건 의료 서비스 - 경제적 지원 - 일상생활 지원 - 정서 서비스 - 일시 보호 서비스 - 재가 복지 봉사 서비스	- 급식 서비스(식사 배달 등) - 주간 보호소 · 단기 보호소 운영 - 재가 복지 봉사 서비스
지역사회조직사업	- 주민 조직화와 교육 - 복지 네트워크 구축 - 주민 복지 증진 - 자원봉사자 양성 - 후원자 개발과 조직	- 주민 조직체 형성과 운영 - 복지 네트워크 구축
교육문화사업	- 아동 · 청소년 기능 교육 - 성인 기능 교실 - 노인 여가 문화 - 문화 복지	- 노인 여가와 문화 프로그램 - 아동과 청소년 사회교육 프로그램
자활사업	- 직업 기능 훈련 - 취업 알선 - 직업 능력 개발 - 자활 공동체 육성	- 취업 · 부업 안내와 알선 - 취업 · 부업 기능 훈련 - 공동 작업장 운영

또한 현재의 사회복지 사업 분류는 대상별 분류와 기능별 분류가 혼합된 형태여서 전문성이 부족하다. 대상이나 영역을 나열하는 현행 방식이 아니라 사회복지관의 본래 기능에 초점을 맞추는 것이 적절한 대안이다. 즉 지역사회에 대한 직접 서비스 전달 기능과 지역사회 조직화라는 양대 기능을 중심으로 사회복지관이 지역사회에 맞는 사업과 프로그램을 자율적으로 개발하도록 유연성과 개방성을 허용해야 한다.

한국 사회복지관 협회(2010)와 서울 복지 재단(2009) 등에서는 사회복지관 사업을 현재의 5대 사업에서 3대 기능 중심으로 개편할 것을 권고하고 있다. 3대 기능은 사례 관리 기능, 서비스 제공 기능, 지역 조직화 기능이다. 이것을 부연하면 사례 관리 기능에는 사례 관리, 위기 개입, 서비스 연계가 포함되고 서비스 제공 기능은 가족 기능 강화 사업, 지역사회 보호 사업, 교육 문화 사업, 자활 지원 등으로 이루어진다. 마지막으로 지역 조직화 기능은 복지 네트워크 구축, 주민 조직화, 자원 개발과 관리 등의 내용을 포괄한다.

3. 과제와 대안

1) 인력과 재정의 확충

사회복지관 인력 문제는 크게 두 가지로 나눌 수 있다. 하나는 인력의 절대 부족이다. 이것은 앞에서 이미 지적하였다. 궁극적인 해결 방법은 적정 인력 규모를 법으로 규정하는 것이다. 현행 제도처럼 적정 인력 규모에 대한 법적 근거가 없는 상황에서 인력 부족은 앞으로도 계속될 가능성이 매우 크다. 또 하나는 사회복지사를 비롯한 사회복지 사업 종사자에 대한 보수가 너무 낮다는 점이다. 2010년에 한국 보건 사회 연구원이 조사한 바에 따르면, 사회복지사의 급여는 일반 상용직 근로자의 60% 정도에 불과하다. 사회복지 종사자의 급여와 근로 조건이 열악하다는 이야기는 어제 오늘의 일이 아니다. 이러한 상태에서 양질의 사회복지 서비스를 기대하는 것은 나무에 올라가서 물고기를 구하는 것(緣木求魚)과 같다.

이 문제를 해결하기 위해서는 정부의 결단이 필요하다. 사회복지관은 정부가 국민에게 해야 할 의무를 대행하는 기관이다. 그것의 설립과 운영 주체가 비록 정부가 아닌 경우에도 정부가 재정을 지원하는 이유가 여기에 있다. 특히 사회복지관의 핵심 인력인 사회복지사에 대한 적정한 대우는 사회복지사의 이직을 막고 안정적이면서도 양질의 서비스를 제공하는 데 필수적이다.

사회복지관의 재정 역시 열악한 상태에 있다. 사회복지 재정의 지방 분권화가 시작된 다음부터 사회복지관의 재정 상황은 더욱 나빠지고 있고 지역 간 격차가 커지고 있다. 여러 가지 정치·사회적 환경의 변화와 정부 정책으로 인하여 사회복지관의 기능과 역할은 날로 다양해지고 수요도 늘고 있다. 그러나 정부의 재정 지원은 구태의연한 상태를 벗어나지 못하고 있다. 정부는 사회복지관의 의미와 중요성을 인식하여 사회복지관에 대한 재정 지원 수준을 크게 확충해야 한다. 뿐만 아니라 사회복지관 유형에 따라 일률적으로 이루어지는 지원 방식을 바꾸어 항목별 기준과 내용을 바탕으로 차등 지원하는 것이 바람직하다.

2) 사업 특성화

한국의 사회복지관은 법적 규정에 따라 대부분 획일적인 프로그램을 운영하고 있다. 그러다보니 지역의 특성을 반영한 사업 개발이 이루어지기 어려울 뿐만 아니라 프로그램이 중복되는 경우도 허다하다. 게다가 시대의 흐름과 어울리지 않거나 시행이 거의 되지 않는 사업도 있다. 또한 사회복지관 프로그램이 기본적으로 저소득층을 비롯한 취약 계층을 대상으로 하고 있기 때문에 경제 성장이나 도시 재개발 등의 요인으로 인한 환경 변화에 민첩하게 대처하지 못한다는 비판도 제기된다. 즉 도시 재개발로 중산층이 주민의 다수를 차지하게 된 상황에서도 기존의 저소득층 중심의 사업을 계속하는 경우가 있다. 이러한 관행은 사회복지관이 지역의 대포적인 사회 서비스 기관으로 자리매김을 하는 데 도움이 되지 않는다. 사회복지관이 기존 사업의 패턴을 유연하게 바꾸지 못하는 것은 기관의 역량 문제도 있겠으나, 근본 원인은 사업 대상과 틀을 법적으로 규정해 놓은 현실에서 찾아야 한다.

이런 상황을 반영하여 서울시는 이미 사회복지관 사업을 새롭게 분류하였고 한국 사회복지관 협회는 자체적으로 3대 기능을 중심으로 사업 영역을 제시하고 있다. 이와 함께 관심을 기울여야 할 과제는 역시 지역별 특성화이다. 이것은 단순히 사회복지관의 생존 능력을 높이는 차원이 아니라 사회복지관의 고유 기능을 온전히 회복하는 차원에서 이루어져야 한다. 특성화에는 사업을 기준으로 하는 방법과 대상을 기준으로 하는 방법이 있다. 어떠한 특성화를 하든지 중요한 것은 지역사회의 특성을 제대로 반영해야 한다는 사실이다. 대상별 특성화는 단종 복지관의 사업 중 일부를 사회복지관에서 특화하여 서비스를 제공하고 관련 사회복지 시설과 서비스 네트워크를 구축하는 방법으로 진행된다(한국 사회복지관 협회, 2010). 이것은 물론 지역사회에 해당 인구 집단이 많은 경우나 거리가 멀어 접근성이 떨어지는 경우 등 지역 상황에 토대를 두어야 한다.

사업별 특성화는 관련 지자체, 사회복지 사업 기관 등과의 협의를 거쳐 주 사업 기관과 협력 사업 기관으로 나누어 협력 기관은 접수와 의뢰 업무를 맡고 주 사업 기관은 해당 서비스를 총괄 집행하는 방식이다. 이것은 관련 기관 사이의 긴밀한 협조가 이루어져야 진행할 수 있다. 또 사업별 특성화의 범위가 커질 경우에는 지역사회복지 협의체를 통해 연계를 추진하는 것도 좋은 방법이다.

3) 유사 서비스 기관의 난립

2000년대 이후 지역사회에는 다양한 사회 서비스 기관이 우후죽순처럼 나타났다. 건강 가족 지원 센터, 지역 아동 센터, 지역 자활 센터, 사회 복귀 시설, 정신 보건 센터 등이 그것이다. 물론 이 가운데는 사회복지관이 담당하기 어려운 고도의 전문성과 독자성을 가진 기관도 있다. 또한 사회복지관이 부설 기관으로 운영하기도 한다. 그러나 이들 대부분은 독자적인 기관으로 설립되어 사회복지관의 기능 및 역할과 유사한 사업을 수행한다. 유사 서비스 기관의 난립은 필연적으로 서비스 중복과 이에 따른 자원 낭비로 이어지는 한편, 지역사회 서비스 분야를 파편화시키는 결과를 초래할 가능성이 있다.

사실 사회복지관은 지역사회에서 가장 오랜 경험과 노하우를 가진 대표적 사회복지 서비스 기관인데도 유사 기관이 난립하면서 양적·질적 성장에 제동이 걸렸다. 전체적으로 서비스 재원도 늘어났겠지만 유사 기관의 난립으로 사회복지관에 대한 지원은 제 자리에 머물러 있다. 그나마 사회복지 재정의 분권화가 진행되면서 일부 지역에서는 사회복지관에 대한 재정 지원이 오히려 축소하는 경향도 나타난다. 이것은 사회복지관만의 문제가 아니라 지역사회복지 서비스 전체의 효과성과 효율성을 떨어뜨릴 공산이 크다.

이런 맥락에서 볼 때 유사 기관의 통폐합을 진지하게 고려할 필요가 있다. 예컨대 건강 가족 지원 센터에서 하는 사업 내용에는 가족 교육 사업, 가족 상담 사업, 가족 돌봄 사업, 지역사회 네트워크 등이 들어 있다. 이 사업들은 사회복지관에서 이미 오랫동안 수행해 왔다. 그런데도 새로운 조직을 만들어 자원을 나누는 것은 결코 바람직하지 않다. 하나라도 제대로 된 서비스 기관을 만드는 것이 훨씬 중요하다.

4) 위탁과 평가

사회복지관의 다수는 지자체가 설립하여 민간 기관에 위탁하는 방식으로 운영된다. 그런데 위탁 대상자(즉 수탁자)를 결정하는 기존 방식에 여러 가지 문제가 있다. 먼저 현재의 수탁자 선정 과정에서 전문성과 지역 대표성을 갖춘 선정 위원회를 구성하는 것이 중요한데 현실은 그렇지 못하다. 수탁자의 역량 못지않게 수탁자와 지자체 사이의 관계가 수탁 결정에 큰 영향을 미친다. 게다가 선정 기준에서 수탁자의 재정 부담 능력을 크게 강조하고 있는데 이것은 수탁자의 서비스 제공 역량을 상대적으로 경시할 가능성을 열어 놓는다. 아울러 수탁 기간도 지나치게 짧은 것으로 지적된다. 현행 「사회복지사업법」 시행 규칙에서는 위탁 기간을 5년 이내로 규정하고 있다. 하지만 5년은 전문적인 서비스의 역량을 축적하고 사회복지 서비스 사업을 지속적으로 수행하는 데는 너무도 짧은 기간이다(이봉주, 2011). 그나마 대부분의 지자체는 수탁 기간을 3년으로 설정하고 있다. 수탁 기간은 적어도 5년 이상을 보장해야 사회복지 서비스의 전문성과 지속성이 확보될 수 있다.

13
chapter

재가 복지 서비스 기관

1. 지역사회 보호와 재가 복지

재가 복지는 지역사회 보호(community care)와 밀접하게 연관된 개념으로 영어권에서는 home care 또는 domiciliary care라고 하며 일본에서는 재택 복지라는 용어를 쓴다.[1] 재가 복지의 개념 논의에서 핵심이 되는 것은 '재가'(在家)의 의미를 어떻게 해석할 것인가에 관한 문제이다.

여기서 먼저 우리는 재가 복지와 불가분의 관계에 있는 지역사회 보호의 개념에 대해 조금 더 깊게 살펴보기로 하자. 지역사회 보호는 사회적 연결망과 자원 봉사자를 활용하여 노인, 장애인, 어린이 등에게 자신들이 살고 있는 지역사회 안에서 복지 서비스를 제공받을 수 있게 하는 사회복지 실천이자 제도이다(Popple, 1995). 일부에서는 지역사회 보호의 핵심을 지역사회 안에서의 보호(care in

1) Home care나 domiciliary care는 재가 보호로 번역하는 것이 원칙이나 여기에서는 용어의 통일을 기하기 위해 재가 복지로 사용할 것이다.

the community)가 아니라 지역사회에 의한 보호(care by the community)라고 지적하면서 전문 인력에 의한 보호에 비판적인 견해를 보이기도 한다(Johnson, 1987). 그러나 다수의 의견은 지역사회 보호를 보호의 주체보다는 보호의 물리·사회적 환경을 중심으로 정의하는 경향이 있다. 즉 보호의 주체가 누구이든 상관없이 클라이언트의 일상적인 삶이 펼쳐지는 지역사회 안에서 보호 서비스가 제공된다면 그것을 지역사회 보호로 인식하는 것이다.

지역사회 보호는 시설 보호(institutional care or residential care)의 문제점과 한계에 대한 반성으로 등장하였다. 영국에서는 1950년대 후반부터 시설 생활의 부정적 결과에 주목하는 연구가 쏟아져 나왔다. 익숙한 환경과 관계로부터의 단절, 모멸적인 입소 절차, 엄격한 규칙에 대한 복종, 자기 결정권 상실 등이 부정적 결과의 주요 내용이었다.

시설 보호의 또 다른 문제점은 비용 상승이었다. 그 중에서도 낡고 오래된 건물을 유지·보수하는 비용이 막대하였다. 서양의 상당수 수용 시설은 19세기에 지어진 것이어서 최악의 상태에 놓여 있었던 것이다. 정신 보건 서비스에 脫시설화(deinstitutionalization) 바람이 분 것도 이런 상황과 무관하지 않았다. 더구나 서양 역사에서 수용 시설의 이미지는 과거의 구빈원(workhouse)이나 정신 병원(asylum)에서 보는 바와 같이 음습하고 억압적인 것이었다.

시설 보호에 대한 비판은 이른바 정상화(normalization) 철학의 등장으로 한층 더 가열되었다. 원래 스칸디나비아에서 만들어져 미국에서 번창한 정상화 이념은 장애인과 비장애인의 사회통합을 강력히 주장하였다. 정상화 개념은 사회권이나 시민권 보장과 같은 사회 최고의 가치에 바탕을 두면서, 장애인들이 가능한 한 사회의 일상적 삶과 규범에 가까운 생활환경과 방식을 유지하는 것이 중요하다는 점을 강조한다. 여기서 정상화란 정상적인 사람으로 만든다는 말이 아니고, 정상적인(일상적인) 삶을 유지할 수 있는 환경의 지속 또는 복원을 의미한다. 따라서 정상화 이념은 일반 이웃과 함께 하는 일상적인 가정에서의 삶과 지역사회에 통합된 삶을 강조하면서 중앙 집중적인 시설 보호에 반대한다.

물론 지역사회 보호에 대한 비판도 없는 것이 아니다. 일부에서는 지역사회 보호가 결국은 가족 이데올로기를 앞세우는 것이 아닌지 의심한다. 다시 말해서 사회복지 서비스의 궁극적 책임을 가족에 떠넘기는 논리로 의심을 받는다는 뜻이다. 게다가 영국과 같은 나라에서는 보수 우파가 지역사회 보호를 강력히 지지하는 바람에 이와 같은 의구심을 더욱 증폭시켰다.

그러나 서구의 지역사회복지는 가족이나 자원 봉사자에 의한 비공식 보호(informal care)와는 일정한 차이가 있다. 즉 지역사회 보호는 여전히 공공부문의 개입이 이루어진다는 점에서 비공식 보호와 다르다.

이러한 상황을 염두에 둔 채 재가 복지의 개념을 정리해 보자. 서비스의 제공 장소를 기준으로 분류할 때 재가 서비스는 세 가지 의미로 나뉠 수 있다. 가장 넓은 의미의 재가 서비스는 지역사회 안에서 개방된 시설 보호(예컨대 residential care)까지를 포함하는 폭넓은 지역사회 보호를 말한다. 여기서 개방적인 시설 보호는 전통적인 의미의 격리 수용과는 다르다. 그것은 지역사회를 기반으로 가정과 같은 분위기(home-like)를 가진 개방 시설에서의 보호를 뜻한다. 이러한 의미의 재가 서비스 개념은 영국에서 주로 쓰인다. 이와 대조적으로, 가장 좁은 의미의 재가 서비스는 서비스 제공 장소를 가정으로 한정하여 지역사회 보호의 하위 개념으로 인식하는 경우이다.

재가 서비스 개념에 대한 양극단의 중간에는 일반 가정의 거주자를 서비스 대상으로 한정하되 시설 이용 서비스를 포함하는 개념이 있다. 다시 말해서 가정 방문 서비스와 시설 이용 서비스를 아우르는 재가 서비스 개념이다. 한국에서 일반적으로 통용되는 재가 서비스의 개념은 바로 이것이다.

결론적으로 말하자면 지역사회 보호와 재가 복지의 뚜렷한 구분은 사실상 어려운 일이다. 지역사회 보호가 재가 보호(복지)를 포함하고 있기 때문이다. 실제로 미국이나 유럽에서는 양자를 구분하지 않고 동의어로 사용하는 경우가 흔하다. 한국의 경우 여러 연구자들이 재가 복지의 개념을 나름대로 정의하고 있긴 하지만 그것은 대부분 지역사회 보호의 개념과 다르지 않다. 다만 한 가지 지적할 점은 우리의 재가 복지가 서구의 지역사회 보호의 내용과 수준에 이르지 못했다는 사실이다. 아직도 우리의 재가 복지는 민간 부문 중심으로 운영되고 있다. 최근 들어 정부의 개입과 지원이 늘고 있기는 하지만 현재의 재가 복지는 여전히 비공식 보호의 성격을 많이 띠고 있다는 평가를 피하기 힘들다.

2. 재가 복지 봉사 서비스

1) 기능과 역할

과거에 재가 복지 봉사 서비스는 사회복지관 부설 재가 복지 봉사 센터에서 수행해 왔다. 이 센터는 2010년부터 사회복지관의 지역사회 보호 사업에 통합되어 재가 복지 봉사 서비스라는 이름으로 바뀌었다. 그러나 기본적인 틀과 역할은 크게 달라지지 않았다. 재가 복지 봉사 서비스의 기능과 역할은 다음과 같다.

• 조사 진단

재가 복지 서비스 대상자와 가정의 욕구 조사 그리고 문제의 진단 등을 통해 필요한 서비스의 종류를 선정한다.

• 서비스 제공

재가 복지 서비스의 대상별로 측정된 욕구와 문제의 진단 내용에 따라 직접 또는 간접 서비스를 제공한다.

• 지역사회 자원 동원과 활용

재가 복지 서비스를 내실화하는 한편, 대상자와 가정의 욕구를 충족하고 문제를 해결하기 위해 지역사회의 인적·물적 자원을 동원하고 활용한다.

• 사업 평가

재가 복지 서비스 사업을 평가하기 위해 서비스 기능, 분야별 효과, 자원 동원과 활용 효과 등에 관하여 자체적으로 평가하고 그 결과가 사업에 활용되도록 한다.

• 교육 기관

자원 봉사자와 지역 주민들에게 재가 복지 서비스 사업, 사회복지 사업, 취미, 교양 등에 관한 교육을 제공한다.

• 지역사회 연대 의식의 고취

지역사회 내의 인적·물적 자원의 연계를 통한 계층 간의 연대감을 고취시킨다.

2) 운영

(1) 인력과 재정

재가 복지 봉사 서비스는 사회복지관장이 업무를 총괄, 지휘한다. 사회복지관은 관내에 사회복지사 2인 이상을 포함한 3인을 재가 복지 봉사 서비스에 전담 배치하여 운영 한다. 전담 인력의 업무 내용은 다음과 같다.

- 프로그램 개발과 수립
- 자원 봉사자 재교육 계획 수립
- 지역사회 자원 발굴과 활용
- 요보호 대상자 가정 방문과 욕구 조사
- 봉사원에 대한 관리, 상담, 파견, 배치 등

과거에 재가 복지 봉사 센터의 재정은 전액을 정부가 부담하였다. 하지만 센터가 사회복지관에 흡수되면서 별도의 재정 지원이 이루어지지 않고 관련 보조금은 사회복지관 운영비에 통합한 형태로 교부된다. 그래도 재가 복지 봉사 서비스의 예산은 별도로 항목 설정이 되어 있으며 이것은 사회복지관 운영비로 전용할 수 없다.

3) 사업

(1) 운영의 기본 원칙

보건복지부에 따르면, 재가 복지 봉사 서비스는 다음과 같은 기본 원칙을 바탕으로 운영해야 한다.

① 적극성

서비스 대상자의 요청을 기다리지 않고 적극적으로 서비스 요구를 발굴하여 필요한 서비스를 제공한다.

② 능률성

최소의 비용으로 최대의 효과를 거두기 위해 인적, 물적 자원을 효율적으로 운영한다.

③ 연계성

다양한 서비스 욕구를 적절히 충족시키기 위해 행정 기관, 자원봉사 단체 등 관련 기관과 수시 연계 체제를 갖추고 알선, 의뢰, 자원 봉사 등을 수행한다.

④ 자립성

요보호 대상자에 대한 서비스는 본인의 신체적, 정신적, 사회적 자립과 자활을 조성하는 데 주안점을 둔다.

(2) 대상자

재가 복지 봉사 서비스는 지역사회의 저소득 계층을 우선 대상으로 삼는데 구체적으로는 다음과 같은 범주의 사람들이 포함된다. 아울러 지역사회에 거주하는 공공부조 대상자가 전체 서비스 수혜자의 60% 이상이 되도록 선정 기준을 정하고 있다.

- 국민기초생활보장 수급권자
- 기타 저소득층 가정으로서 재가 복지 서비스가 필요하다고 인정되는 사람(무의탁 국가 유공자와 유족 등)
- 미인가 시설의 수용자(장애인, 부녀, 아동, 노인 등)
- 재가 복지 서비스를 원하는 지역 주민

(3) 프로그램

재가 복지 서비스의 내용은 기본적으로 요보호 대상자의 인구학적 특성과 욕구 유형에 따라 필요하다고 판단되는 서비스이며 구체적으로는 다음과 같은 서비스를 제공할 수 있다.

① 가사 서비스

집안 청소, 식사 준비와 취사, 세탁, 청소 등

② 간병 서비스

안마, 병간호, 수발, 병원 안내와 동행, 병원을 오갈 때의 차량 지원, 병원 수속 대행, 보건소 안내, 약품 구입, 체온 측정, 신체 운동, 집안 소독 등

③ 정서적 서비스

말동무, 상담, 학업 지도, 책 읽어주기, 여가 지도, 취미 활동 제공, 행정 업무

④ 결연 서비스

서비스 대상자에 대한 생활 용품과 용돈 등 재정적 지원 알선, 의부모 또는 의형제 맺어주기와 같은 서비스

⑤ 의료 서비스

지역 의료 기관, 보건 기관과의 연계와 결연을 통한 정기 또는 수시 방문, 진료(링거 투약, 혈압 체크, 질병 상담과 치료 등)

⑥ 자립 지원 서비스

탁아, 직업 보도, 기능 훈련, 취업 알선 등 자립 능력을 기를 수 있는 서비스

⑦ 주민 교육 서비스

보호 대상자의 가족, 이웃, 친지 등을 포함한 지역 주민을 위한 재가 보호 서비스 요령과 방법에 대한 교육

⑧ 기타 사회복지관 내 시설을 활용한 서비스

4) 전달 체계

재가 복지서비스의 전달 체계는 보건복지부 지침에 의거하여 지방 자치 단체의 지도와 감독을 받아 작동된다(〈그림 13-1〉 참조). 그러나 서비스의 실제 제공 인력은 대부분 자원 봉사자들이기 때문에 전문적인 사회복지 서비스로 보기는 어렵다. 게다가 사회복지관 재가 복지 봉사 서비스와 노인복지관 부설 재가 센터 그리고 서울시 가정 도우미 사업이 제각기 다른 전달체계를 따라 움직이고 있는 점도 문제가 아닐 수 없다. 이와 같은 상황은 행정 업무의 비효율성과 서비스 중복 또는 누락을 초래할 가능성이 매우 높다.

5) 과제와 대안

(1) 서비스의 전문성 문제

현재의 재가 복지 봉사 서비스는 기본적으로 자원 봉사자를 동원하여 서비스를 제공하고 있기 때문에 서비스의 질과 전문성에 많은 문제를 드러내고 있다. 정부는 재가 센터의 수를 늘리는 일에 급급하기보다는 현재의 양적 수준에서 서비스 질을 높이기 위한 대책을 시급히 마련해야 한다. 그렇게 하기 위해서는 사회복지사의 증원 배치가 무엇보다 우선해야 한다. 아울러 유급 봉사자를 확보하여 서비스의 지속성을 꾀하여야 한다. 마지막으로 사회복지사와 유급 봉사자 그리고 자원 봉사자 간의 역할 분담을 철저히 하여 업무의 혼선을 빚는 일이 없도록 유의할 필요가 있다.

〈그림 13-1〉 재가 복지봉사센터의 전달체계

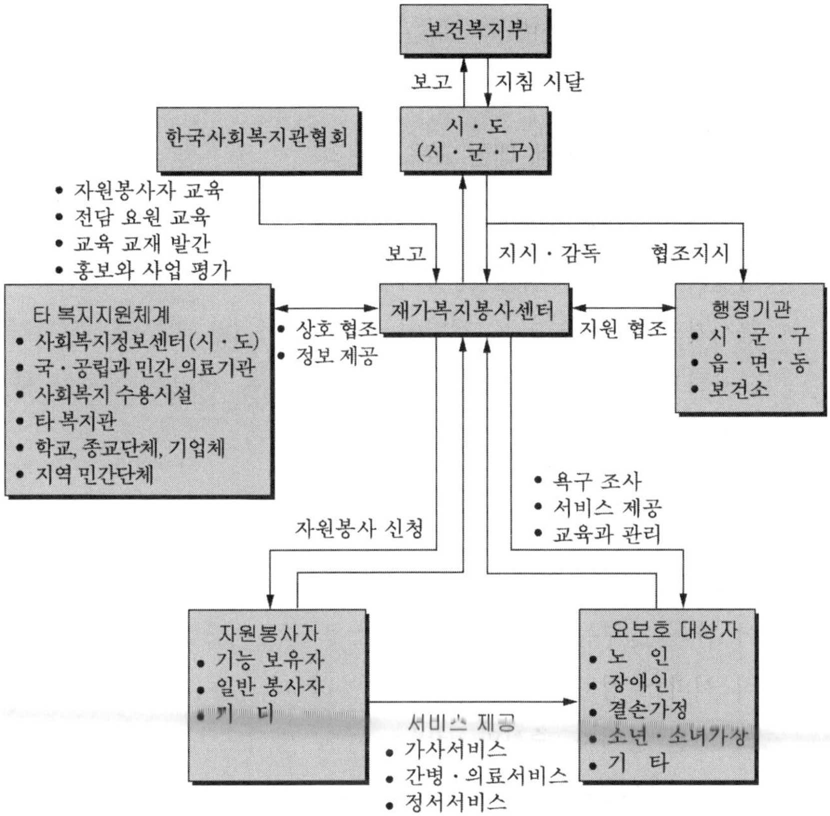

(2) 서비스 대상자의 선정 문제

현행 재가 복지 봉사 서비스의 대상자 선정은 저소득 계층에 초점을 두고 있는데 이것은 재가 복지 서비스의 보편화라는 시대의 흐름과 맞지 않는 기준이다. 저소득층이라고 모두 서비스를 필요로 하는 것도 아니고 중산층 주민 중에서도 서비스를 받아야 할 사람이 얼마든지 있다. 이런 점을 고려해서 소득을 기준으로 하는 현재의 서비스 대상자 선정 방식 대신에 정부 주도의 욕구 조사에 바탕을 둔 대상자 선정 방식으로 바뀌어야 한다. 다시 말해서 소득의 유무와 상관없이 욕구 중심으로 대상자를 선정해야 한다는 것이다. 이를 위해 유료 서비스 제도의 확대를 적극적으로 검토할 필요가 있다.

(3) 자원 봉사자에 대한 교육과 관리

재가 복지 서비스는 자원 봉사자에 대한 의존도가 크기 때문에 양질의 안정적인 자원 봉사자의 공급이 필수적이다. 단순히 자원 봉사자의 수를 늘리는 것만이 능사가 아니다. 이들을 체계적으로 교육하고 관리하여 책임감 있고 수준 높은 서비스 제공의 주체로 삼아야 한다.

(4) 정부 지원

무엇보다도 사회복지 서비스에 대한 정부의 접근 시각이 달라져야 한다. 정부는 재가 복지 서비스를 공공부조 수급자에 대한 보충적 서비스 정도로 간주하는 인식부터 바꾸어야 한다. 그나마 현재의 자원 봉사자 중심의 서비스 공급 방식으로는 이것조차 제대로 달성하기 어렵다는 사실을 깨달아야 한다.

현재의 형식적인 재가 복지 서비스를 질 좋은 서비스로 바꾸기 위해서는 정부의 재정 지원을 크게 늘려야 한다. 우선 재가 복지 봉사 서비스의 운영비를 충분히 확보해야 한다. 그리고 인력의 증강 배치도 시급하다. 현행 사회복지사 2인과 운전수 1인은 행정 업무를 처리할 정도의 인력에 불과하다. 재가 복지 서비스 인력이 해야 할 업무 내용만 해도 사회복지관 전체 인력을 투입해도 쉽지 않을 정도로 많다.

아울러 서비스 수요에 대한 욕구 조사를 개별 센터에 맡기는 것도 문제가 있다. 현행 최소 인력을 가지고 욕구 조사를 한다면 그 결과는 뻔하다. 부실 조사가 난무할 것이다. 결국 인력과 행정력을 갖춘 정부나 기타 조직이 욕구 조사를 직접 실시하고 그 결과를 바탕으로 재가 복지 서비스를 재조직하는 것이 서비스의 효과성과 효율성을 높일 수 있는 방법이다.

3. 재가 노인 복지 서비스

노인을 대상으로 하는 재가 복지 서비스는 2008년 7월부터 노인 장기 요양 보험 제도가 시행되면서 근본적인 변화가 일어났다. 「노인복지법」에 따라 주로 저소득층을 대상으로 서비스를 제공하는 방식이 주류를 이루다가 「노인장기요양보험법」에 의한 수급자를 포함하는 복합적인 서비스 제도로 바뀐 것이다. 더구나 과거에는 서비스 제공 기관이 정부 보조금으로 운영되었는데 새 체제에서는 수가 중심으로 운영되고 있다.

1) 재가 노인 복지 시설 개요

(1) 정의

「노인복지법」 제38조에 따르면, '재가 노인 복지 시설'은 다음 중 어느 하나 이상의 서비스를 제공하는 것을 목적으로 하는 시설을 의미한다.

- 방문 요양 서비스: 가정에서 일상생활을 영위하는 노인(재가 노인) 중에 신체적·정신적 장애로 어려움을 겪는 사람에게 필요한 편의를 제공하는 서비스
- 주·야간 보호 서비스: 부득이 가족의 보호를 받을 수 없는 노

인을 주간 또는 야간 동안 보호 시설에 입소시켜 필요한 편의를 제공하며 보호하는 서비스
- 단기 보호 서비스: 부득이 가족의 보호를 받을 수 없는 노인을 보호 시설에 입소시켜 단기간 보호하는 서비스
- 방문 목욕 서비스: 목욕 장비를 갖추고 재가 노인을 방문하여 목욕을 제공하는 서비스
- 재가 노인 지원 서비스: 위에 정한 서비스 이외의 서비스를 필요로 하는 노인에게 제공하는 서비스

(2) 설치와 운영

재가 노인 복지 시설의 설치와 운영에 관한 사항은 「노인복지법」 제39조가 규정하고 있다. 이 법에 따르면, 국가와 지방 자치 단체는 물론이고 개인과 법인 등 어느 누구라도 시설 설치 기준에 부합하는 경우에는 시설을 설치·운영할 수 있다. 즉 시설을 설치·운영하려는 사람은 시장·군수·구청장에게 신고하면 된다. 이것은 사회복지관의 설치를 사회복지 법인이나 비영리 법인에 한해 허용하는 것과는 대조적이다. 재가 노인 복지 시설의 설치와 운영을 폭넓게 허용하는 이유는 민간 부문의 참여를 확대해서 재가 노인 서비스의 공급에 차질이 없도록 하려는 의도 때문인 것으로 여겨진다. 따라서 재가 노인 복지 시설에 대해서는 사회복지관과 달리 영리적 목적을 어느 정도 허용하고 있는 것으로 보인다.

(3) 이용 대상

재가 노인 복지 시설의 이용 대상자는 「노인복지법」 제27조에 다음과 같이 규정되어 있다.
- 장기 요양 급여 수급자
- 장기 요양 급여 수급자 이외의 노인(등급外자) 중 기초 수급권

자 또는 부양 의무자로부터 적절한 부양을 받지 못하는 노인으로 혼자서 일상생활을 수행하기 어려운 노인
- 「노인장기요양보험법」이 시행되기 이전에 국가와 지자체에서 운영비 지원을 받던 시설을 이용하는 등급외자 중 기초 수급권자와 실비 이용자

(4) 이용 절차와 비용

장기 요양 급여 수급자는 '국민 건강 보험 관리 공단'의 이용 절차에 따라 재가 노인 복지 시설의 서비스를 이용한다. 기초 수급권자 중에서 장기 요양 급여 수급자가 아닌 경우에는 해당 시·군·구에 이용 신청을 하고 해당 시·군·구는 이용 가능 여부와 이용 시설을 결정하여 해당 시설에 서비스를 의뢰한다. 일반 노인은 공단에 문의하여 이용 가능한 시설 명단을 얻은 후 희망하는 시설을 선택·이용한다. 이용 조건은 시설장과 협의를 거쳐 결정한다.

서비스 이용에 들어가는 비용의 부담 주체는 경우에 따라 다르다. 먼저 장기 요양 급여 수급자는 공단의 비용 청구 절차에 따른다. 기초 수급권자의 비용은 '재가 노인 복지 시설 운영비 지원 기준'에 따르며 일반 노인은 전액을 본인이 부담한다.

2) 재가 노인 복지 서비스의 유형

(1) 방문 요양 서비스

① 이용 대상

방문 요양 서비스는 과거의 가정 봉사원 파견 사업을 이어받은 것으로 가정 봉사원 파견 사업은 방문 요양 서비스와 재가 지원 서비스로 그 내용이 나뉘었다. 방문 요양 서비스의 이용 대상자는 장

기 요양 급여 수급자(1~3등급)와 심신이 허약하거나 장애가 있는 65세 이상 노인으로 가정에서 보호를 받아야 할 필요가 있는 경우로 되어 있다. 단, 노인 돌봄 서비스 등 다른 서비스를 받고 있는 사람은 대상에서 제외한다.

② 서비스 내용

- 신체 활동 지원 서비스: 세면 도움, 구강 관리, 몸 청결, 머리 감기기, 몸단장, 옷 갈아입히기, 목욕 도움, 배설 도움, 식사 도움, 체위 변경, 이동 도움, 신체 기능의 유지·증진 등
- 가사 활동 지원 서비스: 취사, 생활필수품 구매, 청소·세탁·주변 정돈 등
- 개인 활동 지원 서비스: 외출 시 동행·부축, 일상 업무 대행 등
- 정서 지원 서비스: 말동무, 격려와 위로, 생활 상담, 의사소통 도움 등

③ 시설과 인력 기준

시설은 연면적 기준으로 전용 면적 16.5㎡ 이상이어야 하고 시설 내에 별도의 탈의실을 설치해야 한다. 사회복지 시설이 병설 운영하는 경우에는 사무실을 함께 사용해도 무방하다.

인력 배치 기준으로는 시설장과 요양 보호사 15명(농어촌은 5명)이고 사회복지사에 대해서는 최소 기준이 없다. 요양 보호사 중 20%는 상근하여야 한다. 사회복지 시설이 방문 요양 서비스를 병설 운용하는 경우에는 사회복지 시설장이 방문 요양 서비스 제공 시설의 장을 겸임할 수 있다.

(2) 주 · 야간 보호 서비스

① 이용 대상

장기 요양 급여 수급자와 심신이 허약하거나 장애가 있는 65세 이상 노인으로 보호 서비스가 필요한 사람이 이용할 수 있다. 단, 이용자가 전액을 부담하는 시설인 경우에는 60세 이상도 이용이 가능하다.

② 서비스 내용

다음과 같은 내용의 서비스를 1일 동안 제공한다.

- 생활 지도와 일상 동작 훈련 등 심신의 기능 회복을 위한 서비스
- 급식과 목욕 서비스 등
- 송영 서비스
- 노인 가족에 대한 교육과 상담

③ 시설과 인력 기준

시설 정원은 5명 이상이고 5명을 기준으로 연면적이 90㎡ 이상인 시설을 확보해야 한다. 이용 인원이 6명 이상인 경우에는 1명당 6.6㎡ 이상의 생활실 공간을 추가로 확보하여야 한다. 아울러 식당과 프로그램실, 사무실, 생활실, 화장실을 갖추어야 한다.

인력 배치 기준은 이용자 정원 10명 이상인 경우 시설장 1명, 사회복지사 1명 이상, 간호사 또는 물리치료사 1명 이상, 요양 보호사는 이용자 7명당 1인 이상을 배치해야 한다. 단, 이용 인원이 10명 미만인 경우에는 사회복지사 배치 규정은 적용하지 않는다.

(3) 단기 보호 서비스

① 이용 대상

이용 대상자는 장기 요양 급여 수급자, 심신이 허약하거나 장애가 있는 65세 이상(이용비 전액을 이용자가 부담하는 경우에는 60세 이상) 노인으로 한 달에 하루 이상 15일 이하의 단기 보호가 필요한 사람이다.

② 서비스 내용

- 신체 활동 지원, 기능 회복 훈련, 그 밖에 일상생활에 필요한 편의를 제공하는 서비스
- 그 밖에 노인 요양 시설 또는 노인 요양 공동 생활 가정의 사업에 준하는 서비스

③ 시설과 인력 기준

시설 기준에 따르면, 단기 보호 시설은 연면적 90㎡ 이상을 확보하되, 이용 정원이 6명 이상인 경우에는 1명당 6.6㎡의 침실 공간을 추가로 확보하여야 한다. 또한 이용자 규모와 상관없이 사무실, 침실, 프로그램실, 식당, 화장실 등을 갖추어야 한다.

인력 배치 기준은 관리 책임자 1명, 사회복지사 1명 이상, 간호(조무)사 1명(이용자 25명당), 물리 치료사 1명(이용자 30명 이상), 요양 보호사 1명 이상(이용자 4명당) 등이다. 이용자가 10명 미만인 시설인 경우에는 사회복지사와 물리 치료사를 배치하지 않아도 무방하다.

(4) 방문 목욕 서비스

① 이용 대상

방문 목욕 서비스의 이용 대상자는 장기 요양 수급자, 심신이 허

약하거나 장애가 있는 65세 이상(이용비 전액을 이용자가 부담하는 경우에는 60세 이상) 노인으로 가정에서 목욕 서비스를 필요로 하는 사람이다.

② 서비스 내용

- 목욕 준비, 이동 보조, 목욕, 옷 갈아입히기
- 목욕 후 주변 정리

③ 시설과 인력 기준

방문 목욕 서비스의 시설의 전용 면적은 16.5㎡ 이상이 되어야 하며 사무실과 이동 목욕 욕조·차량을 갖추어야 한다. 인력 기준은 관리 책임자 1명과 요양 보호사 2명 이상이다. 이 가운데 관리 책임자는 사회복지사나 의료인 또는 5년 이상의 실무 경력을 갖춘 1급 요양 보호사가 맡는다.

(5) 재가 노인 지원 서비스

① 이용 대상

재가 노인 지원 서비스의 이용 대상자는 먼저 장기 요양 수급자로 방문 요양, 방문 목욕, 주야간 보호, 단기 보호 서비스 외의 서비스를 필요로 하는 사람이다. 다음으로는 장기 요양 급여 수급자가 아닌 사람 중 기초 수급권자 또는 부양 의무자에게서 적절한 부양을 받지 못하는 사람으로 혼자 일상생활을 수행하기 어려워 서비스 제공이 필요한 사람으로 시·군·구의 장이 의뢰한 사람이 이용 대상이 된다. 또한 「노인장기요양보험법」이 도입되기 이전에 정부로부터 운영비를 받는 시설을 이용하고 있는 기초 수급권자와 실비 이용자 그리고 기타 자연 재해 등으로 긴급 지원이 필요한 노인도 재가 지원 서비스 대상에 포함된다.

② 서비스 내용

재가 노인 지원 서비스는 방문 요양 서비스와 중복되지 않도록 유의하면서 다음과 같은 내용을 중심으로 제공한다.

- 예방적 복지와 안전망 구축을 실현하기 위하여 영역별 프로그램(중분류) 계획을 수립하고 프로그램 안에서 다양한 서비스(소분류)를 개발하여 제공하는 것을 원칙으로 함(〈표 13-1〉 참조)
- 긴급 지원 사업은 필요 시 장기 요양 서비스나 노인 돌봄 서비스 여부와 관계없이 제공이 가능함

〈표 13-1〉 재가 노인 지원 서비스의 예시

대분류(사업)	중분류(프로그램)	소분류(서비스)
예방사업(직접서비스)	일상생활 지원서비스	무료 급식, 이·미용 서비스, 행정 지원, 차량 이송 서비스, 장보기 서비스 등
	정서 지원	심리 지지 서비스 등
	주거 환경 개선 지원	도배, 보일러 수리, 전기 수리, 방역, 장판 교체, 편의 시설 개보수 서비스 등
	여가 활동 지원서비스	나들이, 문화 체험 서비스 등
	상담 지원	상담 서비스
	지역사회 자원개발	후원·결연 서비스, 자원 연계 서비스
사회안전망 구축사업(간접서비스)	연계 지원	안전 확인, 건강 검진, 생활 교육, 의료 연계, 노인장기요양보험 안내 등
	교육 지원	사기 예방, 대인 관계 기술, 응급 처치, 낙상 예방, 자살 예방, 이성 교제 등
	지역사회 네트워크 지원서비스	지역 재가 협의체 구성, 사례 관리 등
	긴급 지원	위기 지원, 응급 호출, 화재 감시 등

자료: 보건복지부. 2012c.

③ 시설과 인력 기준

시설 기준에 따르면, 재가 노인 지원 서비스 시설은 전용면적 33㎡(연면적기준)이상에 사무실, 상담실, 교육실, 자원 봉사자실을 갖추어야 한다. 또한 재가 노인 지원 시설은 다른 재가 노인 복지 시설과 함께 사용할 수 없다. 인력은 시설장, 사회복지사, 사무원을 각 1명씩 배치해야 한다. 재가 노인 지원 서비스를 수행하는 기관은 '재가 노인 지원 서비스 센터'라는 명칭을 사용할 수 있다. 재가 노인 지원 서비스를 제공하지 않는 기관이 이 명칭을 사용하는 것은 허용되지 않는다.

④ 유사 서비스 비교

재가 노인 지원 서비스는 「노인장기요양보험법」 도입 이전에 시행하던 가정 봉사원 파견 제도 그리고 현행 방문 요양 서비스 제도와 유사한 기능을 수행하고 있어서 상세한 내용 파악이 쉽지 않다. 〈표 13-2〉에 이 세 가지 제도를 비교·정리해 놓았다.

3) 노인 장기 요양 보험

(1) 개요

「노인장기요양보험법」은 2008년 7월부터 도입·시행 중인 사회보험으로 고령이나 노인성 질환으로 6개월 이상 혼자서 일상생활을 하기 어려운 노인에게 신체 활동 또는 가사 지원 등의 장기 요양 급여를 제공하여 노후 생활 안정에 도움을 주고 가족의 부담을 덜어주려는 목적을 갖는다. 급여 대상 판정을 받은 사람에게는 등급과 사정에 따라 시설 급여, 방문 급여, 현금 급여 등이 제공된다. 이 중에 우리의 관심 대상은 방문 급여로 그 내용은 가정을 방문하여 신체 활동과 가사 활동을 지원하고 목욕이나 간호 서비스를 제공하는 것이다. 또한 주간 보호 센터를 이용할 수 있고 복지 용구의 구입을 지원하거나 대여 서비스를 제공하기도 한다.

〈표 13-2〉 가정봉사원, 방문요양서비스, 재가노인지원서비스 비교

구분	가정봉사원 파견 제도	방문 요양 서비스		재가노인지원 서비스
		재가노인복지시설	장기요양기관	
서비스 대상	• 일상생활 수행 능력에 지장이 있는 자 • 일반 질환으로 일시적 서비스가 필요한 자 • 독거노인으로 일상생활서비스가 필요한 자 • 기타	• 장기요양수급자 • 등급외자 중 기초수급권자 등 • 2008년 8월 이전 운영비 지원 시설 이용자 중 기초수급권자와 실비이용자 • 이용비전액을 본인이 부담하는 자	• 장기요양 수급자 • 이용비 전액을 본인이 부담하는 자	• 재가노인복지시설 이용자와 동일하되 이용비 본인 부담자는 제외 • 기타 자연재해 등으로 긴급 지원이 필요한 자
서비스 내용	신체수발, 일상생활 지원 등	방문요양	신체수발, 일상생활 지원, 정서 지원 등	일상생활 지원, 노인생활상담, 주거환경 개선지원 등
인력 기준	시설장 1인 사회복지사 1인 사무원 1인 운전수 1인	시설장 1인 요양보호사 15인 사무원 등	시설장 1인 요양보호사 15인 사무원 등	시설장 1인 사회복지사 1인 사무원 1인
운영비 지원	2008년 상반기 67,850천원	2010년 이후 지자체에서 결정	없음	지자체에서 결정

자료: 보건복지부. 2012c.

장기 요양 기관은 장기 요양 수급자에게 장기 요양 급여를 제공하는 기관으로 시·군·구의 장으로부터 지정을 받아야 한다. 장기 요양 기관은 시설 급여 제공 기관과 재가 급여 제공 기관으로 나뉜다. 재가 급여 기관은 새로 재가 장기 요양 기관 설치 신고를 하거나 기존 재가 노인 복지 시설이 장기 요양 기관 지정 신청을 하면 업무를 수행할 수 있다.

(2) 재가 급여 요양 기관

① 설치 · 지정 절차

재가 급여 요양 기관의 설치와 지정은 두 가지 방법으로 이루어진다. 하나는 신규 설치이고 다른 하나는 기존의 재가 노인 복지 시설을 요양 기관으로 인정을 받는 방법이다. 새로이 요양 기관을 설치하려는 경우에는 「노인장기요양보험법」에 따라 시설과 인력 기준을 갖추어 시 · 군 · 구청장에게 신청하여 재가 급여 요양 기관으로 지정을 받으면 된다. 기존의 재가 노인 복지 시설을 운영하고 있는 경우에는 시설과 인력 기준을 갖추어 시 · 군 · 구청장에게 지정을 받는다.

재가 급여 요양 기관의 명칭은 설치자의 재량 사항이지만, 재가 급여를 제공하는 기관임을 일반인이 알 수 있도록 '재가'라는 용어를 사용하고 하단에 제공하는 서비스의 종류를 병기한다.

② 시설과 인력 기준

재가 급여 요양 기관은 시설 전용 면적이 16.5㎡ 이상이어야 하고 사무실과 별도의 탈의 공간을 갖추어야 한다. 특히 방문 목욕 서비스를 제공하려는 경우에는 이동용 욕조나 차량을 구비해야 한다.

인력 배치 기준은 제공하는 서비스에 따라 다르다. 방문 요양의 경우에는 관리 책임자 1명과 요양 보호사 15명이고 방문 목욕 서비스는 책임자 1명과 요양 보호사 2명으로 규정되어 있다. 그리고 방문 간호 서비스는 관리 책임자 1명과 간호(조무)사 1명 이상으로 제공한다. 또한 방문 요양을 제공하는 경우에는 요양 보호사의 20% 이상이 상근해야 한다.

③ 서비스 내용과 비용

「노인장기요양보험법」이 규정한 재가 급여는 방문 요양, 방문 목욕, 방문 간호, 주·야간 보호, 단기 보호 등을 포함한다. 재가 요양 기관은 이 중에 하나 이상의 서비스를 제공할 수 있다.

서비스 이용에 들어가는 비용은 재가 급여의 경우 전체 비용의 15%를 본인이 부담한다. 단, 기초 수급권자의 비용은 국가가 전액을 부담하도록 되어 있다. 의료 급여 수급권자와 소득·재산이 일정 수준 이하인 사람은 비용의 50%를 줄여준다.

4) 과제와 대안

(1) 제도의 복잡성

현행 재가 노인 복지 서비스는 크게 종래의 재가 노인 복지 사업과 2008년 이후 시행 중인 노인 장기 요양 제도로 나눌 수 있다. 그런데 재가 노인 복지 사업과 장기 요양 제도가 서로 얽혀 제도에 대한 이용자의 접근도를 저하시킨다. 예를 들어 똑같은 방문 요양 서비스이지만, 서비스 제공 기관은 장기 요양 제도가 도입되기 이전부터 운영하던 재가 노인 복지 시설과 새롭게 도입된 장기 요양 기관으로 구분된다. 더구나 두 기관을 이용하는 대상자가 상당수 중복되기 때문에 이용자의 혼란은 가중될 수밖에 없다.

서비스의 지나친 세분화와 유사 서비스의 난발도 문제를 야기한다. 장기 요양 제도의 재가 급여는 다섯 가지로 법에 규정되어 있고, 보건복지부의 「노인 보건 복지 사업 안내」에 보면 여섯 가지 이상의 재가 노인 복지 시설을 분류해 놓았다. 이렇게 세분화된 서비스는 재가 서비스 기관의 영세화에 일조하고 서비스 전달 체계의 효율성을 떨어뜨린다. 특히 「노인복지법」 시행 규칙을 통해 재가 노인 지원 서비스를 신설한 상태에서 별도의 '재가 노인 지원 센터'를 다시 설치하는 것은 이해하기 어렵다. 누가 보아도 양자는 하나로 합쳐야 한다. 더구나 '재가 노인 지원 센터'는 법적 근거도 모호하다.

(2) 재가 요양 기관의 난립과 요양 보호사 양산

「노인장기요양보험」이 시행된 후 처음의 우려와는 달리 요양 기관의 수가 급격하게 늘어났다. 2011년 말 기준으로 전국의 요양 기관은 무려 4,082개에 달한다. 신설 요양 기관은 계속 늘어나고 있다. 문제는 요양 기관의 질적 관리가 제대로 이루어지지 않는다는 데 있다. 먼저 요양 기관의 설립은 신고제이므로 최소 시설·인력 기준만 갖추면 어렵지 않다. 특히 시설과 인력 기준이 낮은 재가 요양 기관의 난립이 심각하다. 심한 경우에 이들은 서비스 대상자를 유치하기 위해 언설로 표현하기 어려운 추잡한 행태를 보이기도 한다.[2] 공급자의 난립은 요양 기관 인력의 질적 저하와 서비스 저하를 야기하고 있다.

또한 요양 보호사의 낮은 질과 관리 문제도 자주 지적된다. 정부는 장기 요양 보험 제도가 도입된 뒤 단기간에 인력을 확보하기 위해 자격증 난발을 사실상 방조했고 교육 훈련을 민간에 위탁하면서 감시와 감독 기능을 구축하지 않았다. 그 결과 제도 도입 일 년도 되지 않아 무려 45만 명의 요양 보호사가 배출되는 현상이 벌어졌다(윤희숙 외, 2010). 이렇게 배출된 인력의 질이 어떠할지는 불을 보듯 뻔하다.

이와 같은 문제를 해결하기 위해서는 요양 기관과 관련 인력의 최저 기준을 높이고 모니터링 체계를 확립할 필요가 있다. 또한 재

2) 시사저널 1163호(2012년 2월 1일) 기사 "무늬만 요양…엉터리 노인 시설 넘쳐난다." 참조.

가 급여 기관의 설치 기준을 강화하여 신고제에서 허가제로 바꾸는 것도 신중히 고려해야 한다. 아울러 한 가지 서비스만을 제공하는 영세 기관을 통합하여 종합 요양 서비스 기관으로 확대·개편하는 방안을 적극적으로 추진해야 할 것이다.

(3) 서비스 품질 제고

정부가 다양한 재가 노인 복지 제도를 도입하면서 종류가 다양해지고 양적으로도 늘어났으나 서비스의 품질은 이에 따르지 못하고 있다. 특히 장기 요양 제도는 도입 자체에 급급하면서 서비스 품질에 대해 우려의 소리가 높다. 이러한 문제를 해결하려면 서비스에 대한 전국적인 관리 체계가 시급히 마련되어야 한다.

첫째, 서비스 표준을 도입해야 한다. 특히 장기 요양 급여의 서비스 최저 기준, 절차, 내용을 명시하는 매뉴얼이 개발되어야 한다.

둘째, 시설의 표준화도 필요하다. 현행 재가 노인 복지 시설의 최저 기준은 주로 공간에 대한 규정이어서 환경적인 측면에 대해서는 아무런 지침이 마련되어 있지 않다. 세부적인 환경 기준이 현재의 시설 기준에 추가되어야 한다.

셋째, 재가 노인 복지 시설, 특히 재가 급여 기관을 인증하는 제도의 도입이 바람직하다. 그리고 이것을 담당할 독립적이고 자율적인 기관이 만들어져야 한다.

(4) 전달 체계 개선

현재 두 가지 트랙으로 운영되는 재가 노인 복지 서비스 사업은 자연스럽게 전달 체계의 문제점도 드러낸다. 현행 전달 체계는 평등성, 포괄성, 연계성 측면에서 문제가 있다(강혜규 편, 2008). 먼저 동일한 복지 욕구를 가졌는데도 서비스 이용 자격을 소득에 따라 선별적으로 부여한다는 점에서 평등의 문제가 있다. 또한 노인들의 다양한 복지 욕구를 제대로 반영하지 못하고 단편적인 서비스를 제공하는 점에서 포괄성 문제가 지적된다. 그리고 지역 내 보건·복지 기관 간에 연계망이 제대로 형성되지 않은 채 서비스가 개별 시설에 의해 제공되고 있다는 점에서 연계성의 문제를 드러낸다.

행정적인 연계 문제도 심각하다. 무엇보다도 '국민 건강 보험 관리 공단'과 지자체 간에 행정적인 연계가 없다. 장기 요양 제도는 기본적으로 '공단'의 소관이고 재가 노인 복지 사업은 지자체가 맡고 있다. 또 장기 요양 기관의 지정과 관련된 사항은 전적으로 지자체장의 권한에 속하는 반면에 요양 기관에 대한 관리와 평가는 공단이 독점한다. 이처럼 역할과 책임이 얽혀 있는 상황에서는 효과적이고 효율적인 서비스 체계가 마련될 수가 없다. 속히 양자 간에 체계적인 업무 협조 체제가 구축되어야 한다. 특히 양자의 협조 체제를 바탕으로 요양 급여 등급을 받지 못한 노인들(이른바 등급 외자)에 대한 예방 체계를 확립하는 것이 시급하다. 이들은 머지않아 요양 급여 수급자가 될 가능성이 높기 때문이다.

서비스 공급 기관의 이원화도 시정되어야 한다. 장기 요양 제도가 도입되면서 종래의 재가 노인 복지 시설의 위상과 기능이 매우 모호해졌다. 원래 취지를 따른다면, 요양 기관이 신체수발과 같은 전문적인 기능을 맡고 재가 복지 시설이 일상생활을 맡는 방식으로 역할 분담을 하는 것이 좋을 것이다. 그러나 실제로는 양자가 모두 거의 동일한 기능을 수행하고 있다. 그렇다면 양자를 하나로 통합하여 제도를 일원화하는 것이 혼란을 줄이고 효율성을 높일 수 있는 방법이라고 하겠다.

14
chapter

지역 자활 센터

1. 기초 생활 보장 제도와 자활 사업

1) 개요

「국민기초생활보장법(이하 국기법)」은 2000년 10월에 도입된 새로운 방식의 공공부조이다. 국가는 이 법에 의거하여 근로 능력의 유무와 상관없이 최저 생계비 이하의 경제 수준에 놓인 모든 국민에게 생계를 보장해 준다. 이것은 근로 능력이 없는 경우에만 공공부조를 제공하던 과거의 생활보호 제도와 견주어 진일보한 제도로 여겨진다.

「국기법」에 의한 지원을 받기 위해서는 대상자 본인이나 관계자가 관할 자치 단체에 해당 가구의 급여를 신청하도록 되어 있다. 이것을 신청주의라고 한다. 또한 사회복지 공무원이 직권으로 급여 신청을 할 수도 있다. 이 경우에는 수급자의 동의가 필요하다. 관할 시·군·구의 장은 사회복지 공무원으로 하여금 신청자와 부양 의무자의 자산 조사를 시행하도록 하여 급여의 제공 여부와 급여 내용을 결정한다. 수급자로 선정된 사람에게는 생계 급여, 주거 급여, 의료 급여 등이 지급된다. 수급자 가운데 근로 능력이 있는 수급자 등에게는 자활 사업에 참여하는 것을 조건으로 생계비를 지급한다.

「국기법」은 과거의 「생활보호법」과 달리 지방 정부의 적극적인 개입을 요구한다. 수급권자의 선정에서부터 각종 급여의 지급, 차상위 계층에 대한 조사, 그리고 자활 지원 사업에 관한 모든 업무를 지자체가 수행하도록 되어 있다. 한마디로 기초 생활 보장 제도는 철저하게 지역 단위에서 시행되는 국가 복지로 지역 자치 단체의 복지 업무 가운데 상당한 비중을 차지한다.

2) 자활 근로 사업의 내용

「국기법」이 규정한 급여 가운데 지역 차원의 개입을 가장 많이 요구하는 것이 자활 급여이다. 자활 급여는 수급 대상자 가운데 근로 능력이 있는 사람에게 지급하는 급여로, 이들은 '조건부 수급자'가 되어 자활 근로 사업에 의무적으로 참여해야 한다. 이 밖에 다른 범주의 수급자와 차상위자[1]도 관련 절차를 거쳐 자활 근로 사업에 참여할 수 있다.

자활 근로 사업은 미국과 유럽 등지에서 시행하고 있는 '근로 연계 복지'(workfare)의 일종이다. 근로 연계 복지의 주된 목적은 공공부조 수급자가 복지 의존과 그에 따른 사회적 배제 상태에 놓이지 않게 예방하고 그들로 하여금 사회의 정상적인 구성원으로 활동할 수 있도록 돕는 데 있다.

자활 사업 대상자에게는 근로 능력 판정 절차를 거쳐 취업 또는

1) 차상위자는 근로 능력이 있고 소득 인정액이 최저 생계비의 120% 이하인 사람을 가리킨다.

비취업 대상자로 구분하여 자활 프로그램이 제공된다. 근로 능력이 상대적으로 미약한 비취업 대상자는 보건복지부에서 시행하는 자활 근로 사업과 자활 공동체 창업 등에 참여할 수 있다. 자활 근로 사업은 참여자의 자활 능력과 사업 유형에 따라 근로 유지형, 사회 서비스 일자리형, 인턴형, 시장 진입형으로 구분한다(〈표 14-1〉 참조). 자활 근로 사업은 한시적인 일자리 제공이 아니라 경제적 자립을 위한 기초 능력의 배양에 역점을 둔다. 자활 근로 사업의 내용에는 간병, 집수리, 청소, 폐자원 활용, 음식물 재활용 분야로 이루어진 '5대 전국 표준화 사업'과 지역 실정에 맞는 특화 사업이 포함된다.

〈표 14-1〉 자활 근로 유형

구분	비율	시행 방법
근로 유지형	20% 미만	시・군・구, 민간위탁
사회 서비스 일자리형	80% 이상	민간위탁, 직접시행
인턴형		직접시행, 민간위탁
시장 진입형		민간위탁 (직접시행도 가능)

자료: 보건복지부. 2010a.

근로 유지형 사업에는 근로 능력이 낮은 사람이 참여할 수 있다. 근로 유지형 사업의 목적은 근로 능력과 자활 의지를 유지하고 향후 자활 사업 참여를 준비하는 데 둔다. 사업 분야는 노인・장애인 등에 대한 가사 도우미, 지역 환경 정비, 공공 시설물 관리 보조 등 노동 강도가 약하나 지역사회에 필수적인 공공 서비스 제공 사업이다. 근로 유지형 사업은 연간 12개월 추진을 원칙으로 한다.

사회 서비스 일자리형 자활 근로는 사업의 수익성이 낮으나 사회적으로 유용한 일자리를 제공해 참여자의 자활 능력 개발과 의지를 높일 수 있는 목적으로 이루어진다. 연간 사업 시행 기간은 기본적으로 12개월이고 참가자들이 사업단을 구성할 경우 2년까지 허용이 된다.

인턴형 자활 근로는 일반 기업체 등에서 자활 사업 대상자가 자활 인턴사원으로 근무하면서 기술과 경험을 쌓은 뒤 취업을 통해 자활을 도모하려는 사업이다. 인턴형 사업은 단순 노무가 아닌 기술 습득이 가능한 업체나 분야에 초점을 둔다. 지원 기간은 6개월이며 상황에 따라 6개월 더 연장이 가능하다.

시장 진입형 사업은 시장 진입 가능성이 높고 자활 기업 창업이 용이한 사업을 대상으로 하되 매출액이 총 투입 예산의 30% 이상 발생하는 사업으로 한정된다. 사업 시행 주체는 지역 자활 센터가 있는 경우에는 지역 자활 센터이며 없는 경우에는 시·군·구에서 민간 기관에 위탁할 수 있다. 추진 기관은 2년이며 필요한 경우에 3년까지 연장된다.

자활 공동체는 2인 이상의 수급자 또는 저소득층이 서로 협력하여 조합 또는 공동 사업자의 형태로 운영하는 자활 사업체를 의미한다(자활 공동체는 「국기법」이 개정됨에 따라 2012년 7월부터 자활 기업으로 명칭이 바뀌고 1인 이상의 사업자 설립이 가능해졌다). 자활 공동체가 성립하기 위해서는 구성원 중 기초 생활 보장 수급자가 1/3 이상이어야 한다. 사업자 등록이 곤란하면 조합 형태로 설립할 수도 있다. 자활 공동체로 인정된 사업체에는 창업 지원, 사업 자금 융자, 정부 사업의 우선 위탁 등의 지원이 주어진다.

3) 자활 사업 지원 체계

「국기법」이 규정한 자활 사업을 지원하는 체계는 중앙 정부의 보건복지부를 필두로 광역 지자체와 기초 지자체를 거쳐 일선 읍·면·동 사무소로 이어지는 행정 체계와 중앙 → 광역 → 지역 자활 센터로 이어지는 자활 센터 체계로 나뉜다.

(1) 행정 체계

자활 사업의 행정 체계는 보건복지부에서 시작된다. 보건복지부는 국민기초생활보장 제도를 총괄하는 중앙 정부의 주무 부처로 매년 종합 자활 지원 계획을 수립한다. 또한 국기법상의 자활 정책과 사업을 총괄적으로 관리한다. 광역과 기초 자치 단체는 보건복지부와 더불어 「국기법」에 이른바 보장 기관으로 지정되어 있다. 보장 기관이란 「국기법」에 따른 급여를 실시하는 국가와 지자체를 아우르는 표현이다. 보장 기관으로서 자치 단체는 자활 사업을 총괄적으로 시행하는 역할을 맡는다(〈표 14-2〉 참조).

〈표 14-2〉 자활 사업 지원 행정 체계

행정 주체	기능과 역할	요약
보건복지부	• 국민기초생활보장제도 총괄 • 연간 종합자활지원계획 수립 • 자활 프로그램 개발과 추진 • 지역자활센터 지정과 관리	자활정책 · 사업 총괄 관리
자치 단체	• 연간 지역자활지원계획 수립 • 자활기금의 설치와 운영 • 급여 실시 여부와 내용 결정 • 자활기관협의체 운영 • 조건부 수급자 책정 • 참여자 자활지원계획 수립 · 관리	자활 사업 총괄 시행
읍 · 면 · 동	• 조건부 수급자 확인 조사	조건부 수급자 관리

자료: 보건복지부. 2012a.

자활 사업의 시행에서 특히 중요한 역할을 맡고 있는 지역 행정 기관은 시 · 군 · 구와 읍 · 면 · 동 사무소이다. 먼저 시 · 군 · 구의 자활 업무는 통합 조사 관리팀, 기초 생활 보장팀, 자활 고용 팀으로 나뉘어 이루어진다. 통합 조사 관리팀은 수급자의 근로 능력을 판정하는 일을 맡는다. 기초 생활 보장 팀은 급여 결정 사실을 통지하고 자활 상담을 진행할 수 있도록 조치한다. 자활 고용 팀은 조건부 수급자의 자활 지원 계획을 수립하고 자활 사업 지정 사실을 통보한다. 또한 자활 사업 위탁 의뢰, 자활 근로 인건비 지급, 조건 이행 여부 조사 등 자활 사업에 관한 총괄적 업무를 수행한다.

읍·면·동 사무소에서는 근로 능력 수급자(조건부 수급자)의 관리와 방문 상담을 담당한다. 조건부 수급자 관리는 자활 지원에 필요한 욕구 조사와 생활 실태를 파악하는 업무이다. 만일 자활 지원이 필요하다고 여겨지면 시·군·구 자활 고용 팀에 지원을 의뢰한다. 아울러 대상 가구를 분기별로 방문·상담하고 시·군·구 통합 조사팀과 자활 고용 팀의 조건부 수급자 분기 조사에 협조한다.

〈표 14-3〉 자활 센터의 운영 체계

구분	주요 기능과 역할
중앙 자활 센터	• 자활 관련 기관 간 협력 체계와 정보 네트워크 구축·운영 • 자활 사업과 수행 기관 성과 관리 • 조사, 연구, 교육·훈련 체계 구축 • 미소금융(micro credit) 관리
광역 자활 센터	• 광역 단위의 자활 기업 지원 • 광역 단위의 창업과 취업 지원 • 지역 특화형 자활 프로그램의 개발·보급 • 교육과 훈련 • 미소금융 집행
지역 자활 센터	• 자활 사업 수행 • 자활 기업 설립·운영 지원 • 자활 사업 참여자 사례 관리 • 취업, 창업 지원 사업 수행 • 자활 관련 정보 제공, 상담, 일자리 알선

자료: 보건복지부. 2012a.

(2) 자활 센터

자활 센터는 자활 사업을 실제로 수행하는 기관으로 중앙 자활 센터, 광역 자활 센터, 지역 자활 센터로 이루어진다. 이 가운데 실제 사업은 지역 센터가 수행하고 중앙 센터와 광역 센터는 지원, 교육, 조사·연구 등의 역할을 맡는다(〈표 14-3〉 참조).

2. 지역 자활 센터

1) 법적 지위와 기능

지역 자활 센터(과거의 자활 후견 기관)는 「국기법」 제16조에 기반을 둔 비영리 조직으로 수급자와 차상위자의 자활 근로 사업을 일선에서 담당·수행한다. 지역 자활 센터는 시·군·구에 설치하는데 두 개 이상이 설치된 곳이 있는가 하면 전혀 설치가 안 된 지역도 있다. 지역 자활 센터는 근로 능력이 있는 저소득층에게 일을 할 수 있는 기회와 근로 교육 등 체계적인 자활 지원 서비스를 제공하여 이들의 자활을 돕는다. 지역 자활 센터의 역할은 다음과 같이 규정되어 있다.

- 자활 의욕 고취를 위한 교육
- 자활을 위한 정보 제공, 상담, 직업 교육과 취업 알선
- 생업을 위한 자금 융자 알선
- 자영 창업 지원과 기술·경영지도
- 자활 기업(공동체)의 설립과 운영 지원 등

2) 설치와 운영

(1) 설치

지역 자활 센터를 설치·운영하려면 지방 자치 단체를 거쳐 보건복지부 장관에게 신청서를 제출한다. 지방 자치 단체는 수행 능력과 경험 등을 고려하여 지정 여부를 결정한다. 지역 자활 센터의 지정 신청은 사회복지 법인, 비영리 법인 또는 단체가 할 수 있다. 만일 이러한 법인과 단체가 없거나 수행 능력이 부족하다고 판단될 경우에는 지방 자치 단체가 직접 신청·운영할 수 있다.

(2) 운영 원칙

보건복지부의 운영 지침은 자활 센터에 대하여 다음과 같은 운영 원칙을 제시하고 있다.

- 참여 주민 고유성과 존엄성의 원칙: 인도주의 원칙 아래 주민들의 개별적 고유성과 존엄성이 최대한 보장되도록 업무를 수행하여야 한다.
- 주민 자발성의 원칙: 저소득층 주민의 자발적 참여를 중시하고 이들이 자조·자립할 수 있도록 지원함으로써 주민의 역할과 책임을 장려한다.
- 독립성의 원칙: 독립된 행정 체계와 운영 체계를 가져야 하며 기존 복지관이나 시설의 프로그램 일부로 편입되어 운영해서는 안 된다.
- 기준 시설 확보의 원칙: 주민과의 상담, 교육, 훈련, 경영 지도 등과 같이 자활·자립을 도모하는 종합적 서비스를 제공할 수 있도록 일정한 규모의 기준 시설을 확보해야 한다.

- 전문가에 의한 사업 수행 원칙: 지역사회복지, 지역사회 조직, 지역사회 개발 등의 관련 분야에 관한 전문 지식과 지역 조직 사업의 현장 경험을 갖춘 전문적이고 헌신적인 인력에 의해 사업이 이루어져야 한다.
- 지역사회 제반 자원의 활용 원칙: 주민의 자활·자립에는 지역사회의 다양한 물적·인적 자원이 요구되는 바, 자활 센터는 이것을 적극적으로 동원·활용해야 한다.
- 사업 실행 평가의 원칙: 주민의 생활 향상과 변화 효과, 재정 투자의 효과, 사업 내용과 방법의 적합성 등을 지속적으로 평가함은 물론, 평가 결과를 새로운 사업의 수행에 적극적으로 반영하고 활용한다.

(3) 조직과 재정

지역 자활 센터의 조직은 그 형식에 대하여 법의 강제 규정이 없기 때문에 독자적인 구성이 가능하다. 직원의 구성에 대해서도 특정한 규제가 없다. 단, 보건복지부의 업무 지침에는 사회복지사를 한 사람 이상 포함해야 한다는 규정이 있다. 그나마 이것도 지역 특성상 사회복지사를 구하기가 어려울 경우에는 지자체와 협의하여 예외를 둘 수 있도록 규정하였다.

지역 자활 센터의 직원 정원은 규모에 따라 다르다. 기본형은 5명, 표준형은 6명, 확대형은 7명으로 규정되어 있다.

지역 자활 센터의 운영 경비는 국가와 지방 자치 단체의 보조금, 법인 전입금, 사업 수익금, 자활 공동체 수익금 등으로 충당한다. 자활 사업 운영에 필요한 경비는 사업 계획에 따라 별도의 보조금을 받는다. 센터의 운영 보조금은 중앙 정부와 지방 정부가 7 : 3, 자활 사업비는 8 : 2의 비율로 이루어진다. 또한 지역 자활 센터의 운영 보조금은 규모에 따라 다르게 지급된다.

(4) 사업 내용

- 자활 의욕 고취를 위한 교육: 근로 능력이 있는 저소득층의 자활 의욕을 고취하고 이들의 기초 능력 배양을 위해 한글 학교, 컴퓨터 교실 등의 교육 프로그램을 개발·운영한다.
- 자활 정보 제공, 상담, 직업 교육, 취업 알선 등
- 창업 지원: 창업을 통해 자활할 수 있도록 기술과 경영 지원을 하고 창업 후에는 사후 관리를 바탕으로 자립의 길로 이끈다.
- 자활 공동체의 설립과 운영 지원: 기초 수급권자 등 저소득층이 모여 경제적으로 자립할 수 있는 공동체를 설립해 운영할 수 있도록 체계적인 지원을 제공한다.
- 사회 서비스 지원: 장애인, 산모, 신생아, 노인 돌보미 바우처 사업 등 사회 서비스 사업을 위탁·수행한다.
- 청소년 자활 프로그램 운영: 수급자나 차상위 계층의 자녀들을 대상으로 취업과 자활에 필요한 지원을 제공하는 한편, 문화적 공간을 제공하여 빈곤 문화의 세대 전승을 막는다.

3. 자활 기관 협의체

1) 목적과 구성

자활 기관 협의체는 「국기법」 제17조에 의거하여 설치되는 조직으로 자활 지원 사업의 효율적인 추진을 목적으로 한다. 자활 기관 협의체는 시·군·구의 장이 설치하며 「직업안정법」에 의한 직업 안정 기관(고용 센터), 상공 회의소와 소상공인 지원 센터, 「사회복

지사업법」에 의한 사회복지 시설, 자활 사업 실시 기관 등의 대표로 구성한다. 위원장은 시·군·구의 장이 맡는다. 지역 자활 센터의 장은 당연직 위원으로 참여한다.

2) 운영

(1) 대표자 회의

대표자 회의는 시·군·구의 장이 주관하고 매년 1월과 7월에 연다. 필요한 경우에는 수시 회의를 열 수도 있다. 대표자 회의에서 협의하는 사항은 다음과 같다.

- 자활 사업 관련 기관의 해당 연도 사업 실시 계획 보고
- 당해 연도 지역 자활 지원 계획 수립
- 지역 자활 지원 계획의 이행 상황 점검
- 자활 근로 위탁 기관 선정
- 운영 규정 제·개정 등

(2) 실무자 회의

실무자 회의는 분기별로 가지며 수시 개최도 가능하다. 주요 협의 사항은 다음과 같다.

- 전년도 지역 자활 사업 추진 실적과 개선 필요 사항 점검
- 조건부 수급자의 사업별 적정 대상자 선정
- 자활 대상자 사전·사후 관리 방안
- 신규 자활 대상자에 대한 내용과 이력 공유
- 대표자 회의 결정 사항에 대한 실무 작업 등

4. 과제와 대안

지역 자활 센터의 문제점은 대부분 현행 자활 지원 제도의 문제점과 직·간접으로 연결되어 있다. 그러나 자활 지원 제도의 문제점을 낱낱이 밝히는 것은 이 책의 주제나 범위를 벗어나는 일이므로 여기에서는 지역 자활 센터와 직접적으로 관계된 문제점만을 다루기로 한다.

1) 인력과 재정

자활 사업은 돈과 시간 그리고 관계자들의 전문 지식과 인내를 요구하는 어려운 프로젝트라고 할 수 있다. 그러나 현재 진행 중인 정부의 자활 사업은 효율성과 전시 효과에 치중하고 있기 때문에 진정한 의미의 자활은 요원하기만 하다.

지역 자활 센터에 대한 정부의 지원은 정부의 이러한 태도를 집약해서 보여준다. 센터 당 5-7명의 인력으로 자활 공동체, 자활 근로 사업, 교육 훈련, 생업 자금 융자, 방과 후 교실, 취업 알선, 상담 등 실로 다양한 업무를 수행해야 한다. 실무자 1인당 평균 10명 이상의 수급자를 관리하고 있어서 업무의 질이 낮을 수밖에 없다.

특히 자활 사업 참여자가 진정으로 자활 상태에 도달하기 위해서는 이들에 대한 지속적인 사례 관리가 필수적이다. 기초 생활 수급자들은 일시적으로 빈곤에서 벗어나더라도 언제든지 수급자의 위치로 추락할 가능성이 높은 사람들이다. 이런 점을 감안하여 지역 자활 센터는 이들이 수급자 상태를 벗어난 후에까지 지속적인 사례 관리와 다양한 사회복지 서비스를 제공해야 한다. 그러나 현재의 인력을 가지고는 한 마디로 불가능한 일이다.

지역 자활 센터의 인력 강화는 단순한 양적 증대만을 의미하지 않는다. 사업을 수행하는 인력의 전문성과 역량의 강화가 수반되어야 한다. 센터의 직원은 자활 사업 참여자의 개별적 특성을 파악하고 이것을 바탕으로 적절한 자활 사업을 개발할 수 있는 능력과 함께 지역사회의 다양한 자원을 동원할 수 있는 능력도 갖추어야 한다. 그렇게 하기 위해서는 지역 자활 센터의 인력에 대한 지속적인 재교육과 재훈련이 절대적으로 필요하다.

지역 자활 센터의 재정 문제는 다른 사회복지 시설·기관들과 마찬가지라고 할 수 있다. 정부는 모든 사회복지 시설·기관에게 운영 주체인 법인이나 단체의 전입금을 요구해 왔다. 그러나 이들은 수익 사업에 종사하는 기관이 아니라 정부의 역할을 대행하는 조직의 성격을 갖고 있으므로 별도의 전입금이나 운영비 조달을 요구하는 것은 이치에 맞지 않는다. 정부는 적어도 운영비는 전액을 지급해야 마땅하다. 아울러 자활 사업에 필요한 사업비도 충분히 지급해야 할 것이다.

2) 전달 체계

자활 사업에 대한 지원 체계는 「국기법」 도입 이래 줄곧 논란의 대상이 되어 왔다. 업무 증가에 부응하지 못하는 인력 규모와 업무 분담 구조의 비효율성은 늘 지적되는 문제이다. 특히 대면 업무를 직접 수행하는 읍·면·동 사무소의 사회복지직이 사실상 1인 전담 체제로 유지되고 있다는 사실은 문제의 심각성을 상징적으로 보여준다. 더욱 근본적인 문제는 행정 체계의 난맥상이다. 예컨대 자활 대상자에 대한 조사 업무와 근로 능력 판정은 시·군·구에서, 행정 관리는 읍·면·동에서 맡고 있어서 업무의 효율성이 떨어진다는 지적이 많다. 즉 시·군·구 수준에서는 읍·면·동에 비해 대상자와의 교류 기회가 적어 대상자를 선정, 분류, 배지하는 과정에서 정밀성이 떨어질 가능성이 높고 또 이들에 대한 효과적인 관리에 어려움이 따른다. 뿐만 아니라 자활 대상자의 자활 가능성을 높이기 위해서는 체계적인 사례 관리가 필요하나 사회복지 공무원의 업무 부담이 많아 일반 행정직 공무원이 자활 업무를 맡기도 하는 등 사례 관리에 허점이 많다.

가장 중요한 문제점은 지자체의 적극적인 참여가 보이지 않는다는 사실이다. 특히 광역 지자체의 역할은 실로 미미하며 기초 자치단체도 중앙 정부에서 위임한 기본적인 역할 외에는 별다른 관심이 없다. 이것은 물론 정책 형성과 운영 과정에서 지자체의 역할이 전무하기 때문에 생긴 자연스러운 결과이기도 하다.

자활 사업을 실제로 담당하는 지역 자활 센터의 문제점도 무시하기 어렵다. 먼저 지역 자활 센터는 실무자들의 임금 수준과 근로조건이 열악하여 이직률이 매우 높다. 이것은 역량을 갖춘 실무자를 확보하고 유지하기가 어렵다는 말이다. 또한 자활 사업의 틀이 날이 갈수록 규격화되면서 자활 센터의 초창기 기대감과 동력이 사라지고 있다(김수현, 2010). 이러한 상황을 해소하려면 지역 자활 센터에 대한 정부의 지원 확대와 아울러 지역 자활 센터의 역할 재조정이 요구된다. 즉 민간 조직에도 자활 근로 사업 참여를 개방하고 지역 자활 센터는 사례관리가 주요 업무인 조직으로 전환하는 것도 대안 중의 하나이다.

마지막으로 복지부의 자활 사업과 노동부의 고용 지원 사업 간에 연계가 여전히 부족하다는 사실이다. 우선 중앙 자활 센터와 광역 자활 센터 차원에서 노동부의 고용 지원 센터, 직업 훈련 기관 등과 연계할 수 있는 방안의 마련이 시급하다. 이렇게 해야 자활 사업 참여자가 자신의 특성에 맞게 자활 사업에 참여할 수 있다.

3) 자활 프로그램

자활 사업의 궁극적 목표는 수급자들이 수급자의 위치를 벗어나 경제적으로 자립할 수 있도록 도와주는 것이다. 그렇게 하기 위해서는 현실적으로 성공 가능성이 높은 자활 프로그램을 운영하는 것이 선결 과제이다. 그런데 지역 자활 센터의 현실은 그렇지가 못하다.

지역 자활 센터가 진행 중인 사업은 크게 공공 부문에서의 서비스 창출과 시장 진입형 프로그램으로 나눌 수 있다. 공공 부문 서비스 창출은 자활 사업도 하면서 지역사회에 대한 서비스를 제공한다는 점에서 평가할 만하다. 시장 진입형 사업은 지역사회의 틈새시장을 공략하는 것이 성공의 지름길이다.

문제는 사업 자체가 아니라 사업의 성공 가능성에 대한 사전 조사가 충분히 이루어지지 않고 있다는 사실이다. 상당수의 지역 자활 센터가 수급자와 지역사회의 특성을 고려하지 않고 다른 기관의 '성공 사례'를 베끼다가 낭패를 보는 경우도 적지 않다. 가령 여성 수급자가 다수인 상황에서 집수리 사업을 추진하는 것은 아무래도 성공할 가능성이 낮을 수밖에 없다. 결국 지역사회의 특성과 시장성에 대한 철저한 조사를 바탕으로 사업이 추진되어야 시간과 자원의 낭비를 막고 자활 사업의 효과를 기대할 수 있을 것이다.

또한 지역에 따라서는(대부분의 농촌 지역) 시장 진입형 자활 사업이 아예 불가능한 경우도 있다. 이런 현실을 무시한 채 자활 공동체를 언제까지 몇 개 이상 만들라는 식의 자치 단체의 요구가 줄을 잇는다. 이것은 지역 자활 센터의 능력을 넘어서는 무리한 요구일 뿐만 아니라 자활의 본뜻을 제대로 이해하지 못한 처사로 비판을 받아야 마땅하다.

더욱 근본적인 것은 일반 노동 시장과 임금이나 근로 조건에 큰 차이가 없는 자활 사업의 개발이 필요하다는 사실이다. 현행 자활 사업을 통해 버는 돈과 생계 급여를 합해야 월 70~80만 원 정도에 지나지 않는다. 그나마 이들이 참여하는 사업 자체가 불안정한 비숙련 일자리이기에 참여도를 높이기가 어렵다. 자활 사업이 일반 노동시장의 보수와 근접하는 수준을 유지해야 자활 사업에 대한 참여도와 기대치도 높아져 진정한 자립·자활로 이어질 수 있다.

제 5 부

지역사회복지를 넘어

제5부는 하나의 장으로 이루어져 있다. 제15장이 그것이다. 5부에서는 기존의 지역사회복지가 다루는 범위를 넘어서 새로운 흐름을 짚어본다. 그러나 이 흐름은 기존의 지역사회복지와 결코 무관한 것이 아니다. 다만, 기존 지역사회복지의 틀 안에 넣기에는 어딘가 맞지 않는 '어색함'과 '다름'이 드러나기에 "지역사회복지를 넘어"라는 표현을 사용하였다.

15
chapter

지역사회복지를 넘어:
사회적 경제와 지역 화폐

지역 운동이 분화·발전되면서 나타난 가장 주목할 현상은 단순한 제도 개혁을 넘어 기존의 사회·경제적 제도의 틀을 바꾸거나 벗어나겠다는 움직임, 즉 대안 사회(alternative society)의 추구라고 하겠다. 서구에서 대안 사회의 추구는 19세기 공산주의 운동에서부터 1960·70년대의 히피나 뉴에이지 운동에 이르기까지 다양하게 펼쳐졌는데 공통점은 유토피아의 추구로 요약할 수 있다. 그러나 한국 사회에서 대안 사회를 추구하는 사람들의 움직임은 대체로 자본주의와 그에 따른 생활양식에 대해 깊은 회의적 시각을 견지하면서도 거시적인 체제 전복 운동이 아니라 자신들의 생활 패러다임을 변화시키려는 미시적 운동의 성격을 강하게 띠고 있다.

이러한 움직임은 특히 지역사회의 재인식이라는 의식의 각성을 동반하고 있는데 그 배경 요인으로는 1990년대 이후 활발해진 환경운동과 생태주의 사상의 영향이 손꼽힌다. 생태주의 관점에서는 지역 중심의 삶이 생태적 삶의 기본이라고 생각하는 경향이 강하다. 지역에 대한 재인식과 각성은 지역사회를 단순히 베드타운으로 여기던 사람들에게 대안적 삶의 터전이 바로 지역사회임을 깨닫게 해 주었다. 덧붙여 제도와 구조의 한계를 자신들의 삶의 방식을 바꾸는 방법으로 극복하려는 움직임도 지역을 중심으로 확산되고 있다.

이러한 움직임을 단순히 지역사회복지라는 좁은 틀에서 제대로 이해하기는 어렵다. 사실 이 모든 변화는 지역사회복지라는 전통적인 학문 분야의 영역을 넘어서는 것으로 보아야 옳다. 그러나 지역사회복지라는 학문 분야가 고정불변의 것이 아니라면 우리의 관심사는 시대의 흐름에 맞추어 변할 필요가 있다.

이 마지막 장에서 우리가 다루려고 하는 내용은 지역사회복지와 관련이 있으면서도 기존 지역사회복지의 범주에 포함되지 않는 것이다. 이 내용을 크게 사회적 경제와 지역 화폐로 나누어 다룬다. 양자 모두 지역사회를 기반으로 대안적 삶을 모색하는 사람들이 관심을 갖는 주제이다.

1. 사회적 경제의 확장

1) 사회적 경제의 개념

사회적 경제(social economy)라는 말은 프랑스에서 만들어져 1980년대 후반부터 유럽에 퍼졌으며 최근에는 한국에서도 널리 쓰이고 있다. 사회적 경제의 이론적, 실천적 기원은 시장 경제가 시민사회 영역을 장악하는 현상에 대한 반발 또는 도전이다. 말하자면 독점 자본이 이끄는 시장 경제의 사회적 장악에 대항하여 사회적 필요를 내세우는 시민 사회 집단의 주체적인 등장이 사회적 경제의 배경이 된다.

사회적 경제는 이제 대중적인 용어가 되었지만 그것을 정의하는 일은 그리 간단하지 않다. 대체로 한국 사회에서 통용되는 사회적 경제의 개념은 "시장 부문과 공공 부문 사이에서 양자를 통해 충족되지 못한 필요를 해결하기 위해 재화와 서비스를 제공하는 경제활동 영역" 정도로 요약할 수 있다. 그리고 이러한 개념은 이른바 제3섹터의 개념과 유사하다.

그렇지만 사회적 경제를 하나의 정형화된 조직 형태 또는 제3섹터로 이해하는 것은 사회적 경제의 다양성과 역동성을 이해하는 데 방해가 된다. 더구나 사회적 경제는 두 부문과 완전히 배타적인 영역에 위치하지는 않는다. 이런 점에서 사회적 경제를 제3섹터와 동일한 것으로 간주하는 시각은 편협하다. 따라서 사회적 경제를 제대로 이해하려면 조직 형태보다는 원리 측면을 살펴보는 것이 더 낫다. 이에 따르면 사회적 경제는 다음과 같이 정의할 수 있다(장원봉, 2007).

첫째, 사회적 경제는 시장과 국가가 해결하지 못한 시민 사회의 필요에 대응한다는 사회적 목적을 갖는다.

둘째, 시민 사회의 주도와 참여를 바탕으로 사회적 소유를 실현한다. 이것은 구성원의 배타적 이익에 복무하는 협동조합과 같은 기존 조직의 한계를 넘어 다양한 이해관계자의 복합적 이익을 충족시킨다는 뜻이다.

셋째, 사회적 경제는 호혜와 연대성에 기초해 축적되는 사회 자본을 통해 시장 경제에 대응하려는 시민 사회의 정치·사회적 개입 전략이다.

한편, 사회적 경제에 관한 세계적 권위자인 드푸르니(Defourny, 2004)에 따르면, 사회적 기업은 이윤보다 지역사회의 이익을 위한 활동, 독립적 운영, 민주적 의사결정 과정, 자본보다 인간을 우선적으로 고려하는 소득 배분을 주요 원리로 삼는다. 여기에 속하는 것으로 그가 언급한 예로는 협동조합, 상호부조 조직, 결사체(associations), 재단(foundations) 등이 있다.

2) 사회적 기업

(1) 개념

사회적 기업(social enterprise)이란 용어는 1980년대 말에 이탈리아에서 등장했고 1990년대 중반에는 유럽연합 차원에서 사용되기 시작하였다. 한국에서는 노무현 정부시기에 '사회적 일자리' 사업이 벌어지면서 사회적 기업이란 말도 함께 알려지게 되었다. 그러나 이 사회적 일자리라는 말이 엄밀한 학술적 정의를 거치지 않고 마구 쓰여서 그 의미와 범위가 매우 모호한 것처럼 사회적 기업이라는 말도 비슷한 처지에 놓여 있다.

사회적 기업이란 용어의 발생지인 유럽에서는 사회적 기업의 개념을 엄밀하면서도 유연하게 정의한다. 특히 사회적 경제와 사회적 기업의 연구에 관해 최고의 권위를 자랑하는 EMES[1] Network에서는 사회적 기업을 시장, 공공 정책 그리고 시민 사회의 교차점에 포진시켜야 한다고 주장한다(Defourny and Nyssens, 2008). 다시 말해서 사회적 기업을 특정한 영역 내부(예컨대 제3섹터)에서 활동하는 고정의 실체로 보기보다는 세 영역의 접점에서 유연하게 상호작용하는 일종의 혼합체(hybrids)로 보라는 뜻이다. 예를 들어 사회적 기업의 수익을 보자면, 물품을 팔아서 얻는 수익과 사용자 요금(시장과의 상호작용), 사회적 임무와 관련된 공적 보조금(공공부문과의 상호작용), 개인들의 기부와 자원 봉사(시민 사회와의 상

1) EMES는 프랑스어 L'Emergence de l'Entreprise Sociale의 약자로 '사회적 기업의 등장'이라는 뜻이다.

호작용)와 같이 세 부문과의 상호작용이 혼합되어 있다.

이러한 개념 정의는 사회적 기업을 단순히 비영리조직으로 간주하는 미국식 시각과 크게 다르다. EMES 유럽 연구 네트워크에서는 사회적 기업을 다음 9개의 기준(앞의 4개는 경제적 기준, 뒤의 5개는 사회적 기준)을 사용해서 정의한다(KMU Forschung Austria, 2007).

첫째, 사회적 기업은 지속적으로 상품과 서비스를 생산하고 판매하는 활동에 종사한다. 따라서 사회적 기업은 일부 비영리조직과 달리 옹호 활동이나 재정의 재분배 활동을 주요 활동으로 삼지 않는다.

둘째, 사회적 기업은 고도의 자율성을 갖는다. 이들은 간혹 공적 보조금에 의존하는 경우가 있다. 그럼에도 정부나 다른 기업으로부터 직접이건 간접이건 관리를 받지 않는다. 이들은 자신의 위치를 스스로 정할 권리를 가지고 있다.

셋째, 사회적 기업을 설립한 사람들은 전적으로 또는 부분적으로 사업에 내재한 위험을 부담해야 한다. 공공 기관과 달리 이들의 재정적 생존은 기본적으로 기업 구성원과 노동자에게 달려 있다.

넷째, 사회적 기업의 활동은 최소한의 유급 노동자를 사용해야 한다. 사회적 기업은 전통적인 비영리조직처럼 금전 및 비금전 자원, 자원 노동자와 유급 노동자를 병용할 수 있다. 그러나 유급 노동자의 사용은 최소 수준에 그쳐야 한다.

다섯째, 사회적 기업의 주된 목적 중 하나는 지역사회에 봉사하는 것이다. 따라서 사회적 기업은 지역사회에 봉사하겠다는 목적을 명시해야 한다.

여섯째, 사회적 기업은 지역사회 주민들의 참여에 바탕을 둔 집합적 동학(collective dynamics)의 산물이므로 기업 운영 과정에서 이 특성이 올바르게 지켜지도록 노력해야 한다.

일곱째, 사회적 기업의 의사결정은 자본의 소유 정도에 따라 이루어지지 않는다. 기본적으로 의사결정은 일인 일표 원리에 따른다.

여덟째, 사회적 기업의 의사결정 과정에는 소비자, 사용자, 그리고 관련 이해관계자의 대표성과 참여가 보장되어야 한다. 사회적 기업의 목적 중 하나는 경제 활동을 통해 지역의 민주주의를 넓히는 데 있다.

아홉째, 사회적 기업은 이윤 극대화를 추구하는 행태를 보이지 말아야 한다. 어떤 상황에서는, 예컨대 협동조합과 같은 조직체의 경우, 이윤을 분배할 수도 있으나 그것도 일정한 범위 안에서 이루어져야 한다.

이것을 축약하고 구체화하면 사회적 기업은 다음과 같이 정리할 수 있다. 사회적 기업은 기업가 정신에 바탕을 둔 사업 조직으로 사회적 목적의 활동을 표방하며 이윤의 영리적 배분을 추구하지 않는다.

(2) 주요 활동 영역

사회적 기업은 그것의 '사회적 목적'에 따라 다양한 활동에 참여한다. 이것을 정리하면 사회적 기업은 대체로 다음 세 가지 영역에서 두드러지게 나타난다(KMU Forschung Austria, 2007).

첫째, 기존 노동시장에서 배제된 사람들(장기 실업자, 비숙련 노동자, 장애인 등)을 위한 직업 훈련과 노동시장 (재)편입 활동이다. 고용 문제가 심각한 유럽에서는 이러한 활동에 종사하는 사회적 기업을 지원하기 위한 특별 조치들이 개발되고 있다. 뿐만 아니라 유럽의 여러 나라들이 사회적 기업의 이러한 활동을 '적극적 노동시장 정책'(active labor market policy)의 도구로 활용해 왔다.[2]

2) 적극적 노동시장 정책이란 실업자들이 실업 상태를 조속히 종결하고 노동시장에 (재)진입할 수 있도록 직장 탐색과 상담, 교육, 훈련, 공공 일자리 창출, 경제적 지원 등 다양한 활동을 적극적·체계적으로 수행하는 정부의 정책을 말

둘째, 다양한 대인 서비스(personal services)의 제공 활동이다. 대인 서비스는 흔히 사회 서비스(social services)로 불리며 노동 집약적이고 표준화가 어려운 일종의 경험재[3](experience goods)의 특징을 갖는다. 또한 대인 서비스는 특성상 지역적으로나 사회적으로나 밀접한 관계 속에서 이루어지는 근접 서비스(proximity services)이다.

사회적 기업은 이와 같은 대인 서비스의 제공 활동을 가장 효과적으로 수행할 수 있는 내부적 인센티브 구조를 가지고 있다(장원봉, 2010). 즉 사회적 기업이 추구하는 이윤 극대화의 지양 원칙은 제공자와 이용자 사이의 정보 비대칭이 유발하는 불필요한 마찰이나 갈등을 줄이는 데 크게 도움이 된다. 또한 지역사회 봉사 원칙은 경제적 보상이라는 시장 경제의 유인을 넘어 제공자와 이용자 사이에 개방적이고 민주적인 관계의 성립을 가능하게 해준다. 이것은 지역사회 욕구에 효과적으로 대응하는 길을 넓혀 관료 조직의 비효율을 극복할 수 있게 한다.

셋째, 지역사회 발전을 위한 활동이다. 사회적 기업은 특히 사회·경제적으로 낙후된 지역사회의 발전 활동에 참여한다. 예를 들자면, 안정적이고 생태적인 일자리를 지역사회에 제공하고 사회 자본의 확대에 기여하며 새로운 정보와 기술을 확산시킨다.

(3) 한국의 현실

한국에서 사회적 기업은 2003년에 시작된 사회적 일자리 창출 사업에서 비롯되었다. 사회적 일자리 사업은 취약 계층에게 임시 일자리를 제공하던 공공 근로 사업의 연장선상에서 더 안정적인 일자리를 제공하려는 목적으로 출발하였다. 정부는 사회적 일자리 사업

한다.

3) 경험재란 품질과 가격을 사전에 관찰하기 어려운 상품(또는 서비스)를 가리킨다.

에서 생겨난 문제를 보완하고 사회 서비스 수요 증가에 대처하기 위해 2007년에 「사회적 기업 육성법」을 제정하였다.

「사회적 기업 육성법」의 핵심은 인증제로 사회적 기업은 이 절차를 통과해야 정부로부터 인증을 받고 필요한 법적, 재정적 지원을 받을 수 있다. 인증 요건은 조직 형태, 사회적 목적 실현, 유급 근로자 고용, 민주적 의사결정 구조, 일정 수준의 수입 창출 등 7가지이다. 이렇게 인증을 받은 사회적 기업에게는 재정과 경영 등의 지원이 제공된다. 재정 지원으로는 채용 인력의 인건비, 사업 개발비, 세제 지원, 사회보험 지원 등이 있다.

한국의 사회적 기업은 그 수가 빠르게 증가하여 통계 자료를 제시하는 것이 무의미하다.[4] 사회적 목적을 기준으로 분류하면, 일자리 제공형이 60% 가까이 차지하고 사회 서비스 제공과 일자리 제공을 혼합한 형태가 17% 정도에 이른다. 일자리 제공형이 다수를 차지하는 것은 정부가 사회적 일자리 창출이라는 목적을 바탕으로 사회적 기업 정책을 펼쳐 온 결과라고 하겠다.

그러나 한국의 사회적 기업은 여러 가지 문제에 직면하고 있다. 가장 큰 문제점은 사회적 기업의 발상지인 유럽과 달리 정부가 사회적 기업의 양성을 주도하다 보니 정부에 의존하는 사회적 기업이 양산되는 현실이다. 사회적 기업의 영업 손실을 정부나 지자체가 지원하는데 지원금의 비중이 영업 손실을 상회하는 경우가 허다하다. 아울러 정부의 지원이 신규 채용자의 인건비에 집중되는 것도 정부 의존의 심화를 부추긴다. 사회적 기업의 의의는 그것이 시민사회의 자발적·자율적 조직으로 사회적 목적을 표방한다는 점이다. 따라서 정부의 지원은 재정 지원보다는 간접 지원의 형태를 취하는 것이 사회적 기업의 취지에 부합한다.

4) 2011년 말 기준으로 약 600개의 사회적 기업이 인증을 받았다(한국 사회적 기업 진흥원, 2011).

또한 정부의 지나친 개입은 부처 간에 불필요한 정책 경쟁을 유발하고 지역사회의 자발성을 훼손할 가능성이 크다. 이를 테면 지역의 수요와 무관하게 정부 부처별로 일자리 창출 사업을 추진하여 사회적 기업과 유사한 정책을 남발하기도 한다. 이러한 사업은 지역사회의 여건과 역량을 고려하지 않고 시행되어 재정 낭비와 지역사회의 갈등을 초래하기도 한다. 이러한 문제를 해결하기 위해서는 중앙 정부의 개입을 축소하고 지자체 중심의 지원 체제를 확립할 필요가 있다.

사회적 기업의 인증제는 정부가 사회적 기업에 직접 개입하는 수단이자 통로이다. 이것은 정책 지원의 대상이 되는 사회적 기업을 사전에 선별하는 제도의 성격을 띤다. 따라서 인증제는 법적으로 진입 장벽을 세워 민간 조직의 자율성과 자발성을 훼손한다고 해도 과언이 아니다. 무엇보다도 현행 인증제를 충족시키면서 사회적 기업을 설립하기는 매우 어렵다. 인증제는 사회적 기업의 자발적인 확산을 방해하고 정부 의존을 깊게 하는 병폐마저 유발한다. 사회적 기업의 인증제는 등록제로 전환해야 마땅하다.

3) 생활 협동조합 운동

1) 협동조합의 개념

협동조합(cooperative)은 공동 소유와 민주적 관리를 기본 원리로 삼고 공동 출자에 의해 설립하는 자율적 결사체이자 사업 조직이다. 협동조합은 자조, 자기 책임, 민주주의, 평등 그리고 연대성이라는 가치를 추구한다. 아울러 협동조합은 자발적이고 공개적인 회원제, 회원에 의한 민주적 통제, 지역사회에 대한 관심 등 7개의 정체성 원칙(identity principles)으로 유명하다.[5)]

협동조합은 이른바 사회적 경제(social economy)에 속하는 조직이다. 사회적 경제는 시장과 같은 사적 부문도 아니고 정부가 중심이 되는 공적 부문도 아닌 제3부문의 경제 영역으로 사회적 가치와 목적을 지향한다. 사회적 경제는 앞에서 언급한 사회적 기업의 활동 무대이기도 하다.

협동조합은 조합원의 정치, 경제, 사회, 문화적 필요와 욕구를 충족하기 위해 다양한 형태로 만들어진다. 협동조합은 크게 생산자 협동조합, 소비자 협동조합, 신용 협동조합, 농업 협동조합으로 나뉜다. 이 중에서 우리가 가장 흔하게 볼 수 있는 것이 소비자 협동조합이다. 한국에서는 생활 협동조합(생협)이라고 하는데 주로 생활용품 구매 분야에 집중되어 있다.

2) 생협 운동의 발전

한국의 지역 운동이 주로 권력에 대항하는 형태를 띠었다는 것은 앞에서 언급하였다. 2000년대 이후 이러한 지역 운동은 생활세계의 문제로 진화하게 되었고 그 중에서도 생협 운동이 두드러졌다. 생협은 협동조합 중에서도 가장 지역성이 두드러지는 운동이다. 생협의 특성상 일정한 지역을 벗어나 회원 활동을 하기가 쉽지 않다. 이러한 지역성은 생협 회원들의 소속감과 연대성을 강화하는 데 상당한 역할을 한다. 최근 들어 적지 않은 지역 활동가들이 생협의 역할에 관심을 보이는 것도 이와 같은 특성과 관련이 있다.

생협 운동은 처음에 유기 농산물이나 친환경 생활용품의 직거래 또는 공동 구매와 같은 형태가 주류를 이루었다. 최근에는 의료, 교육, 육아 등의 영역으로 생협 운동이 확장되고 있다. 그 중에서도

5) 국제 협동조합 동맹(ICA) 홈페이지 참조(www.ica.coop/coop/principles.html).

공동 육아 운동의 일환으로 탄생한 공동 육아 협동조합과 의료 생협이 우리의 관심을 끈다. 이 두 협동조합은 사회복지와 밀접한 관계가 있을 뿐만 아니라 대안적 삶을 추구한다는 점에서 중요한 의미를 갖는다.

공동 육아 협동조합은 1990년대 초에 시작된 공동 육아 운동의 산물이다. 공동 육아 운동은 지역의 부모들이 아이들을 품앗이로 함께 키우자는 운동으로 '내 아이'와 '남의 아이'를 구분하는 현대 핵가족 시대의 보육 행태를 지역사회 중심의 보육으로 바꾸려는 목적을 표방한다.[6] 이것은 단순한 육아 방식의 문제 제기가 아니라 육아를 통한 부모와 지역사회 구성원의 생활과 사회의 변화를 동시에 모색한다는 의의가 있다. 요컨대 공동 육아 운동은 육아를 매개로 아이와 어른이 함께 성장하고 일상으로부터 세상을 바꾸어 나가려는 생활 운동이다.

이러한 목적을 실현하기 위해 부모들이 자금을 출연해 협동조합을 만들고 구성원들이 합의한 철학에 따라 어린이집을 운영한다. 이들이 추구하는 가치는 민주주의, 참여, 다양성 존중, 평등, 평생 학습 등이다. 공동 육아의 교육 과정도 이와 같은 가치를 구현할 수 있도록 마련된다. 이 교육 과정에는 부모의 참여 보육, 생태 중심 교육, 장애아 통합 교육, 생활 형태의 비형식적 교육 등이 근간을 형성한다.

공동 육아 운동의 활동가들은 1990년대 초에 「영유아 보육법」이 제정되면서 영리 기관이 보육을 장악하는 상황에 대항하기 위해 1994년 협동조합 방식의 공동 육아 어린이집인 '우리 어린이집'이 처음으로 문을 열었다. 오늘날 공동 육아 운동은 전국으로 퍼져나가 곳곳에 공동 육아 협동조합이 만들어지고 있다.

---

6) 이것은 "아이 하나를 키우려면 온 마을이 필요하다."(It takes a village to raise a child.)는 아프리카 속담을 떠올리게 한다.

한편, 의료 생활 협동조합(의료 생협)의 등장은 지역 복지 운동의 새 지평을 여는 사건으로 기록할 만하다. 의료 생협은 의료와 건강에 관련된 문제를 해결하기 위해 지역 주민과 의료인이 함께 만든 조직으로 그 성격은 「소비자생활협동조합법」에 근거한 협동조합이다. 의료 생협은 불충분한 건강 보장 제도와 의료 서비스의 상업화라는 문제를 협동조합 방식으로 극복하려는 지역 의료인과 주민의 공동 노력이라고 할 수 있다. 한 가지 지적할 점은 의료 생협을 표방하면서도 실제로는 영리를 추구하는 사이비 의료 생협이 증가하고 있어 적절한 법적 조치와 정비가 필요하다는 사실이다.

2. 지역 화폐 운동

여러분은 화폐가 없는 사회를 상상해 보았는가? 현대의 젊은이들에게 화폐가 없는 사회는 그야말로 상상의 세계에서나 그려 볼 수 있으리라. 대부분의 학생들은 로빈슨 크루소(Robinson Crusoe)의 무인도 생활이나 먼 옛날의 물물교환 정도를 떠올릴지 모르겠다.

그러나 오늘날과 같이 화폐에 의해 철저하게 조직된 인간의 삶은 긴 인류 역사에 비추어 볼 때 극히 최근의 현상일 뿐이다. 나라에 따라 길게 보아 수백 년, 짧게는 수십 년에 불과하다. 그런데도 수많은 사람들은 돈의 노예나 다름없는 오늘날의 삶을 자연스러운 질서처럼 여기고 있다.

자본주의 사회에서 화폐란 상품의 가치를 재는 척도이거나 단순한 거래 수단이 아니다. 그것은 이미 神이 되어 버린 지 오래다. 인간은 편리함을 위해 화폐를 만들었지만, 돈은 인간의 코를 꿰어 제멋대로 끌고 다닌다.

지역 화폐(community currencies or local currencies) 운동은 돈을 돈의 위치로 돌려놓고 인간의 인간다움을 되찾기 위한 사회운동이다. 그러나 지역 화폐 운동이 여기에서 그친다면 그것을 굳이 지역사회복지론의 주제로 삼을 필요는 없을 것이다. 지역 화폐 운동이 지역사회복지론의 소재가 되어야 하는 이유는 그것이 지역사회의 삶을 근본적으로 변화시킬 잠재력을 담고 있기 때문이다.

1) 개념과 발전 과정

지역 화폐란 특정 지역 안에서만 통용되는 화폐로 구성원끼리의 합의에 따라 사용함으로써 지역 주민의 노동 성과를 외부로 유출하지 않고 지역 내에서 축적·순환시키는 도구이다. 현재 가장 대표적인 지역 화폐 운동으로 알려진 것은 레츠(Local Employment and Trade System, LETS)라고 하는 지역 고용 교환 시스템이다.[7] 레츠는 1983년 마이클 린튼(M. Linton)이 캐나다의 작은 마을에서 처음 시작한 것으로 알려져 있다.[8] 컴퓨터 프로그래머라는 직업을 가지고 있던 린튼은 일할 능력과 의지가 있음에도 경제 불황 때문에 일자리를 구하지 못하고 어려운 생활을 하는 사람들을 보면서 몇 가지 깊은 의문에 빠진다. 실업자란 무엇인가? 현금(화폐)이 없으면 사람은 유용한 경제 활동에 참여할 수 없는가? 과연 돈이란 무엇인가?

이런 고민을 토대로 린튼은 완전히 새로운 화폐 제도를 만들기로 결심하였다. 그것이 레츠였다. 레츠는 현금을 쓰지 않고도 경제 활동에 참여할 수 있는 새로운 제도였다. 린튼은 6명의 회원으로 레

7) 경우에 따라서는 레츠를 Local Exchange and Trading System으로 쓰기도 한다.

8) 녹색평론 40호(1998년 5-6월호)에 실린 "레츠: 상호 부양의 교환 체계"라는 글 참조.

츠를 시작하였다. 레츠는 녹색 달러라는 지역 화폐를 토대로 회원들끼리 재화와 서비스를 서로 교환하는 새로운 제도였다. 1983년에 시작된 레츠는 캐나다를 넘어 전 세계로 퍼져 나갔다. 레츠는 영어권 국가를 중심으로 퍼져 나가 오늘날 전 세계에서 1,500개 이상이 운영되고 있으며, 십만이 넘는 사람들이 회원으로 활동하고 있다.

레츠가 현대의 가장 대표적인 지역 화폐 운동이긴 하지만 지역 화폐 운동의 기원은 이보다 훨씬 오래 전으로 올라간다. 1830년대 오웬(Robert Owen)의 노동 증권과 1930년대 대공황기의 독일, 미국, 오스트리아 등에서도 지역 화폐가 일시적으로 유행한 바 있다. 1970년대 초에는 미국 햄프셔 주 엑스터(Exeter)에서 경제학자 랠프 보르소디(Ralph Borsodi)와 그의 동료 로버트 스완(Robert Swan)이 콘스탄트(Constant)라는 이름의 지역 화폐를 만들어 통용시켰다. 콘스탄트는 일 년 남짓 쓰이다가 중단되었지만, 지역 화폐의 새로운 가능성을 연 것으로 평가받고 있다.[9] 이후에도 슈마허 협회(Schmacher Society)를 중심으로 지역 화폐에 대한 실험이 계속적으로 이루어져 왔다.

흥미로운 현상은 과거의 지역 화폐 운동이 대부분 경제 불황기에 유행을 하다가 경제 상황이 호전되면서 사라져 버린 것과 달리, 최근의 지역 화폐 운동은 경제 상황과 상관없이 지속적인 확대 추세를 보이고 있다는 점이다. 이것은 본질적으로 문명사적 패러다임의 전환과 깊은 관계가 있는 것으로 보인다. 즉 오늘날의 지역 화폐 운동이 지역 운동과 생태 운동의 결합이라는 특성을 띠면서 대안적 삶을 지향하는 운동으로 자리매김을 하고 있다. 그렇기 때문에 운동의 동력이 지속적으로 창출되고 있는 것이다.

9) www.schumachersociety.org/currencypiece.html

2) 원리와 특성

지역 화폐는 단순히 법정 화폐를 대체하는 것이 목적이 아니다. 지역 화폐 운동은 지역 운동과 생태 운동이 결합된 형태로 펼쳐진다. 그것은 궁극적으로 지역사회를 재발견하고 삶의 방식을 생태계 질서에 맞추기 위한 패러다임의 전환이라는 의미를 갖는다.

레츠로 대표되는 지역 화폐는 다음과 같은 원리와 특성을 가지고 있다.

(1) 자립적인 지역사회의 건설

지역 화폐는 자본주의 경제의 세계화가 지역사회의 삶을 좌우하는 것을 막고 지역 시장을 창출하려는 노력의 일환이다. 자본주의 경제의 일반 법정 화폐는 이윤을 좇아 세계를 누빈다. 이 과정에서 지역사회는 이윤 창출의 관점에서만 고려의 대상이 된다. 이윤 창출이 어려워지거나 창출되는 이윤의 크기가 작아질 때 자본은 가차 없이 지역사회를 버리고 새로운 대상을 찾아 나선다. 별 다른 대항 수단이 없는 지역사회는 자본의 이 맹렬한 움직임을 무력하게 지켜보는 수동적인 존재가 되고 말았다. 세계화된 자본주의 체제 속에서 지역사회는 경제적으로는 물론 사회적으로도 독립성과 주체성을 상실했기 때문이다.

지역 화폐는 지역 자원의 지역 내 교환을 장려하고 소기업을 지원하며 지역 구성원들에게 필요한 일자리를 창출함으로써 지역사회의 자립적인 삶을 추구한다. 그렇게 함으로써 세계 자본주의 경제의 요동이 지역사회에 미치는 영향을 최소화하려는 것이 지역 화폐 운동의 목적 중 하나이다.

(2) 지역사회 자조 네트워크 창출

지역 화폐는 현금이 없어 경제 활동에 참여하지 못하는 사람들에게 실제적인 도움과 기회를 제공한다. 중요한 것은 이 도움과 기회가 일방적인 시혜 관계에 바탕을 둔 것이 아니라는 사실이다. 그것은 서로 돕는 방식을 지향한다.

지역 화폐는 구성원 누구나 창출할 수 있다. 그리고 창출 자체가 서로에게 도움이 되는 결과를 가져온다. 현금이 없어 경제적 시민권을 누리지 못했던 사람들도 지역 화폐의 상호 창출을 통해 완전한 경제적 시민권을 누리게 된다.

가령 텃밭을 가꾸는 일을 좋아하지만 경쟁 사회에서 그 일로는 생계를 꾸리기 어려운 사람들이 많이 있다. 텃밭을 가꾸는 사람이 실업자이고 나도 실업자라면 정상적인 경제에서 우리는 굶주릴 수밖에 없다. 그러나 대안적 화폐가 통용되는 상황에서 나는 제 3자에게 어떤 서비스를 제공한 대가로 얻은 지역 화폐를 가지고 텃밭일을 하는 사람에게 그가 기른 채소의 값을 지불할 수 있게 된다.

(3) 脫이윤

지역 화폐 체제에서는 개개인이 화폐 창출의 주체이다. 또한 참여 회원 전체의 자산 계정과 부채 계정의 합이 상쇄되어 항상 0을 기록하기 때문에 어떠한 착취나 이윤도 발생하지 않는다. 자본주의 생산 관계에서는 상품을 만드는 노동자와 이 상품을 팔아 이윤을 챙기는 자본가가 별개의 존재이기에 착취와 이윤 축적 현상이 발생한다. 그러나 지역 화폐 체제에서는 재화와 서비스를 만드는 사람과 공급하는 사람이 동일인이다. 즉 생산자가 공급자이고 소비자인 시스템이다. 이런 체제에서는 투자나 투기가 일어나지도 않고 일어날 수도 없다. 화폐의 자기 증식성도 사라진다.

지역 화폐 체제에서는 또한 이윤 추구 자체가 원천적으로 배제되어 있기 때문에 자본주의 일반 거래와 달리 교환 가치가 없고 사용 가치만 있는 재화와 서비스의 거래가 가능해진다. 따라서 이윤이 아닌 필요를 위한 거래가 이루어지고 이를 위한 생산이 촉진된다.

(4) 연대성과 평등성

지역 화폐 체제는 무엇보다도 연대에 기초한 생활 방식이다. 그것은 사람과 사람 사이의 선의를 바탕으로 이루어진다. 지역 화폐를 통한 거래에는 학벌, 재산, 지위, 명예 따위의 세속 기준이 통용되지 않는다. 모든 거래와 거래 당사자는 평등하게 여겨진다. 누가 더 중요하고 누가 덜 중요하다는 식의 판단이 개입되지 않는 것이다. 서로 도움을 주는 동시에 서로 필요한 존재라는 인식이 지역 화폐 체제의 기초가 된다.

또한 지역 화폐는 일반적인 경제 체제에서 늘 남의 도움을 받으면서 살아야 하는 저소득층이나 취약 계층 사람들에게도 다른 사람을 돕고 서비스를 제공할 수 있는 기회를 만들어준다. 일반 경제 속에서 저소득층이나 취약 계층이 남(국가나 사회 포함)의 도움에 의지해야 하는 이유는 그들의 능력과 자질이 없어서가 아니다. 문제는 이들이 가진 능력이나 자질이 현금 경제와 거리가 먼 것이라는 사실에 있다. 한 마디로 이들의 능력과 자질은 현금 창출과 무관하다는 말이다. 자본주의 경제에서 현금 창출과 무관한 능력과 자질은 인정받지 못한다. 지역 화폐는 현금 경제에서 홀대받고 저평가된 이들의 능력과 자질이 실현될 수 있는 기회를 제공함으로써 이들의 경제적 시민권을 되찾아 준다.

지역 화폐가 연대의 정신을 담고 있다는 사실은 거래의 성격에서도 드러난다. 일반적인 상거래에서 우리가 교환하는 것은 돈과 상품이다. 거기에 인격적인 관계는 맺어지지 않는다. 더구나 현대와 같이 전자 상거래나 통신 구매가 발달한 상황에서 거래 당사자는 서로 만날 필요도 없고 누군지 알 수도 없다. 그러나 지역 화폐를 매개로 한 거래는 인격과 인격의 만남을 전제로 한다. 인격적 만남의 토대는 실명 거래이다. 지역 화폐 체제에서 모든 거래 행위는 실명으로 이루어진다. 따라서 상호 신뢰와 배려에 기초한 인격적 관계가 형성되며 아래로부터의 공동체가 만들어진다.

(5) 생태주의

지역 화폐 운동의 리더들은 예외 없이 생태주의 세계관을 지닌 사람들이다. 실제로 최근의 지역 화폐 운동 자체가 생태주의 운동가들이 주도하고 있다. 슈마허 협회 같은 것이 대표적인 보기이다. 지역 화폐 운동을 생태주의자들이 주도하는 것은 사실 지극히 당연하다. 지역 화폐 운동은 지역 내 거래를 장려하고 있다. 그 자체가 자원과 에너지의 낭비를 줄인다. 요구르트 하나조차 세계의 자원을 동원해서 만드는 현대 자본주의 경제의 행태와는 근본적으로 다르다.

지역 화폐 운동은 지속이 가능하고 순환이 가능한 경제 체제를 만드는 데 주력한다. 그래야만 인간과 자연의 공존이 가능하기 때문이다.

3) 운영 방식

그렇다면 지역 화폐는 구체적으로 어떻게 사용하는 것인가? 지역 화폐 체제에서의 거래는 법적 화폐를 사용하지 않고 지역사회 주민끼리 물품과 서비스를 주고받는 일종의 교환 경제 체제라고 할 수 있다. 그러나 옛날의 물물교환 시스템처럼 개별적 교환이 아니라 지역사회 구성원 전체 사이에 이루어지는 교환이다. 이 과정을 요약하면 다음과 같다.

회원은 가입과 동시에 자기 이름으로 계좌를 개설한다. 모든 계좌는 0에서 시작한다. 회원은 누구나 지역 화폐를 발행할 수 있으므로 계좌에 잔액이 없다고 거래를 못하는 것은 아니다. 여기에서 화폐 발행이란 실제 화폐를 찍어내는 행위가 아니라 거래 상대방의 계좌에 거래량만큼의 지역 화폐를 기록해 주는 일이다.[10)]

모든 거래는 거래 사무소(관리소)를 통해 이루어진다. 사무소에서는 정기적으로 물품과 서비스 목록을 발행하고 회원은 이것을 보고 정해진 지역 화폐 가격으로 거래를 한다. 거래가 이루어지면, 물품이나 서비스를 제공한 사람의 계좌에는 해당 금액이 자산으로 기록된다. 반면에 구매자의 계좌에는 부채로 기록된다. 모든 거래는 회원 전체 간의 거래이므로 개별적인 채무 관계는 성립하지 않는다.

거래가 늘어가면서 개인 간의 차이도 발생하게 된다. 즉 물품이나 서비스를 많이 팔았지만 구매한 것이 별로 없는 사람의 계좌는 자산이 커질 것이고 반대의 경우에는 부채가 늘어날 것이다. 극단적인 경우에는 많이 받기만 하고 준 것이 아무 것도 없는 사람도 나타날 수 있다. 그러나 지역 화폐 체제에서는 이것이 큰 문제가 되지 않는다. 지역 화폐를 사용한 거래는 기본적으로 신뢰를 바탕으로 한 것이기 때문이다. 다시 말해서, 부채가 지속적으로 늘어나는 사람은 회원 사이에서 신뢰를 잃게 되어 거래 대상에서 기피를 당할 가능성이 높아진다. 이렇게 되기 위해서는 거래 내역과 당사자에 대한 정확한 기록과 완전한 공개가 이루어져야 한다.

또한 자신의 계좌에 아무리 많은 지역 화폐가 쌓여 있어도 여기에 이자가 붙지 않는다. 이자가 붙지 않으므로 쌓아둘 필요도 없다. 따라서 지역 화폐는 사용하는 것이 효용을 늘리는 방법이다. 이것은 결국 거래의 확대로 이어진다.

---

10) 어떤 곳에서는 별도의 지역 화폐를 실제로 만들어 사용하는 경우도 있다. 그러나 대부분의 지역 화폐 운동은 물리적인 화폐를 만들지 않는다.

이와 반대로 계좌에 부채가 쌓여 있는 사람 역시 이자를 지불할 필요가 없다. 특정인에게 빚을 진 것도 아니다. 이 부채는 지역사회 전체에 자신의 물품이나 서비스를 제공해야 할 책임이 있다는 표시에 불과하다.

4) 과제와 전망

지역 화폐는 많은 희망과 기대 그리고 잠재력을 담고 있는 것이 틀림없지만 숱한 문제와 한계를 지니고 있는 것도 사실이다.

(1) 거래 내용

지역 화폐의 가장 큰 문제는 거래 품목이 매우 제한적이라는 사실이다. 지역에 따라서는 생활필수품이 거래에 포함되는 경우도 있지만 대부분 서비스 거래가 주종을 이루고 있다. 생활필수품 거래가 이루어지는 경우에도 그 양이 너무 제한적이다. 대안적 화폐를 지향하기 위해서는 생활필수품과 관련된 거래가 많이 이루어져야 하는데 아직까지는 이 점에서 분명한 한계를 드러낸다.

이런 현상을 해결하기 위한 한 가지 방법은 비슷한 뜻을 지닌 농업 생산자(이를테면 유기농 조직)들과 연계하여 생산자-소비자 생활 협동조합을 만드는 것이다. 지역의 유기농 생산자들이 폭넓게 지역 화폐를 받아들인다면 유기농 운동과 지역 화폐 운동의 공생적 발전에 새로운 전기가 마련될 수 있다.

생활필수품 문제 외에도 물품과 서비스가 다양화가 이루어져야 한다. 거래의 내용이 단조로우면 장기적으로 지역 화폐 운동의 동력이 떨어질 것은 불을 보듯 뻔하다. 거래가 다양해지려면 다양한 회원이 참여해야 한다. 이것은 단순한 양적 확대를 의미하지 않는다. 질적 구성이 다양해야 한다는 뜻이다.

(2) 정부와의 관계

지역 화폐가 자생적으로 생겨나던 초기에 대부분의 나라에서 정부의 반응은 미온적이거나 냉소적이었다. 일부에서는 경계의 빛을 보이기도 하였다. 그러다가 복지국가 개편과 맞물려 민간 부문의 자원 개발과 제3섹터의 역할이 강조되면서 최근에는 각국 정부가 지역 화폐의 잠재력에 관심을 기울이고 있다. 이 관심은 재정 지원과 세제상 혜택이라는 형태로 구체화되고 있다.

그러나 정부의 지원이 지역 주민의 자발성에 어떠한 영향을 미칠 것인지에 관해서는 세심한 검토가 필요하다. 정부의 지원은 지역 화폐 제도를 활기 있게 만드는 일에 초점을 맞추어야 한다. 가령 세금이나 사회보장 문제와 관련한 정부의 도움은 환영할 만한 것이라고 생각한다. 왜냐하면 지역 화폐를 사용한 거래에 세금을 부과하는 문제나 지역 화폐 거래와 관련된 사회보장 급여 문제가 선진국에서는 주요 현안으로 떠오르고 있기 때문이다. 지역 화폐를 사용해서 얻은 소득도 사회보장 급여를 산정하는 자료로 간주하다면 지역 화폐 운동의 저변이 더 넓어질 수 있을 것이다.

하지만 정부가 앞장서서 지역 화폐를 특정한 정책의 수단으로 삼는 일은 바람직하지 않다. 특히 최근 한국의 일부 지방 자치 단체가 지역 화폐의 창설에 열심을 내는 경향이 보이는데, 이것은 지역 화폐 운동의 지향과도 거리가 먼 현상일 뿐만 아니라 지역 화폐 운동을 관변화하는 결과를 가져올 염려가 있다.

이것과 관련하여 지역 화폐 운동은 과정 자체가 자발성과 자립을 추구해야 한다는 점을 강조하고 싶다. 정부나 외부의 지원은 제한적이고 단기적인 수준에 머물려야 한다. 그래야만 지역 화폐 운동의 자생력이 길러지고 운동의 목적이 구현될 수 있다.

(3) 규모와 범위

지역 화폐 운동은 지역 경제의 활성화와 지역사회의 연대성 제고라는 목표를 지향한다. 이 목표를 이루기 위해서는 규모와 범위가 무작정 커지는 것을 막아야 한다. 무엇보다도 회원 수의 적정 수준 유지가 필수적이다. 회원이 많아지면 관리 비용과 인력을 늘리는 문제가 생기고 이것은 조직의 재정을 압박해서 불필요한 갈등의 소지를 만든다. 나아가 회원 사이의 결속력과 연대감을 떨어뜨려 조직의 역동성을 약하게 할 소지가 다분하다.

지리적인 한계를 지키는 일도 중요하다. 지역 화폐 시스템의 지리적 범위가 넓어지면, 회원들의 지역사회에 대한 소속감이나 회원 상호간의 결속력 저하 문제만이 아니라 멀리 사는 회원들이 모이는 데 들어가는 시간과 에너지의 낭비 문제도 발생한다. 이 모든 것들이 지역 화폐 운동의 취지와 맞지 않는다. 지역 화폐 운동은 내용 면에서의 성과도 중요하지만 운영 과정에서 운동의 철학과 취지가 손상되는 일이 없도록 해야 한다. 그것이 성과 못지않게 중요한 일이다.

참고문헌

1. 국내 문헌

강혜규 (편). 2008. 「노인장기요양보험 제도 도입에 따른 지역 보건·복지 서비스의 변화 전망과 과제」. 서울: 보건복지가족부.
길 세이팡(Gill Sysfang). 1998. "레츠: 상호부양의 교환 체계" 「녹색 평론」 40호: 95-104.
김수현. 2010. "자활 지원 사업의 역사와 평가." 노대명(편), 「자활 정책에 대한 평가 및 발전 방향」. 서울: 한국보건사회연구원.
김인숙·우국희. 2002. "사회복지사가 인식하는 임파워먼트의 의미에 관한 질적 연구" 「한국사회복지학」 49권 여름호: 34-61.
김태일. 2011. "한국 사회 서비스의 특징과 전망." 「아세아 연구」. 54(2): 42-79.
남원석. 2001. "지방 정부와 주민 운동 조직의 협력에 대한 평가" 「도시 연구」 7호: 190.
내무부. 1981. 「새마을 운동 10년사: 자료 편」. 서울.
류기형. 1991. 「지역공동 모금제에 관한 연구」. 서울대학교 박사학위 논문.
베르나르 리에떼르. 2002. "공동체 화폐" 「녹색 평론」 65호: 150-175.
보건복지부. 2012a. 「2012년도 자활 사업 안내」. 서울
_________. 2012b. 「2012년도 지역사회 서비스 투자 사업 안내」. 서울
_________. 2012c. 「2012년도 노인 보건 복지 사업 안내」. 서울
_________. 2011. 「2011년도 사회복지관 운영 지침」. 서울.
_________. 2010. 「보건 복지 백서」. 서울.
_________. 2009. 「지역사회복지 협의체 운영 지침」. 서울.
_________. 2004. 「지역사회복지 협의체 구성 및 운영 안내」. 서울.
한국 사회적 기업 진흥원. 2011. 「사회적 기업 개요집」. 서울.
서울 복지 재단. 2009. 「사회복지관 프로그램 매뉴얼 개정판」. 서울.
윤희숙 외. 2010. "노인장기요양보험 제도의 문제점과 개선 방안." 「KDI Focus」 2010년 통권 3호.
이봉주. 2011. "사회복지 시설 민간 위탁 제도의 문제점과 개선 방안." 사회복지 시설 민간 위탁 제도 개선을 위한 토론회, 8월 9일, 국회의원 회관 대회의실.
이주헌·박치성. 2010. "지역사회 서비스 전달 네트워크 거버넌스 유형에 관한 탐색적 연구." 「한국행정학보」 44(3): 1-35.

장원봉. 2010. "사회 서비스 영역에서 사회적 기업의 역할과 과제." 「보건복지포럼」 162호.

_____. 2007. "사회적 경제의 대안적 개념화: 쟁점과 과제." 「시민사회와 NGO」 5(2): 5-34.

장세훈. 2002. "지방 자치 시대 지역 운동의 현실과 전망" 「경제와 사회」 53호: 63-90.

전국 철거민 협의회 중앙회. 2003. 「철거민 운동 변천사」. 서울.

한국 도시 연구소. 2000. 「자활 생산 공동체 운동의 길잡이」. 서울.

한국사회복지관협회. 2010. 「사회복지관 기능 정립 연구 보고서」. 서울.

한국지방행정연구원. 2009. 「지방 자치 단체의 복지 재정 수요 변화와 대응 전략. 서울.

_______________. 2006. 「분권교부세의 운영 실태와 개선 방향」. 서울.

한국 주민 운동 정보교육원. 2001. 「한국 주민 운동 30주년 기념 워크숍」. 2001년 10월, 서울 마리스타 수도원.

행정안전부. 2010. 「2010년 자원 봉사 센터 현황」. 서울.

홍덕률. 1997. "지역사회 지배 구조에 대한 실증 연구" 「경제와 사회」 34호: 139-172.

황희연. 1997. "로버트 파크의 인간생태학 이론" 「월간 국토」 6월호: 92-97.

2. 외국 문헌

Alcock, P., May, M. and K. Rowlingson(eds.). 2008. *The Student's Companion to Social Policy,* 3rd Edition. Oxford: Wiley-Blackwell.

Alexander, Ernest. 1995. *How Organizations Act Together: Interorganizational Coordination in Theory and Practice*. Amsterdam: OPA.

Alinsky, Saul. 1971. *Rules for Radicals*. New York: Random House.

Anderson, A. and S. Milligan. 2006. "Social Capital and Community Building" In K. Andersen and P. Austos(eds.), *Community Change: Theories, Practice and Evidence*. Washington, DC: The Aspen Institute.

Andreasen, Alan. 2000. "Intersector Transfer of Marketing Knowledge." In P. Bloom and G. Gundlach(eds.), *Handbook of Marketing and Society.* Thousand Oaks, CA: Sage Publications, Inc.

Baldock, J., Manning, N. and S. Vickerstaff(eds.). 2007. *Social Policy*, 3rd Edition. Oxford: Oxford University Press.

Beckwith, D. and C. Lopez. 1997. *Community Organizing: People Power from the Grassroots* (http://comm-org.edu/papers97/beckwith.htm).

Blau. Peter. 1964. *Exchange and Power in Social Life.* New York: Wiley.

Brager, G., H. Specht, and J. Torczyner. 1987. Community *Organizing, 2nd edition.* New York: Columbia University Press.

Bronfenbrenner, U. 1979. *The Ecology of Human Development: Experiments by Nature and Design.* Cambridge, MA: Harvard University Press.

Browning, C., Dietz,R. and S. Feinberg. 2000. "Negative Social Capital and Urban Crime." Working Paper No. 00-07, Urban and Regional Analysis Initiative at The Ohio State University. Columbus, Ohio.

Bruner, C. et al. 1993. *Charting a Course: Assessing a Community Strengths and Needs.* Des Moines: Child and Family Policy Center.

Burt, Ronald. 2000. "The Network Structure of Social Capital." *Research in Organizational Behavior* 22: 345-423.

Cahn. Edgar. 2001. "On LETS and Time Dollars." *International Journal of Community Currency Research. vol. 5.*

Cohen-Mitchell, Tim. 2003. "Community currencies at a crossroads." *New Village Journal*. Issue 2.

Cordero-Guzman, Hector. 2004. "Interorganizational Networks among Community Based Organizations." In E. Melendez(ed.), *Communities and Workforce Development.* Kalamazoo, Michigan: W. E. Upjohn Institute for Employment Research.

Defourny, Jacques. 2005. "Economie Sociale." In J.-L. Laville and A. Cattani(eds.), *Dictionnaire de l'Autre Economie*. Paris: Desclée de Brouwer.

Defourny, J. and M. Nyssens. 2008. "Social Enterprise in Europe: Recent Trends and Developments." Working Paper No. 08/01. EMES European Research Network. Liege, Belgium.

Fellin, Phillip. 2001. *The Community and the Social Worker, 3rd edition.* Itasca, IL: F. E. Peacock Publishers, Inc.

___________. 1995. "Understanding American communities". In J. Rothman, J. Erlich, and J. Tropman(eds.), *Strategy of Community Intervention, 5th Edition*, Itasca, IL: F. E. Peacock.

Fisher, Robert. 1994. *Let the People Decide: Neighborhood Organizing in America, Updated Edition.* New York: Twayne Publishers.

Freire, Paulo. 1970. *Pedagogy of the Oppressed*. New York: Continuum.

Gabardi, Wayne. 2000. *Negotiating Postmodernism.* Minneapolis: University of Minnesota Press.

Ganz, Marshall. 2002. *Organizing Notes.* Unpublished paper from syllabus for John F. Kennedy School of Government course PAl-177, Harvard

University.

Garvin, Charles and Fred Cox. 1995. "A history of community organizing since the Civil War with special reference to oppressed communities." In Jack Rothman, J Erlich, and J. Tropman(eds.), *Strategies of Community Intervention, 5th ed.*, pp. 26-63. Itasca: F. E. Peacock Publishers, Inc.

Germain, C. B. and A. Gitterman. 1995. "Ecological perspective." *In Encyclopedia of Social Work, vol. 1*, pp. 816-824. Washington, D.C.: NASW Press.

Gray, Mel. 2011. "Back to Basics: A Critique of the Strength Perspective in Social Work." *Families in Society: The Journal of Contemporary Social Services* 91(1): 5-11.

Gutirrez, Lorraine. 1995. "Understanding The Empowerment Process. Does Consciousness Make a Difference?" *Social Work Research* 19(4): 229-247.

Hardcastle, David, S. Wenocur, and P. Powers. 2011. *Community Practice: Theories and Skills for Social Workers, 3rd Edition.* New York: Oxford University Press.

Hardina, Donna. 2002. *Analytical Skills for Community Organization Practice.* New York: Columbia University Press.

Harkavvy, Ira and John Puckett. 1994. "Lessons form Hull House for the contemporary urban university" *Social Service Review* 68(3): 299-321.

Hepworth, D. et al. 2010. *Direct Social Work Practice: Theory and Skills*, 8th Edition. Belmont, CA: Brooks/Cole.

Hess, Douglass. 1999. "Community organizing, building and developing: their relationship to comprehensive community initiatives" *Paper presented on COMM-ORG: The On-Line Conference on Community OrgaBnizing and Development* (http://comm-org.utoledo.edu/papers.htm).

Houston, Stan. 2001. "Beyond Social Constructionism: Critical Realism and Social Work." *British Journal of Social Work* 31: 845-861.

Jeffries, Ann. 1996. "Modelling community work: an analytic framework for practice" *Journal of Community Practice* 3(3/4): 101-125.

Johnson, Norman. 1987. *The Welfare State in Transition: The Theory and Practice of Welfare Pluralism.* Brighton: Wheatsheaf Books.

Kingsley, G. T., McNeely, J. and J. Gibson. 1997. *Community Building: Coming of Age.* Washington, D.C.: The Urban Institute.

Kirst-Ashman, Karen. 2000. *Human Behavior, Communities, Organizations, and*

Groups in the Macro Social Environment: An Empowerment Approach. Belmont, CA: Wadsworth/Thomson Learning.

Kirst-Ashman, K. and G. Hull, Jr. 2001. *Macro Skills Workbook: A Generalist Approach.* Belmont, CA: Wadsworth.

KMU Forschung Austria. 2007. *Study on Practices and Policies in the Social Enterprise Sector in Europe.* Wien.

Knoke, D. and S. Yang. 2008. *Social Network Analysis, 2nd Edition.* Thousand Oaks, CA: Sage Publications.

Kotler, P. and A. Andreasen. 1995. *Strategic Marketing for Nonprofit Organizations*, 5th Edition. Englewood Cliffs, NJ: Prentice Hall.

Kretzmann, J. P. and J. I. McKnight. 1993. *Building Communities from the Inside Out: A Path toward Finding and Mobilizing a Community's Assets.* Chicago: ACTA Publications.

Kubisch, Anne et al. 2002. *Voices from the Field II: Reflections on Comprehensive Community Change.* Queenstown: The Aspen Institute.

Kumlin, S. and B. Rothstein. 2005. "Making and Braking Social Capital: The Impact of Welfare-State Institutions." *Comparative Political Studies* 38(4): 339-365.

Lefebvre, C. and J. Flora. 1988. "Social Marketing and Public Health Intervention." *Health Education Quarterly* 15(3): 299-315.

Lin, Nan. 2008. "A Network Theory of Social Capital." In D. Castiglione, J. van Deth and G. Wolleb(eds.), *The Handbook on Social Capital.* Oxford: Oxford University Press.

Mattessich, P. and B. Monsey. 2008. *Community Building: What Makes It Work?*, 4th Printing. St. Paul, MN: Fieldstone Alliance.

McKnight, J. and J. Kretzmann. 1996. *Mapping Community Capacity.* Evanston, IL: Institute for Policy Research, Northwestern University.

McLeod, John. 2004. "Social Construction, Narrative, and Psychotherapy." In L. Angus and J. McLeod(eds.), *The Handbook of Narrative and Psychotherapy*, Chapter 20. Thousand Oaks, CA: Sage Publications.

Mencher, Samuel. 1967. *Poor Law to Poverty Program: Economic Security Policy in Britain and the United States.* Pittsburgh: University of Pittsburgh Press.

Milofsky, Carl and Albert Hunter. 1995. "The force of tradition at Toynbee Hall: culture and deep structure in organizational life" Paper presented at a special meeting of the Voluntary Action History Society, London, January 1993.

Moor, M. 1994. *Community Capacity Assessment: A Guide for Developing on Inventory of Community-Level Assets and Resources.* Santa Fe: New Mexico Children, Youth and Families Department.

National Social Marketing Centre. 2006. *Social Marketing National Benchmark Criteria.* London.

Netting, F. Ellen et al. 2011. *Social Work Macro Practice, 5th Edition.* New York: Pearson Education.

Parsons, Ruth. 2007. "Empowerment in Social Work Practice." In *Encyclopedia of Social Work.* Washington, D. C.: NASW Press.

Parsons, Talcott. 1973. *Social Systems and the Evolution of Action Theory.* New York: Free Press.

Popple. Keith. 1995. *Analysing Community Work: Its Theory and Practice.* Buckingham: Open University Press.

Putnam, Robert. 2000. *Bowling Alone: The Collapse and Revival of American Community.* New York: Simon and Schuster.

Robeson, Paula. 2009. *Networking in Public Health: Exploring the Value of Networks to the National Collaborating Centres for Public Health.* Hamilton, Ontario: National Collaborating Centre for Methods and Tools.

Ross, M., with B. W. Lappin. 1967. *Community Organization: Theory, Principles, and Practice.* New York: Harper & Row.

Rothman, Jack. 1996. "The interweaving of community intervention approaches with personal preface" *Journal of Community Practice* 3(3/4): 26-61.

____________. 2007. "Multi Modes of Intervention at the Macro Level." *Journal of Community Practice* 15(4): 11-40.

Rubin, Herbert and Irene Rubin. 2007. *Community Organizing and Development, 4th ed.* Boston: Allyn and Bacon.

Sadan, Elisheva. 2004. *Empowerment and Community Planning.*(www.mpow.org).

Saleebey, Dennis. 2009. *The Strength Perspective in Social Work Practice*, 5th Edition. New York: Longman.

Seyfang, Gill. 2002. "Tackling social exclusion with community currencies: learning from LETS to Time Banks" *International Journal of Community Currency Research vol. 6.*

Schorr, L. 1997. *Strengthening Families and Neighborhoods to Rebuild America.* New York: Anchor.

Smith, R. F. 2008. "Settlements and Neighborhood Centers." *In Encyclopedia of Social Work*, vol. 3, pp. 2129-2135. Washington, D.C.: NASW Press.

Trattner. Walter. 1994. *From Poor Law to Welfare State: A History of Social Welfare in America, 5th ed.* New York: The Free Press.

United Way of America. 2002. *2001-2002 United Way Resources Backgrounder.* Alexandria, VA.

van Berkel, 2003. "The Local Dimension of Social Policies: Active Welfare States in Europe." *Eurex Lecture* 12, April 17.

Venture for Fund Raising. 2010. *Resource Mobilization: A Practical Guide for Research and Community-Based Organizations.* Manila.

Warren, Roland. 1983. "The Good Community: What Would It Be?" In R. Warren and L. Lyon(eds.), *New Perspectives on the American Community.* Homewood: Dorsey Press.

_____________. 1972. *The Community in America, 2nd ed.* Chicago: Rand McNally & Company.

_____________(ed.). 1971. *Truth, Love, and Social Change.* Silver Spring, MD: National Association of Social Workers.

Weil, Marie. 1996. "Model Development in Community Practice: an Historical Perspective" *Journal of Community Practice* 3(3/4): 5-67.

Weil, Marie and D. Gamble. 2009. *Community Practice Skills: Local to Global Perspectives.* New York: Columbia University Press.

Westney, O. E., E. W. Brabble and C. H. Edwards. 1988. "Human Ecology: Concepts and Perspectives." In Richard Borden and J. Jacobs(eds.), *Human Ecology: Research and Application.* Society for Human Ecology.

Whelan, Robert. 2001. *Helping the Poor: Friendly Visiting, Dole Charities and Dole Queues.* London: Institute for the Study of Civil Society.

Williams, Colin. 1997. "Local Exchange and Trading Systems in Australia: a new tool for community development?" *International Journal of Community Currency Research* vol. 1.

Winston, William. 1985. *Marketing Strategies for Human and Social Service Agencies.* New York: The Haworth Press.

Wollmann, Hellmut. 2004. "The Local Welfare State in European Countries in Comparative Perspective: Concepts, Patterns and Trends." Paper presented at the International WRAMSOC Conference, Humboldt-Universität Berlin, April 23-25.

World Bank, Social Development Department. 2007. *Resource Mobilization: Tips for Strengthening Organizational Capacity*. Washington, D. C.

Zald, M. N. and J. D. McCarthy(eds.). 1979. *The Dynamics of Social Movements: Resource Mobilization, Social Control and Tactics*. Cambridge: Winthrop Publishers, Inc.

Zimmerman, M. A. 2000. "Empowerment Theory: Psychological, Organizational and Community Levels of Analysis" In J. Rappaport and E. Seidman(eds.), *Handbook of Community Psychology*, pp. 43-63. New York: Kluwer Academic.

찾아보기

[ㅇ]

〈기타〉

[지은이 소개]

지은이 김종일은 고려대학교 경제학과를 졸업하고 미국 Florida State University 대학원에서 사회정책을 공부하여 석사와 박사를 받았다. 1989년부터 건국대학교 사회복지학과 교수로 재직해 왔으며 주요 저서로는 『서구의 근로연계복지』, 『사회복지정책론』 『복지에서 노동으로: 노동 중심적 복지국가의 비판적 이해』, 『사회 문제론』 등이 있다.

지역사회복지론(개정 신판)

2021년 8월 25일 개정중판 인쇄
2021년 8월 30일 개정중판 발행

저 자 김 종 일
발행인 유 성 열
발행처 청목출판사

서울특별시 영등포구 신길로 40길 20
전화 (02) 849-6157(代) · 2820 / 833-6091
FAX (02) 849-0817

등록 제318-1994-000090호

파본은 바꾸어 드립니다. 값 24,000원

http : //www.chongmok.co.kr

ISBN 978-89-5565-481-3